전환기의 신문 산업과 민주주의

전환기의 신문 산업과 민주주의

임영호 지음

전환기의 신문 산업과 민주주의

지은이 / 임영호
펴낸이 / 한기철
편집장 / 이리라 · 편집 / 이소영, 신소영, 차수연

2002년 8월 30일 1판 1쇄 박음
2002년 9월 10일 1판 1쇄 펴냄

펴낸 곳 / 도서 출판 한나래
등록 / 1991. 2. 25. 제22 - 80호
주소 / 서울시 송파구 신천동 11-9, 한신오피스텔 1419호
전화 / 02) 419 - 5637 · 팩스 / 02) 419 - 4338 · e-mail / editor1@hannarae.net
www.hannarae.net

필름 출력 / DTP HOUSE · 인쇄 / 상지사 · 제책 / 성용제책
공급처 / 한국출판협동조합 [전화: 02) 716 - 5616, 팩스: 02) 716 - 2995]

ⓒ 임영호, 2002
Published by Hannarae Publishing Co.
Printed in Seoul.

전환기의 신문 산업과 민주주의 / 임영호 지음.
── 서울: 한나래, 2002.
360p.: 22.5cm(한나래 언론 문화 총서, 40)

KDC : 070.4
DDC : 070
ISBN : 895 - 566 - 007 - 3 94330

1. Newspapers, Korean. I. 임영호

차례

- 한글 표기를 원칙으로 하되, 필요에 따라 외국어와 한자를 병기하였다.
- 한글 맞춤법은 '한글 맞춤법' 및 '표준어 규정'(1988), '표준어 모음'(1990)을 적용하였으나 혼란이 있는 경우는 출판사의 원칙을 따랐다.
- 외국어의 우리말 표기는 개정된 '외래어 표기법'(1986)을 원칙으로 하되, 그 중 일부는 현지 발음에 따랐다.
- 사용된 기호는 다음과 같다.

  책이름: ≪　　≫

  신문, 잡지 등: <　　>

머리말

신문 매체는 지금 엄청난 격변기를 맞고 있다. 1987년 이후 불과 10여 년 동안 한국 사회의 신문 산업 환경은 몰라볼 정도로 급격하게 변했고, 그 변화는 지금도 계속되고 있다. 이러한 변화는 정치 상황뿐 아니라 시장 구조, 기술적 여건, 언론 이념의 지형에 이르기까지 다양한 부분에서 광범위하게 진행되고 있다. 한국의 신문업계는 이러한 변화에 대처하고 미지의 상황에 적응해야 하는 과제를 안고 있다. 이 짧은 기간은 한국 신문 산업에게는 여러 가지 의미에서 커다란 '전환기'에 해당한다고 할 수 있다.

18세기에 비해 현재 신문이 처해 있는 사회적 환경은 엄청나게 변모했고 새로운 매체도 많이 등장했지만 신문은 여전히 사회적·정치적으로 중요한 기능을 맡고 있다. 21세기에 들어와서도 신문은 민주주의 정치 체제에서 중요한 축을 맡고 있으며, 언론 자유라는 18세기의 고전적인 이념은 신문 매체의 이러한 기능을 떠받치는 핵심적인 이념적 토대 역할을 하고 있다. 하지만 이념 역시 사회적 상황의 산물일 수밖에 없기 때문에, 급변하는 환경 속에서 언론 자유의 이념은 다양한 형태의 도전을 맞고 있다.

한국 사회에서 권위주의적인 국가 권력은 오랫동안 언론의 자유를 위협하는 가장 큰 요인으로 지목되곤 했다. 하지만 1987년 이후 정치적 민주화로 언론에 대한 국가의 통제가 풀리고 언론사의 자율성은 크게 신장되었다. 오히려 언론의 영향력이 다른 어떤 사회 집단보다 확대되면서 언론의 '권력화'가 점차 문제점으로 떠올랐다. 언론과 국가의 관계는 이전의 일방적인 통제 관계에서 벗어나 훨씬 복잡한 형태로 옮아간 것이다.

언론에 대한 국가 권력의 영향력이 감퇴한 대신에, 시장이 언론 자유를 위협하는 새로운 요인으로 부상하기 시작했다. 1987년 이후의 언론 자유화 조치로 신문 시장에서도 수많은 신문이 새로 창간되거나 복간되어 이른바 '무한 경쟁' 시대가 시작되었다. 언론의 상업화와 자본에 의한 통제는 저널리즘 고유의 공익적 기능과 언론인의 자율적인 활동을 해치는 새로운 통제 메커니즘으로 작용하기 시작했다. 특히, 1997년 IMF 구제 금융 체제의 혹독한 시절을 거치면서 시장 경쟁에서의 효율성은 언론의 사회적 기능에 관한 다른 담론들을 압도하면서 주도적인 이념으로 자리잡았다.

기술적인 측면에서 볼 때, 미디어 테크놀로지의 발달은 신문 매체에 전혀 생소한 환경을 조성했다. 다매체 시대의 시작, 특히 인터넷의 확산은 신문 매체의 위상까지도 크게 바꾸어 놓았다. 이러한 변화는 신문에게 낯선 형태의 경쟁과 더불어 기회도 안겨 주었다. 신문사들은 앞다투어 전자 신문 사업에 뛰어들었고 사이버 공간을 새로운 취재 영역과 작업 도구로 활용하게 되었다. 이러한 변화는 신문의 기업적 성격, 언론인의 작업 방식, 직업 문화에까지 큰 파장을 일으켰다.

도식화하자면 1990년대에 신문 매체는 정치적으로는 민주화, 경제적으로는 시장 경쟁 체제 돌입, 기술적으로는 다매체 시대라는 낯선 환경에 뛰어든 셈이다. 이 변화들은 서로 복잡하게 얽히면서 신문 매체의 상황에 커다란 영향을 미쳤다. 이 책은 이러한 변화를 둘러싸고 생겨난 다양한 쟁점들의 의미를 다음과 같은 문제 의식을 갖고 살펴본다. 즉, 신문 매체에 일어난 다양한 정치적·산업적·기술적 변화는 신문의 정치적 기능과 언론 자유의 미래에 어떤 파급 효과를 가져올 것인가? 앞으로 이 같은 추세에 어떻게 대응해야 할 것인가? 이러한 문제 의식은 18세기 자유주의 이념에서 유래한 것이지만 21세기의 상황에서도 여전히 정치적으로 매우 중요하다. 이 책은 이러한 고전적인 문제 의식 위에서 1980년대 말 이후 전환기를 맞고 있는 한국 신문 산업에서 부각되는 주요한 쟁점들을 검토한다.

1부에 실린 두 개의 글은 다양한 사회적 변화들을 어떤 방향에서 접근해야 할 것인지에 대한 문제 제기의 성격을 띤다. 두 글 모두 언론 자유라는 민주적 가치와 현실의 갈등·괴리를 어떻게 파악하고 해결할 것인가 하는 문제를 다루고 있지만 접근 방식은 다소 차이가 있다.

　1장 "한국의 신문 산업과 민주주의"는 고전 자유주의의 이념이 21세기의 변화된 상황에서 어떤 의미를 지니는지를 검토한다. 18세기의 자유주의 언론 이념은 규범적 이상으로서 아직도 유효하지만 이를 현실에 적용하기 위해서는 특히 시장 현상을 좀더 정교하게 분석할 수 있는 틀이 필요하다. 시장은 언론의 문제점을 낳는 주요한 원인이면서도 완전히 피할 수만도 없는 현실이기도 하다. 한국 언론에서 심화되고 있는 시장 경쟁의 폐해와 언론의 권력화 현상을 개혁하기 위해서는, 한편으로는 시장의 정화 기능을 정상화하면서도 이 기제를 보완할 장치가 필요하다고 주장한다.

　2장 "저널리즘과 시장 개혁의 역설적 함수 관계"는 앞의 글과는 상당히 다른 전제에서 출발해 언론 개혁의 문제를 파악한다. 앞의 글은 구조와 행위 간의 대응 관계를 전제하고 시장이라는 구조의 변화를 통해 언론의 행위를 개선하려 한다. 반면에 2장은 구조와 행위 사이의 투명한 관계에 근본적인 의문을 던지면서 시작한다. 즉, 정치적·경제적 구조의 관점에서만 보면 언론이라는 행위 차원의 문제점을 제대로 파악하기 어렵다는 것이다. 예컨대 언론의 권력화는 단순히 언론이 처해 있는 정치적, 경제적 구조의 산물이 아니라 언론의 행위, 사고 방식과 습관, 즉 아비투스 *habitus* 속에까지 내재해 있다. 이렇게 보면 언론의 권력화는 언론이라는 장을 움직이는 규칙과 관행에 관한 이해 위에서 접근해야 하며, 그러기 위해서는 좀더 복합적이고 미시적인 접근 방식이 필요하다.

이 두 글의 접근 방식에서 나타나는 차이는 지난 10여 년 간 한국 사회 전반이나 언론의 상황 변화에서 유래하는 바도 적지 않지만, 무엇보다 나의 문제 의식과 사고 방식이 적지 않게 바뀐 것을 시사해 준다. 즉, 초기에는 현실 개혁에 대해 좀더 낙관적인 생각을 갖고 있었다면, 점차 개혁이란 것이 제도적인 틀의 단기적인 변화로는 쉽게 이루어질 수 없으며 지속적인 투쟁을 필요로 하는 힘겨운 과정임을 깨닫게 된 셈이다.

2부에서는 신문 산업의 '시장' 문제를 다루고 있다. 3장의 "한국 신문의 지리적 시장"과 4장의 "지리적 시장 구조와 우산 밑 경쟁 모델"은 제목이 시사하듯이 지리적 시장의 문제를 본격적으로 제기한 글이다. 지리적 시장은 한국 신문 산업의 경쟁 구조를 이해하는 데 필수적인 요소다. 신문 시장 경쟁의 공간적 차원은 정치적 함의가 매우 짙은 쟁점이다. 한국 사회에서 일반적인 서울과 지방의 불균형한 권력 관계가 신문 시장에서도 예외 없이 재현되고 있기 때문이다. "한국 신문의 지리적 시장"은 로시의 우산 밑 경쟁 모델과 공간 이론의 개념들에 의존해 신문의 지리적 시장의 구조와 특성을 이해하는 데 필수적인 중요한 쟁점들을 검토한다. 이 글은 개념적인 수준에서 앞으로 구체적이고 실증적인 연구가 나아가야 할 방향을 제시한다.

"지리적 시장 구조와 우산 밑 경쟁 모델"은 이러한 이론적 틀을 부산·경남 지역의 신문 시장에 적용해 본 사례 연구다. 이 연구에서 분명하게 드러난 것은 한국의 신문 시장 구조가 서구의 이론적 모델과 달리 매우 독특한 형태로 나타나고 있다는 점이다. 즉, 신문 광고 시장에서도 거의 모든 지역이 수도권과 직접 위계적인 관계를 맺는 특이한 구조를 하고 있어, 수도권 집중 현상이 신문에서도 두드러진 특징임을 말해 주고 있다. 물론 자료 부족 때문에 이 연구는 부산 인근 지역의 광고 시장에만 국한되기는 했지만 한국 지방 신문의 지리적 시장 구조의 특수성을 이해하는 데 시사하는 바가 적지 않다.

5장의 "한국 신문 시장에서 진보적 대중지는 가능한가"는 <한겨레>의 사례 분석을 통해 진보적 이념과 시장 메커니즘의 갈등 관계를 분석한다. 3장과 4장이 신문 시장의 지리적 차원을 다루고 있다면, 5장은 시장 메커니즘의 이념적 필터 기능에 관해 논의한다. 이 글은 <한겨레>가 1998년에 창간 10주년을 맞아 채택한 '진보적 대중지' 노선의 사례를 분석한 것이다. 이후에도 <한겨레>의 전략은 조금씩 바뀌었기 때문에 이 글의 내용은 시의성이 다소 떨어질 수도 있다. 그렇지만 진보적 대중지 노선은 진보적 이념과 시장 기제를 어떻게 조화시킬 것인지를 놓고 <한겨레>가 오랫동안 고민하고 시행착오를 겪어온 과정을 전형적으로 보여 준다. 따라서 이 글의 서술은 비록 10주년 당시의 상황에 초점을 맞추었다고 해도 현 상황에도 대부분 적용될 수 있다. <한겨레>의 사례는 1987년 말 민주화 국면의 독특한 정치적, 이념적 지형의 산물로서, 이념적 지형에서 벌어지는 담론 투쟁이 진보 정치에 어떤 의미를 지니는지 잘 보여 준다. 이 사례 분석은 오늘의 상황에 대한 진단에 그치지 않고, 시장 메커니즘이 사상의 시장에 어떤 의미를 지니는지 이해하는 데에도 적지 않은 함의를 준다.

3부에서는 1980년대 말 이후 신문 산업에서 일어난 큰 변화들이 노동 문제에 어떤 파급효과를 미쳤는지 살펴본다. 이 문제는 크게 노동과 자본의 역학 관계라고 이름 붙일 수 있는데, 여기에는 경제적·정치적·이념적·기술적 차원의 다양한 쟁점들이 연관되어 있다. 6장은 다소 거시적이고 통시적인 차원에서 1987년 이후 언론 노동 운동의 성격과 노동자의 위상이 어떻게 변모했는지 분석한다. 언론 노동 운동의 구체적인 위상은 '작업장 정치' 즉, 노동과 자본, 국가 등의 주요 행위자들이 당시에 처해 있던 국면에 어떻게 대응하고 반응했는지에 따라 생성된 복합적 산물이다. 이 행위자들이 벌이는 정치과정 (즉, 생산의 정치), 시장 상황, 이데올로기 장의 투쟁 등은 서로 복합적으로 작용하면서 이러한 구체적인 결과를 만들어 낸다.

7장 "언론 자유와 편집권"은 1987년 이후 노동 운동이나 언론 개혁 운동에서 늘 중요한 쟁점이던 편집권 문제를 다룬다. 이 글은 편집권의 이념적 토대를 어디에서 찾아야 할 것인지, 편집권을 위협하는 요인을 어떻게 파악해야 할 것인지에 초점을 맞춘다. 편집권이라는 용어는 편집권을 위협하는 복합적인 사회 과정을 분석하는 개념으로서는 한계가 있다. 따라서 단순히 국가 권력과 자본이라는 구조적 틀에서 벗어나 권력을 좀더 정교한 이론적 틀로 파악할 필요가 있다. 따라서 이 글에서는 지금까지 편집권 논쟁에서 제기된 주장들의 계보를 정리하고 평가하는 대신에, 피에르 부르디외 Pierre Bourdieu 의 권력 이론을 끌어들여 다소 색다른 방향에서 문제를 제기한다. 편집권에 대한 위협은 가시적인 위협과 규제에만 있는 것이 아니라, 언론이라는 장을 움직이는 좀더 미시적이고 일상적인 가치와 행위, 문화 속에 뿌리박고 있다고 이 글에서는 주장한다. 이렇게 보면 언론 개혁은 단기적인 작업이 아니라 좀더 장기적이고 광범위하며 지속적인 투쟁 과정을 필요로 한다.

8장과 9장은 신문 산업에서 테크놀로지 혁명이 가져오는 함의를

12

검토한다. "매체 환경의 변화와 언론 노조의 미래"에서는 미국의 미디어 관련 노동 조합의 사례 분석을 통해 테크놀로지의 변화가 노동 조합의 조직과 활동 방식에 어떤 변화를 가져왔는지 살펴본다. 새로운 미디어 테크놀로지의 도입과 다매체 시대의 전개로 노동 시장의 여건이 크게 바뀌었고, 이 때문에 노동 조합 역시 통합 과정을 거쳐 다매체, 글로벌 매체 시대에 대응할 수 있는 거대 노조를 추진하게 되었다는 것이다.

"온라인 저널리즘과 뉴스 노동의 성격 변화"는 인터넷의 보급이 저널리즘 매체에 가져온 변화들의 의미를 쟁점별로 짚어 본다. 언론 노동자의 관점에서 볼 때 온라인 저널리즘은 노동 시장 구조를 비롯해 언론인의 작업 양식, 저널리즘 가치와 문화에까지 엄청난 변화를 가져올 가능성이 있다. 하지만 이러한 변화 양상이 새로운 테크놀로지의 기술적 가능성에 따라서 정해지는 일은 드물며, 변화가 느린 전통적 요소 즉, 문화나 권력, 이해 관계 등에 의해 구체적인 접목 형태가 달라진다고 이 글에서는 지적하고 있다.

4부에서는 언론 개혁 정책의 사례들을 검토하면서 이 사례들이 한국 사회에 어떤 정책적 함의를 주는지, 또 한국 상황에 맞는 접근 방식은 어떤 것인지 모색해 본다. 10장의 "신문 개혁과 자율 규제 모델"은 왕립 언론 위원회(Royal Commissions on the Press)의 활동으로 대표되는 영국의 신문 정책 사례를 검토한다. 이 정책 사례에서는 신문과 관련된 다양한 정치 세력이 참여하여 최소한의 합의 사항을 이끌어 내는 정치적 방식을 취했기 때문에, 개혁의 성과는 본질적으로 한계가 있었다. 하지만 정책의 금기 영역이던 신문 산업을 정치적 논의 대상으로 끌어들였다는 점에서, 또 18세기 자유주의 이념을 따라 불간섭주의를 원칙으로 하는 언론 담론의 흐름을 바꾸어 놓았다는 점에서 이 정책 사례는 큰 의미가 있다.

영국의 왕립 언론 위원회가 신문 산업 정책 수립에서 정치적 접근 방식을 채택했다면 미국의 신문 정책은 시장의 경제학적 원리에 대한 이해를 근거로 신문 산업의 구조적 문제를 법적 제도나 행정적인 차원에서 접근했다고 할 수 있다. 11장 "산업 집중과 시장 규제 모델"은 미국의 주요한 신문 정책인 '신문 보호법'의 사례를 검토하고 한국 사회에 주는 함의를 모색한다. 영국과 미국의 정책 사례에서 얻을 수 있는 가장 큰 시사점은 사회마다 문제의 성격이나 해결 모색 방식도 달라질 수밖에 없다는 점이다. 12장 "언론 개혁 운동의 과제와 전망"에서는 한국적 언론 상황에 특수한 문제점은 무엇인지, 즉 언론 개혁의 쟁점은 무엇이며 어떤 방향을 지향할 것인지 모색해 본다.

이 책에 실린 글들은 서로 어느 정도 공통된 문제 의식에 근거하고 있기는 하나, 모두 독립된 글로 쓴 것이다. 각 장의 글들은 1990년대 초반 이후 여러 가지 용도로 쓴 논문들을 토대로 재구성한 것이다. 하지만 불과 10여 년 동안 한국 언론의 상황도 많이 변화했고, 이에 따라 쟁점들도 시류를 많이 탔다. 현상을 바라보는 필자의 시각 역시 시간이 가면서, 또 공부를 해나가는 과정에서 조금씩 바뀌었다. 지금 보면 여기에 실린 글들은 문제에 대한 본격적인 진단과 분석이라기보다는 현상을 기술하면서 문제점을 찾아내는 단계에서 아직 벗어나지 못했다는 느낌을 지울 수가 없다.

　　필자는 언론학을 공부하기 시작하면서 비판 이론에 주로 관심이 있었고, 구체적인 매체 현상에 대해서는 그리 눈길을 두지 않았다. 특히 대표적인 올드 미디어인 신문 매체는 그리 매력적인 연구 대상은 아니었다. 하지만 1990년대 초반에 대학에 와서 신문 매체 연구에 조금씩 발을 들여놓은 후 적지 않은 시간을 쏟은 것 같다.

　　생각해 보면 추상적인 이론에서 벗어나 신문이라는 구체적인 매체 현상에 관심을 두게 된 것은 아마 유학 생활을 마치고 귀국하던 당시의 지적 상황과 무관하지 않은 것 같다. 사회주의 진영의 몰락과 한국의 정치 민주화로 비판 사회 이론이 현실을 설명하는 틀로서 차츰 매력을 잃게 되면서 새로운 문제 의식을 모색하는 일이 시급하다고 느꼈다. 신문 산업에 관한 연구는 상당 부분 자유주의의 문제 의식에 근거하고 있기 때문에, 이전의 비판 이론적 관점에서 차츰 멀어지게 된 것은 불가피했다. 하지만 마르크스주의에 근거한 비판 이론에 개방성과 다양성, 개인에 대한 존중 등 자유주의의 가치를 어떻게 수용하고 접목할 것인가 하는 문제는 비판 이론이 현실에서 생명력을 유지하기 위해서도 절실한 문제였다. 이 점은 나름대로 위안거리가 되었다.

어찌 보면 연구자에게 신문이나 방송 따위의 매체는 단순히 커뮤니케이션이라는 사회 현상과 관련된 쟁점을 적용해 보는 실험 대상에 불과하다. 이 점에서 신문 매체는 새로운 이론적 탐색을 해 보기에 적합한 영역이라는 생각도 했다. 신문이란 올드 미디어는 다양한 시행착오를 거친 역사적 실험장이라 할 수 있기 때문이다. 특히, 당시 국내의 방송·뉴 미디어 관련 연구에서는 아직 이론과 역사보다는 규범성과 공상空想, 정략적 이해 계산이 지나치게 지배하고 있다는 부정적인 인상을 지울 수 없었고, 이러한 이미지 역시 올드 미디어에 기울어지게 하는 데 일조한 듯하다. 물론 신문 매체를 연구하면서 기대에 비해 성과는 그리 많지 않았지만 나름대로 얻은 소득도 있다. 연구 과정에서 겪은 시행착오는 이론과 이념을 현실에 접목시키기가 얼마나 어려운가 하는 점을 깨닫는 계기도 되었다.

여기에 실은 글은 모두 책으로 엮기에는 아직 미흡한 설익은 것이지만 나름대로 당시의 시대 상황에 대한 필자의 개인적인 해석과 고민을 담고 있다. 이러한 모색과 실험 과정에서 나온 시행착오들이 앞으로 신문 산업을 공부하는 사람에게 타산지석他山之石이 되기를 바란다. 부족한 글을 책으로 펴낼 수 있게 도와 준 한나래 출판사에 감사 드린다.

2002년 8월
竹爐書堂에서 임영호

1부

민주주의와 사회

1장 | 한국의 신문 산업과 민주주의

1. 머리말

'신문과 민주주의의 관계'나 언론 자유의 문제는 진부할 정도로 고전적인 주제다. 이 문제에 대한 거의 상투적인 해답은 저널리즘 교과서나 언론인의 직업 문화, 대중적인 담론에서 쉽게 발견할 수 있다. 하지만 어떤 점에서는 해답이 너무나 자명하고 상식화했기 때문에 오히려 이 문제를 좀더 근본적으로 성찰하기가 쉽지 않다. 그렇다면 이처럼 자명한 문제를 다시 조명해야 하는 이유는 무엇일까? 신문과 민주주의, 언론의 자유는 사회적 상황의 산물이라 할 수 있는데, 한국 사회에서 신문이 처해 있는 환경은 엄청나게 빠른 속도로 변화해 가고 있기 때문이다. 1980년대 말 이후 한국의 신문업계는 기술적·정치적·경제적인 측면에서 엄청난 변화의 소용돌이에 휘말리면서 새로운 상황에 적응해야 하는 과제를 안게 되었다. 이 과정에서 언론 자유의 이념 역시 다양한 형태의 도전을 맞는다.

1980년대 중반까지만 해도 한국 사회에서 언론 자유의 문제를 파고들 때마다 정치적 시각에 관계 없이 항상 부딪치는 문제는 강력한 권위주의 국가의 존재였다. 그리고 국가의 통제 아래 인위적으로 설정된 독점적 자본 간의 카르텔 문제로 이어지는 추론은 문제에 대한 해답 찾기를 너무나 싱겁게 만들어 버리곤 했다. 그러나 1987년 이후 상황은 크게 달라지기 시작했다. 신문 산업에 대한 국가의 통제가 풀리고, 언론의 자율성과 영향력은 다른 어떤 사회 집단보다 커졌다. 또 수많은 신문이 새로 생겨나거나 복간되면서 그 간의 카르텔은 깨지고 신문업계는 치열한 경쟁 시대에 접어들었다. 이러한 상황 변화를 지켜 보면서 많은 사람들은 교과서에서만 보던 사상의 공개 시장 *open marketplace of ideas* 이라는 자유주의적 이상이 드디어 실현될 기반이 조성되는 것은 아닐까 하는 섣부른 기대까지도 갖게 되었다. 하지만 이른바 정치적 민주화 이후에도 신문의 보도 태도는 과거 못지않게 불공정하고 보수적이며 획일적이라는 비판이 여전히 나오고 있다. 민주화가 가져온 이러한 역설적 효과를 어떻게 설명할 것인지는 언론학자의 중요한 연구 과제로 남겨졌다.

신문이라는 매체 자체의 위상과 성격 변화 역시 신문의 사회적 환경에서 일어난 또 한 가지 중요한 변화라 할 수 있다. 매체 간 경쟁 *inter-media competition* 시대가 본격화하면서 신문 산업은 사양 산업으로 전락하고 있다는 위기감이 높아지고 있다. 이에 따라 새로운 테크놀로지를 활용하고 매체 간의 융합을 통해 종합 정보 산업으로 변신해야 한다는 주장도 나오고 있다. 이렇게 볼 때 1990년대에 신문은 정치적으로는 민주화, 경제적으로는 시장 경쟁 체제 돌입, 기술적으로는 다매체 시대라는 새로운 환경에 뛰어들게 된 셈이다.

이러한 환경 변화를 감안할 때 신문 매체에 관한 논의에서도 새로운 문제가 많이 제기될 수 있다. 새로운 환경에서 신문은 어떤 역할을 해야 하는가? 이 모든 산업적·기술적 변화가 신문의 정치적 기능과 언론 자유의 미래에 어떤 영향을 미칠 것인가? 앞으로 신문에 관한 국가 정책이나 사회 운동은 어떤 방향을 지향해야 할 것인가? 이와 같은 문제들은 오래 전부터 꾸준히 제기되었지만 멀티미디어 시대에도 여전히 정치적 중요성을 지닌다. 비록 뉴 미디어가 계속 등장해 좀더 효과적인 방법으로 다양한 정보와 오락을 제공하고 있지만, 신문이라는 올드 미디어는 사회·정치적 문제에 관한 표현 수단으로서 여전히 중요한 역할을 하고 있기 때문이다.

1980년대 말 이후 급격하게 변화된 신문 산업의 여건 속에서 언론의 자유란 과연 무엇을 의미하며, 18세기의 역사적 산물인 사상의 시장 *marketplace of ideas* 이란 자유주의적 개념은 오늘의 상황에서 어떤 유용성을 지닐 것인가? 자유주의 사상이 던져 주는 함의는 무엇이며 그 한계는 무엇인가? 이 장에서는 한국의 신문 산업이란 맥락에서 이러한 쟁점들이 어떤 의미를 지니는지 검토한다.

2. 고전 자유주의와 현대 자유주의

민주주의나 언론 자유의 개념을 어떻게 파악하는지에 따라 신문 산업의 문제점을 진단하고 정책을 수립하는 방식도 달라진다. 언론 자유에 관한 논의에서 어떤 관점을 취하는지 다양성, 민주주의, 언론 자유라는 수사는 항상 등장한다. 하지만 이 용어들이 구체적으로 의미하는 바는 관점에 따라 상당한 차이를 보인다.

서구적인 언론 자유 개념은 고전 자유주의 *classical liberalism* 와 함께 싹텄다 할 수 있다. 고전 자유주의는 개인주의에 근거하고 있다. 즉, 개인이야말로 최종적인 가치 기준이고 행동의 단위이며, 사회적 행동은 개인이 추구하는 가치와 판단에 따라 자발적으로 이루어져야 한다고 본다. 국가를 비롯한 사회 제도는 개인의 권리 침해를 막고 보호하는 데 목적이 있다고 본 것이다. 따라서, 국가 권력을 불신하고 모든 외부적 규제를 기부한다. 언론의 정부 감시 기능이나 민주적 기능이란 것도 결국 개인이 사적인 목표(지식과 가치)를 잘 추구하도록 도와 주는 1차적 기능에서 파생되어 나온 것으로 본다(Kelly & Donway, 1990: 70~1). 이 사상은 개인의 가치 추구가 궁극적으로는 사회적인 공동 이익과 합치될 것이라는 낙관론에 근거하고 있다. 따라서 언론이 서로 경쟁하면서 저절로 우열이 가려지도록 시장 경쟁에 맡기는 것이 최선의 언론 정책이라는 견해가 이 관점에서는 지배적이었다.

그러나 이러한 낙관적 방임주의는 현실적으로 많은 문제점에 부딪혔다. 가령 사상의 공개 시장이라는 개념에는 사상의 경쟁과 경제적 시장 경쟁이라는 두 가지 영역이 포함되어 있는데, 문제는 이 두 가지 영역의 경쟁 결과가 반드시 일치하지는 않는다는 데 있다. 특히, 언론 상품은 최초 투자 비용이 크고 규모의 경제 *economies of scale* 원리가 크게 작용하는 '공공재 *public goods*'의 성격을 띠기 때문에, 시장 경쟁은 소규모 언론에게 절대적으로 불리하게 작용한다. 결과적으로 언론 자유는 대규모 언론사를 소유한 몇몇 사람만의 자유로 전락했는데, 이 점은 서구 언론의 역사를 보더라도 쉽게 알 수 있다. 서구 국가에서는 언론 산업에서 신문과 방송의 교차 소유를 금지하는 조치를 비롯해서 무제한의 시장 경쟁에 제동을 거는 독과점 규제 장치가 생겨났는데, 이것은 시장 경쟁이 심각한 문제점을 낳을 수 있다고 보았기 때문이다.

그러나 1980년대 이후 국가의 인위적인 개입을 없애고 시장에서 소비자의 선택에 맡겨야 한다는 신자유주의 이념이 선진국을 중심으로 다시 부상하고 있다. 이러한 시대적 분위기를 타고 소비자 복지의 극대화와 산업 경쟁력 강화라는 명분 아래 탈규제 *regulation* 의 바람이 국내에도 불어오면서, 교차 소유 금지와 같은 시장 규제 철폐와 언론 시장의 자유를 요구하는 주장이 나오고 있다. 즉, 이념적으로는 고전 자유주의 사상이 부활하고 있다. 고전 자유주의 역시 소중한 정치적 이상이기는 하지만 21세기의 현실과는 거리가 있다. 오히려 비현실적인 이념을 현실에 무리하게 적용하려 한다면 언론 자유의 실현을 해치는 관행을 정당화하는 이념으로 변질할 수도 있다.

현대 자유주의는 고전 자유주의의 한계를 비판하면서 18세기 당시에 비해 엄청나게 변모한 현대 사회의 새로운 현실을 반영하고 있다고 할 수 있다. 현대 자유주의는 개인이 아니라 집단 collective action 을 분석의 단위로 삼는다. 가령 존 스튜어트 밀을 비롯한 공리주의 utilitarianism 에서는 최종적인 가치 기준을 사회의 선 the good of society 으로 보기 때문에, 고전 자유주의에서 절대적 가치이던 국가 개입 배제나 개인의 자유까지도 상대적인 가치에 불과하다. 따라서, 언론 자유를 집단적 가치라는 기준에서 해석하면 개개 언론사에 대한 절대적인 불간섭보다는 사상 시장의 다양성이라는 가치가 우선하게 된다. 따라서, 가령 국가의 개입을 배제하고 개개인의 자율적 판단에 맡길 것인지, 아니면 국가가 적극적으로 개입해 다양성을 달성할 것인지는 수단과 방법론 문제에 불과하다(Kelley & Donway, 1990: 71~2).

좀더 실제적인 차원으로 들어가 어떤 것이 절대적인 가치인지를 결정하는 문제에서 현대 자유주의는 '내적 영역 inner realm'과 '외적 영역 outer realm'의 구분을 이용한다(Kelly & Donway, 1990: 72). 내적 영역은 신념, 가치, 라이프 스타일이나 사적인 관계에 해당하는 것으로 거의 절대적인 불가침의 영역이다. 하지만 외적 영역은 경제적 활동이나 비개인적 관계를 포괄하는 것으로, 여건에 따라 여러 형태를 띨 수 있는 상대적인 것이다. 이를 언론 자유의 문제에 적용해 보면, 내용에 대한 판단에 근거한 규제는 어떤 상황에서도 허용될 수 없지만, 구체적인 언론 제도나 국가 개입 형태는 사회 상황에 따라 달라질 수 있는 상대적인 것이라는 뜻이 된다.

현대 자유주의는 고전 자유주의와 몇 가지 점에서 상당히 다른 함의를 지닌다. 우선 소극적 자유 대신에 적극적 자유의 개념을 채택한다. 즉, 언론 자유란 단순히 규제와 간섭을 철폐하는 데 그치는 것이 아니라 어떤 민주적 가치(가령 다양성이나 소비자의 선택권)가 적극적으로 실현될 수 있는 상태를 가리킨다. 따라서, 적극적인 강제나 규제만이 언론 자유를 억압하는 장애 요인이 되는 것은 아니다. 오히려 실제적인 결과에 따라서는 어떤 행위가 강제된 것이냐 자발적인 것이냐, 또는 경제적 힘에 의한 것이냐 국가 권력에 의한 규제냐 하는 구분은 무의미해질 수도 있다(Kelley & Donway, 1990: 72~3). 또 하나 중요한 차이는 재산권(소유권)에 대한 관점이다. 고전 자유주의에서 언론에 대한 재산권은 거의 절대적으로 개인에게 속하는 권리였고, 언론의 자유도 결국 미디어 소유자의 재산권과 별도로 생각할 수 없는 것이었다. 하지만 현대 자유주의는 재산권 역시 사회적 성격을 띠는 것으로 사상의 다양성 *idea diversity* 과 같은 사회적 가치에 미치는 영향에 따라 때로는 규제 대상이 될 수도 있다고 본다.

현대 자유주의의 개념들은 고전 자유주의의 언론관이 지니는 한계를 비판하고 대안적 모델을 구성하는 데 도움이 된다. 존 킨의 지적처럼 고전 자유주의는 고대 그리스의 폴리스 *polis* 라는 정치 형태를 역사적 모델로 삼는다(Keane, 1991: 40~2). 즉, 사상의 시장이란 표현 욕구를 가진 개개인에게 모두 기회가 열려 있는 상태를 말하며, 아무런 외부적 간섭이 없는 한 개개인 모두 자유를 실현할 수 있다고 본다. 그러나 현대 신문 산업의 현실에서는 높은 진입 장벽이 존재하고 있어 이러한 이상이 적용될 수 없을 뿐 아니라 때로는 비현실적 이상이 오히려 문제를 냉철하게 진단하고 극복하는 데 방해가 될 수도 있다. 현실에 대한 분석과 규범적 방향 제시를 위해서는 현대 사회의 언론이 처해 있는 시장이라는 현실에 대한 구조적 접근이 필요하다.

고전 자유주의와 현대 자유주의의 대립은 오늘날 언론 정책 문제에서 '시장 경제학파 *market economics school*'와 '사회적 가치학파 *social value school*'의 대립으로 나타난다(Entman & Wildman, 1992). 고전 자유주의 정신을 잇는 시장 경제학파조차도 방송 산업에 대해서는 한정된 스펙트럼의 관리라는 기술 여건 때문에 국가 개입을 어느 정도 불가피한 것으로 받아들였다. 반면 이들은 신문에는 이러한 요인이 전혀 해당되지 않는다고 보았다. 하지만 방송과 마찬가지로 신문에도 희소성의 원칙은 적용된다. 이러한 희소성은 기술적 측면이 아니라 사회적 차원에서 작용한다. 즉, "어느 지역에서 생존할 수 있는 신문의 수는 극히 적고, 신문을 하나 소유하는 대가로 몇몇 사람들을 제외한 다른 사람의 자유를 제약하게 된다. 여기서 희소성의 원인은 스펙트럼이라는 물리적 한계가 아니라 어떤 경제적 사실들, 특히 희소성뿐 아니라 독점까지도 초래하는 신문 광고의 경제학이다"(Lichtenberg, 1990: 4). 신문의 희소성은 방송과 원인은 다르지만 결과는 결국 같다. 즉, 어느 시장에서 존립할 수 있는 매체 수는 신문이든 방송이든 소수에 불과하다는 것이다.

현대 자유주의의 관점에서 볼 때 언론 자유는 단지 개개인, 즉 언론사 소유자의 자유에만 국한되는 특혜가 아니라 사회적 가치의 성격을 띤다. 여기에는 몇 가지 이유가 있다. 첫째, 사회 전체로 보면 다양성의 확보라는 사회적 가치가 언론 자유의 실현 여부를 가름하는 중요한 기준이 된다. 엔트먼과 와일드먼은 다양성의 의미가 시각에 따라 서로 다른 의미로 쓰일 수 있다고 보고 "상품의 다양성 *product diversity*," "사상의 다양성" 등을 예로 들었다(Entman & Wildman, 1992: 7~8). 상품의 다양성이란 시장 경제학파가 사용하는 개념으로, 생산지가 누구인지에 관계 없이 소비자가 선택할 수 있는 범위의 측면에서 다양성을 파악한다. 사회적 가치학파에서 사용하는 사상의 다양성이란 개념은 주로 정치적 관심사에 관한 것으로, 언론이 사회의 민주적 운영에 필요한 다양한 사상을 공급하는 데 어느 정도 기여하는지에 따라 결정된다. 따라서 이 때 다양성의 개념은 다분히 규범적인 성격을 띤다.

시장 경제학파는 다양성을 주로 시장에서 소비자가 선택할 수 있는 범위의 측면에서만 보는데, 이 때 상품의 다양성이 반드시 사상의 다양성을 낳는다고 볼 수 없다. 물론 다양한 사상도 시장에서 소비자들의 선호도 *preference*에 따른 선택에 의해 심판을 받는다. 하지만 선호도라는 것도 결국 '문화와 사회화'의 영향을 받아 형성되기 때문에 그 선택을 반드시 고정된 것으로 보기는 어렵다(Entman & Wildman, 1992: 12). 그리고 사상의 시장이나 다양성이라는 개념도 결국 현실을 기술하는 개념으로서가 아니라 규범적 개념으로서 중요한 것이다. 그것은 마치 민주적 정치 과정을 거쳐 최선의 결과가 나오지 않는다 하더라도, 민주주의라는 규범적 개념을 비현실적인 것으로 매도해 버릴 수 없는 것과 마찬가지다.

여기서 또 한 가지 중요한 것은 다양성의 수준 *level*이다. 가령 메릴은 '체제 차원의 다양성 *system pluralism*,' '지역 차원의 다양성 *community pluralism*,' '개인 차원의 다양성 *individual pluralism*'을 구분하고 있다(Merrill, 1976: 130~1). 이러한 구분은 사상의 시장이 하나가 아니라 여러 개의 시장으로 이루어진다는 점을 시사한다.

둘째, 정치 과정에서와 마찬가지로 기존 언론 매체는 실질적 참여 기회를 박탈당한 시민 전체에 대해 어느 정도 대표성 *representativeness*을 유지해야 한다는 주장이 제기될 수 있다. 오늘날에는 고전 자유주의 시대와는 달리 사상의 자유 시장에 아무나 뛰어들 수 없으며, 기존 매체는 이 점에서 희소성 있는 사회 자원을 고갈시키고 있는 셈이 되기 때문이다. 이러한 현대 자유주의의 가치 기준, 즉 다양성과 대표성의 기준에서 볼 때 한국의 신문 산업은 어떤 문제점을 지니고 있으며 이를 극복할 수 있는 구조적 대안은 무엇인가? 미디어 산업에서 국가 정책의 중요성은 갈수록 커지고 있는데, 앞으로 국가의 역할은 어떠한 방향으로 나가야 할 것인가?

3. 시장 경쟁과 '사상의 시장'의 실패

한국의 신문 산업은 1987년 이후 치열한 시장 경쟁 시대를 맞았다. 신문 수가 크게 늘어났을 뿐 아니라 증면, 지방 분공장 설치가 잇따라 이루어지면서 내용에서도 치열한 경쟁이 벌어지고 있다. 과거의 권위주의 정권 때와 달리 국가의 규제와 개입이 크게 줄어들었을 뿐 아니라 언론은 가장 영향력 있는 사회 집단으로 꼽힐 정도로 위상이 높아졌다. 고전 자유주의의 입장에서 보면 언론의 자율성은 크게 신장된 셈이다. 그러나 여전히 언론은 <한겨레>를 제외하면, 보도 태도에서 거의 보수적이며 내용에서도 획일적이라는 비판을 받고 있다. 이와 더불어 사이비 언론, 불공정 거래 등 시장 질서 문란이라는 시장 실패 *market failure* 현상도 두드러진다. 이러한 혼란은 자유주의 이념이 정착되는 과도기의 일시적인 현상인가, 아니면 고전 자유주의 모델에 근거한 자유 방임적 시장 체제 자체의 한계인가? 요컨대 1987년 이후 도입된 시장 경쟁 체제가 사상의 시장에 어떤 효과를 가져다 주었는지 평가하는 일은 매우 중요하다.

국내 신문 시장은 아직 영세한 규모지만 1987년 이후 신문 수는 계속 늘어나고 있다. 일간지의 사례를 보면 1985년 말에는 30개에 불과하던 것이 1995년 말에는 148개로 정점에 달했다가 IMF 구제 금융 체제를 전후해서 일시적으로 줄어들었지만 이후 다시 꾸준히 늘어나 2000년 12월에는 117개에 달했다(한국언론재단, 2001a: 247). 하지만 당기 순이익이 흑자를 기록한 신문이 1993년에는 중앙지 3개사, 경제지 1개사, 지방지 4개사 등 극소수에 불과하며 2000년에도 중앙 일간지 5개사, 지방 일간지 10개사에 그쳤다(기자협회보, 1994. 5. 12~6. 4; 박소라, 2001: 116; 한국언론재단, 2001a: 233). 시장 상황이 전반적으로 열악하고 기업이 적자를 기록하는데도 신문 수가 꾸준히 증가하는 기현상을 어떻게 설명해야 하는가? 이러한 현상은 우리와 비슷하게 시장 경쟁 체제를 채택하고 있는 서구 국가에서 지역적 독점, 체인 소유 신문의 증가 등 시장 경쟁의 부작용으로 신문 수가 점차 감소하고 있는 것과 대비가 된다(Rosse, 1980; Curran & Seaton, 1991). 그렇다면 국내 신문 시장도 치열한 경쟁이 가져오는 구조적 문제점을 안고 있기는 하나 문제점의 성격이 서구의 사례와는 다르다고 볼 수밖에 없다. 이러한 신문 수의 증가 현상이 단지 시장 논리로만 설명될 수 없는 것이라면, 국내 신문 시장을 이해하는 데에는 서구의 사례와 달리 순수한 경제적 차원뿐 아니라 비시장적 요인까지도 고려해서 파악해야 한다.

엄격히 말해 국내 신문 시장은 순수하게 이윤을 추구하는 기업만으로 구성되어 있다고 보기는 어렵다. 즉, 신문 기업 경영을 통해 이윤을 남기기보다는 다른 업종의 이권 보호를 주된 목적으로 삼거나, 권력 따위의 비경제적 이익 추구가 신문 경영의 주된 목적이라고 볼 수밖에 없는 사례가 많다. 몇몇 징후들은 이러한 추정을 뒷받침한다. 우선 적자를 면하기 어려울 정도로 시장 상황이 나쁘고 이것이 단기간에 개선될 희망이 없는데도 지속적으로 신문이 늘어나고 있을 뿐 아니라 일부 신문들(특히, 지방지)은 아예 경영 합리화의 노력을 별로 기울이지 않고 있다는 점이다. 소유주의 구성을 보더라도 일부 신문들은 기업이라기보다는 지역 사회의 권력 과정에 연결된 준準권력 기관의 성격이 강하다. 특히, 지역지 시장에서는 지역 사회에서 발언권 확대와 이권 보호를 꾀하는 지역 기득권 세력이 상당한 비중을 차지한다. 지역 광고 시장 규모가 영세한데도 불구하고 유독 지역 사회에서 신문이 갈수록 늘어나는 것도 한 증거다. 국내 신문 업계는 시장 경쟁 모델을 채택하고 있으나 비시장적 부문에 기반을 둔 신문사가 많고, 그럼에도 불구하고 다양한 사회 집단의 목소리를 반영하는 '시민 미디어 부문 *civic media sector*'은 발달하지 못한 기형적 구조로 되어 있다(Curran, 1991).

표 1-1. 신문별 관급 기사의 비율

단위: %

	동아일보	중앙일보	서울신문	조선일보	한겨레	한국일보	총계
정치	99.2	97.6	98.4	97.0	96.3	97.9	97.8
사회	78.7	73.6	83.2	78.3	68.2	77.2	76.5
경제	73.1	73.6	73.1	75.4	81.0	78.8	75.5
총계	79.9	78.3	83.5	80.7	75.2	81.8	80.0

출처: 이원락(1991: 57~63)에서 재구성.

소유 형태보다 심각한 것은 신문 내용의 다양성 문제다. 국내 각 신문사의 사시社是를 비교 분석한 연구에 따르면, 국내 신문의 사시는 대부분 '공익'을 표방하는 것 이외에는 추상적이고 모호한 것이 특징이다(오진환, 1985). 이는 국내 신문들이 수적으로는 다양하지만 이념적 차이는 크지 않다는 추정을 가능하게 한다. 대다수의 신문들이 공공성을 표방하고 있으나 실제로는 보수적 성향이 주류를 이루고 있다.

또 거의 모든 신문아 종합 대중 일간지로서 정보 제공 역할에 치중하고 있으나 여기서도 획일성이 드러난다. 신문에서 스트레이트 기사의 출처를 내용 분석한 연구에 따르면 <한겨레>를 포함해 6개 중앙지의 정치·경제·사회면 기사 가운데 국가 기관에서 공급한 '관급' 기사의 비중은 표 1-1과 같이 평균 75.5% · 97.8%에 달했다.

여기서 주목할 만한 것은 상대적으로 진보적인 노선을 표방하는 <한겨레>에서도 관급 기사의 비중이 다른 신문에 비해 그다지 낮지 않을 뿐 아니라 경제면에서는 오히려 가장 높게 나타났다는 점이다. 이와 같은 현상은 수용자 극대화를 추구하는 종합 일간지 시장에서는 정보의 획일성과 보수성을 벗어나기가 쉽지 않다는 점을 말해 주는 예이기도 하다.

그렇다면 여기서 한 가지 의문을 제기해 볼 수 있다. 그것은 왜 한국의 신문 시장 메커니즘은 사상과 내용의 다양성을 이루면서 다양한 사회 집단의 목소리를 반영하는 대의적 기능을 수행하지 못했는가 하는 점이다. 모든 문제점의 원인을 시장 제도의 한계로만 돌리기는 어렵다. 오히려 국내 신문 시장의 독특한 구조, 즉 시장 경쟁 체제가 가지는 정화 기능의 장점을 실현하지 못한 채 시장 제도의 단점이 두드러진 기형적인 구조를 하고 있는 데 주목할 필요가 있다.

국내 신문 시장의 여건은 수많은 종합 일간지를 유지하기가 어렵고, 이런 여건은 아마 장기저으로도 크게 개선되지 않을 것이다. 더구나 국내 신문 시장은 분화가 제대로 이루어지지 않고 종합 대중 일간지 위주로 구성되어 있다. 이러한 상황은 시장에서 이윤 대신에 시장 외적인 이익(기업 외적 이익이나 사이비 언론) 추구에 치중하는 신문을 만들어 내는 구조적 온상이 된다. 치열한 경쟁에서 정상적으로 존립할 수 있는 여지가 제한되어 있기 때문이다. 이렇게 보면 과거 정부의 언론 정책은 대부분 원천적으로 실효성을 거두기 어려운 한계를 안고 있었다. 과거 정권 교체기마다 단골처럼 등장한 사이비 언론 단속은 구조적 모순을 외면한 대증 요법으로 일부 군소 신문만 일종의 속죄양으로 삼은 데 불과하기 때문이다.

만일 시장 기능을 정상화한다면 국내 신문 산업은 몇몇 큰 신문사 위주로 재편될 것이고, 이러한 현상은 기존의 신문 시장 메커니즘에서는 불가피한 것이다. 이와 같은 시장 부문의 결점을 보완하고 사상의 다양성을 정책적으로 육성하기 위해서는 규제된 시장 제도라 할 수 있는 '사회적 시장 부문 social market sector'과 시민 미디어 부문을 활성화해야 한다(Curran, 1991). 사회적 시장 부문이란 세분화된 소규모 독자층을 대상으로 하는 소자본 신문도 살아남을 수 있도록 지원 정책을 통해 시장 경쟁 구조를 완화한 변형된 시장 체제이다. 시민 미디어 부문은 특정 사회 집단이나 정치 세력의 지원으로 유지되는 정론지를 말하는데, 이를 활성화하기 위해서는 정치적 견해의 다양성을 용인하도록 국가 보안법 개정을 비롯해 사상 자유의 규제 완화와 더불어 노조나 진보 세력의 정치 세력화가 필요하다. 스웨덴에서는 소규모 언론에 대한 지원 제도를 통해 다양한 정론지를 활성화하는 데 성공했는데, 이 정책 사례는 우리에게도 시사하는 점이 많다.

4. 전국지, 지역지와 '지리적 시장'

한국 사회의 신문 시장에는 다양한 사회 집단의 목소리를 대변하는 신문들이 활성화되지 못하고 보수적인 대중지가 주류를 이루고 있다. 그러나 계층이나 이념적 스펙트럼에 기반을 둔 신문이 발달하지 않은 대신에, 지역 단위의 신문이 큰 비중을 차지하고 있다. 이것은 한국 사회에서 계급 정치보다는 지역이 정치 과정에서 중요한 단위가되고 있는 현상과 관계가 있을지도 모른다. 1987년 이후 수도권에서는 신문 창간 열기가 정체된 후에도 각 지역에서는 계속 신문 수가 늘어난 것도 지역 언론의 열기를 말해 준다. 1995년에 시작된 지방자치 단체장 선거가 정착되고 나면 이러한 경향이 더욱 심해질 가능성이 있다. 지역이 현실 정치에서 큰 역할을 하는 한국 사회에서, 신문의 지리적 시장 *geographic market* 이 어떤 형태와 성격을 띠는가 하는 문제는 민주주의의 미래에 아주 중요한 함의를 지닌다.

또 내용의 다양성 못지않게 다양성의 수준도 중요하다는 점을 감안할 때, 지리적 시장은 분석에 아주 유용한 개념이다. 전국적으로 얼마나 다양한 언론이 활동하고 있는지도 중요하긴 하지만, 독자의 입장에서 보면 자신이 살고 있는 지역에서 얼마나 많은 신문을 접할 수 있는지가 더 중요하기 때문이다.

한국 신문 산업의 지리적 시장 가운데 전국 시장과 주로 광역 선거 단위인 시도 단위의 지역 시장이 중요한 비중을 차지한다.[1] 이 두 종류의 시장은 서로 연관이 있기는 하지만 독립된 시장으로 파악해야 한다. 지리적 시장이란 지리적인 개념일 뿐 아니라 지방 자체 제도, 도시 교통 구조, 주거 형태, 산업 배치 구조 등의 요인에 의해 형성되는 사회 경제적 개념이다(Kaniss, 1991, chap.1). 가령 매출액을 시도 단위 지역 시장의 시장 규모를 나타내는 지표로 보았을 때, 지역의 신문 시장 규모는 인구, 인구 밀도 따위의 인구학적 변인과 더불어 해당 지역의 사업체 수, 도소매업 판매액, 도내 총생산 등 경제적 변인과 높은 상관 관계를 보인다(임영호, 1995b).

전국 단위의 지리적 시장은 수도권에 본사를 둔 전국지로 구성되고, 이것은 대개 시장 경쟁의 논리에 따라 시장 구조가 형성되는 '사유 기업 부문 *private enterprise sector*'에 속한다고 볼 수 있다(Curran, 1991). 사유 기업 부문의 가장 큰 문제점은 해당 산업이 독과점화 할 가능성이 크다는 것이다. 신문 산업 부문의 산업 집중도[2]는 수치상으로 볼 때 다른 산업에 비해서 아주 높다. 매출액 규모를 기준으로 상위 기업 집중률(CRn)은 표 1-2와 같다.

---

1. 1980년의 언론 통폐합 때에는 행정 구역 중심으로 시장 구역을 나누고 강제적으로 시장을 개편했으며, 1987년까지 이 구역은 실질적인 시장 구역의 기능을 했다. 이러한 시장 범위 구분은 1987년 이후 모호해졌다. 그러나 신문 배포의 범위, 지역적 이슈나 지역 간 이해 관계가 걸린 쟁점에 대한 신문사의 입장 등을 감안할 때 어느 정도 타당성이 있는 개념으로 보인다.

2. 산업 집중률을 측정하는 개념으로는 상위 기업 집중율(CRn), 허핀달—허쉬만 지수 *Herfindahl—Hirshman Index* 등이 있다. CRn은 매출액이나 자산 규모에서 상위 n개 기업의 시장 점유율을 누적하여 더한 것이다. 허핀달—허쉬만 지수는 각 기업의 시장 점유율의 제곱을 모두 더한 것으로, 해당 시장의 기업 수를 N이라 할 때, 1 / N과 1의 범위 안에 있다. 이 개념을 신문 산업에 적용한 연구로는 강명구(1994), Lacy & Davenport(1994), Picard(1988)를 보라. 강명구의 연구는 전국지 시장을 별도의 시장으로 보지 않고 지역지 시장과 묶어서 계산했기 때문에 산업 집중률이 다소 낮게 나왔다.

표 1-2. 전국지 시장의 매출액 순위와 점유율 (2000년 기준)

순위	신문	매출액(100만 원)	점유율	누적 점유율(CRn)
1	조선일보	475.363	25.1	25.1
2	중앙일보	385.221	20.3	45.4
3	동아일보	358.323	18.9	64.3
4	한국일보	265.236	13.9	78.2
5	대한매일	105.075	5.5	83.7
6	한겨레	85.066	4.4	88.1
7	경향신문	80.684	4.2	
8	문화일보	59.927	3.7	
9	국민일보	41.887	2.2	
10	세계일보	38.991	2.0	
계		1,895.773	100	

출처: 한국언론재단(2001b), ≪한국 지방 일간지의 지역성≫.

어떤 시장에서 CR4가 50%이거나 CR8이 70% 이상일 경우 과점적 상황의 분기점으로 보는 교과서적 정의를 따르면 국내 전국지 시장은 산업 집중도가 아주 높다고 볼 수 있다(Picard, 1988: 62, 72). 그러나 경쟁이 치열한 경우에도 집중률이 일반적으로 높게 나오는 신문 시장의 특징을 이러한 정의는 반영하지 못하는 단점이 있다(Busterna, 1988: 44). 따라서 허핀달-허쉬만 지수 *Herfindahl-Hirshman Index* 와 같은 좀더 정교한 개념을 사용해야 한다. 표 1-2에서 허핀달 지수(H)는 0.1675(0.1<H<1)로 최소치인 0.1에 근접할 정도로 낮다. 이는 전국지 시장에서 산업 집중률은 아주 높지만 여러 기업이 비교적 고루 분산하여 시장을 점유하고 있다는 뜻이다.[3]

문제는 몇몇 기업의 시장 지배력 *market power* 이라기보다는 이러한 시장 상황에서 각 신문들이 똑같이 독자 극대화 전략을 추구하는 바람에 신문 내용이 거의 차별성이 없게 되어 버렸다는 점이다. 전국지 시장은 다른 산업 부문에 비해 시장 진입 장벽이 높고, 시설 투자, 배포 조직 등에서 규모의 경제 원리가 극심하게 작동하기 때문이다. 다양한 (소수의) 목소리를 대변하는 신문들은 좀더 세분화된 제한된 독자층을 주대상으로 하므로 시장 경쟁에서 불리한 위치에 있기 쉽다. 따라서 사유 기업 부문에서는 사상의 다양성이 확보되기가 어렵다.

반면 지역 신문 *local newspaper* 시장은 지역적으로 세분화한 독자층을 대상으로 하기 때문에 이론적으로는 어느 정도 내용의 다양성이 보장된다. 그렇지만 현실은 그렇지 못하다. 지역지 가운데서 어느 정도 시장 점유율을 확보하면서도 흑자를 유지하는 신문사가 1993년에는 부산의 <부산일보>, <국제신문>, 대구의 <영남일보>, <매일신문> 등 4개사에 불과했다. 2000년에는 흑자를 기록한 지방지가 수치상으로는 10개로 늘어났지만, 실제 영업 내역을 보면 대부분 매우 부실하다 (기자협회보, 1994. 6. 2; 한국언론재단, 2001a: 233). 지방 자치제가 실시된 후 지역 신문의 수요가 다소 늘어났다고 하더라도 자생적인 시장성을 갖출 수 있는 지역은 부산, 대구 정도에 불과한 셈이다. 즉, 기존의 시장 체제에서 지역 신문 시장은 대부분 신문을 여러 개 유지하기 어렵다. 따라서 지역 단위에서 최소한의 다양성을 유지하기 위해서는 시장 진입을 쉽게 해 주는 등 시장 체제를 부분적으로 수정한 '사회적 시장 부문'을 활성화해야만 한다는 주장은 설득력을 지닌다.

또 지역 신문 시장에서 언론의 양적인 다양성 못지않게 중요한 것은 질적 다양성이다. 보수적인 특정 신문이 해당 지역 시장에 자리잡아 협소한 시장 자원을 고갈시키면 새로운 신문이 성장하기 어

---

3. 하지만 많은 국내 신문사의 경영 지표가 과장되어 있으며, 순익보다는 매출액 등 사세 키우기에 치중해 왔다는 점을 감안하면 실질적인 집중률은 더 높게 나올 가능성이 있다.

렵고 질적인 다양성의 문제도 더욱 심각해질 수 있다. 미국의 사례를 보면, 지역 신문이 대중지로 성장하는 과정에서 독자들 사이에 지역적 정체성을 조성하기 위해 지역 발전과 이익을 옹호 선도하는 지역 후원주의 *boosterism* 의 경향을 띠었는데, 이는 우리와 흡사하다 (Kaniss, 1991: 52~3 참조). 그렇지만 미국의 지역 신문에서는 지역의 이익과 밀착해 있으면서도 동시에 지역 사회의 비리를 파헤치는 '십자군의 역할 *crusading*'도 중요한 특색이었다(Kaniss, 1991: 19). 반면 한국의 지역 언론은 지역 사회에서 기득권층의 일부를 이루거나 적어도 이들과 밀접한 사적 관계를 맺고 있는 사례가 많다. 따라서 내용의 보수성은 전국지에서보다 오히려 더 큰 문제가 될 수 있다. 특히, 복수의 신문이 자리잡기 어려운 협소한 지역 단위에서는 사유 기업 부문 모델은 지역 사회에서 사상과 정보의 다양성을 확보하는 데 치명적인 단점이 있다.

따라서 지역 신문 시장의 다양성을 확보하기 위해서는 역시 좀더 규모가 작고 세분화한 독자를 대상으로 한 군소 신문도 존립할 수 있도록 시장 진입 장벽을 낮추고 시장 메커니즘을 변형시킨 사회적 시장 부문 모델을 도입해야 한다(정책 방안에 관한 논의로는 임영호, 1993 참조). 지역 시장이 전국지 시장에 비해 지리적으로 좀더 분화된 시장이라면, 특수지나 주간지는 내용과 독자층이 좀더 전문화·세분화한 시장이다. 사상의 시장을 활성화하기 위해서는 규모의 경제 원리가 다소 덜 적용되고, 시장 진입이 손쉬운 소규모 정기 간행물 시장의 활성화를 유도하는 것이 훨씬 현실적이다. 스웨덴은 신문 산업에 대해 광범위한 지원 정책을 펴서 성공을 거둔 대표적인 사례로 꼽힌다. 하지만 스웨덴에서도 일간지 육성에는 그다지 효과를 보지 못했으며, 대신에 비일간 정론지 시장을 활성화해서 내용의 다양성을 확대하는 데 주력했다(Gustafsson, 1993: 41).

이렇게 보면 국내의 언론 법규 역시 신문 시장의 세분화를 저해하는 장애 요인이다. 가령 '정기 간행물의 등록 등에 관한 법률'은 종합 일간지 위주로만 되어 있고 정론지에 대해서는 다른 특수지에 비해서도 상대적으로 불리하게 규정하고 있다. 국내 언론법의 종합 일간지 중심주의는 각 신문들이 운신할 수 있는 폭을 좁혀 결과적으로 신문 시장에서 이념적 획일성을 강화하는 효과를 가져오기도 한다. 따라서 다양성의 육성을 위해서는 무엇보다도 기업 규모가 작은 지역지, 특수지, 주간지, 정론지 등을 전국적인 종합 일간지의 불완전한 형태로 간주하는 듯한 정책적 편견을 바로잡는 작업이 선행되어야 한다.

5. 테크놀로지와 언론 자유의 미래

사유 기업 부문에 부분적으로 사회적 시장 부문을 도입하면 신문 시장은 다층화할 가능성이 크다. 즉, 신문 시장은 대중 시장 *mass market* 을 대상으로 본격적인 시장 경쟁을 벌이는 대자본 신문 시장과 비교적 규모가 작은 특수 신문이나 지역지 위주로 된 사회적 시장 부문의 이중 구조를 이루게 된다. 물론 여기서 두 시장 사이의 경쟁 관계가 어떠한 형태로 전개될 것인지는 경제학적으로 좀더 엄밀하게 검토해야 할 것이다. 하지만 신문 산업에 밀어닥치고 있는 기술 혁신과 기업 거대화 추세를 감안할 때, 어차피 기존의 신문 산업은 선도적 기업과 낙후된 전통적 기업으로 나뉘어질 것이다. 그렇다면 이와 같은 분화 추세를 역으로 활용하여 사상의 다양성이라는 방향으로 유도하기 위해서는 어떤 정책을 마련해야 할 것인지가 앞으로 남은 과제다.

신문 산업의 기술 혁신은 편의상 두 가지 부류로 나누어 볼 수 있다. 하나는 CTS, 윤전기, 지방 분공장 설치 등 비교적 전통적 기술의 개량과 자본 투자 규모의 확대에 해당하는 것이다. 또 하나는 정보 통신 기술과의 융합을 통해 멀티미디어 산업에 진출할 수 있는 기반을 닦는 일이다. 1980년대 중반 이후 국내 신문사들은 CTS 도입을 통해 신문 제작 과정을 전산화했다. 이러한 시설 투자는 기존의 신문 제작 방식을 개량할 뿐 아니라 장차 신문 산업이 정보 산업에 진출할 수 있는 기반을 구축해 주는 성격도 띤다. 장기적으로 볼 때 신문 산업은 멀티미디어 시대를 맞아 데이터 베이스, 비디오 텍스트 등 종합 정보 산업으로 전환하려는 기업과 전통적 생산 방식을 고수하면서 경영 합리화를 통해 경쟁력을 유지하려는 기업으로 나뉠 가능성이 크다.

이러한 시장 상황은 기술적·산업적 차원에서 효율성을 높이고, 소비자 복지의 측면에서도 합리적이라는 주장이 나올 수 있다. 가령 경쟁을 제한하는 장벽 제거, 신문 간의 합병 허용, 타미디어 겸영 허용, 기술 부문에서 기업 결합 유도, 국가의 정책적 지원 등의 제안이 UR 시대에 미디어 산업의 국제 경쟁력 강화라는 명분으로 상당히 넓은 지지를 받으며 제시되고 있다(한국언론연구원, 1994a; 한국언론연구원·한국방송개발원, 1994). 물론 신문 산업의 첨단화는 산업적 측면에서 볼 때 불가피한 부분이 많다. 하지만 경제적 시장에서의 합리화라는 시각을 넘어서 사상의 시장과 언론 자유라는 관점에서 볼 때에는 검토해야 할 몇 가지 문제점이 있다.

첫째, 장기적으로 신문의 첨단 산업화는 텔레커뮤니케이션 산업에서처럼 시장 진입 장벽을 더욱 높이고 기업 합병, 복합 기업, 교차 소유 등 산업 집중화를 초래할 가능성이 크다.[4]

둘째, 공공저 문제에서 시각의 다양성이 크게 위협받을 우려가 있다. 첨단 신문 산업이 고부가 가치화와 대중 시장을 추구하게 되면 보도 태도에서 자연 탈정치화하거나 보수적 시각 중심의 '계급적

---

4. 물론 과거 미국의 사례를 보면 컴퓨터 기술이나 오프셋 인쇄기 따위의 기술 도입은 시장 진입 장벽을 낮추는 데 기여했다는 연구도 있다(Norton & Norton, 1986). 그러나 장기적으로 신문 산업의 멀티미디어 산업화는 투자 소요 규모의 급증을 가져와 시장 진입 장벽을 높이게 될 것이다.

여과 장치 *class filter*'가 작용하게 될 가능성이 있다(Curran, 1991: 94).

셋째, 매체 간 융합은 신문 산업에서 국가와 공공 투자 부문의 비중을 높이기 때문에 국가 개입이나 국가의 영향력을 크게 확대할지 모른다. 서구의 사례를 보더라도 방송 통신 부문에서는 국가가 기술적 표준 설정이나 사회 기반 시설 투자, 산업 정책 결정, 공공 요금 정책 등을 통해 큰 영향력을 행사하고 있다. 더구나 한국 사회에서는 방송 통신 정책 결정 과정이 상당히 불투명하고 중앙 집권화해 있어 더욱 심각한 문제가 발생할 가능성이 있다. 그 동안 주요 신문사들이 대부분 정치적으로 보수적인 입장을 취해 왔다는 점을 감안할 때 국가에 대한 비판 기능이 약화되고 공생 관계가 형성될지도 모른다는 우려는 상당한 근거가 있다.

이러한 문제점에 대한 구조적인 대책은 크게 두 가지 방향에서 생각해 볼 수 있다. 하나는 첨단 산업 부문을 육성하는 동시에 소자본으로 가능한 전통적 신문 부문을 보존, 육성하는 방안이다. 즉, 내용이나 지역으로 세분화한 특수 시장을 시장 상황이 비교적 유리한 사회적 시장 부문으로 유도하는 것이다.

다른 하나는 거의 국가 독점 영역으로 여겨져 기술적·산업적 정책의 차원에서만 파악해 온 정보 통신 부문의 정책 결정 과정을 어떻게 공론화하고 민주화할 것인지의 문제다. 앞으로 멀티미디어 시대에는 이 부문의 정책 결정 과정이 방송이나 통신뿐 아니라 모든 미디어 산업에 큰 영향을 미칠 것으로 예상된다. 따라서 이 과정에서 국가가 어떠한 역할을 해야 할 것인지 한계를 정하는 일은 중요한 정치적 문제다.

6. 신문 시장과 국가의 역할에 대한 재고

지금까지 논의한 것을 정리해 보면, 앞으로 국가의 역할은 불가피하게 이전과 크게 달라질 것이라고 볼 수 있다. 고전 자유주의자들에게 국가는 언론 자유 실현을 위해서는 어떤 상황에서도 멀리해야 하는 대상이었다. 즉, 이들은 어떤 형태의 국가 개입도 언론 자유를 위태롭게 할 가능성이 있는 것으로 보고, 자유로운 시장 경쟁에 맡겨 독자의 심판을 받게 하는 것이 최선의 정책이라고 보았다. 하지만 현대 사회에 접어들면서 시장 경쟁 체제에서는 언론 자유의 주요한 가치인 다양성이나 소수 의견의 보장이 달성되기 어렵다는 인식이 확산되기 시작했다. 이에 따라 국가는 점차 시장에 개입하여 시장 메커니즘이 초래하는 단점을 보완하는 기능을 떠맡게 되었다. 커런의 용어를 빌리자면, 사유 기업 부문의 한계를 극복하기 위해 사회적 시장 부문을 도입하게 되면 국가의 역할은 자연 커지게 된다. 그리고 나아가 오늘날 미디어 부문에서 갖가지 기술적·경제적 이유로 국가는 점차 큰 역할을 하고 있다. 가령 신문사와 정보 통신 기업 간에 매체 융합이 이루어지면 그 신문 기업은 정보 산업의 기반 시설 부문을 관리하는 국가의 영향력 아래에 놓이게 된다.

사회적 시장 부문에 국한해서 볼 때 앞으로 국가는 어떠한 역할을 수행해야 하는가? 신문 산업에 대한 국가 정책은 불간섭을 포함해서 다양한 규제나 지원 정책의 형식을 띨 수 있다. 현대 민주주의의 관점에서 볼 때 국가는 언론 자유의 실현을 위해 사상과 견해의 다양성을 보호, 육성하는 정책을 추진해야 하지만, 동시에 국가 개입은 언론의 비판, 감시 기능의 약화 등 언론 자유를 위축시키는 부작용을 가져올 수도 있다. 이는 어떤 비정치적인 국가 조치라도 결국 신문 기업의 활동 여건에 큰 영향을 미치기 때문이다. 따라서, 신문 시장에 대한 국가 개입은 다음과 같은 몇 가지 기준을 충족시켜야 한다(Holtz-Bacha, 1994: 7).

첫째, 경제적 효율성 *economic effectiveness* 이 있어야 한다. 즉, 약한 신문의 경쟁력을 강화시켜 주고 경쟁을 제약하는 산업 집중 과정을 방지하는 실질적 효과가 있어야 한다는 것이다. 여기서는 국가의 조치가 전체 신문 기업에 적용되는 보편적 조치인지 일부 기업에만 해당되는 선별적 조치인지, 또 선별적 조치를 기존의 신문에만 적용할 것인지, 아니면 새로 창간되는 신문도 지원할 것인지가 쟁점이 된다(Gustafsson, 1980). 선별적 조치가 경제적 효과는 훨씬 크지만, 그렇게 되면 국가의 권한이 커져 신문의 자율성을 위축시킬 가능성이 있다. 둘째, 신문의 양적 다양성 *plurality* 과 질적 다양성 *diversity* 증대에 기여해야 한다. 경제적 시장에서 양적 다양성이 늘어난다고 해서 반드시 정보나 사상의 시장에서 질적 다양성도 늘어난다고 볼 수 없기 때문이다. 따라서 가능하면 두 부문에서 경쟁을 동시에 촉진하는 정책일수록 정당성이 있다. 셋째, 신문이 국가로부터 독립성을 유지할 수 있게 해야 하며, 언론 자유를 위축시키는 악영향이 없어야 한다.

홀츠바샤는 이상의 원칙을 고려하여 유럽 국가의 사례를 중심으로 좀더 구체적인 기준을 다음과 같이 제시하고 있다(Holtz-Bacha, 1994: 12~4).첫째, 각 신문사의 개별적 문제나 산업 구조적인 문제가 무엇인지 평가하는 제도가 필요하며 발행 부수나 재무 정보 따위의 관련 정보 공개가 정착되어야 한다(스웨덴, 네덜란드, 이탈리아, 독일의 사례). 둘째, 독립된 기구를 통해 지원을 결정하도록 해야 한다(네덜란드의 사례). 셋째, 객관적 기준에 의해 자동적으로 지원이 결정되고 개별적 심사가 불필요하게 하는 등 결정 과정의 투명성이 보장되어야 한다(이탈리아, 스웨덴의 사례). 넷째, 내용과 관계 없이 오직 경제적 기준에 근거해서 지원이 할당되어야 한다.

이러한 국가 개입 방식이 신문이 산업으로서 정착하는 데 큰 도움이 된다 하더라도 언론 자유의 측면에서 심각한 부작용을 낳을 수 있다는 우려도 나올 수 있다. 그렇지만 국가 개입 정도와 언론 자유가 반드시 반비례하는 것만은 아니다. 유럽 국가의 신문 산업 정책 사례들은, 사상 시장의 다양성을 활성화하기 위해 국가가 어떠한 기능을 수행할 수 있는지 잘 보여 준다. 특히 스웨덴의 신문 정책은 국가가 신문 산업에 적극적으로 개입하면서도 언론 자유가 잘 실현되는 것으로 평가받는 대표적인 사례로 꼽힌다(Gustafsson, 1980, 1993; Smith, 1977).

내용의 '획일성'과 '보수성'은 한국 신문 산업의 대표적인 문제로 지적받고 있는데, 이는 반드시 국가가 신문 산업에 개입하고 있기 때문에 생긴 것은 아니다. 신문 산업이 내부적으로 안고 있는 시장 실패의 한계를 국가가 정략적으로 악용하려는 경향이 있다는 점도 부정할 수 없다. 즉, 공정한 시장 경쟁 규칙을 적용하지 않고 언론의 불공정한 시장 행위를 방조해 신문이 스스로 더욱 보수적인 기득권층으로 변질하도록 내버려 두는 것은 아닌가 하는 의혹도 든다. 신문이 오직 독자의 선택을 통해서만 심판받을 자세가 될 때 언론 자유는 가능하다고 보는 고전 자유주의의 견해는 아직도 타당하다. 신문 시장에서 실패한 신문을 퇴장시키는 시장 정화 기능의 정상화는 언론 자유 실현을 위한 가장 기본적인 전제다. 이러한 전제가 확립되고 나서야 시장 진입 장벽 완화를 비롯해 시장 여건의 개편은 비로소 효력을 발휘할 것이다.

7. 미완의 과제, 민주주의

언론 자유를 지칭하는 비유로서 자주 사용된 사상의 시장이라는 이상은 18세기에는 역사적 현실을 반영하는 개념이었을지 모른다. 하지만 시장 경쟁과 사상의 경쟁이 조화를 이루기는커녕, 시장의 경제적 효율성이 사상의 다양성을 몰아 내는 오늘의 미디어 환경에서 자유주의의 이상은 점점 적용 가능성과 유용성을 의심받고 있다. 하지만 언론이 이윤 창출의 도구로 전락해 가는 모순을 비판하는 이론적·정치적 틀로서 사회주의 모델의 가능성이 사라지고 새로운 이념이 나타나지 못한 지금, 고전적 이상의 중요성은 오히려 새롭게 부각된다. 결국 민주주의라는 개념과 마찬가지로 언론 자유나 사상의 다양성이라는 자유주의의 이상은 현실적 청사진보다 규범적 잣대로서 더 가치가 있다.

한국의 신문들은 아직 이상형으로 삼을 만한 역사적 모델을 보여 주지 못했다. 냉전 시대의 사상적 매카시즘과 권위주의 국가의 통제 시대를 거쳐 오면서 신문들은 비판적이면서도 권위 있는 한국적 언론 자유의 전통을 아직 제대로 확립하지 못했다. 한국 신문 산업에서 가장 문제되는 것은 이른바 '무한 경쟁'이 가져온 시장 체제의 문제점이라기보다는 축적된 정치적 전통 없이 시장 경쟁의 시대를 맞게 되었다는 것이다. 1980년대 후반에 국내 신문업계가 정치의 시대에서 시장의 시대로 접어들게 된 것은 사실이다. 그러나 아직 정치 민주화의 과제는 끝나지 않았다.

한국의 신문 산업은 한편으로는 권위주의 시대처럼 보수 지향적인 언론 일색이면서, 다른 한편으로는 시장 경쟁의 폐해가 극심한 기현상을 드러내고 있다. 따라서, 앞으로 남은 과제는 이중적이다. 하나는 시장 경쟁 체제의 정화 기능을 정상화하는 일이다. 이는 독자의 심판, 즉 시장을 통한 수익 외의 물질적 이익과 혜택을 차단함으로써 신문이 이해 관계의 배분과 조정에 관여하는 권력 기관의 성격을 띠지 못하게 해야 한다는 뜻이다. 이렇게 해야 시장의 정화 기능이 살아날 수 있다. 또 하나는 시장 진입 장벽을 낮추어 다양한 사회 집단과 정치 세력에 기반을 둔 신문이 생겨날 수 있도록 하는 일이다. 가령 시장 외적 재원에 크게 의존하는 시민 미디어 부문을 활성화하여 각종 사회 갈등을 사상의 시장 속으로 끌어들이는 것이다. 이와 더불어 시장 진입 장벽을 낮추는 제도적 장치를 마련하여 시장 기반이 약한 소규모 신문들이 다양하게 자리잡도록 해야 한다. 이것은 기본적으로 시장 메커니즘을 따르면서도 소규모 기업에 불리한 시장 제도의 단점을 보완한 통제된 시장 체제라 할 수 있다.

이러한 정책은 신문 시장을 대규모 첨단 신문 기업으로 구성되는 중심부와 군소 신문 위주의 주변부(시민 미디어 부문이나 사회적 시장 부문)로 다원화하게 될 것이다. 중심부에서는 시장 효율성이 지배 원리로 자리잡을 가능성이 크지만, 적어도 주변부에서는 사상의 다양성이 어느 정도 유지될 수 있을 것이다. 이와 같은 전략은 '사상의 시장'이라는 측면에서 볼 때는 불완전하기는 하지만 신문 산업에서 지금 진행되고 있는 기술적·산업적 변화의 추세를 감안할 때 불가피하다.

다매체 시대에는 신문 자체가 주변적인 미디어로 전락할 가능성이 크다. 그리고 신문 산업도 정보 통신 산업과 융합하면서, 고전 자유주의의 이상과는 달리 국가의 직접적·간접적 개입도 불가피하게 확대될 것이다. 이러한 추세 속에서도 언론 자유의 이상을 지키기 위해서는 새로운 상황에 맞는 접근 방식이 필요하다. 우선 방어적인 입장에서 신문 산업 자체의 홀로 서기에만 주력하기보다는 다른 미디어 산업과의 연관 속에서 적극적으로 미디어 정책 결정 과정의 민주화에 노력해야 한다. 새로운 대중 매체가 계속 생겨나서 신문의 기능을 점차 대체하거나 보완하고 있지만, 신문과 같은 전통적 미디어는 사상의 다양성, 즉 정치적 견해의 다양성을 확보하기에 적합하다는 점에서 정치적 중요성이 여전히 크다.

2장 │ 저널리즘과 시장 개혁의 역설적 함수 관계

언론의 권력화에 관한 성찰

1. 머리말

2000년대 초부터 국내 언론계와 정계에서는 '언론 개혁'이 초미의 관심사로 부각되었다. 언론 개혁 문제가 이처럼 뜨거운 정치적 쟁점으로 부각된 것은 아마 건국 이래 처음이 아닐까 생각한다. 하지만 이 장에서는 정부와 정치권, 언론사, 시민 단체 사이에 벌어진 설전舌戰과 공방을 서술, 평가하고 비판하는 일은 접어두고 다소 다른 각도에서 언론 개혁, 특히 신문 개혁의 문제를 논의해 보려 한다. 언론 개혁에 관한 논의는 언론의 문제점을 어떻게 파악하고 이해하는지에 근거를 둔다. 여기서는 바로 언론이 수행하는 저널리즘이라는 사회적 기능과 시장 경쟁이라는 제도의 함수 관계에 관한 문제를 다루고자 한다. 다시 말하자면, 시장이라는 제도의 관점에서 언론의 행위에 나타나는 문제점을 어느 정도 설명할 수 있으며, 거기에 어떤 한계가 있는가 하는 것이다. 이러한 문제 제기를 통해 '언론 개혁'의 문제를 어떻게 이해하고 방향을 잡아야 할지 가늠해 보기로 한다.

　오늘날 우리가 흔히 사용하는 언론 관련 담론은 대개 18세기 자유주의 이념에서 빌려 온 것이다. 언론이 외부 세력, 특히 국가 권력의 간섭 없이 자유롭게 의견을 개진하고 독자의 판단에 맡기도록 하는 것이 장기적으로 보면 진리에 도달하는 최선의 길이라고 이들은 주장한다. 언론 문제에 관한 견해가 비록 다른 사람이라도 자유주의의 이 원칙에 대해서는 대개 수긍한다. 아무리 후진국이라 하더라도 민주주의를 표방하는 사회라면 자유주의 언론관은 아무도 내놓고 부인하거나 건드릴 수 없는 불문율로 통한다. 1980년대 후반부터는 한국 사회에서도 신문에 관한 정책에 이러한 원칙이 적용되고 있다고 볼 수 있다.

자유주의 언론 사상은 대개 시장 경쟁이라는 제도를 통해 구체화한다. 그렇지만 언론에 관한 자유주의자들의 구상은 사회적 제도 차원에서 실행되면서 예상하지 못한 문제점을 낳기도 했다. 서구에서 18세기 이후 언론 매체가 밟아 온 역사적 궤적을 조금만 살펴보아도 이러한 문제점의 사례를 쉽게 발견할 수 있다. 신문 시장에서는 일부 대자본이 시장을 독점하고 많은 언론사가 이들의 손에 넘어갔으며, 소규모 언론사들이 수지를 맞추지 못해 문을 닫는 바람에 사상과 내용의 다양성은 이룰 수 없는 꿈으로 남게 되었다. 자유주의 언론 이론의 구상에는 몇 가지 중요한 단서와 가정이 달려 있는데, 문제는 여기에 불확실하고 비현실적인 점이 적지 않다는 것이다.

첫째는 시장 경쟁이라는 제도를 통해 사상의 선별 과정이 (적어도 어느 정도는) 잘 이루어질 수 있으리라는 가정이다. 추상적인 수준에서 '사상의 자유 시장'은 진리의 자리를 놓고 후보자들이 경합하는 과정으로 고상하게 표현되지만, 이 이념을 실제로 구체화하는 제도 수준에서는 사상의 시장이란 저잣거리에서 장사꾼들끼리 경쟁하는 것과 비슷한 형태를 띤다. 언론 시장에서도 대개 질적으로 뛰어난 상품이 잘 팔리기는 하겠지만, 잘 팔리는 상품이 곧 좋은 상품이거나 진리라는 보장은 없다. 상품 시장의 법칙이 사상의 시장의 게임

법칙을 왜곡시키지 않도록 하는 것은 자유주의자의 구상이 유지되기 위한 관건이 된다.

둘째는 개인의 이익 추구와 공동체의 가치가 잘 조화되리라는 가정이다. 부작용이 적지 않게 생겨날 수 있음에도 불구하고 언론사의 자율성이 거의 불가침의 권리로 보장되는 것은 언론의 자유가 사회적으로 중요한 공익이자 가치이기 때문이다. 하지만 개별 언론사의 관점에서 보면 이러한 자율성은 외부 간섭 없이 자신의 이익을 추구할 수 있는 특권이 된다. 더구나 언론사는 저널리즘이란 공적 기능을 수행하면서 동시에 기업으로서 경제적 이득을 추구하는데, 이 행위가 반드시 사회적으로 바람직한 결과를 낳을 것이라고 장담할 수는 없다. 또 적어도 언론이 경쟁에서 정당성 있는 목표와 절차를 따를 때에만 우리는 이러한 희망을 가져 볼 여지가 있을 뿐이다.

우리는 이 두 가지 가정이 지니는 허점을 짚어 봄으로써 오늘날 자유주의 시장 체제에서 언론이 안고 있는 문제점에 대해 생각해 볼 수 있을 것이다. 이 문제점은 자유주의 언론 담론의 어휘로 옮겨 놓으면 언뜻 보기에는 비슷할지 몰라도 나라마다 아주 구체적이고 특수한 사정을 담고 있다. 과연 한국 언론이 안고 있는 특수한 문제점은 무엇인가?

2. 시장 경쟁, 문제인가 해결책인가

1980년대 후반까지만 해도 한국에서 언론 자유가 실현되는 데 가장 큰 장애는 국가 권력의 간섭과 통제라고 사람들은 생각했다. 1980년대 후반까지 권위주의 정권은 언론 통폐합, 언론사 설립 제한 따위의 인위적인 시장 규제 장치와 정치적 조치를 통해 언론사의 행동 범위를 제한했다. 1987년 직후의 언론 자유화 조치는 이러한 규제 장치를 모두 해제해 언론이 제 자리를 찾을 수 있는 교과서적인 여건을 모두 마련한 듯했다. 하지만 10여 년이 지난 지금도 일반 시민의 언론에 대한 만족도는 그리 높아지지 않았다. 오히려 폐해에 가까운 언론사의 '자유'를 규제하고 개혁해야 한다는 목소리가 여기저기서 나오고 있다.

어떤 이는 언론 자유화로 자본의 힘이 국가 권력을 제치고 언론 자유를 위협하는 가장 큰 세력으로 등장했다고 말한다. 이러한 주장은 그 동안 '탈규제'라는 신자유주의 이념 아래 서구 여러 나라의 언론에서도 일어난 변화를 떠올리게 한다. 만일 그렇다면 치열한 시장 경쟁이야말로 언론이 제 구실을 못하게 왜곡시킨 주범이란 이야기다.

하지만 특히 김대중 정권 하에서 언론 개혁을 표방하고 나선 시민 운동 단체들(가령 언론개혁시민연대, 약칭 '언개연')의 주장을 들어 보면, 이들은 언론과 시장 경제의 관계를 달리 해석하는 것 같다. 이들은 언론사에 대해 세무 조사를 실시하고, 공정 거래법(Fair Trading Act)을 엄격하게 적용해서, 신문 판매 시장과 광고 판매 시장을 정상화하는 것이 언론 개혁을 위한 필수적인 조치라고 본다. 즉, 언론 부문에서도 시장 경쟁이 제대로 이루어지지 않는 데서 많은 문제점이 발생한 것으로 보고 시장의 질서 회복과 개혁에 운동의 무게 중심을 둔다(언론개혁시민연대, 2001을 보라). 시장 경제에 대한 상반된 반응들을 보면서 한 가지 의문을 갖게 된다. 즉, 과연 한국 언론에서는 시장 경쟁의 과잉이 문제인가, 아니면 시장 메커니즘의 혼탁과 붕괴가 문제인가? 다시 말해 시장 경쟁은 극복해야 할 문제점인가, 아니면 언론 개혁을 위해 거쳐가야 할 단계인가?

결론적으로 말해 한국 언론에서 시장 기제의 문제점은 위의 두 차원을 모두 포함한다고 보아야 한다. 즉, 시장 경쟁이 반드시 바람직한 결과를 가져오지 않았을 뿐 아니라, 시장 기제가 기형적인 형태로 작동하는 바람에 '시장 실패' 현상이 나타나고 있다. 구체적으로 살펴보면 한국 신문업계에서 시장 실패의 문제점은 다음과 같이 몇 가지 형태로 드러난다.

우선 언론사 사이의 자유로운 경쟁이 개별 언론사에게는 혜택을 주었는지 모르지만, 사회 전체적으로는 사상의 다양성이나 독자의 선택권 확대를 가져오지는 않았다는 것이다. 1987년 이후 언론사의 자율성이 크게 신장되고 중앙 일간지만도 10개에 달할 정도로 양적으로 크게 성장했는데도 질적인 성장은 이에 미치지 못하고 있다. 언론사의 숫자는 많지만 여전히 대부분 보수 일색이고 내용이나 논조에서도 획일적일 정도로 비슷하다는 비판이 나오고 있다. 언론의 질적 수준이나 책임 의식도 그다지 개선되지 않았다는 불만 역시 그치지 않고 있다.

두 번째 문제로 들 수 있는 것은 시장 경쟁은 치열하지만 공정한 시장 경쟁의 규칙이 제대로 자리잡지 못했다는 점이다. 중앙 일간지 시장에서 <조선일보>, <중앙일보>, <동아일보> 등 이른바 '빅 3'는 상대적으로 우월한 자본력과 시장 기득권을 갖춘 시장의 선두 주자일 뿐 아니라 브랜드의 인지도 면에서도 다른 언론사보다 유리한 위치에 있다. 1987년 이후 신문이 새로 많이 생겨나면서 후발 주자들이 기존의 시장 판도를 깨뜨리기 위해 치열한 공세를 벌이리라는 것은 이미 예측된 일이다. 하지만 시장의 혼란을 부추긴 것은 이들보다는 오히려 거대 언론사들이라는 비판이 많다. 거대 언론사들이 잘 짜인 판매 조직과 물량을 토대로 공격적 마케팅을 벌였기 때문이다. 이러한 과열 경쟁은 결과적으로 내용의 차별화를 통한 자유로운 경쟁을 위축시켰으며, 심지어 시장 경쟁에서 공정한 게임의 규칙조차 흔들어 놓았다. 치열한 경쟁은 강제 투입, 경품 과다 제공, 판매 부수 부풀리기, 변칙적인 광고 수주 등 공정 거래 질서와 정상적인 가격 결정 체계의 붕괴로 나타나고 있고, 회사 차원의 조직적인 탈세, 주식 위장 이동, 변칙 상속 등 불법 행위의 의혹도 심심찮게 제기되고 있다.

세 번째, 많은 언론사가 시장에 뛰어들어 치열한 경쟁을 벌이고 있으며, 이들 사이에 경영 성과의 격차는 벌어지고 있는데도 시장의 정화 기능은 작동하지 않고 있다. 시장 경쟁 체제에서는 성과가 부실한 한계 기업이 퇴출되고 새로운 언론사가 계속 진입하면서 시장의 순환이 활발히 이루어지는 것이 정상이다. 신문업계의 시장 규모는 제한되어 있기 때문에 시장에서 실패한 신문이 퇴장해야 새로운 신문이 들어설 여지가 생긴다. 이러한 시장 기제가 과연 바람직한 일인지에 대해서는 물론 논란의 여지가 있다. 하지만 이러한 정화 기능이 작동하지 않는다면 이는 시장 기제에 무엇인가 문제가 있다는 뜻이다.

2000년의 사례를 보면 10개 전국 종합 일간지 가운데 흑자를 기록한 회사는 5개사에 불과했고, 지방지 언론사의 경영 성과는 이보다 훨씬 부실하게 나타났다. 경영 지표가 공개된 지방지 중에서 흑자를 기록한 회사는 10개사에 그쳤다(박소라, 2001: 115; 한국언론재단, 2001a: 233). 문제는 이러한 적자 구조가 일시적인 현상이 아니라 1980년대 말 이후만 살펴보더라도 거의 해마다 나타나는 지속적인 추세라는 점이다. 이는 신문업계가 시장 원리를 따르고 있으면서도 여기서는 다른 업종처럼 시장의 정화, 퇴출 기제가 작동하지 않는다는 것을 말한다. 이는 또 언론사가 단순히 이윤을 추구하는 기업이 아니라 다른 형태의 이익을 목적으로 삼는 권력 기관으로 변질하기 쉬운 구조적 토양이 된다. 또한 대다수의 언론사가 기업으로서 안고 있는 취약점은 국가 권력이 언론에 손쉽게 영향력을 행사할 수 있는 토대가 되기도 한다.

이처럼 신문업계에서 시장 기제가 제대로 작동하지 않고 있다는 것은 1차적으로는 신문 산업이 구조적으로 정상적인 기업 활동을 수행하기 어려운 상황에 있다는 것을 뜻한다. 나아가 자유주의자들은 정상적인 시장 메커니즘의 작동을 전제로 언론의 사회적·정치적 기능을 가정했는데, 시장 실패는 이 기능 역시 제대로 수행되기 어렵거나 다른 형태로 변질할 가능성을 시사한다. 한국 언론에서 시장 기능의 실패가 의미하는 바는 과연 무엇일까? 고전 자유주의의 언론 이론으로 설명하기 어려운 독특한 특성이나 문제점을 한국 언론이 지니고 있다는 것을 의미하는 것은 아닐까? 이러한 의문에서 이 글은 단순히 시장 경쟁이라는 경제 제도의 틀에서 벗어나 좀더 새로운 관점에서 언론 제도의 문제를 이해해 보려 한다.

3. 언론의 권력화

한국 신문업계에서는 왜 시장 기능이 제대로 작동하지 않는가? 그리고 이러한 변칙적인 시장 체제는 어떤 문제점을 안고 있는가? 시장 기제의 실패에 대해서는 여러 가지 해석이 가능하겠지만 무엇보다도 한국 언론의 독특한 이익 추구 방식이 시장이라는 제도적 기제가 정상적으로 작동하지 못하도록 왜곡시키기 때문이 아닐까 하는 의문을 가져볼 수 있다. 언론사의 자율적인 활동은 대개 정보를 판매해서 이윤을 추구하는 형태를 띠는데, 이러한 사적인 이익 추구가 사회 전체로 보면 공익과 일치할 것이라고 자유주의자들은 낙관한다. 하지만 한국 사회의 현실에 비추어볼 때 이 가정은 자유주의의 구상과 다른 모습으로 나타날 가능성이 크다. 즉, 언론이 변칙적인 형태로 자기 이익을 추구하게 된다면 공익을 위협하는 아주 심각한 형태의 문제점으로 나타날 수도 있다.

물론 언론사 역시 구체적인 사회 조직의 한 형태로서 존재하기 때문에 저널리즘의 기능을 수행하는 과정에서 나름대로 물질적·상징적 영향력을 구축하는 것은 자연스런 현상이다. 즉, 언론사는 기업 활동을 통해 경제적인 자원을 축적해 나갈 뿐 아니라 정치적·문화적으로도 권위와 위상을 갖추게 된다. 이러한 이익 추구는 사회 체제가 언론에 기대하는 기능과 얼마간 거리가 있을 수도 있지만, 언론이 추구하는 이 이익들은 사회적으로 정당하다고 인정된 가치 형태다. 그렇지만 만일 언론이 언론 고유의 기능에 배치되는 이익을 추구하게 된다면 언론 자체가 사회에 역기능적인 효과를 미치는 이익 집단으로 변질한다. 예컨대 한국 사회에서 신문사는 언론 고유의 기능을 수행하는 데서 더 나아가 아주 독특한 형태의 권력 집단으로 굳어졌다는 비판을 받고 있는데, 흔히 "미디어/언론의 권력화"라고 불리는 이 현상은 바로 이러한 맥락에서 이해할 수 있다(조항제, 2001).

과연 한국 사회에서 언론이 행사하는 '권력 power'은 어떤 성격을 띠며 어떤 문제점을 안고 있는 것일까? 프랑스 사회학자 피에르 부르디외 Pirre Bourdieu 의 이론은 비록 언론 문제를 본격적으로 다루지는 않았지만 언론 권력의 성격을 이해하는 데 시사하는 바가 크다 (Bourdieu, 1979 / 1995, 1982 / 1997). 부르디외는 여러 사회 집단의 존재 양식을 권력 자원의 분포와 구분, 차별화라는 관점에서 이해한다. 이렇게 보면 언론계 역시 여러 집단들이 좀더 우월한 사회적 위치를 확보하기 위해 투쟁을 벌이는 '장 champ, field'이라 할 수 있다. 부르디외의 접근 방식에서 특이한 점은 정치적·경제적 자원 따위의 구조적인 차원 외에 행위자의 무의식적인 일상 활동과 관련된 측면을 매우 중시한다는 점이다.

부르디외의 주장에 의하면 어떤 집단의 사회적 위상은 이들이 어떤 권력 자원을 어느 정도 보유하는지에 따라 정해진다. 부르디외는 경제적 비유를 사용해 이를 다양한 형태의 자본으로 이름 붙였다. '경제 자본'뿐 아니라 '사회(관계) 자본,' '문화 자본,' '상징 자본' 따위는 모두 어떤 사회 집단의 사회적 위상을 결정하는 중요한 요인이다.

경제 자본은 직접 화폐로 전환할 수 있고 소유권 형식으로 제도화할 수 있는 자본이다. 문화 자본은 경제적 차원과 밀접한 관련이 있고 경제 자본으로 전환될 수 있기는 하나 경제적 차원과 독립적으로 사용될 수도 있다. 문화 자본은 지식, 교양, 취미처럼 행위자의 지속적 성향 형태로 존재하기도 하고('체화된 문화 자본'), 그림이나 책, 도구 따위의 문화 상품 형태로 존재하기도 하며('객관화된 문화 자본'), 학교 졸업장이나 학위, 자격증처럼 공적으로 보장받는 지식 형태('제도화된 문화 자본')를 띠기도 한다.

부르디외의 이론에서 사회(관계) 자본은 아주 독특한 개념이다. 사회(관계) 자본이란 영속적이고 유용한 관계에 의해 뭉쳐진 사람들의 집단에 소속하게 되면서 얻는 자원을 말한다. 이는 '인맥'이란 개념에 가까운데, 어떤 사람이 보유한 사회 자본의 양은 그가 동원할 수 있는 연결망의 범위와 그 망에 연결된 사람의 경제·문화·상징 자본의 양에 의해 정해진다(정선기, 1998: 63~4; Bourdieu, 1979 / 1995: 11~3).

어떤 사람이나 집단의 사회적 지위는 그가 보유한 자본의 총량과 비중에 의해 정해진다. 이 자본 형태들은 서로 부분적으로 전환이 가능하지만, 장에 따라서는 지배적 위치에 도달하기 위해 필요한 자본의 종류나 비중이 다르다. 예컨대 예술의 장에서는 문화 자본이 중요하며 다른 형태의 자본은 지위를 얻는 데 별 도움이 되지 못한다.

민주주의 국가에서 언론은 이익 추구 활동을 통해 점차 권력 자본을 축적할 수 있게 된다. 언론의 장에서 특정한 언론사의 위상은 부르디외의 용어를 빌리자면 경제 자본과 문화 자본을 얼마나 많이 축적했는지에 따라 정해지는 것이 정상이다. 어떤 언론사는 둘 다 갖출 수도 있고 한쪽을 더 많이 보유할 수도 있다. 대량 판매를 통해 시장 점유율 확대를 노리는 대중지는 경제 자본을 더 많이 축적할 수 있을 것이고, 반면에 권위와 영향력을 중시하는 권위지는 문화 자본을 축적하는 데 유리하다. 개별 언론사들은 합법적이고 정당성 있는 게임의 규칙 안에서 이러한 자본을 더 차지하기 위해 치열한 경쟁을 벌인다. 개별 언론사가 권위를 추구하든 이윤의 규모를 추구하든 간에 공정한 경쟁을 거쳐 원하는 것을 얻으려 한다면 이들의 행위나 존재 방식은 정당하다. 하지만 한국 사회에서 언론사 간에 권력 위계가 결정되는 과정을 보면 이러한 자본 개념으로 설명하기엔 미진한 점이 많다.

우선 한국 언론이 확보한 권력 자원 중에서는, 특히 문화 자본이 매우 취약하다. 몇 가지 단편적인 사례에서도 이 점은 쉽게 엿볼수 있다. 우선 각 언론사의 화려한 자화자찬에도 불구하고 여론을 주도하는 힘과 영향력에 걸맞는 권위나 신뢰도, 도덕성, 전문성을 갖춘 언론사가 없다. 그 많은 일간지 중에서 엘리트 신문이나 권위지하나 없는 것도 별로 놀랄 만한 일은 아니다.

대체로 한국 사회에서 언론사의 사회적 위상, 즉 권력 자원의 크기를 정하는 가장 큰 요인은 경제 자본의 규모다. 시장 경쟁의 성과는 언론사의 경제 자본 규모를 정해 주는 데 그치지 않고 다른 자본 형태의 크기와 구성에까지 영향을 미친다. 한국 신문업계에서는 대체로 발행 부수가 경제 자본의 축적 정도를 가늠하는 척도가 된다. 하지만 경제 자본을 축적하는 방법이라는 측면에서만 보면 한국의 신문사들이 판촉 과정에서 왜 그렇게 엄청난 손실을 감수하면서 부수 확장에 집착하는지 설명하기는 쉽지 않다. 한국 언론계에서 규모에 대한 강박 관념은 수지타산이라는 경제 원칙으로만 설명하기 어렵다.

어떤 신문사의 발행 부수는 광고 수입 규모를 정하는 결정적 요인이 될 뿐 아니라 '빅 3'니 '메이저'니 하는 언론사 사이의 전반적인 계층과 위상을 정하는 1차적인 잣대가 된다. 이는 그 신문의 정치적 위상과도 자연스럽게 연결되며 광고주 유치에서도 상당한 영향력을 행사할 수 있는 기반이 되기도 한다. 주요 언론사들이 단기적 손익과 상관없이 부수 순위에 극도로 집착하는 것은 이 때문일지 모른다. 또한 이는 시장 점유율에서 선두 자리에 있는 <조선일보>를 제외하고 다른 경쟁 언론사들이 왜 그렇게 신문 발행 부수 공사(Audit Bureau of Circulation: ABC) 제도를 집요하게 거부하는지도 잘 설명해 준다.

4. 언론 권력의 병리학

공식적으로 명문화한 것은 아니지만 어쨌든 한국 사회에서 언론사들 사이에는 마치 신분제처럼 계층이 있다. 각 신문사 기자들은 출입처에서도 자신이 속한 신문사의 계층에 따라 차등 대우를 받는다. 부르디외가 말한 집단 간의 '구별짓기 distinction'가 엄격하게 작용하는 셈이다. 하지만 이러한 구분에는 단순히 경제적 위상의 잣대 외에 복합적인 기준이 작용하는 것을 볼 수 있다. 어떤 언론사의 경제 자본 규모와 다른 자본의 크기가 반드시 비례하는 것은 아니다. 한국 사회에서 어떤 언론사의 위상을 정해 주는 잣대는 훨씬 복잡하다.

가장 눈에 띄는 것은 신문의 종류에 따라 차별화, 계층화가 이루어진다는 점이다. 경제적 시장에서는 우세한 지방지라도 열등한 중앙 일간지에 비해 낮은 지위에 있으며, 종합 일간지 형태가 아닌 신문(가령, 주간 신문)은 중요한 출입처에서 취재원 접근에 어려움을 겪는 등 완전한 언론 매체로 인정받지 못한다. 1970년대까지만 해도 방송사 기자는 신문 기자에 비해 낮은 대우를 받았다. 이러한 구별짓기에 한 가지 주목할 만한 점이 있다. 즉, 신문의 종류나 위상에 따라서 출입처에서 심층적인 정보원에 접근할 수 있는 정도가 달라진다는 것이다.

출입처 가운데 한국 사회의 가장 중요한 권력 중심인 청와대의 기자실 배치를 보면 이러한 위계화가 잘 드러난다. 각 언론사에서는 한두 명씩 출입 기자를 등록시켜 취재하는데, 청와대에서는 언론사의 종류에 따라 접근을 차별화한다. 중앙 언론사(방송사와 중앙 일간지) 기자실은 지방 언론사 기자실이나 사진·카메라 기자실과 별도로 분리되어 있다. 외신 기자나 잡지사 기자, 창간이 늦은 지방 언론사 기자는 공간이 좁다는 등의 이유로 등록을 받지 않고 있다(성한용, 1998). 이처럼 공식적으로 이루어지는 공간적 접근 차별화 외에도 취재에 중요한 고위 정보원에 대한 비공식적인 접촉은 언론사의 위상에 따라 현격하게 차이가 나는 것이 보통이다.

정보원에 대한 접근은 언론사 사이의 위계를 결정하는 묵시적인 잣대가 되기 때문에 출입처 배치는 치열한 상징적 투쟁의 영역이 된다. 따라서 유력 지방지들은 대부분 서울과 지역 본사에 이중으로 편집국 부서(특히, 정치부)를 두어 대통령 해외 순방을 비롯한 중요한 취재에는 수행 취재단에 합류하기 위해 출입처와 눈에 보이지 않는 신경전을 벌인다. 해외 취재는 대개 언론사 공동으로 취재하는 풀 *pool* 방식으로 이루어지고 <연합뉴스>에서 별도로 기사를 제공하기 때문에 취재의 기술적 필요성과는 크게 관련이 없다고 할 수 있다. 따라서, 이러한 신경전은 상징적 투쟁이라는 차원에서 이해하는 것이 더 설득력 있어 보인다.

2001년 3월 인천 공항 기자실에서 벌어진 <오마이뉴스> 기자 축출 사건 역시 이러한 관점에서 매우 흥미로운 사례다. 인터넷 신문인 <오마이뉴스> 기자가 출입처 중앙 언론사 기자실에 들어갔을 때 기자실 간사인 YTN 기자가 등록되지 않은 언론사라고 쫓아 낸 사건이 발생했다. 즉, 기자들은 이 해프닝에 대해 기자 사회의 묵시적인 영역 구분과 상징적 위계를 침범한 사건으로 받아들인 것이다. 이 사건 이전에도 "인천 공항에서 중앙지 등 유력사 기자들은 그 동안 지방지 기자들과 한 차례 신경전을 벌인 끝에 그들만의 공간을 확보"했다고 어느 중앙 일간지 기자는 밝히고 있다. 이 사건은 언뜻 취재 윤리 차원과 연관된 것처럼 보이지만, 그 동안 기자의 직업 윤리 문제에 대해 비교적 진보적인 자세를 취해 온 <한겨레> 역시 이 사건에 대해 미온적인 태도를 보여 주었다는 점은 주목할 만하다(김정인, 2002). 기자실 출입을 둘러싸고 벌어지는 갈등은 언론사의 계층 간에 벌어지는 상징적 투쟁의 한 단면을 보여 주는 흥미로운 사례다.

즉, 부르디외가 말하는 '사회(관계) 자본' 역시 언론계의 권력 자원 분포에서 어떤 언론사가 차지하는 위치를 정해 주는 데 큰 기능을 하는 셈이다. 사회 자본은 학연이나 지연처럼 어떤 사회적 위치를 차지하면 자연히 동원할 수 있는 비공식적인 영향력의 네트워크를 가리킨다. 우리 사회에서 중심적인 권력 집단이나 권력 기관에서 공간적으로 멀리 떨어져 있는 지방지는 이러한 사회 자본을 동원하는 데 불리하기 때문에 언론의 장에서 높은 신분으로 상승하기 쉽지 않다.

경제 자본을 확장하기 어려운 군소 언론사나 지방 언론사들이 경제적 시장에서의 성과 부진에도 불구하고 퇴출을 거부하고 왜, 어떻게 유지되는지 설명하는 데에도 이 사회 자본의 개념은 아주 유용하다. 이들은 대체로 경제 자본의 규모가 적으며, 또 갈수록 경제 자본의 잠식을 겪고 있지만, 대신 다른 형태의 자본을 확보해서 손실을 만회할 수 있다. 이들은 언론 사업을 통해 다른 이익 단체들과 인적 영향력의 네트워크를 형성·활용할 수 있으며, 때때로 이들과 언론사의 이해 관계가 이긋날 경우 사적인 보복이나 폭력까지도 행사할 수 있는 권력 자원을 확보하는 셈이 된다. 군소 언론사 사주 가운데 지역에서 건설업 따위의 이권 사업을 하는 사람이 사업 방패막이로 언론 사업을 운영하는 사례를 흔히 볼 수 있는 것은 이러한 맥락에서 이해할 수 있다. 이러한 형태의 권력 자본 축적 과정은 공정한 게임 규칙의 틀에서 벗어나 비합법적이고 정당성이 결여된 비공식적 폭력 형식을 수반하기 쉽다. 이른바 '사이비 언론'이라는 한국적인 병리 현상이 생겨난 것에 대해 이렇게 설명할 수 있다.

그런데 사회 자본을 활용한 사적인 폭력 행사는 군소 사이비 언론에 그치지 않고 이른바 메이저 언론사의 사례에서도 볼 수 있다. 일개 언론사의 사주가 '밤의 대통령'으로 통할 수 있었던 것은 특정 언론사의 특정인에게만 해당하는 일화가 아니라 언론 사주의 권력이 어떤 성격을 띠는지 적나라하게 보여 주는 사례다. 언론 사주라는 단어가 지식인과 경영인의 이미지보다는 강력한 카리스마와 권력의 냄새를 풍기는 것이나, 몇 년 전 <중앙일보> 사주를 구속한 일이 엄청난 파문을 낳으며 정치적 화제가 된 것도 비슷한 맥락에서 이해할 수 있다.

언론사가 기업으로서 경제 자본의 축적에 힘쓰는 상품 시장 영역은 매우 합리적이고 예측 가능해야 하는 것이 정상이다. 그런데 경제적 시장에서조차 경쟁의 규칙이 잘 지켜지지 않으며, 심지어 메이저 언론사가 시장 문란 행위에 앞장서는 일이 비일비재했다. 한국 사회에서 이처럼 시장 경제의 메커니즘이 자정 기능을 행사하기 어렵고, 언론 개혁이 그토록 어려운 것은 언론 권력이 지니는 이러한 특수성 때문일 수도 있다. 자유주의 이론에서는 언론사의 사익 추구가 자연스러운 일이며 결국 이것이 공익에 부합하는 결과를 가져올 것이라고 낙관했지만, 한국 언론 권력이 지금까지의 행위 양식에서 탈피하지 않는 한 이러한 희망이 실현되기는 어려울 것이다.

5. 무엇을 할 것인가

자유주의 언론 이론은 개개 언론사에게 외부 간섭 없이 자유롭게 활동할 특권을 부여하면 궁극적으로는 사회적으로 바람직한 가치를 달성할 수 있다고 보았다. 또 이러한 가치를 추구하는 과정으로는 자유로운 시장 경쟁 방식을 옹호했다. 이 주장은 지나치게 낙관적이며 비현실적인 가정을 포함하고 있긴 하지만 오늘날에도 대부분 유효한 원칙이다. 민주주의의 이상이 정치적 무관심 등 현실적 이유 때문에 쇼 비즈니스와 중우정치衆愚政治로 변질했다고 해서 그 이상 자체를 부정할 수 없는 것처럼 말이다. 하지만 한국 언론의 문제점을 개혁하기 위해서는 한국적인 상황에 맞는 접근 방식이 필요하다.

한국 언론에서 두드러진 문제는 언론을 통해 확보할 수 있는 권력 자원이 저널리즘 본래의 기능으로 얻는 것 외에 '부수적'인 데까지 확산되어 있다는 것이다. 언론사는 권위 있는 정보 제공과 여론 주도를 통해 문화 자본을 축적하고 문화 상품을 판매해 경제 자본을 축적해 나가는 것이 원칙이다. 그렇지만 언론사가 이러한 이상적인 존재 방식에서 벗어나 사회 자본을 동원해 비합법적이고 부당한 특권을 확보하는 데 뜻을 둔다면 언론의 타락은 피할 수 없으며 나아가 언론의 자율성의 기반 역시 취약해질 수밖에 없다.

문화 생산의 장에서의 자율성에 관한 부르디외의 논의는 여기서 시사하는 바가 매우 크다. 부르디외는 문화 생산의 장을 자율성의 정도에 따라 '외적 위계화의 원칙'과 '내적 위계화의 원칙'으로 세분하는데, 어떤 장에서 내적 위계화의 원칙이 강하게 작용할수록 그 장의 자율성은 커진다고 본다. 외적 위계화의 원칙이 지배하는 장에서는 상업적 성공과 사회적 인기에 따라 평가가 매겨지는데, 부르디외는 이것을 '대량 생산의 하위장'이라고 불렀다.

반면 '제한 생산의 하위장'에서는 생산자가 다른 생산자만을 고객으로 삼기 때문에 외부적 수요에 의존하지 않으며 장 내부의 평가 잣대에 따라 평가받는다. 여기서 상징적 권력 관계는 외적 수요에서 독립된 생산자에게 유리하게 작용한다. 따라서, 다른 권력의 장이나 경제의 장에서와 달리 물질적 이익 추구는 배제되고, 노력과 수익의 함수 관계도 보장되지 않으며, 세속적 성공마저 비난의 대상이 된다.

여기서 생산자는 내적 위계화의 원칙에만 신경을 쓰고 외부의 요구에 연연하지 않을 때 위신을 유지한다. 권력이나 경제의 장에서는 물질적 자원을 많이 확보할수록 지배적 위치에 도달하지만 내적 위계화의 원칙이 지배하는 문화의 장에서는 물질적인 경제 자본이 증가할수록 문화 자본(권위)은 오히려 줄어들게 된다(현택수, 1998: 27~8).

부르디외의 이론은 한국 언론의 문제점을 이해하는 데에도 적용할 수 있다. 언론의 권력화는 어떤 점에서는 언론의 장에서 외적 위계화의 원칙이 지배하게 되는 현상이라고 할 수 있다. 즉, 언론이 언론의 장에서 고유한 가치를 추구하기보다는 다른 권력 기관과 마찬가지로 경제적 이익과 권력, 비공식적 영향력 등의 자원을 더 많이 확보하기 위해 애쓰는 과정에서 생겨난 문제점이라고 볼 수 있다. 이러한 외부 지향적 풍토에서는 진정한 의미에서 언론의 자율성이란 자리잡기 힘들다. 언론 활동에 외부의 압력이 작용하지 않는다고 해서 자율성이 보장되는 것은 아니다. 부르디외의 관점에서 보자면, 한국 사회에서 언론의 진정한 자율성에 대한 제약은 바로 언론 자신의 사고 방식, 가치 체계, 행위 속에 구조화·내재화해 있는 셈이다.

이처럼 뿌리 깊은 문제점에도 불구하고 언론 사업이 가져다 주는 엄청난 권력 효과 때문에 언론의 행위 양식이 하루 아침에 변화하기는 쉽지 않을 것이다. 더구나 언론 사주나 언론인의 개인적 양심에 호소하는 도덕적 방식으로 이러한 문제점을 해결하기란 더욱 어려울지 모른다. 따라서, 무엇보다 제도 개혁을 통해 언론 본래의 기능과 무관한 부수적인 특권을 차단하는 일이 언론 개혁에서 시급한 조치다. 언론 사주가 언론 사업을 통해 추구하는 이익이 언론 외적인 데에 퍼져 있다면, 경쟁에서 시장 경제의 원리가 제대로 적용되지 않고 게임의 규칙이 제대로 지켜지지 않는 것은 당연하다. 심지어 일부 언론인들은 규칙을 지키지 않는 일을 마치 언론의 특권인양 생각해 온 것도 사실이다. 언론의 비리와 문제점은 이러한 구조에서 자연스럽게 발생한 것이다. 물론 시장 경제 메커니즘이 저널리 즘 기능을 수행하는 데 최선의 제도가 아닐지 모른다. 하지만 이 기 제를 회복해 시장 정화가 이루어지도록 하는 일은 언론 개혁을 위해 꼭 거쳐야 할 관문이다.

언론에서 시장 제도를 채택한 서구의 경험을 볼 때, 시장 기제 강화는 군소 언론사 위축과 시장 독과점화, 거대 언론사의 영향력 강화, 내용의 대중 영합 등 부작용을 가져올 수도 있다. 따라서, 시 장 기제가 저널리즘의 기능을 왜곡하지 않도록 보완하는 장치도 동 시에 필요하다. 가령 언론 소유와 운영의 공공성을 강화하기 위해 편집권 독립이나 소유 지분 분산을 제도화해야 한다는 주장이나, 시 장 진입 장벽 완화와 경영 수지 개선을 위해 공동 판매제를 도입해 야 한다는 주장은 이러한 맥락에서 제기된 것이다. 물론 과거 경험 에 비추어 볼 때 정부의 언론 개입은 어떤 동기에서든 정치적 상황 과 맞물려 동기의 순수성을 의심받기 쉽다. 대다수의 언론사에서 기 업 경영 상태가 매우 부실하고 취약점이 있기 때문에, 어떤 형태로 든 정부 개입은 정부 비판 기능의 위축을 가져올 우려가 있다. 따라 서, 언론 개혁은 정부의 직접 개입보다는 대표성과 전문성을 갖춘 민간 주도의 기구(가령 '신문발전위원회')를 통해 간접적인 제도 개혁의 형태로 진행되어야 하며, 대증적對症的인 차원에서 비리를 뿌리 뽑아 야 할 뿐 아니라 신문 사업의 구조적 여건을 개선하는 노력도 함께 기울여야 할 것이다.

하지만 이러한 구조적인 문제 해결 방식에는 어쩔 수 없는 본질 적인 한계가 있다. 부르디외의 논의가 언론 개혁 문제에 시사하는 바가 있다면, 바로 언론 권력이 존재하고 작용하는 방식을 새롭게 바라볼 수 있는 이론적 틀을 제공해 주었다는 것이다. 즉, 권력은 공 식화한 제도적 틀 속에만 존재하는 것이 아니라 언론인 집단의 지 각, 성향, 평가 체계 속에 (즉, 행위자의 정신 구조 속에) 내재화해 있다는 것이다. 부르디외는 이를 '아비투스 *habitus*'라고 부르는데, 이것은 언론인의 행위를 한정짓는 객관화한 구조로서 작용한다. 이는 행위의 산물이자 행위를 가능케 하는 조건이기도 하다. 권력이 제도라는 구조화한 양식으로서뿐 아니라 일상 행위 속에 내재화하고 있다면, 이를 변화시키려는 전략 역시 상당히 달라진다. 언론인의 작업 관행과 생활 양식, 사고 방식, 일상성의 개혁은 언론 제도의 개편 못지않게 중요한 전략적 지점으로서 부상한다. 만일 그렇다면 구조 개혁은 개혁의 완성이 아니라 진정한 개혁을 향한 노력의 첫 단계에 불과하다는 이야기다. 레이먼드 윌리엄스 Raymond Williams 가 적절하게 표현했듯이 혁명적인 사회 변화는 급격한 단절의 연속이 아니라 다양한 수준에서 이루어지는 작은 변화를 포함하는 '장구한 혁명 *Long Revolution*'에 가까운 것이다. 부르디외의 이론은 제도 변화를 중심으로 사고하기 쉬운 언론 개혁론의 편향을 교정하는 데 많은 시사점을 준다.

2부

신문 산업과 시장 구조

3장 │ 한국 신문의 '지리적 시장'

쟁점과 전망

1. 지리적 시장의 중요성

1987년 이후 한국 신문 산업에 관한 논의들을 보면 독과점이니 무한 경쟁이니 하는 용어가 많이 등장한다. 이와 더불어 학술적으로 신문 시장의 구조와 문제점을 진단하고 정책적 대안을 제시하려는 관심과 노력도 활발해졌다(김남석, 1995; 김승수, 1996; 임영호, 1993). 이러한 논의에서는 신문이라는 상품이 유통되고 서로 경쟁하는 일정한 범위의 시장을 전제로 한다. 경쟁이나 독점 따위에 관한 논의는 '관련 시장 *relevant market*'이 무엇인지 정의되고 나서야 의미가 있다. 그렇지만 기존의 신문 산업 관련 연구에서는 '시장'이 어떠한 범위와 성격을 지니는지에 대해 충분한 검토가 이루어지지 않았다.

신문 시장의 성격에 관해 별도의 논의가 필요한 것은 신문 상품의 독특한 성격 때문이다. 신문 상품은 이중 제품 시장 *dual product market* 의 성격을 띤다. 즉, 신문사는 신문이라는 상품을 독자에게 판매하는 동시에 광고주에게 광고 지면(독자들의 주목 접촉 기회)을 판매

한다. 신문 시장은 독자의 인구학적 특성에 따라 정해지는데, 신문은 특히 지리적 성격을 강하게 띤다. 신문 상품의 지리적 성격은 판매(배포와 광고)와 내용에서 동시에 나타난다. 우선 인쇄된 신문은 제한된 시간 내에 배달되어야 한다는 점에서 공간적 제약을 받는다. 판매망을 유지하기 위해서는 해당 구역 내에 구독자가 어느 정도 밀집 분포해야 한다는 점에서 판매망의 공간적 확대에는 한계가 있다. 또한, 해당 신문 독자의 지리적 분포와 특성이 광고 수주에서 결정적인 요인이 되기 때문에 신문 광고 시장 역시 지리적 편향을 띠게 된다. 내용면에서도 해당 시리적 시장 내 독사층의 관심사를 뉴스나 사설 편집 방향에 반영하는 것이 효과적이다.

이와 같이 신문 시장의 지리적 성격을 이론화하는 것은 신문 상품의 특수성을 이해하는 데 매우 중요한 작업이다. 이와 더불어 신문 시장의 주된 기반인 대도시 지역의 사회 경제적 변화 역시 신문 시장 구조의 성격에 커다란 영향을 미치고 있다. 그렇다면 도시 공간의 사회 경제적 변화를 신문 시장의 지리적 성격 변화라는 관점에서 어떻게 이론화할 수 있을 것인가?

이 장에서는 도시 사회학과 공간 이론의 개념들을 활용해 신문의 지리적 시장을 개념화할 때 부각되는 쟁점들을 논의한다. 구체적으로 다음과 같은 순서로 논의를 전개한다. 첫째, 신문의 지리적 시장 개념은 어떤 의미로 사용되며, 어떻게 개념화해야 할 것인가? 둘째, 로시의 지리적 시장 모델은 어떤 역사적 맥락에서 생겨났으며, 어떤 함의와 한계를 지니는가?(Rosse, 1975) 셋째, 신문의 지리적 시장 모델을 구성하는 데 고려해야 할 요인들은 무엇이며, 공간 이론은 이러한 작업에 어떤 함의를 주고 있는가? 넷째, 이상의 논의를 토대로 한국 사회의 맥락에 맞는 지리적 시장 모델을 구상해 보고 앞으로 신문 시장의 변화를 전망해 본다.

2. 지리적 시장 개념화의 문제점

신문의 지리적 시장을 개념화하는 데에는 우선 지리적 공간의 범위와 형태를 어떻게 설정할 것인가 하는 문제가 있고, 또 이러한 형태의 형성 과정을 어떻게 다양한 사회 경제적 요인들과 연관지어 설명할 것인가 하는 문제가 있다. 첫 번째 문제와 관련된 개념으로는 신문의 지리적 시장 단위나 영역을 지칭하는 몇 가지 기준들을 들 수 있다. 가령 '도회권 통계 구역(Metropolitan Statistical Area: MSA),' 'ABC 소매 거래 구역(ABC Retail Trading Zone: RTZ),' '행정 구역,' 'ABC 시 구역(ABC City Zone),' '신문사 지정 시장 구역(Newspaper Designated Market Area)' 등이 이에 해당한다(Picard & Brody, 1997: 37~9).

첫째, MSA는 미국 연방 정부 경영 예산국(Office of Management and Budget)에서 공식적으로 채택한 기준이다. 이 기준에서는 핵심 도시와 주변 지역이 경제적·사회적으로 상당히 밀접한 관계를 맺고 있을 때 이 지역 전체를 MSA로 구획한다. 이 구역은 인구 5만 이상의 도시를 하나 이상 포함하고 있어야 하며, 인근 카운티 *county* 들을 포함해 전체 인구가 10만이 넘어야 한다. 1994년 기준으로 미국에는 262개의 MSA가 있다.

둘째, RTZ는 어떤 도시와 상거래를 하는 고객들의 거주지가 분포하고 있는 지리적 범위를 말한다. 말하자면 중심부의 상업적 거래 구역을 확장한 것이다. 신문에 국한해서 보면, 이는 신문이 배포되고 소매·안내 광고 *classified advertising* 거래가 이루어지는 범위를 말한다. RTZ의 지정은 해당 신문사들과 발행 부수 공사(ABC)에 의해 공동으로 이루어진다.

셋째, 행정 구역은 경제적인 요인을 고려하기보다는 정치적으로 구획되었기 때문에 시장 분석에 반드시 잘 들어맞는 기준은 아니다. 하지만 해당 지역이 MSA로 지정되지 않았거나 경제학적 엄밀성을 갖출 필요가 없는 분석에 이 개념을 사용한다. 소단위 행정 기관의 공시 광고는 행정 구역을 단위로 이루어지는데, 이 광고를 주요 수 입원으로 삼는 소규모 신문사에게는 의미 있는 기준이 된다. 국내에 서는 거의 모든 통계가 행정 구역 단위로 집계되고 있다.

넷째, ABC 시 구역은 해당 도시와 인근 교외 주거 지역을 포함 하는 지리적 영역이다. 신문 산업과 광고업계에서 발행 부수를 조사 할 때 표준으로 삼는 지리적 영역이다.

다섯째, 신문사 지정 시장 구역은 해당 신문사가 개별적으로 구 획하는 지리적 시장 영역이다. 시장 구역이 MSA, RTZ, 시 구역, 행 정 구역 등의 표준화된 척도에 잘 맞지 않을 경우 사용한다. 이는 해당 신문의 주된 영업 범위가 되는 상업·주거 지역을 말한다. 매 우 넓은 대도심 *metropolitan* 지역에서 영업하는 대규모 일간지나 신문 의 지리적 배포 범위가 특이한 주간지에서 이 기준을 사용한다.

이상의 기준들 역시 사회 경제적 요인을 고려한 지리적 시장 개 념들이다. 하지만 이것들은 주로 독자 분포의 형태와 밀도를 측정하 는 양적인 지표 역할에 그치고 있으며, 신문의 지리적 시장의 사회 경제적·구조적 성격이 형성되는 과정을 설명해 주는 데에는 한계가 있다. 반면에 로시의 '우산 밑 경쟁 모델 *umbrella competition model*'은 신문 시장 내 경쟁의 구조적이고 질적인 성격을 이론화했다는 점에 서 큰 의의를 지닌다(Rosse, 1975).

우산 밑 경쟁 모델은 2차 세계 대전 이후 미국 신문 산업의 구 조적 환경 변화라는 맥락에서 나왔다. 신문사 소유 구조의 측면에서 보면 미국 도시 가운데 일간지를 두 개 이상 유지하는 도시가 급속 히 줄어들고 독립적인 신문 *independent newspapers* 이 점차 감소한 반면 체인 소유의 신문은 급증했다. 독자층이나 광고 수입의 꾸준한 감소 역시 신문 산업에 위기 의식을 느끼게 해 주었다. 라디오와 텔레비 전, 케이블 텔레비전의 등장으로 다매체 시대가 본격적으로 시작된 것도 이러한 우려를 더욱 증폭시켰다. 신문업계 내부를 보더라도, 대도시를 중심으로 한 전통적인 일간지 시장이 점차 퇴조하고 다양한 형태의 신문이 나타나면서 신문 시장의 분화가 시작되었다.

이와 같이 변화된 환경에 대한 평가는 다소 엇갈렸다. 이것이 사상의 자유 시장의 쇠퇴와 시장 경쟁의 소멸을 의미한다고 보는 이도 있다. 반면 수용자의 선택권이라는 차원에서 미디어의 다양성 문제를 새롭게 정의한다면 오히려 선택의 폭이 넓어졌다고 보는 이도 있다. 분명한 것은 19세기 신문 시장을 보던 것처럼 신문 숫자의 산술적인 비교만으로 20세기 후반의 현상을 평가하고 분석하기는 힘들다는 것이다. 로시의 모델은 단순하지만 아주 독특하고 독창적인 방식으로 신문 산업에서의 다양성이나 경쟁의 문제를 해석하고 있다는 점에서 새로운 연구 방향을 열어 주었다.

로시가 주목한 것은 전통적인 대도심 지역 일간지가 쇠퇴하면서 과연 이 지역 신문 시장에서 경쟁이 약화되고 있는가 하는 문제이다. 그는 다른 분석가와는 달리 신문 산업의 경쟁이 점차 사라지고 있다고 보지 않고 경쟁의 성격과 형태가 바뀌었다고 주장했다. 즉, 특정한 지리적 권역에서 다양한 층의 신문들이 공존하면서 경쟁을 벌이는 우산 밑 경쟁 형태의 시장 구조가 생겨났다는 것이다. 로시에 의하면 대도심 지역의 신문 시장은 그림 3-1과 같이 대도심 일간지 *metropolitan dailies*, 위성 도시 일간지 *satellite city dailies*, 교외 주거 지역 일간지 *suburban dailies*, 주간지와 특수지(생활 정보지 *shoppers* 등) 등의 여러 층으로 구성된다.[1] 이러한 시장 구조에서 경쟁은 같은 층에서보다는 주로 인접한 층 사이에 일어난다는 것이다. 같은 층에 속한 신문들은 서로 담당하는 지리적 영역이 다르기 때문에, 인접 지역과의 경계선 부근을 제외하고는 아주 제한된 범위 내에서만 경쟁하게 된다.

로시의 우산 밑 경쟁 모델은 신문 산업의 지리적 시장에 관해 나온 거의 유일한 이론적 모델이다. 일부 국내 연구자들은 이 모델을 국내

그림 3-1. 우산 밑 경쟁 모델

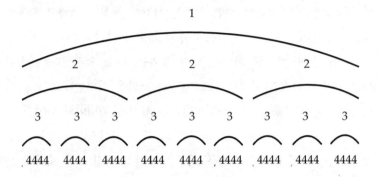

레벨 1 대도심 일간지
레벨 2 위성 도시 신문
레벨 3 지역 일간지
레벨 4 주간지 및 전문 신문

사례에 적용하거나 이것이 주는 함의를 검토하기도 했다(임영호, 1996; 한국언론연구원, 1994a). 신문 상품들 사이에는 질적인 차별성이 있어 완전한 대체가 불가능하기 때문에, 가격 경쟁이 제한적으로만 작용하는 독점적 경쟁*monopolistic competition*의 성격이 생겨날 수 있다. 우산 밑 경쟁 모델은 언뜻 신문 상품 경쟁의 이러한 성격을 이론화한 것으로 적용 가능성이 매우 높은 것처럼 보이기도 한다. 하지만 로시가 염두에 둔 것은 특정한 지리적 공간 구조 안에서 이루어지는 신문 상품의 독점적 경쟁의 측면이었다. 우산 밑 경쟁 모델은 미국 대도시 신문의 특수한 경제 지리학적 성격을 강하게 반영하고 있다.

로시의 모델을 지리적 시장 개념으로 채택할 경우 다음과 같은 쟁

---

1. 로시의 모델이 나온 후에 미국 신문 시장의 상황이 많이 바뀌었기 때문에, 레이시는 로시의 모델에 2개 층을 추가했다(Lacy, 1988b). 즉, 하나는 <USA 투데이 *USA Today*>나 <뉴욕 타임스 *New York Times*> 전국판 따위의 전국지층인데, 대도심 일간지의 위층에 위치하고 있다. 다른 하나는 여러 교외 주거 지역을 대상으로 하는 신문들인데, 로시의 모델에서 세 번째 층과 네 번째 층 사이에 속한다.

점을 검토할 필요가 있다. 첫째, 우산 밑 경쟁 모델을 어떻게 경험적 연구에 적용할 수 있을 것인가? 이 문제에 관해서는 상당히 많은 연구가 나와 있다(문헌 검토를 위해서는 임영호, 1996을 보라). 이 연구들에서는 주로 층 간 경쟁 *inter-layer competition*과 층 내 경쟁 *intra-layer competition*이 과연 존재하는지, 또 어느 정도 경쟁이 치열한지를 측정하는 문제에 관심을 두었다. 층 간 경쟁은 뉴스를 비롯한 내용의 경쟁, 판매 부수 경쟁, 광고 유치 경쟁 등 세 영역에서 벌어지지만 경쟁의 형태나 정도는 영역마다 차이가 있다. 몇몇 연구들은 판매 부수나 광고 시장에서 층 간 경쟁이 존재하는지(Devey, 1989; Lacy, 1984; Tillinghast, 1988; Yan, 1995), 층 간 경쟁이 밑의 층에 있는 소규모 신문에 어떤 파급 효과를 주는지(Devey, 1989; Lacy, 1984; Roberts, 1968)를 경험적 연구를 통해 분석했다. 또 다른 연구들은 대도심지의 시장 구조, 즉 도심지 일간지 시장이 경쟁 상태인지 독점 상태인지가 외곽 지역 신문의 생존이나 판매 부수에 어떤 영향을 주는지에 대해 분석했다(Niebauer et al., 1988; Lacy, 1985). 하지만 이러한 연구들은 주로 미국 도시의 사례에 중점을 두고 있어 이 모델이 다른 국가의 사례에 적용될 수 있을 것인지는 단언할 수 없다.

둘째, 우산 밑 경쟁 모델을 한국 사회에 적용 가능한 이론적 모델로 재구성하기 위해서는 어떠한 사회 경제적 요인들을 고려해야 할 것인가? 이 문제에 관해서는 아직 본격적인 연구가 시도되지 않았다. 이러한 작업을 위해서는 로시가 모델을 만드는 데 고려한 사항이면서 우산 밑 경쟁 구조를 생겨나게 한 역사적 과정을 먼저 이해할 필요가 있다.

3. 지리적 시장의 형성 과정: 미국 대도시의 사례

우산 밑 경쟁 구조는 미국 대도시 신문 시장의 독특한 역사적 맥락에서 생겨난 것이다. 이 변화 과정에서 중요한 영향을 미친 사회 경제적인 요인들은 무엇인가? 이러한 역사적 변화는 앞으로 신문 시장의 추세를 전망하는 데 어떤 함의를 주는가? 이 문제들에 대한 검토는 국내 신문 시장을 분석하는 데 적합한 모델 구축에도 많은 함의를 줄 수 있을 것이다.

신문의 지리적 시장 구조를 설명하는 모델을 구성하기 위해서는 신문 기업이 주된 시장 기반으로 삼는 지리적 구역, 특히 중심부 도시 지역의 사회 경제적인 성격과 변화 과정을 고려한 설명이 필요하다. 여기에는 공간 문제에 대한 사회 과학적인 접근, 특히 경제 지리학이나 도시 사회학의 이론들이 많은 도움을 줄 수 있을 것이다. 가령 신문 기업의 광고주와 독자가 밀집되어 있는 대도시의 성격을 규명하기 위해서는 다양한 사회학적·인구학적 요인들(인구, 소득 수준과 분포, 경제 활동, 교통, 정보 유통 등)을 분석하고, 이들 사이의 구조적 상호 작용을 이론화할 필요가 있다.

앨런 프레드는 미국의 도시 성장 과정을 설명하는 단위로 '도시 체제 *city-systems*'라는 개념을 제시한다(Pred, 1980: 2). 이는 "상호 의존적이거나 경제적 상호 작용에 의해 서로 연결된 도시 단위 *urban units*가 전국적 혹은 광역 단위로 모인 집합"이라고 정의된다. 이는 정치적으로 정해진 행정 단위보다 분석에 훨씬 유용한 개념이다. 프레드는 도시 체제의 성장 과정을 설명하는 한 가지 사례 연구로서 미국의 도시화 과정과 정보 유통 방식의 발전 과정이 어떻게 서로 밀접한 연관을 맺고 진행되어 왔는지 분석했다(Pred, 1973). 물론 그의 분석에서는 미국 대도시 일간지들의 성장 과정에 대한 분석이 주요한 비중을 차지한다.

언론학에서도 몇몇 연구들은 도시 사회학적인 관점에서 주로 미국의 신문 시장 구조의 형성·변화 과정을 설명하고 있다. 즉, 신문 시장 구조의 형성 과정을 미디어 기술의 발달과 경제 성장, 인구 증가 등 사회 경제적인 요인뿐 아니라 도시화와 도시 구조의 변화와 연관지어 설명하고 있다(Kaniss, 1991; Smith, 1980b). 보가트의 지적처럼 "신문의 역사는 도시의 역사와 밀접하게 얽혀 있다"(Bogart, 1989: 29).

이 분석들에서 특히 주목할 만한 것은 '도시화'의 몇 가지 구체적인 형태들이 신문 시장 구조에 미친 영향이 시기별로 달랐다는 점이다. 미국 대도시의 '교외화 *suburbanization*'는 인구 증가와 도시 팽창 때문에 나타난 현상이었지만, 그것의 의미는 20세기 초반과 2차 세계 대전 이후의 두 시점을 비교해 볼 때 상당한 차이가 난다. 도시 구조의 변화에서 가장 두드러지는 측면은 인구 변화지만, 이에 못지않게 중요한 것은 교통 수단, 주거 양식, 직장 분포, 테크놀로지 수준 등 당시 도시 성장 과정과 관련된 사회 경제적인 요인들이다.

미국에서는 19세기 말경 유럽 이민의 유입으로 도시 인구가 급격하게 증가하면서 대중지가 등장했다. 19세기의 도시들은 공간적인 팽창에도 불구하고 주로 주민들이 걸어다닐 수 있는 분화된 작은 생활권 단위의 결집체에 불과했다. 하지만 교통 발달은 도시의 물리적 모습과 더불어 도시의 기능 재배치에 큰 영향을 미쳤다. 1850년대 후반부터 마차는 미국 도시에서 주요한 교통 수단으로 이용되었고, 1880년대 무렵에는 전차가 도입되어 도시의 지리적 확장을 가능케 해 주었다.

이와 더불어 신문 사업에 특히 의미 있는 변화는 도심 번화가를 중심으로 한 비즈니스 구역의 발달이었다. 특히, 이 구역에는 대형 백화점이 잇따라 들어서 신문의 주요한 광고주 역할을 맡게 되었다. 1870년 이전에는 주로 주거지 부근에 들어선 소규모 가게나 행상을 중심으로 소비자 상품 거래가 이루어졌다. 당시의 도시는 지리적으로는 방대했지만 사실상 '수많은 소규모 소비자 시장들'로 나뉘어져 있었다. 하지만 점차 도시 거주자의 구매력이 증가하고 대량 생산된 제품이 유통되면서 소매 분야에서도 백화점을 비롯한 대규모 상점이 속속 등장했다. 앞서 말한 대중 교통의 확산으로 소비자들은 비교적 먼 도시 외각에서 시내 중심부로 쇼핑 나들이를 손쉽게 할 수 있게 되었다(Kaniss, 1991: 17). 교외 부도심 지역에서 시내로 통근하는 중산층 노동자들은 대도시 일간지의 주요 독자층이 되었다. 이들이 출퇴근길에 신문을 사서 읽기 편하도록 신문의 내용과 형식도 변화되었다. 당시의 교외화는 신문 산업, 특히 대도심 지역 일간지의 성장을 촉진시켰다.

하지만 2차 세계 대전 이후 활발하게 이루어진 교외화는 대도시 일간지에게 새로운 도전을 안겨 주었다. 당시의 교외화는 단순히 도시 영역의 지리적인 팽창에 그치지 않고, 도시 구조의 사회적·경제적인 성격 변화를 수반한 것이었다. 1950년대에 도시 외곽에 주거 지역이 들어섰을 무렵에는 여전히 도심이 대도시 지역의 사회적·경제적·문화적 구심점 역할을 수행했다. 즉, 외곽 거주자들은 대중 교통을 이용해서 도심에 있는 직장에 출근했고, 도심에 쇼핑을 하러 나오거나 문화 시설을 이용하곤 했다. 하지만 인구의 교외 이동이 활발해지면서 직장과 백화점, 영화관, 식당 등이 점차 외곽 거주지로 이동하기 시작해, 교외 주거 지역은 사실상 독립적인 도시 기능까지 갖추게 되었다. 대도시의 지리적 중심인 도심은 공동화하기 시작하고 도심과 교외 지역의 연결은 자연스럽게 약해졌다.

이러한 변화는 미국의 주요 대도시 지역에서 공통적으로 일어난 현상이다. 이러한 변화는 몇 가지 통계 지표에도 반영된다. 첫째, 대도심 지역의 인구 분포를 보면 도심에 거주하는 인구 비율이 급격히 떨어졌다. 가령 디트로이트 지역의 통계에 의하면 1940년에는 전체 인구의 68%가 시내에 거주했지만, 1980년에는 28%로까지 떨어졌다. 전국적으로 1960년대 중반 이래로 10년간 교외 지역의 인구 성장률은

41%를 넘은 반면 도심의 성장률은 2%에 불과했다(Mishra, 1980: 18). 둘째, 소득 수준과 고용 구조의 변화이다. 도심 거주자와 교외 주거 지역 거주자층의 소득 수준의 격차가 더욱 벌어졌다. 즉, 도심 지역에는 저소득층이 주로 거주하게 되고, 상대적으로 고소득층이 교외 지역에 분포하는 양상을 볼 수 있다. 신문 광고주는 주로 소득 수준이 높은 독자층에 관심을 갖기 때문에, 이러한 변화는 전통적으로 도심 지역을 기반으로 삼아 온 대도심 일간지에게 불리하게 작용했다. 또 고용 구조를 보더라도 도심 지역의 일자리는 점차 줄어들고 대신 교외 지역으로 일자리가 편중되는 경향이 뚜렷해졌다(표 3-1을 보라).

표 3-1. 주요 대도시 지역의 고용 구조 추이 (1960~80)

SMSA	SMSA 노동자 중 중심 도시 종사자 비율	
	1960	1980
애틀랜타	70	36
볼티모어	66	45
보스턴	44	32
시카고	69	44
클리블랜드	72	43
댈러스 / 포트 워스	76	45
디트로이트	57	27
휴스턴	84	72
로스앤젤레스	52	44
필라델피아	57	39
세인트루이스	57	33

출처: Kaniss, 1991, p.26에서 재인용.

셋째, 신문 광고 수입에서 중요한 비중을 차지하는 유통업 매출액의 분포가 크게 변화한 것이다. 즉, 표 3-2에서 보듯이 도심 지역 소매 매출액의 비중이 교외 주거 지역 매출액에 비해 상대적으로 크게 줄어들었다. 이전처럼 도심 지역의 상가가 도심 거주자층뿐 아니라 주변의 많은 교외 지역 거주자들을 끌어들이지 못하게 된 것이다. 결국 대도심 지역 전체 거주자를 독자층으로 삼고 있는 도심 일간지 광고는 독자 수에 비해 실제 광고 효과는 감소하게 된 셈이다. 따라서, 광고주 입장에서 보자면 독자 수는 적더라도 구매력이 높은 교외 지역 거주자층을 집중적으로 공략할 수 있는 광고 매체가 필요하게 되었다.

표 3-2. 대도시별 소매 매출액 중 도심 지역 점유율

	SMSA 소매 매출액 중 도심의 점유율		
	1963	1972	1982
애틀랜타	62.0	43.7	21.7
보스턴	55.0	38.5	26.7
시카고	54.0	41.1	31.2
신시내티	48.6	34.6	27.5
클리블랜드	46.8	31.1	21.9
댈러스	69.0	61.1	34.8
디트로이트	42.6	27.2	15.1
로스앤젤레스	46.6	44.5	38.7
밀워키	61.5	46.1	38.4
미니애폴리스	60.4	39.8	15.6
필라델피아	42.7	33.3	25.8
세인트루이스	37.5	23.3	15.6

출처: Kaniss, 1991, p.26에서 재인용.

도심 지역에 거주지나 직장이 있거나 쇼핑을 나오는 사람 수가 줄어들면서 대도시 전역, 특히 도심과 교외 지역을 잇는 대중 교통의 필요성이나 이용률이 급속히 감소했다. 디트로이트의 사례를 보면 1953년에는 디트로이트 대도시 지역 거주자의 26%가 출퇴근에 대중 교통을 이용했으나, 1965년에는 이 비율이 8.2%로 감소했고, 1980년에 이르면 3.6%에 그친다. 대중 교통 이용이 줄어들면서 대신 자가용 이용이 보편화했다(Kaniss, 1991: 27). 이전에는 대도시 지역 거주자들이 출퇴근길에 가판대에서 신문을 사서 전철이나 버스에서 보곤 했지만, 이러한 이용 습관이 바뀌면서 신문 가판은 커다란 타격을 받았다.

미국 주요 대도시에서 진행된 교외화는 전통적으로 하나의 유기적인 생활 공간이던 도시 구조를 무너뜨리고 대신에 자립적인 교외 위성 도시들이 공존하는 분절화·탈중심화한 도시 구조를 만들어 냈다. 도시 구조의 이러한 변화는 대도심 일간지에 큰 타격을 주었고, 그 틈을 비집고 교외 주거 지역 일간지나 생활 정보지 따위의 새로운 형태의 신문들이 급성장했다. 필라델피아의 사례를 보면 대도심 일간지의 총 발행 부수는 1940년에는 134만 4000부에 달하던 것이 1988년에는 76만 3000부로 격감했다. 반면 교외 주거 지역 일간지는 같은 기간에 14만 7000부에서 46만 1000부로 늘어났다(Kaniss, 1991: 31). 교외 주거 지역 일간지는 대도심 일간지에 비해 부수는 적지만 광고주의 주공략 대상인 교외 주거 지역에서 '침투율 penetration'이 높고 광고비가 저렴해 대도심 일간지의 광고를 잠식해 들어갔다.

생활 정보지는 기사 없이 광고만 싣는 신문으로 가구 도달률이 이론적으로는 100%(total market coverage)에 달한다. 생활 정보지 역시 대도심 일간지의 광고 시장(특히, 안내 광고)을 상당히 잠식했다. 보가트에 의하면, 1977년과 1988년사이에 정보지의 종수는 1012종에서 1445종으로, 총 부수는 1165만 9000부에서 2199만 4000부로 증가했다(Bogart, 1989: 54). 또한 같은 기간에 정보지의 평균 발행 부수는 1만

그림 3–2. <뉴욕 데일리 뉴스>의 시장 침투율 분포 변화

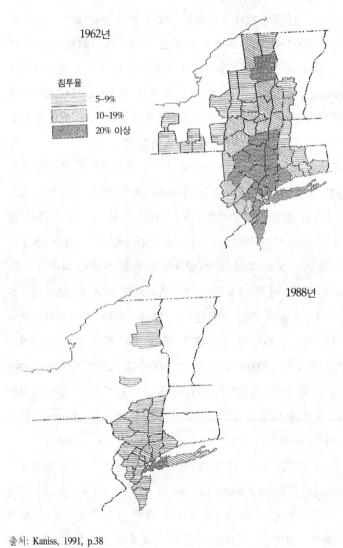

1962년

침투율
5~9%
10~19%
20% 이상

1988년

출처: Kaniss, 1991, p.38

1520부에서 1만 6549부로 늘어났다.

이러한 변화와 더불어 대도시 지역에서는 대도심 일간지, 특히 전통적인 석간 신문의 쇠퇴가 두드러졌다. 뉴욕 시를 기반으로 하는 <뉴욕 데일리 뉴스 *New York Daily News*>가 전형적인 사례다. 그림 3-2에서 볼 수 있듯이 1962년에만 해도 이 신문은 도심 외곽에까지 넓게 보급되었지만, 1988년에 이르면 외곽 지역에서 침투율은 눈에 띄게 줄어들었다. 도시 형태가 단일 중심 도시 *monocentric city*에서 여러 개의 주거 지역과 위성 도시로 이루어진 다핵심 도시 *polycentric city*로 변화한 데 맞추어, 신문 시장의 판도 역시 도심을 기반으로 하는 대도심 일간지가 약화되고 위성 도시 일간지와 주간지, 특수지 등 다양한 층의 신문들이 공존하는 우산 밑 경쟁 형태가 형성된 것이다.

요컨대 우산 밑 경쟁 모델은 신문 상품의 속성(독점적 경쟁)을 잘 보여 주는 이론적 모델로 간주할 수도 있지만, 분명히 미국 도시의 특수성을 강하게 반영하고 있다. 그렇다면 한국 사회에 적용할 수 있는 지리적 시장 모델은 어떠한 것이며, 이 모델에서는 어떤 요인들을 고려해야 할 것인가? 또 로시의 모델은 새로운 분석틀을 모색하는 데 어떤 함의를 주고 어떤 한계를 지니는가?

신문 시장의 분석틀을 만들어 내기 위해서는 우선 한국 신문 시장의 특성이나 관련 미디어 산업의 성격에 관한 기술적記述的 연구가 많이 필요하다. 신문 구독자의 지리적 분포나 가판 비율과 분포, 미디어 소비 현황 등의 연구가 이에 해당한다. 이와 더불어 도시 공간 구조의 특성과 변화 과정을 설명해 주는 개념과 이론 역시 신문 산업의 지리적 시장 구조의 구조적 맥락을 이해하는 데 도움이 되는 분석틀을 제공해 줄 것이다. 도시 사회학이나 지리학의 공간 이론들은 이러한 이론적 작업에 유용한 개념과 함의를 많이 제공하고 있다. 이러한 개념들에 초점을 두면서, 신문 시장의 구조적 성격을 이해하는 데 어떠한 요인과 쟁점을 검토해야 하는지 살펴본다.

4. 지리적 시장 형성의 구조적 요인들

신문 산업의 지리적 시장 모델을 구상하는 데 필요한 개념들은 주로 공간 구조 이론에서 원용할 수 있다. 가령 김형국은 도시 변화와 같은 '공간적 움직임'의 유형을 '인구 이동'(정주 양식), '혁신의 확산,' '자본의 움직임'(경제 활동의 입지), '의사 결정'(권력 분포) 등으로 나누고 있는데, 공간 이론에서는 이러한 변화 유형들이 어떠한 사회 경제적 과정을 통해 나타나는지 설명하려 한다(김형국, 1997). 신문의 지리적 시장이라는 현상은 도시 현상과는 다르지만 역시 공간적 분포의 형태로 나타난다는 점에서 공간 이론으로 설명할 수 있는 부분이 많다. 물론 아직까지는 요인들 간의 인과 관계를 설명하거나 체계적인 분석틀을 제시하기는 쉽지 않다.

　여기서는 도시 공간 변화에 관한 개념 중에서 신문 산업과 관련성이 높은 것들을 중심으로 검토하면서 어떤 쟁점과 연구 주제가 부각되는지 살펴본다. 도식화하자면 신문 시장의 지리적 성격 변화는 몇 가지 요인들과 관련지어 파악할 수 있다. 첫째, 신문 시장의 변화는 '인구 이동'이나 '자본의 움직임' 등 도시 공간 내의 사회 경제적 변화와 밀접하게 연관을 맺고 있다. 둘째, '권력의 공간적 분포'와 연관시켜 파악할 수 있다. 셋째, 신문 시장 내부나 다른 매체 산업의 여건과 관련된 요인으로 정리할 수 있다.

1) 도시 구조의 사회 경제적 변화: 인구 이동, 자본 이동

도시의 물리적 분포와 구조는 인구·자본의 배치와 이동, 교통망 등의 요인에 크게 영향을 받는 사회 경제적인 산물이다. 따라서, 한국 도시에서 이 개별적인 요인들이 어떠한 양상으로 나타나는지 또 그것이 신문 산업 연구에 주는 함의는 무엇인지 검토할 필요가 있다.

도시 공간 구조의 형태는 이러한 요소들이 어떻게 분포되고 구조화되어 있는지에 따라 정해진다. 이와 더불어 여러 지리적 단위들(도시와 배후 지역 등) 간의 기능적 관계를 이론적으로 파악할 수 있는 분석틀이 필요하다. 공간 이론 중에서 '도회권 *urban field*'이라든지 '중심지 이론 *central place theory*' 따위의 개념들은 이러한 분석에 많은 함의를 준다. 여기서는 중심부 대도시와 인근 지역 간의 관계, 또 다양한 도시권들 사이의 관계를 분석하는 데 초점을 둔다.

'도회권' 개념은 대도심과 인근 지역들 사이에서 도시 기능이 어떻게 분포되어 있는지 분석하는 데 유용한 틀로 삼을 수 있다. 도회권은 대도시 구역뿐 아니라 도심과 밀접한 기능적 연관을 맺고 있는 인근 지역을 포괄하는 '기능적 경제 지역'을 말한다(김형국, 1997: 328). 미국의 MSA가 이러한 개념에 해당한다. 통근권이나 도회권은 행정적으로 서로 독립된 도시 단위들이 맺고 있는 기능적인 관계를 개념화한 것이다. 현실적으로 해당 지역에서 일정 비율 이상의 인구가 모母도시로 통근·통학하는 통근권을 형성할 경우 이 지역을 모도시의 도회권으로 볼 수 있다. 한국에서는 서울과 광역시들이 여기에 해당할 것이다.

특히, 주목할 만한 것은 이 도회권 내에서의 통근 유형이다. 광역시의 통근 유형은 수도권과는 다른 독특한 경향을 보인다. 즉, 수도권에서는 위성 도시에 거주하면서 도심으로 출퇴근하는 인구가 많은 데 비해, 부산을 비롯해 대구, 대전, 광주 등의 광역시에서는 시외에서 시내로 출퇴근하는 인구 비율보다 시내에 주거하면서 시외로 출퇴근하는 인구가 오히려 많은 '역逆통근' 현상이 나타난다.[2] 여기서

---

2. 수도권에서는 서울에서 외곽으로 통근하는 인구가 서울 총통근·통학 인구의 6.7%인 데 비해 인천을 포함한 경기도에서 서울로 통근·통학하는 인구는 도 총통근·통학 인구의 21.1%를 차지한다. 절대 수에서도 서울에서 경기도로 나가는 통근·통학 인구는 약 34만 명인 데 비해 반대 방향은 67만 명의 인구

주목할 만한 것은 이동의 방향뿐 아니라 규모이다. 수도권과 비교해 볼 때, 광역시에서는 도심과 교외 사이에 이동 인구의 비율이나 규모가 눈에 띄게 적은 것을 발견할 수 있다. 수도권과 광역시의 통근 유형의 차이는 신문 시장 분석에서 중요한 연구 주제를 제시해 주고 있다.

우선 수도권에서는 도심지 시장 기반의 규모가 클 뿐 아니라 기능적 경제 지역의 범위가 외곽 지역에까지 아주 넓게 퍼져 있어 잠재적인 시장 기반이 상대적으로 풍부하다. 일부 중앙 일간지의 보도 내용에서 니타나는 수도권 중심의 편향 역시 경제적으로만 보면 신문 기업에 유리한 전략인 셈이다. 반면에 다른 광역시에서는 수도권에 비해 도시 구역이 상대적으로 좁을 뿐 아니라 인근 지역과의 기능적 연관 역시 상대적으로 느슨한 것으로 추정할 수 있다. 광역시 도회권에서 역통근 현상이 나타나는 것은 이 지역 일간지에게 불리한 여건으로 작용할 수 있다. 즉, 이는 광역시 주위 지역(특히, 소도시) 주민 중에서 도심과 기능적 연관을 유지하고 있는 인구가 적다는 것을 보여 주는 지표라고 할 수 있다. 만일 그렇다면 광역시의 지역 일간지가 외곽 지역으로 부수를 확장하는 데에는 원천적으로 한계가 있는 셈이다.

중심지 이론은 도회권보다 훨씬 넓은 범위에 걸쳐 흩어져 있는 지역이나 도시들 사이의 관계를 설명하는 이론으로, 신문의 지리적 시장 범위를 개념화하는 데에도 참고할 만한 함의를 준다(김형국,

---

가 이동하고 있다. 반면 부산 도회권에서는 정반대 현상이 나타나고 있다. 부산 외곽으로 통행하는 인구는 부산의 총통근·통학 인구의 4.7%를 차지하지만, 부산 외곽에서 부산으로 향하는 통행 인구는 부산 외곽의 총통근·통학 인구의 2.5%에 그쳤다. 절대 규모에서도 부산에서 경남으로 오가는 인구는 6만 3923명인 데 비해 경남에서 부산으로 오가는 인구는 3만 2511명(1990년도 기준)에 불과했다(김형국, 1997: 331~3; 진영환·김종원, 1986).

1997: 155~8). 이 이론은 원래 3차 산업의 공간 경제적 특성을 분석한 것인데 크게 세 가지 기초 개념을 근거로 한다. 즉, '도달 거리 *range*,' '최소 범위 *threshold*,' '계층 *hierarchy*'의 세 가지 개념이다.

여기서 도달 거리는 소비자가 상품이나 서비스를 구입하기 위해 이동할 용의가 있는 경제적 거리를 말하는데, 구입 대상의 종류에 따라 달라진다. 1971년 서울의 소비자를 대상으로 한 최운식(1972)의 연구에 의하면, 이들은 채소류와 잡화류를 구입할 때는 5~10분, 옷감류는 10분, 귀금속류는 20분 이내의 거리에 있는 상점을 찾는 것으로 나타났다. 최소 범위는 상품이나 서비스 취급 업소가 존립하기 위해서 확보해야 하는 최소한의 시장 범위를 말한다. 도달 거리가 최소 범위의 반경보다 짧으면 업체는 유지될 수가 없다. 도달 거리와 최소 범위가 균형을 이루고 맞아떨어지는 상태에서 '중심성 *centrality*'이 형성되는데, 상품 종류에 따라 중심성에는 계층이 형성된다. 저가의 상품은 중심성이 낮고 고가의 상품은 상대적으로 중심성이 높다.

중심성의 개념은 주로 상업 활동의 범위가 형성되는 과정을 설명하는 것이지만, 도시 형성 과정을 설명하는 데에도 이를 원용할 수 있다. 상업적 요인에 의해 형성된 도시를 '중심지'로 본다면, 그곳을 이용하는 인구가 분포한 지역은 '배후지'에 해당한다. 중심성이 높은 업체는 넓은 배후지를 필요로 하기 때문에 인구가 많은 대도시에만 위치할 수 있고, 중심성이 낮은 업체는 상대적으로 작은 도시에도 분포할 수 있다. 이 이론은 수도권처럼 특정한 지역 내에서 여러 도시 단위들 사이에 이루어지는 기능적 연계를 파악하는 데 도움이 된다. 이처럼 도시의 크기와 경제력 규모에 따라 도시 계층이 형성되는 과정을 설명해 주는 중심지 이론은 신문의 지리적 시장을 이해하는 데에도 원용할 수 있다. 이 개념은 특히 신문 광고 시장의 특성을 분석하는 데 도움이 된다. 신문 광고에서는 지리적 범위의 제약을 받는 서비스업이나 유통업 따위의 3차 산업 업종이나 안내 광고의 비중이 높기 때문이다.

도회권이나 중심지 이론을 신문 시장 분석에 적용하기 위해서는 인구 이동이나 직장 분포, 교통망 이용 형태 등 좀더 미시적인 요인에 대한 계량적 분석 작업이 선행되어야 한다. 특히, 인구 이동과 분포는 신문 독자 규모와 특성에 영향을 주는 가장 기본적인 요인이다. 인구 이동에 관한 연구에서는 인구 이동의 특성이나 동기 외에도 이동 방향이 중요하다. 한국 사회에서 지역 사이의 인구 이동에서 두드러지는 특징은 도시 지향성이다. 주로 농촌에서 도시로, 특히 서울과 부산과 같은 대도시로의 이동이 절대적이다. 한국 사회에서 나타나는 특징들을 좀더 구체적으로 정리하면 다음과 같다.

첫째, 서울 주변의 중소 도시나 서울과의 접근성이 좋은 도시(서울에서 대전 사이의 시읍)에서 특히 급속한 인구 증가가 나타난다는 것이다(김형국, 1997: 86). 단순히 행정 단위를 의미하는 '서울'과 인근 지역을 지칭하면서, 도시 기능적인 측면을 함축하는 '수도권'이라는 용어가 일반화한 데서도 이러한 추세를 엿볼 수 있다. 신문 시장의 규모를 판단하는 가장 손쉬운 지표는 도시 인구 규모라는 점을 감안할 때(가령, Roberts, 1968을 보라), 서울을 중심으로 10개의 종합 일간지가 난립할 수 있는 기반은 사실은 전국 시장이라기보다 수도권이라고 보아도 무방하다. 흥미로운 것은 서울 지역 이외의 다른 도시에는 '수도권'처럼 광역 생활권을 지칭하는 기능적인 용어가 사용되지 않는다는 점이다.

둘째, 서울로 집중하는 이동 인구가 전남을 비롯한 원거리 지역에서 많이 전입하는 경향을 보이는 등 물리적 거리가 큰 장애로 작용하지는 않는다는 사실이다. 하지만 이러한 특성은 지역마다 차이가 있다. 경북, 경남, 제주 지역에서는 1960~80년 사이 10년 이상 동안 지역 인구의 3% 이상이 서울 지역에 전입하지 않았다. 경남과 경북의 주민들은 주로 인접한 대구와 부산을 전입 지역으로 선택했을 가능성이 크다(김형국, 1997: 86).

이러한 인구 이동 추이는 출신 지역 거주자의 지역적 정체성이
나 지방적 차이에 근거한 성향 분포가 공간적으로 인접한 곳에 밀집
되어 있지 않고 전국적으로 넓게 퍼져 있을 수도 있음을 말해 준다.[3]
인구 이동의 이러한 추세는 일부 국내 신문에서 나타나는 지역 편향
적 성향을 이해하는 중요한 단서로도 삼을 수 있을 것이다. 가령 주
요 선거에서 몇몇 신문들이 특정 지역에 대해 친화적 혹은 배제적인
태도를 보인다는 주장이 시의적 비평의 수준에서 종종 제기되었다.
만일 해당 신문 독자층의 지역별 분포뿐 아니라 출신지나 원적지 분
포를 함께 분석한다면 이러한 보도 성향에 관한 연구는 신문 시장의
측면에서 근거를 찾을 수 있지 않을까 한다. 이러한 연구에서 유의
적인 결과가 나온다면, 지역 편향적 보도 태도를 보이는 어떤 신문
은 독자들이 비록 지리적으로는 전국에 분포되어 있다 할지라도 독
자층에서 뚜렷한 지역적 지지 기반을 확보하고 있는 셈이다.

셋째, 1980년대 후반 이후 대도시의 인구 성장률은 둔화되거나
오히려 감소세를 보이는데, 이러한 대도시 인구 역류 현상은 눈여겨
볼 필요가 있다. 즉, 서울 인구가 인접 경기도로, 부산 인구가 인근
경남으로 이동하는 경향이 확대되는데, 이는 대체로 주거 수준의 향
상을 위한 주거 이동이다. 1994년에는 서울에서 다른 시도로 옮겨
간 인구의 67.9%가 경기도 전입자였다. 이러한 인구 이동은 공간 경
제적으로 동일한 통근권 안에서의 움직임이기 때문에 전체 지역 경

---

3. 같은 지역에 거주하는 개인들이 이웃과 교류함으로써 정치적 성향에서도 영
향을 주고받게 되는 것을 '맥락적 효과 contextual effects'라고 한다. 가령 이는 특
정 지역 주민들 사이에 계층적 차이가 있음에도 불구하고 특정 정당에 대한 지
지표가 몰려나오는 현상을 설명해 주는 개념이다. "가장 일반적으로 제시되는
원인 가운데 하나는 지방적 차이가 유권자들의 정체성이 확립되는 사회적 맥락
과 관련된다는 것이다." 이것이 바로 '근린 효과 neighbourhood effect'인데, 가장
널리 알려진 맥락적 효과의 예다(Savage & Warde, 1993/1996: 222~5).

제의 국면에는 별다른 영향을 주지 않는다(김형국, 1997: 86~7). 이상과 같은 인구 이동 현상이 신문 산업에 어떤 영향을 미치는지에 관한 연구는 거의 없다. 하지만 이러한 특징들은 신문 산업과 관련해서 많은 잠재적 연구 주제를 제시해 준다.

인구 이동 현상이 지니는 의미는 도시 구조 변화와 연관지어서 볼 때 잘 이해할 수 있다. 가령 도심 공동화 현상은 도시 인구 밀도와 분포의 변화로 나타나지만, 이 변화는 인구 이동뿐 아니라 자본의 분포 등 사회 경제 구조의 변화와 연관지어 설명해야 한다. 도시 사회학에서는 도시 성장의 유형을 크게 '교외화'와 '도심 재활성화'로 나누어 설명한다. 교외화는 도심 인구 밀도가 감소하는 현상을 말하고 도심 재활성화는 밀도가 증가하는 현상을 말한다. 미국 대도시의 성장은 주로 교외화의 유형으로 분류할 수 있다(Savage & Warde, 1993/1996: 101~13). 로시가 우산 밑 경쟁 모델을 구상할 때 염두에 둔 것은 바로 교외화 현상이었다.

인구 밀도의 감소라는 측면에서 보면, 한국의 대도시에서도 도심 인구의 '공동화' 혹은 '분화구 효과 *crater effect*'의 기미가 나타나고 있다. 서울의 사례에서는 시청을 기점으로 해서 동심원을 그릴 때 외각으로 나갈수록 인구 밀도가 높아지는 현상이 뚜렷해지고 있으며, 1980년대 대구시의 사례 연구에서도 비슷한 경향이 확인되었다(김형국, 1997: 258~9). 하지만 한국 대도시들의 공동화 현상은 미국의 사례와는 상당히 다른 성격을 띤다. 특히, 주목할 만한 요인은 도심 업무 지구(Central Business District: CBD)의 활성화 여부와 관련이 있다. 미국 도시들의 사례에서는 교외화가 진행되면서 도심의 인구 성장이 감소하거나 둔화되기도 했지만, 신문 기업에 더욱 치명적인 것은 도심의 상업 지구나 시설, 업무 지구가 교외로 빠져 나가기 시작한 현상이다. 하지만 한국 대도시, 특히 서울은 이와는 사정이 달랐다. 수도권의 인구 이동, 특히 도심의 인구 밀도 감소는 주로 높은 땅값 때문에 생겨난 주거지 이동의 성격이 강하다.

수도권의 사례에서는 신도시 건설 붐으로 대표되는 교외화 현상이 두드러지지만, 미국 대도시처럼 도심의 공동화를 수반하지 않는 차이점이 있다. 또 최근에는 강북 지역의 도심 재개발 사업이 활발해지는 등 도심 재활성화 현상도 동시에 발견할 수 있다. 한국 대도시의 성장 과정은 토지 수요 공급의 시장 논리뿐 아니라 공공적 차원의 서민 주택 보급 정책과 개발 제한 정책, 지역 균형 발전이라는 정치적 논리 등이 융합해서 독특한 형태로 나타났다. 따라서, 한국에서는 우산 밑 시장 모델과는 상당히 다른 조건에서 신문의 지리적 시장이 형성되었다고 할 수 있다.

인구 밀도 재배치와 직장의 공간적 분포와 밀접한 연관을 맺고 있는 요인으로 교통망 문제를 들 수 있다. 한국 대도시에서는 직장과 주거 간의 거리가 멀다. 정부가 주택 보급 정책을 수립하면서, 교통이라는 요인보다 토지 가격을 낮게 유지하는 데 더 중점을 두었기 때문이다. 미국의 사례에서는 도심과 교외 지역들을 이어 주는 교통망은 주로 고속 도로와 자가용이었지만, 한국에서는 자가용 이용의 확산과 더불어 지하철을 비롯한 대중 교통에 대한 투자가 대대적으로 이루어졌다. 특히, 수도권에서는 도심의 여러 지역 사이를, 또 외곽 위성 도시와 도심을 이어 주는 전철망이 그물처럼 건설되었다.

직장, 주거, 도시 편의 시설 등 도시 기능이 원거리에 흩어져 있어 출퇴근 시간이 늘어난 것은 신문 산업에도 적지 않은 영향을 주는 변화들을 낳았다. 우선 이 변화들은, 특히 석간 신문에 불리하게 작용한다. 가령 퇴근 시간의 교통 혼잡으로 석간 신문 배달이 어려움을 겪게 되었고, 퇴근에 소요되는 시간이 늘어나 저녁 여가 시간을 잠식해 텔레비전 시청 시간 이전의 신문 열독 시간이 줄어들었을 가능성도 있다. 이 점에서 보면 석간 신문의 퇴조도 도시 구조의 변화와 연관지어 설명할 수 있다. 하지만 늘어난 출퇴근 시간은 신문 산업에 새로운 수요를 창출해 준다고 할 수 있다. 전철망의 확대는 가판 신문 시장의 주요한 기반을 마련해 주었는데, 특히 대중 교통을 이용할 때 편리한 신문 형태, 예컨대 스포츠 신문이나 특수 신문의 약진은 이러한 변화와 쉽게 연관지을 수 있다. 물론 이 문제를 분석하기 위해서는 신문 가판의 분포나 유형에 관한 자료와 미디어 소비 시간이나 행태의 변화를 추적하는 작업이 선행되어야 할 것이다. 미국에서는 교외화로 자가용 이용이 증가하고 대중 교통 이용이 감소하면서 신문 가판과 열독 시간은 줄어든 반면 신문과 경쟁 매체인 라디오 이용이 늘어났다(Kaniss, 1991: 29).

2) 공간 권력과 도시 정치

도시의 공간 구조를 결정하는 데 중요한 또 하나의 요인은 의사 결정(권력)의 공간적 분포 문제다. 이것은 지방 자치 단체의 정치 과정, 중앙 정부와 자치 단체 간의 권력 역학 따위의 측면으로 나타나는데, 신문의 지리적 시장 구조의 형성 과정을 이해하는 데에도 중요한 요인이다. 도시 구조에서 이러한 측면은 '도시 정치'나 '공간 권력'의 개념으로 설명할 수 있다.

좁은 의미에서 도시 정치는 '도시 문제에 특정한 정치 현상'으로 정의할 수 있다. 이러한 의미의 도시 정치는 한국 사회에서 지방 자치제가 본격적으로 실시되기 전에는 거의 존재하지 않았다. 지자제 실시 후에도 도시 개발에서 중앙 정부의 권한과 역할이 여전히 지배적이라는 점에서 제한되어 있다. 반면 넓은 의미에서 도시 정치는 '도시 문제를 둘러싼 정치 현상'으로 정의할 수 있는데, 어떤 사회에서든지 이러한 의미의 도시 정치는 존재한다(강명구, 1998: 352). 도시 공간이라는 현상에서도 자원을 동원하고 배분하는 권한과 능력이 도시 체계의 성장과 발전에 영향을 미친다는 점에서 중요한 요소다.

공간 권력의 문제에서 일반적으로 가장 두드러진 쟁점은 중앙 집권화와 분권화로 대비되는 권력 분포의 차원이다. 한국 신문 산업에서 중앙지 위주의 구도가 정착되고 지방지가 제대로 발달하지 못한 것은 중앙 집권적인 구조에서 기인하는 바 크다. 공간 권력의 또 다른 차원은 바로 선거를 통해 권력을 창출하는 과정이다. 한국 사회에서 중앙 일간지뿐 아니라 지방지까지도 매우 정치 지향적으로 정착된 것은 지역 분할적인 정치 권력 창출 구조와 관련이 있다(가령 강상현, 1992를 보라).

도시 정치라는 측면에서 보면, 우산 밑 경쟁 모델은 도회권 내에서도 도시 정치의 과정이 분권화·탈중심화한 미국 사회의 경험을 반영한다. 우산 밑 모델에서는 중심부의 대도시와 위성 도시 사이에, 또 위성 도시들 사이에 경제적 기능뿐 아니라 정치적으로도 분권적인 구조를 가정하고 있다. 만일 대도시 인근 지역에서 단위 도시들 사이에 정치적인 상호 의존성이 높다면 신문 독자들 역시 지리적으로는 멀리 있는 다른 지역(가령 대도심)에 대해 계속 관심을 가질 수밖에 없을 것이다. 중앙과 지방 사이에, 또 광역 행정 구역과 하위 행정 구역 사이에 위계적인 권력 관계가 뿌리 내린 한국 사회에서 신문의 지리적 시장 형태는 미국의 사례와 상당히 다른 형태로 그려질 가능성이 있다.

임영호는 부산을 중심으로 한 광역 도시권(부산, 마산·창원·진해와 인근 지역) 신문 시장의 우산 밑 경쟁 구조를 분석했는데, 그 결과는 그림 3-3과 같은 독특한 형태로 나타났다(임영호, 1996: 160). 부산 소재 일간지들과 창원 지역 소재 일간지에 실린 광고의 시장 구역을 분석한 결과 두 신문 유형들의 구역은 거의 겹치지 않았다. 이는 두 신문 유형이 광고 시장에서 사실상 경쟁 관계에 있지 않은 것으로 해석할 수 있다. 중심지 이론의 도시 계층 분석틀에 따르면 부산과 마산·창원·진해는 부산을 상위 계층으로 하는 세력권 안에 있다고 볼 수 있

그림 3—3. 부산 · 경남 지역의 우산 밑 모델

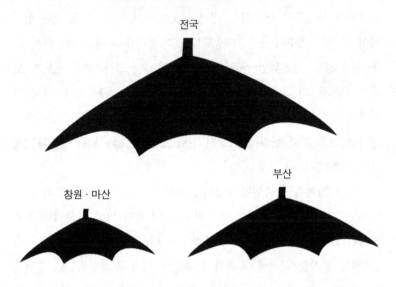

전국

창원 · 마산

부산

다. 여러 개별 도시 간의 상호 의존적 발전 형태라는 측면에서 볼 때, 울산-마산-창원 지역은 기다란 '도시 회랑 *urban corridor*'의 형태로 연결되어 있다(김형국, 1997: 325). 두 지역은 도시 기능적으로는 어느 정도 상호 의존적인 관계에 있는 셈이다. 더구나 행정 단위에서도 부산은 1925년에 경상남도의 도청 소재지로 정해진 이래, 1983년 7월 도청이 창원으로 옮겨갈 때까지 경남 지역의 정치 중심지 기능을 했다. 그런데도 이와 같은 연구 결과가 나온 것을 어떻게 해석해야 할 것인가?

첫째, 공간 경제라는 측면에서의 해석이다. 즉, 부산과 창원 · 마산 등의 도시들은 부산을 중심으로 하는 거대 도회권 속에서 기능적 관련을 맺고 있지만, 신문 광고 시장에서는 마산 · 창원 · 진해 지역이 나름대로 독자적인 시장권을 형성하고 있는 것으로 해석할 수 있다. 여기서 고려할 변수들은 인구 규모(마산 · 창원 · 진해의 인구를 합하면 93만여 명에 달한다. 통계청, 1993)와 경제력이다. 또한 중심지 이론을 원용해서

그림 3-4. 중심 지형 도시 계층 구조의 상호 작용 유형

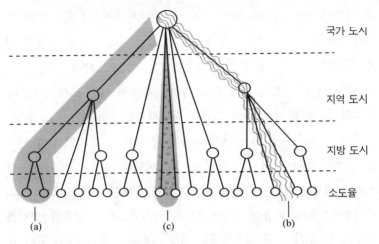

해석해 볼 수도 있다. 그림 3-4에서 볼 수 있듯이 마산·창원이 성장하면서 도시 기능면에서 상위 계층의 도시(부산)를 건너뛰어 바로 최상위 계층의 도시(서울)와 위계적 관계를 맺게 된 것으로 볼 수도 있다. 그렇다면 도시 계층 구조에서 도시 간의 관계가 (a) 유형처럼 위계적인 구조가 아니라 (b) 유형처럼 불규칙한 형태로 되어 있다는 것을 뜻한다.

　둘째, 도시 정치라는 차원에서 해석할 수도 있다. 즉, 부산이 경상남도에서 떨어져 나와 직할시로 독립하고 지방 자치제가 실시되면서 두 지역이 서로 독립된 정치 단위로 정착된 것이 시장 분할에서 중요한 역할을 했을 가능성이 있다. 여기에는 두 가지 측면이 있다. 하나는 강력한 중앙 집권적 정치 구조는 지역 사이의 수평적인 기능 관계가 아니라 모든 행정 구역 단위들과 서울 사이의 수직적인 관계만 발전시켰다는 점이다. 다른 하나는 행정 구역 분리로 독자적인 단위를 형성하게 된 지역 정치 사회의 영향력이다. 한국의 지역 정치 사회에서는 행정 기관이나 지방 의회, 사회 단체 등의 종사자들은 사적인 친분 관계나 정치적·인적 네트워크를 구축하고 있다. 이러한 네트워크는 사적인 차원에 그치지 않고 광고 수주를 비롯해 경제 활동에까지 영향을 미칠 가능성이 크다(정상윤, 1996을 보라). 물론 이 연구 결과만으로는 지역 광고 시장의 특성이 과연 도시 정치(지역 정치)의 특수성에서 유래한 것인지 단정하기는 어려우며, 앞으로 이 문제에 관해 많은 사례 연구가 나와야 할 것이다. 하지만 만일 이러한 추정이 옳다면 이 연구는 한국 대도시에서 도시 정치가 신문의 지리적 시장에 어떠한 영향을 줄 수 있는지 보여 주는 사례가 된다. 즉, 전통적으로 인접한 생활권으로서 경제적으로는 밀접한 관련을 맺고 있는 도시 지역 사이에서도 지방 정부가 분할될 경우 도시 단위들 사이에 서로 기능적 통합을 배제하는 배타적인 원심력이 작용할 수 있게 된다.

하지만 다른 광역시에서는 도시 정치가 이와는 다른 형태로 나타나기도 한다. 부산 광역권의 사례 분석 결과를 다른 대도시 지역에 그대로 적용하기는 어려울 것이다. 가령 광역시만 보더라도 우선 수도권에 인접한 인천이나, 주변에 상대적으로 작지만 대도시를 끼고 있는 부산의 사례, 그리고 주변 배후지가 주로 농촌 지역이며 도청 소재지이기도 한 대구, 대전, 광주의 사례는 두드러진 차이가 있다. 특히, 인천은 인구가 200만에 가까운 대도시지만(1990년 기준으로 181만 7919명, 통계청, 1993) 독자적인 신문 시장이 제대로 형성되지 않고 있다. 아마 이는 서울과 지리적으로 인접해 있다는 요인과 관련이 있을 것이다. 인천과 부산 도회권은 한국 도시 정치의 특수성을 잘 보여 주는 대비되는 사례인 셈이다.

도시 정치는 제도화된 혹은 비제도화된 정치 과정의 형태로 나타나기도 하고, 또 행위자의 행태 수준에서 보면 주민들의 '공간 감지 *spatial perception*' 차원에서 나타날 수도 있다. 공간 감지 가운데 도시 정치와 신문 시장과 관련해서, 특히 주목할 만한 것은 지역 의식이나 지역 감정의 측면이다(강상현, 1992를 보라). 도시 정치에서는 다른 지역과 차별화되는 혹은 인접 지역 주민들 사이에 조성된 지역의 '정체성' 문제가 중요성을 띤다. 몇몇 연구에서는 지역적 정체성이 지역 신문의 경제적 정착에도 중요한 역할을 한다고 결론짓는다. 해당 지역에서 예상되는 거주 기간(김학수, 1988)이나 지역 소속감 *community ties* 따위의 요인(Stamm & Voigt, 1985)이 독자들의 지역 신문 구독과 밀접한 관계가 있다는 연구 결과는 이러한 추정을 뒷받침해 준다.

지역적 정체성의 문제는 신문 시장 연구자에게 아주 근본적인 문제를 던져 준다. 대다수의 지방 언론 관련 연구에서는 지방이나 '지역'이라는 개념을 아주 당연한 것처럼 가정하는 경향이 있다. 이 때 지역이라는 개념은 과연 그 지리적 범위가 어느 정도일까? 그것은 경제적인 생활 공간의 범위를 지칭하는가, 아니면 지역(도시) 정치의 단위를 말하는가, 아니면 사회 문화적인 단위인가? 많은 지역 언론 연구에서는 지방 신문의 지방화·지역화를 주장할 때 광역 자치 단체보다는 훨씬 세분화된 소지역 단위의 신문을 이상적인 모델로 가정하는 경향이 있다. 그렇다면 과연 지방 자치 단체 주민들은 그렇게 세분화된 지리적 단위에서 지역적 정체성을 갖고 있을까? 이러한 문제들은 지역 신문 산업 연구에서 실제적으로 중요하게 고려해야 할 연구 주제들이다.

3) 국내 일간 신문 시장의 특성

한국 도시 지역에서 미국의 우산 밑 경쟁 모델과 다른 형태로 지리적 시장이 형성되어 있다면, 그것은 도시 공간의 경제적·정치적 구조의 차이뿐 아니라 신문 산업의 구조적 상황이 상당히 다른 데에도 기인할 것이다. 국내 신문 산업의 특징은 대략 다음과 같이 정리할 수 있다.

한국 신문 시장에서 가장 두드러지는 특징은 주로 전국적인 종합 일간지 위주로 시장이 정착되어 있다는 점이다. 조선·중앙·동아 등 이른바 '빅 3'를 선두로 해서 10개 중앙 일간지가 신문 부수나 광고 시장을 과점하고 있다. 하지만 중앙 일간지의 경우 그 동안 부수나 매출액 규모는 상당히 성장했지만 수익성에서는 대부분 부진을 면치 못했다. 1997년에는 중앙 일간지 10개 중 3개사, 2000년에는 5개사만

표 3-3. 국내 중앙 일간지의 판매 방식과 지역별 분포

단위: %

		판매 방식별 비율		지역별 판매 비율	
		배달	가판	수도권/중앙	지방
종합지	경향신문	95.3	4.5	59	41
	국민일보	92	7	58	42
	동아일보	96	2.5	63	37
	문화일보	90	10	75	25
	서울신문	98.2	1.7	60	40
	세계일보	95.5	4.5	65	35
	조선일보	96.8	2.9	58.5	41.2
	중앙일보	97.7	2.3	59.8	40.2
	한겨레	94.1	5.8	57	43
	한국일보	92	4	57.9	42.1
경제지	내외경제신문	95.1	4.8	60.1	39.8
	매일경제	91.2	7.1	64	24.8
	서울경제	89	6	73.4	26.6
	한국경제신문	94.9	4.4	50.1	49.9
스포츠지	스포츠서울	54.2	45.7	60	40
	스포츠조선	46	52	65	34
	일간스포츠	47	49	66.3	33.7

출처: 한국언론연구원, 1998에서 재구성.

흑자를 기록했다(<미디어오늘>, 1998. 4. 29; 한국언론재단, 2001a: 229). 국내의 전국 일간지 시장은 주로 발행 부수나 매출액 규모 등 덩치 위주의 경쟁 구조로만 되어 있고, 내용에 따른 시장 세분화가 정착되지 않았기 때문에 과당 출혈 경쟁으로 이어질 수밖에 없다. 따라서, 신문사마다 적지 않은 시장 지분을 확보하고 있음에도 불구하고 수익성은 취약하게 된 것이다.

전국지 시장의 취약성은 지리적 시장의 설정이라는 측면에서 설명할 수 있다. 표 3-3에서 볼 수 있듯이 국내 전국지들은 대개 전국을 지리적 시장으로 설정하고 있지만, 지역별 판매 비율을 보면 수도권에 대한 의존도가 매우 높다. 특히, <문화일보>는 그 비율이 75%에 달하고 있어 '전국지'라기보다는 수도권을 지리적 시장으로 하는 '중앙지'의 성격이 강하다. 더구나 판매 방식은 10개 중앙 일간지가 모두 배달 비율이 절대적으로 높아, 침투율 혹은 배달 지역 내에서 독자 분포의 밀집도가 수익성 확보에 결정적인 요인으로 작용할 수 있다. 전국지 시장에서 상대적으로 열세에 있는 신문은 수도권 외곽으로 지리적 시장을 확대할수록 발행 부수는 다소 늘어나는 반면, 독자 분포의 밀집도는 희박해진다. 따라서, 신문 제작과 배포비용은 대폭 늘어나는 반면, 신문 판매 수입이나 광고 수입의 증가는 상대적으로 완만할 수밖에 없다. 부수가 늘어나는데도 오히려 경영 압박이 심해지는 역설적인 현상이 생기는 것은 이러한 이유 때문이다. 즉, 많은 중앙 일간지들이 상당히 큰 매출액 규모를 확보하고 있지만 수익성이 나쁜 것은, 독자 밀집도가 떨어지는 넓은 지역에까지 지리적 시장이 퍼져 있기 때문이라고 할 수도 있다.

지리적 시장과 관련하여 이러한 현상은 미국의 사례와 좋은 대조를 이룬다. 워싱턴 DC나 뉴욕, 시카고 등 국제적인 도시를 기반으로 한 대도심 지역에는 전국지가 아니면서도 유력한 대도심 지역 광역지 *regional newspaper* 시장이 형성되어 있다. 한국의 수도권은 이미 엄청나게 큰 지리적 시장을 형성하고 있으며, 교통이 발달하고 사회 각 부문에서 중앙 집중화 현상이 심화되고 있어 수도권의 영향권은 더욱 확대되고 있다. 그럼에도 불구하고 한국에는 수도권 지역만을 대상으로 하는 신문이 아직 없다. 사실상 수도권 대도심 일간지 성격을 띠는 신문까지도 전국으로 지리적 시장을 확대함으로써 오히려 경영 부실을 초래한 셈이다.

그렇다면 지방지 시장 중에서 미국의 대도시 지역과 유사한 예를 찾을 수 있을까? 한국에서는 지방지의 시장이 주로 광역시나 도 단위로 형성되어 있다. 하지만 지방지 시장은 부산과 대구 지역을 제외하고는 본격적인 자생력을 갖춘 곳이 거의 없을 정도로 기반이 취약하다. 국내 지방 일간지 중에서 1996년에는 <부산일보>만 흑자를 올렸고, 신문 산업 전반이 침체기에 접어들기 시작한 1997년에는 모든 지방지가 적자를 기록했다(<미디어오늘>, 1998. 5. 13). IMF 체제의 여파가 심각해지면서 지방 신문업계에는 모기업의 도산으로 부도 도미노 현상이 나타나기도 했다(<미디어오늘>, 1998. 10. 28).

지방지 시장의 취약성은 근거 지역의 인구나 시장 규모의 측면에서 해석할 수 있다. 근거지 대도시에서의 판매 비율은 시장 규모를 추정할 수 있는 한 지표가 된다. 표 3-4에서 보듯이, 지방 종합 일간지 중에서 근거지 대도시에서 판매하는 비율이 50%를 넘는 곳은 부산, 대구, 울산에 소재한 일간지 정도에 불과하다. 근거 광역시에서의 판매 비율이 40~50%에 해당하는 신문은 주로 대전, 광주, 인천에 소재하고 있다. 이 지역에 있는 신문들의 지리적 시장은 해당 광역시뿐 아니라 인근 배후지 도에까지 걸쳐 있다. 이러한 유형의 신문은 신문 판매 부수가 비교적 적은 구역에 이르기까지 넓은 범위에 걸쳐 배달 조직을 관리해야 하고, 또 여러 시·군의 주민들이 관심을 갖도록 취재 범위도 넓게 유지해야 하는 부담을 지게 된다. 또 표 3-4에서 지방 일간지의 판매 방식별 비율을 보면 중앙 일간지와는 달리 몇몇 지

표 3-4. 지방 일간지 판매 방식과 지역별 분포

시도	신문명	소재지	판매 방식별 비율				지역별 판매 비율
			배달	가판	우송	기타	
인천 (2) 경기 (5)	인천일보	인천	99	1			인천 48, 경기·서울 52
	경기일보	수원	92	3	5		
	경인일보	수원	82	5	13		
	중부일보	수원	82		18		
	수도권일보	안양	90		10		서울 15, 경기 70, 인천 25
	경인매일	화성군	98	2			서울 7, 인천 28, 수원 20, 경기 45
대전 (3) 충남 (0)	대전매일	대전	92	7	1		대전 지역 51, 지방(서울·충북 포함) 49
	대전일보	대전	90.2	2.2	7.6		대전 41.4, 충남 44.3, 충북 12.1, 중앙 2.2
	중도일보	대전	95	5			대전 45, 충남·북 및 서울 55
충북 (3)	동양일보	청주	79	3	18		충북 60, 대전·충남 37, 서울 3
	중부매일	청주	73	2	25		충북 85, 대전·충남 10, 서울 5
	충청일보	청주	70		30		충북 60, 대전·충남 30, 서울·기타 10
강원 (2)	강원도민일보	춘천	70	2	28		
	강원일보	춘천	75		24.9	0.1	
광주 (6) 전남 (0)	광남일보	광주	99.1	0.2	0.7		광주 48, 지방 49, 서울 3
	광주매일	광주	98.7	0.1	1.2		광주 46.5, 지방 53.3, 기타 0.2
	광주일보	광주	98	1.5	0.5		광주 43.8, 지방 56, 서울 0.2
	무등일보	광주	90	3	7		광주 48, 지방 52
	전남매일	광주					광주 44, 전남 45, 전북 10, 서울 1
	전남일보	광주	88	2	10		
전북 (2)	전북도민일보	전주	95		5		도내 99.7, 도외 0.3
	전북일보	전주	95	5			
대구 (3). 경북 (1)	대구일보	대구	96		4		본사 소재지 65, 지방 34, 서울 1
	매일신문	대구	99.5	0.5			
	영남일보	대구					대구 75, 경북 23, 기타 2
	경북대동일보	포항	100				포항·경주 50, 대구·경북 45, 기타 5
부산 (3)	국제신문	부산	94	4	2		부산 84, 지방 16
	부산매일신문	부산	90.3	9.7			부산 80, 지방 20
	부산일보	부산	93	5	2		
울산 (2) 경남 (3)	경상일보	울산	95	1	4		
	울산일보	울산					울산 60, 경남·부산 30, 서울 5, 가판 5
	경남신문	창원	85.6	2.3	10.6	1.5	
	신경남일보	진주	98.5	1	0.5		경남 일원 94, 기타 6
제주 (3)	제민일보	제주	90	1		9	도내 88, 타도 1.3, 해외·기타 10.7
	한라일보	제주	99		1		도내 95, 서울 3, 부산 1, 오사카·도쿄 1

출처: 한국언론연구원, 1998에서 재구성.
* 괄호 안 숫자는 연감에 집계된 신문 숫자이다. 판매 비율이 나와 있지 않은 신문은 제외했다.

ss역의 신문에서는 우송율이 유난히 높은 것이 눈에 띤다. 가령 경기, 충북, 경남의 신문들이 이에 해당한다. 이는 해당 신문의 지리적 시장이 배달 조직을 운영할 수 없을 정도로 넓게 퍼져 있다는 뜻이다.

요컨대 국내 지방지에서는 적어도 도 단위 이상으로 지리적 시장이 넓게 형성되어 있는 것을 볼 수 있다. 하지만 대다수의 지방지에서는 독자 분포의 밀집도가 높지 않아, 시장 규모에 비해 수익성은 그다지 좋지 않다. 따라서, 지리적 시장의 면적으로만 보면 지방지 시장들이 지역별로 큰 차이가 없는 것 같지만, 실제 시장 규모는 지역마다 엄청난 편차를 보인다. 대다수의 지방지들이 시장을 자신의 역량에 비해 지나치게 넓게 설정하고 있음은 편집 방향에서도 잘 드러난다. 이들은 대개 전국지 모델을 따라 정치 지향적이고 전국 종합 일간지 스타일의 편집 방향을 채택하고 있다.

위의 두 표에서 지리적 시장의 문제와 관련해 또 하나 주목할 만한 것은 가판의 비율이 지니는 함의이다. 중앙 종합 일간지에서는 대부분 가판의 비율이 아주 미미하다. 상대적으로 가판 비율이 높은 신문은 <문화일보>(10%), <국민일보>(7%), <한겨레>(5.8%), <세계일보> / <경향신문>(4.5%) 등으로 종합 일간지 시장에서 비교적 약세에 있는 신문들이다. 대체로 경제지의 가판 비율은 종합 일간지에 비해 다소 높고, 스포츠 신문의 가판은 대략 절반에 달할 정도로 비중이 크다. 도시 공간 이론의 관점에서 신문 시장의 문제를 접근할 때 이 수치가 갖는 함의는 무엇일까? 우선 가판 비율이 국내 신문들보다 훨씬 높은 미국 신문들의 사례와 비교해 볼 때, 국내 종합 일간지가 도시 구조(가령 교통망)의 변화로 받는 파급 효과는 상대적으로 적다. 수도권의 지하철망이 확산되면서 수많은 전문 신문이나 특수 신문이 생겨난 데에서도 드러나듯이, 경제지나 스포츠지 따위의 좀더 세분화·전문화한 신문 시장은 도시 구조 변화에 훨씬 민감하게 반응할 가능성이 있다. 즉, 한국 대도시의 교외화와 거대화는 미국에서처럼 종합 일간지에 타격을 주기보다는 신문 시장 세분화에 유리한 여건을 조성하고 있는 셈이다.

내용이나 지리적 시장이 차별화하지 않은 신문들이 한정된 시장 내에서 치열한 경쟁을 벌이기 때문에 한국 신문의 지리적 시장은 비교적 단순한 구조를 이룬다. 우산 밑 경쟁 모델에 비추어 보면, 위층에는 전국지 시장이 있고, 바로 밑의 층에는 광역시를 중심으로 한 지방 광역지 시장이 형성되어 있다. 지방 광역지층에는 신문 유형의 분화가 제대로 이루어지지 않은 채, 지리적 시장 규모면에서 다양한 형태의 신문들이 공존하고 있다. 하지만 이러한 이중 구조를 기본으로, 그보다 더 밑의 층에는 점차 다양한 형태의 틈새 시장이 형성되고 있다. 가령 소규모 지역(시·군)을 대상으로 하는 '지역 신문'이나, 무료로 배포하며 소규모 광고주에 의존하는 '생활 정보지'가 이에 해당한다.

지역 신문은 지방 자치 시대가 시작된 1995년을 기점으로 양적으로 급속하게 성장하고 있다. 한국언론연구원의 조사에 의하면 지역 신문 가운데 1996년 4월 말 현재 정상적으로 발행되는 것은 192개에 달한다. 1990년 1월 제1회 조사에서는 41개에 불과하던 것에 비하면 급속도로 늘어난 것이다. 이 신문들의 특성을 보면 발행 주기에서는 주간이 77.0%로 가장 많았고, 평균 발행 부수는 1만 4800부였다. 배포 지역에서는 시·군·구 지역을 대상으로 하는 것이 75.8%로 가장 많았다. 기사 내용을 보면 조사 대상 24개 신문에 게재된 기사 가운데 79.5%가 발행 지역과 관련된 기사로 종합 일간지와는 차별화된 지역 정보에 치중한 것을 볼 수 있다(한국언론연구원, 1996a). 이전에는 지역 신문이 '특수 주간 신문'으로만 등록할 수 있었기 때문에 보도 내용에 제약이 많았다. 하지만 '정기 간행물의 등록 등에 관한 법률' 개정으로 1996년 7월 1일부터는 지역 신문도 보도 내용에 제약을 받지 않는 '일반 주간 신문'으로 등록할 수 있다. 이러한 위상 변화는 앞으로 독자적인 시장 여건을 갖추기가 점점 어려워지는 지방 일 간지의 대안으로 지역 신문이 활성화할 수 있는 가능성을 보여 준다.

또 한 가지 주목할 만한 것은 생활 정보지의 약진이다. 1989년에 대전에서 <교차로>가 창간된 이래 생활 정보지는 급속히 늘어나 현재 지역판을 제외하면 약 200여 종이 발행되고 있다. 생활 정보 신문의 시장 규모는 약 5000억 원대로 추산되고 있다. 1990년 부천 에서 창간된 <벼룩시장>만 보더라도 발행 부수 200만 부, 연 매출 액 1000억 원 수준에 달한다(<미디어오늘>, 1998. 8. 5; 1998. 7. 22). 생 활 정보지의 성공은 앞으로 국내 신문 시장에서도 기능과 규모에 따 른 유형 분화가 가능하다는 사실을 보여 준 셈이다.

5. 평가와 전망

1) 한국 신문의 지리적 시장 모델은 가능한가

로시의 우산 밑 모델은 주로 미국의 도시 구조 변화라는 맥락에서 이론화한 것이라서 한국 사회에는 적용하기 어렵다. 그럼에도 불구 하고 한국 신문의 지리적 시장 모델을 구성하는 데 참조할 부분이 있다면 그것은 과연 무엇일까? 아직은 많은 논의를 필요로 하는 가 설적인 단계지만, 이상의 논의를 토대로 한국 신문의 지리적 시장을 대략 다음과 같은 형태로 그려볼 수 있다.

단순화하면 한국 신문의 지리적 시장에는 크게 전국지 시장과 광역지 시장의 두 층만이 존재한다. 맨 위층의 전국지 시장은 포화 상태라 할 수 있을 정도로 비대해진 것이 특징이다. 밑의 층의 광역 지 시장에는 지리적 범위나 시장 규모면에서 다양한 형태의 신문들 이 공존하고 있다고 할 수 있다. 중심지 이론의 모형에 비유하자면 한국의 신문 시장은 다양한 층 간의 분화가 이루어지지 않고 모든 계층의 도시들이 최상위층의 도시(서울)와 직접 기능적 관계를 맺고 있는 단순한 형태를 하고 있다. 이같이 단순한 구조의 하위층에 소규모 지역(시·군)을 대상으로 하는 지역 신문이나 생활 정보지 따위의 틈새 시장이 새로 형성되고 있다. 로시의 모델에 비추어 볼 때, 한국 신문의 지리적 시장은 층수는 적으면서, 층 간의 불균형이 매우 심하고, 동일한 층에 이질적인 유형의 신문들이 공존하는 다소 기형적인 모양을 하고 있는 것으로 보인다.

로시의 모델은 대도심에서 일간지가 점점 쇠퇴하게 된 것을 전제하고 있지만, 한국 신문 시장에서는 대도시를 기반으로 한 일간지들이 지리적 영역을 더욱 확장해 가고 있다. 규모가 큰 도시일수록 외부 지역으로의 확장력은 더욱 커진다. 도시 기능면에서 볼 때 외곽 지역과 밀접하게 연계되어 있고, 따라서 신문 시장의 잠재적 확장력이 가장 큰 곳은 수도권이다. 반면 다른 광역시는 외부 지역으로 확장할 수 있는 여지가 제한되어 있다. 자립적인 시장 규모를 갖춘 도회권은 부산, 대구 등 아주 소수에 한정되어 있으며 도회권마다 시장 규모의 격차는 매우 크다. 따라서, 한국 신문의 지리적 시장 모델에서 광역지층에는 다양한 규모의 신문들이 같이 위치하고 있다. 이 층에 속한 신문들 사이에는 규모의 격차는 크지만 내용이나 성격의 분화는 거의 이루어지지 않고 있다.

2) 21세기 신문 시장의 전망

국내 신문 시장에 관한 분석은 미디어 산업 중에서 상당히 낙후된 곳이라 할 수 있다. 발행 부수를 비롯해 시장 분석을 위한 기초적인 정보조차 확인되지 않고 있기 때문이다. 이러한 상태에서 미래에 대한 전망과 예측은 아직 미래학과 상상력의 영역에 속한다고 보는 것이 좋다. 하지만, 단편적인 분석들에 근거해서 신문의 지리적 시장에서 앞으로 실현될 가능성이 있는 몇 가지 추세를 전망해 보았다.

첫째는 신문 시장의 기형적 분화이다. 현재 적자를 기록하면서도 규모 위주의 경쟁이 이루어지고 있는 종합 일간지 시장은 앞으로 거품이 빠지면서 세분화할 가능성이 있다. 그러나 한국 신문 시장의 분화는 로시의 모델에서처럼 신문 계층 간의 세분화가 아니라 다소 기형적인 형태로 이루어질 가능성이 있다.

물론 앞으로 신문 시장의 추세를 전망하는 데에는 한 가지 전제가 있다. 현재 많은 신문사(특히, 지방지)가 대부분 적자 속에서도 확장을 추구하는 것은 이 손실이 정치적 거래 비용 지출의 성격을 띠기 때문이다. 그러나 1997년 말의 IMF 구제 금융 체제 이후 신문 시장의 거품이 급속히 빠지고 있고, 물량 위주의 경쟁은 신문 산업 전체에 부담이 되고 있다. 따라서, 신문 산업에서도 앞으로 규모의 축소 · 내실화와 더불어 수익성을 중시하는 추세가 확산될 것으로 기대할 수 있다. 만일 그렇게 되면 현재 크게 두 층으로 된 신문 시장의 형태는 커다란 변화를 겪게 될 가능성이 있다.

종합 일간지 시장은 투자 소요 규모가 크고 손익 분기점이 높은 반면에, 치열한 경쟁으로 위험 부담이 크다. 따라서, 앞으로 신문 시장 내에서도 종합 일간지 시장은 몇몇 거대 신문 위주로 재편되면서 위축이 불가피할 것이다. 대신에 독자 분포의 지리적 밀집도가 높은 광역지 형태의 신문들이 생겨날 가능성이 있다. 특히, 수도권의 실질적 영향권은 서울, 경기 지역에서 대전, 충청도 일부 지역에까지 확대되고 있어 수도권을 기반으로 한 광역지 신문 시장은 매우 전망이 밝다. 다른 지방 광역지 시장 역시 거대 도시 중심으로 재편되면서 시장의 빈익빈 부익부 현상이 가속화할 지도 모른다. 전통적인 종합 일간지 스타일을 지향하는 지방지는 쇠퇴기를 맞을 가능성이 높다. 과거 지방지가 수행하던 기능은 좀더 세분화한 시장을 대상으로 하는 소규모 일간지나 주간지 형태의 지역 신문이 떠맡을 가능성도 있다. 중간 층에 해당하는 지방지들이 갈수록 침체 상태에 빠져드는 가운데, 지역 신문이나 생활 정보지처럼 지방지의 보완적 기능을 표방한 신문 형태들이 급성장하고 있는 것은 이러한 추측을 뒷받침하고 있다.

신문업계에 틈새 시장이 성장하면서 새로운 정책적 과제가 떠오르고 있다. 즉, 지역 신문 시장이나 생활 정보지가 계속 성장한다면, 기존의 종합 일간지들이 이 시장으로 진출할 가능성이 매우 높다. 생활 정보지 시장이 급속히 커지면서 <중앙일보>, <국민일보>, <한겨레> 등 종합 일간지들도 잇따라 정보지 시장에 진출을 모색하였다. 종합 일간지의 생활 정보지 진출은 신문 정책에 중요한 쟁점을 던져 준다. 현재의 언론 관련 법규는 주로 이종 미디어 간의 교차 소유나 동일 미디어의 복합 소유에 관해서만 규정하고 있지, 신문 시장 내부의 분화에 관해서는, 즉 생활 정보지와 같은 틈새 시장에 관해서는 예상하지 못했다. 미국에서는 동일한 관련 시장 내에서 일간지가 생활 정보지를 동시에 운영할 수 없도록 규정하고 있지만, 국내에서는 이러한 제약이 없다. '범위의 경제'라는 차원에서 보면, 일간지가 다양한 형태의 신문 시장에 참여하는 것이 신문 산업의 합리화에 기여할 수도 있다. 하지만 종합 일간지의 생활지 시장 진출은 모처럼 싹트기 시작한 신문 시장의 분화에 바람직하지 못한 영향을 줄 우려가 있다. 미국에서는 관련 시장 내에 경쟁 제한적인 효과를 미칠 것을 감안해서 독과점 금지법에 의해 이를 규제하고 있다는 사실을 유념할 필요가 있다(Smith, 1980b: 149).

둘째, 다매체 시대의 도래로 매체 간 경쟁이 심화될 것이다. 신문 시장의 변화는 내부 경쟁에 의해 유발되기도 하지만 이종 미디어와 벌이는 매체 간 경쟁 역시 신문 매체의 변화를 유도할 수 있다. 1997년 이후 IMF 여파와 경기 침체로 광고 시장의 위축이 불가피해졌고, 앞으로 다매체 시대를 맞아 광고 시장에서 경쟁은 더욱 치열해질 전망이다. '상대적 불변성 relative constancy' 이론에 의하면 미디어 소비자의 가용 소득 중 미디어 관련 비용 지출의 비율은 크게 변화 없이 일정하다고 한다(McCombs, 1972를 보라). 과연 국내에서도 신문 시장의 장기적인 쇠퇴가 현실화할지는 더 두고 보아야 하겠지만, 매체 간 경쟁이 갈수록 치열해지기 때문에 신문 매체가 안정적으로 확보할 수 있는 시장 지분이 불확실해질 것은 분명하다.

셋째, 새로운 테크놀로지 도입은 신문 시장의 지리적 성격을 감소시킬 것이다. 신문 산업에서 지리적 시장의 형태를 변화시킬 잠재력이 있는 테크놀로지로는 전자 신문을 들 수 있다. 전자 신문은 신문 산업에 여러 가지 변화를 가져다 주었지만, 특히 신문 배포의 경제학적 원리를 많이 바꾸어 놓았다. 전자 신문은 지리적 제약을 받지 않고 배포할 수 있기 때문에, 특히 지금까지 배포에서 제약을 받던 유형의 신문에 유리하게 작용할 수 있다. 내용이나 배포 지역이 특화된 특수지나 지역 신문이 이에 해당한다. 지역지나 지방지는 배포에서 지리적 제약을 넘어설 수 있을 뿐 아니라, 취재를 비롯해 내용물 생산에서도 온라인 정보를 활용해서 지역적 한계를 많이 극복할 수 있다. 표 3-4의 자료를 보면 많은 지방 일간지들은 해외나 수도권에 일정 비율 이상의 독자층을 확보하고 있다. 판매 방식에서도 우송 비율이 높은 신문도 적지 않다. 지방 일간지의 주 근거지 외부에 넓게 흩어져 있는 독자층은 지방지의 시장 규모를 넓혀 주는 대신, 배포의 비경제성이라는 부담을 주었는데, 전자 신문은 이러한 문제를 상당히 해결해 줄 수 있다. 따라서, 전자 신문 테크놀로지는 내용의 특화에 근거한 신문들을 활성화하고 시장 분화를 촉진할 수도 있다. 가상 공간을 통해 이루어지는 새로운 형태의 신문 시장 경쟁 구조는 이 점에서 신문의 지리적 시장 구조까지도 상당히 바꾸어 놓을 것이다.

넷째, 도시 공간의 사회 경제적 변화 역시 신문 시장의 구조를 계속 변화시킬 것이다. 신문의 지리적 시장 구조의 변화는 결국 도시 공간의 사회 경제적인 변화와 밀접하게 관련을 맺고 있다. 따라서, 신문 시장의 분석을 위해 유용한 통찰력을 얻기 위해서는 주로 공간 구조 분석에 관한 이론적 배경과 도시 구조의 사회 경제적 변화의 흐름에 주목할 필요가 있다. IMF 체제 이후 한국 사회에서는 단순히 경제적 침체를 넘어, 사회 구조의 근간을 바꾸는 변화들이 진행되고 있다. 예를 들어, 소득층의 양극화와 소비 패턴의 변화, 주거에 대한 인식과 주거 양식의 변화, 고용 구조의 변화 등의 측면들은 미세하기는 하지만 도시 공간의 사회 경제적 성격을 규정하는 중요한 변화들이다. 이러한 사회적 흐름의 의미를 파악하는 것은 신문 산업 연구에서 지금처럼 제한된 연구 문제에서 벗어나 다양한 화두를 제기할 수 있는 통찰력을 줄 수 있다.

앞에서 제기한 문제에 대해 이 글이 명쾌한 해답을 제시하지 못한 것은 사실이다. 단지 그 동안 신문 산업 연구에서 다루지 못한 문제들을 제기하고 방향을 모색하는 데 그쳤을 뿐이다. 앞으로 신문의 지리적 시장에 관한 연구가 구체적인 성과를 낳기 위해서는 다양한 형태의 작업이 필요하다. 우선 도시 사회학과 공간 이론을 비롯해 인접 사회 과학 분야의 이론들을 검토해 신문 시장의 특성을 설명하는 데 도움이 되는 개념적 분석틀을 개발하는 작업이 시급하다. 그리고 다른 하나는 이러한 개념들을 실제적인 연구로 현실화하는 데 필요한 지표나 수치 따위의 양적인 자료를 축적하는 일이다.

4장 | 지리적 시장 구조와 우산 밑 경쟁 모델

부산·경남 지역의 사례 연구

1. 머리말

신문의 시장 경쟁은 지리적 시장 구조의 영향을 많이 받는다. 신문은 짧은 시간 내에 물리적으로 배포되어야 할 뿐 아니라 그 내용도 해당 시장 지역의 성격을 반영해야 한다. 물론 이론적으로 신문 기업 규모는 해당 지역의 인구를 비롯해 시장 규모에 따라 크게 제약을 받으며, 신문 기업 규모의 차이는 규모의 경제 효과를 발생시켜 소규모 신문에 절대적으로 불리하게 작용하게 된다. 그러나 동시에 신문의 지리적 제약이나 신문 내용의 지역적 성격 때문에 내용의 질적 차이가 생겨나, 규모가 다른 신문, 가령 전국지나 지역지는 소비자 입장에서 볼 때 완전한 대체재가 될 수 없다. 이 때에는 가격이 신문 상품에 대한 수요량을 결정하는 데 중요한 변수가 되지 못하는 독점적 경쟁의 효과가 발생한다.

신문 시장에서 지리적 시장 구조가 이처럼 중요한 데도 불구하고 이를 설명해 주는 이론은 아직 체계화되어 있지 않다. 로시의 '우산 밑 경쟁' 모델은 신문 시장을 지리적 차원에서 검토하려 했다는 점에서 이론적으로 의미가 매우 크다(Rosse, 1975). 로시가 우산 밑 모델을 신문의 지리적 시장 구조에 관한 이론적 가설로 발표한 이래 이를 검증하려는 경험적 연구가 많이 이루어졌다. 그러나 상반된 연구 결과가 많아 로시의 주장은 아직 논란의 여지가 있고, 이를 미국 이외의 지역에 적용할 수 있을지도 미지수다. 그럼에도 불구하고 로시의 모델은 신문의 지리적 시장 구조를 연구하는 데 시사하는 점이 많다. 이 장에서는 로시의 모델을 한국 신문 시장에 적용해서 이 모델이 한국 신문의 지리적 시장 구조를 설명하는 데 어느 정도 유용한지 검토하고자 한다.

신문들이 어떤 방식으로 경쟁하는지 알아보려면 보도 내용, 신문 판매, 광고 등 세 가지 측면을 모두 검토해야 한다. 그러나 신문 판매 시장의 경쟁 구조를 검토하는 데 가장 중요한 자료인 지역별 판매 부수 분포 현황, 즉 시·군(구)별 판매 부수 자료가 전혀 나와 있지 않아 부수 경쟁이 어떤 모습으로 이루어지는지 추측하기는 어렵다. 광고 수입 현황 역시 구체적인 자료가 나와 있지 않다. 따라서, 이 장에서는 광고 지면을 분석해서 신문 광고 시장의 구조를 추정해 보고자 한다. 물론 신문에서는 광고 가격을 면적에 비례해서 책정하지 않기 때문에 지면을 정확한 지표로 보기는 어렵지만, 광고 지면을 분석하면 광고 수입 내역을 어느 정도 추측해 볼 수 있을 것이다.

국내에서 부산 인근 지역은 수도권을 제외하고는 가장 큰 광역 도시권 *metropolitan area* 으로 볼 수 있는데, 여기서는 이 지역 신문 시장의 사례를 분석했다. 로시의 우산 밑 경쟁 모델에서 3개의 층 *layer*, 즉 전국지, 부산 도심지, 위성 도시 신문에 해당한다고 판단한 대표적인 신문들을 선정해서 광고 지면을 분석했다. 전국지로는 <조선일보>, 부산 도심지로는 <부산일보>, <국제신문>, <부산매일신문>을 선정했다. 또 창원, 마산, 진해를 부산의 위성 도시로 가정하고 이에 해당하는 신문으로 <경남신문>을 선정했다.

2. 우산 밑 경쟁 모델

우산 밑 경쟁 모델은 대도시 주변 여러 지역에 흩어져 있는 신문들이 어떻게 경쟁하는지 설명하기 위해 로시가 고안한 것으로 4개의 층으로 이루어져 있다(Rosse, 1975). 우산이라는 용어는 각 층이 마치 밑의 층에 있는 몇 개의 도시와 지역을 덮고 있는 우산처럼 생겼다고 해서 나온 것이다(3장의 그림 3-1 참조). 첫 번째 층은 주 전체나 대도시 지역 전체를 대상으로 하는 대도심 일간지이다. 두 번째 층의 위성 도시 일간지는 대도심 일간지에 비해 내용이 지역적 성격을 강하게 띠나 대도심 일간지처럼 넓은 지역의 소식도 담고 있다. 세 번째 층은 교외 주거 지역 일간지인데, 내용이 매우 지역 지향적이다. 네 번째 층은 주간지나 생활 정보지로서 거의 지역에 관한 내용만 싣는다.

그러나 로시의 모델이 나온 후에도 미국 신문 시장의 상황이 많이 바뀌었기 때문에 스티픈 레이시 Stephen Lacy 는 로시의 모델에 2개 층을 추가해서 세분화했다(Lacy, 1988b: 69~76). 하나는 <USA 투데이 USA Today>나 <뉴욕 타임스 New York Times> 전국판 따위의 전국지로 대도심 일간지의 윗층에 위치하고 있다. 두 번째는 여러 교외 주거 지역을 대상으로 하는 신문 집단으로서, 로시의 모델에서는 세 번째 층과 네 번째 층 사이에 속한다.

로시의 모델은 기본적으로 신문 시장의 특유한 성격을 설명하기 위해 나왔지만 수로 미국 신문의 지리적 시장 구조의 특수한 여건을 감안해서 만든 것이다. 즉, 우산 밑 경쟁 모델은 2차 대전 이후 미국 사회의 대도시에서 일어난 급격한 사회 경제적 변화의 산물이라는 점을 염두에 두어야 한다(Kaniss, 1991; Mishra, 1980).

우산 밑 경쟁 모델에서 가장 핵심적인 주장은 같은 층에 속한 신문들 사이에 이루어지는 경쟁, 즉 '층 내 경쟁'보다는 다른 층에 속한 신문들 사이의 경쟁, 즉 '층 간 경쟁'이 더 치열하다는 것이다

(Rosse, 1975). 이후에 나온 연구들은 주로 실증적 조사를 통해 이 주장을 경험적으로 검증하려 했다.

우선 층 간의 경쟁은 엄밀히 말하자면 뉴스를 비롯해 내용의 경쟁, 판매 부수 경쟁, 광고 유치 경쟁 등 세 영역에서 모두 이루어지지만 경쟁의 형태나 정도는 영역마다 차이가 있다(Lacy & Sohn, 1990: 786). 다른 층 사이에 내용의 경쟁이 어느 정도 발생하는지에 관해서는 상반된 연구 결과가 나와 있다(Lacy, 1984; Lacy, 1988a). 내용의 경쟁은 개념적으로 정의하기도 어렵고 계량화해서 측정하기도 쉽지 않기 때문이다.

판매 부수나 광고 시장에서 우산 밑 경쟁, 즉 층 간 경쟁이 존재하는지에 관해서도 연구 결과는 일치하지 않는다. 데비는 보스턴 지역 신문 판매 시장의 사례 연구를 근거로 층 간 경쟁이 존재한다는 증거는 없다고 주장했다(Devey, 1989). 그러나 다른 여러 연구들은 층 간 경쟁이 존재한다는 로시의 가설을 입증하고 있다(Lacy, 1984; Tillinghast, 1988; Yan, 1995). 레이시는 미국 남서부 지역 신문사 경영진을 대상으로 한 설문 조사를 근거로 층 간 경쟁이 존재한다고 보았다. 틸링허스트 역시 미국 남부 캘리포니아 지역의 사례 연구에서, 같은 층에 속한 신문들은 거의 경쟁하지 않는 반면, 다른 층에 속한 신문들 사이에는 광고나 부수를 놓고 경쟁이 이루어진다고 결론지었다(Tillinghast, 1988).

층 간 경쟁이 밑의 층에 있는 소규모 신문에 미치는 파급 효과에 대해서도 서로 엇갈리는 예측들이 나오고 있다. 로시는 낮은 층에 속한 신문들이 윗층과 경쟁을 피하기 위해 내용을 차별화하면 별 문제 없이 존립할 수 있을 것이라고 보았는데, 데비의 연구 역시 이러한 주장을 뒷받침하고 있다(Devey, 1989). 반면 로버츠는 도심지 일간지가 교외 주거 지역 신문의 시장을 잠식해 나갈 것으로 예측했다(Roberts, 1968). 레이시는 층 간 경쟁의 정도를 측정했는데, 위로부터의 경쟁이 밑의 층으로부터의 경쟁보다 강도가 더 높다는 사실을 발견했다(Lacy,

1984). 이 연구에서 레이시는 층 간 경쟁이 밑의 층에 있는 신문의 생존을 위협한다고 결론지음으로써 로버츠의 주장을 지지했다.

우산 밑 경쟁 모델은 넓은 대도시 인근 지역 여러 구역에 있는 신문들, 즉 도심지 신문과 위성 도시 신문이 벌이는 경쟁이나 서로 다른 위성 도시에 속한 신문들 사이에서 벌어지는 경쟁을 이론화한 것이다. 그런데 도심지의 시장 구조는 외곽 지역 신문에 어떤 영향을 미치는가? 가령 도심지 일간지 시장이 경쟁 상태이거나 독점 상태일 때 이는 외곽 지역 신문의 생존이나 판매 부수에 어떠한 영향을 줄 것인지도 중요한 연구 과제. 니바우어 등은 300개 대도시 지역과 900개 교외 주거 지역을 표본으로 삼아 각 지역의 인구학적 변인들을 분석한 결과, 도심지 시장 구조가 교외 주거 지역 신문의 판매 부수에 영향을 미치지 않는다고 결론지었다(Niebauer et al., 1988).

그러나 레이시는 신문사 경영진을 대상으로 한 서베이 자료를 근거로 도심의 시장 구조가 층 간 경쟁에 영향을 미친다고 보았다(Lacy, 1985). 이 연구에서 도심지 신문이 복수일 때보다는 독점일 때 신문 판매에서 층 간 경쟁이 더 치열하지만, 광고는 이와 반대로 도심지 신문이 독점일 때보다는 복수일 때 층 간 경쟁이 더 치열한 것으로 나타났다. 또한 광고 경쟁은 부수 경쟁에 비해 도시 간 거리, 가령 도심지에서 위성 도시까지의 거리에서 더 영향을 받는 것으로 밝혀졌다.

로시의 모델에 관해서는 아직도 논란이 계속되고 있으며 좀더 많은 경험적 연구가 필요하다. 국내에서는 아직 이 문제에 관한 연구는 거의 이루어지지 않은 상태다. 몇몇 연구가 우산 밑 모델을 언급하기는 했지만, 한국 신문 시장의 맥락에 본격적으로 적용해 본 적은 없다(임영호, 1993; 장용호, 1987; 한국언론연구원, 1994a: 68~70, 100~1; 한국언론연구원·한국방송개발원, 1994: 97~8).

현재 국내에서 신문 시장에 관해 나온 자료나 연구 실태를 감안할 때 위에서 살펴본 세부적인 연구 문제를 제기할 단계는 아직 아닌 것으로 보인다. 따라서 이 장에서는 과연 국내 신문 시장에도 우산 밑 경쟁이 존재하는지 검토하기 위한 연구의 첫 단계 작업으로 다음과 같은 연구 문제를 설정했다.

부산 광역 도시권 시장에서 마산·창원·진해 지역과 부산 지역에 있는 신문은 우산 밑 경쟁 관계에 있는가?

신문들이 경쟁 관계에 있는지는 신문 광고의 시장 구역 *market area* 의 범위가 어느 정도 중첩되는지를 근거로 해서 판단했다. 만일 광고 부문에서 두 지역의 신문이 서로 경쟁 관계에 있다면 두 유형의 신문에 실린 광고 중에서 시장 구역이 겹치는 광고 면적의 비율이 높을 것이라고 가정했다. 반면에 두 유형의 신문 광고에서 시장 구역이 겹치는 광고가 적다면 이는 두 신문이 사실상 경쟁 관계가 아니라고 해석할 수 있을 것이다.

3. 연구 방법

부산·경남 지역에서 판매되고 있는 여러 유형의 신문 중에서 상대적으로 규모가 크다고 판단한 5개 일간지를 분석 대상으로 선정했다. 즉, 전국지로는 <조선일보>, 부산 지역의 <부산일보>, <국제신문>, <부산매일신문>, 경남 지역에서는 창원에서 발간되는 <경남신문>을 선정하고 5개 신문의 광고 지면 1년치(1993년 8월부터 1994년 7월까지) 가운데 2주일치(즉, 휴간 일을 세외하면 12일치)를 표집해서 해당되는 날짜의 광고 지면을 모두 분석했다.

분석 유목에는 '광고 종류,' '시장 구역,' '업종,' '광고 면적' 등을 포함시켰다. 광고 종류는 전시 광고 *display advertising* 와 안내 광고로 나누었다. '시장 구역'은 해당 상품 광고의 마케팅 범위를 말한다. 해당 상품의 시장 구역이 전국일 경우라도, 즉 전국에 걸쳐 판매되고 있다 하더라도 지면에서 해당 광고주가 특정 지역의 지사로 표기된 사례(가령, 한국통신 부산 지사)는 지역 광고로 분류했다. 시장 구역을 판단하기 곤란할 때에는 광고주의 소재지나 전화 번호를 고려해서 추정했다.

시장 구역은 '전국,' '수도권,' '부산,' '마산·창원·진해,' '기타 경남 지역'(마산·창원·진해를 제외한 경남 지역), '기타 지역'으로 구분했다. 이 분류 유목에 따라 각 광고에서 해당되는 시장 구역을 복수로 코딩하고 난 뒤, '전국'을 제외한 지역 단위의 조합을 재분류하여 최종적인 분석 항목으로 삼았다. 최종 집계에서 비율이 아주 적은 항목들은 합산해서 기타로 분류했다. 따라서, 분류 항목은 서로 배타적이지 않으며 중복되는 부분도 있을 수 있다. 전시 광고의 업종 분류는 제일기획에서 발간한 《광고 연감》의 분류 기준을 따랐는데, 비율이 매우 낮은 업종은 합산해서 '기타'에 포함시켰다.

코딩은 연구자를 포함해서 세 명이 나누어서 했다. 코딩이 끝난 후 분석 대상 광고 표본 가운데 60건을 무작위로 표집해서 세 명의 코더가 분석한 후, 분석 유목별로 코딩의 신뢰도를 평가해 보았다. 각 유목의 종합적 신뢰도 composite reliability coefficient 를 계산했더니 '광고 종류' 항목은 0.989, '시장 구역'은 0.985, '업종'은 0.969로 나왔다. 따라서, 코딩의 신뢰도는 매우 높은 것으로 볼 수 있다.

4. 분석 결과

광고 면적이 전체 지면에서 차지하는 비율은 <조선일보>가 58.7%로 가장 높았고, <부산일보>(47.8%), <국제신문>(42.1%), <경남신문>

(41.9%), <부산매일신문>(39.1%) 순이었다. 안내 광고의 비율은 해당 신문이 지역 언론의 성격을 어느 정도 띠는지를 보여 주는 한 지표로 볼 수 있기 때문에 별도로 집계했다. 여기서는 예상대로 <조선일보>가 5.6%로 가장 낮고, <경남신문>이 30.6%로 가장 높았으며, <부산일보>가 11.3%, <국제신문>이 10.8%, <부산매일신문>이 12.4%로 부산의 3개 신문은 비율이 비슷했다.

표 4-1은 시장 구역의 범위별로 각 신문의 전시 광고 면적을 집계한 것이다. 전시 광고의 시장 구역별 면적 분포는 우산 밑 경쟁 모델에서와 같이 신문의 소속 층에 따라 두드러진 차이를 보였다. 우선 <조선일보>는 영남판으로 발행되는데도 불구하고 전국을 대상으로 한 광고가 76.6%, 수도권 대상 광고가 19.8%로 합계 96.4%에 이르렀다. 이는 <조선일보>가 밑의 층에 있는 지방지와 지역 광고 부문에서는 거의 경쟁 관계에 있지 않은 것으로 해석할 수 있다. 부산의 3개 신문과 <경남신문>도 전국 광고를 일정 비율 싣고 있기 때문에 전국 광고 부문에서는 전국지와 경쟁 관계에 있다고 할 수 있다. 전국 광고를 유치하기 위한 경쟁에서 각 신문의 경쟁력을 결정짓는 요인은 총 판매 부수가 될 것이다.

부산 지역 소재 3개 신문에 실린 전시 광고의 시장 구역은 전국 광고를 제외하면 거의 부산 지역에 국한되었다. 따라서, 부산 지역 신문이 마산·창원·진해 지역과 우산 밑 경쟁 관계를 이루고 있다고 보기 어려웠다. 전국 광고와 부산 지역 대상 광고를 합하면 <부산일보>가 94.6%, <국제신문>이 90.8%, <부산매일>이 92%에 달한다. 반면 부산 지역 일간지에서 <경남신문>과 시장 구역이 완전히 겹쳐 우산 밑 경쟁 관계에 있다고 볼 수 있는 광고는 매우 적었다. 즉, 시장 구역이 부산, 마산·창원·진해, 기타 경남 지역을 포괄하는 광고는 <부산일보>에서 1.9%, <국제신문>에서 6.8%, <부산매일>에서 4.9%에 그쳤다. 부산 지역 3개 신문의 광고 가운데 시장

표 4-1. 신문별 전시 광고의 시장 구역

단위: cm^2, %

	조선일보	부산일보	국제신문	부산매일신문	경남신문
전국	31408.8 76.6	83373.1 31.8	74912.2 35.7	52776.5 32.4	321323.8 24.5
부산(1)	5676.3 1.4	164902.1 62.8	15586.3 55.1	98115.2 60.1	1242.7 0.9
마산·창원· 진해(2)	2893.4 0.7	629.0 0.2	34.0 0	1258.0 0.8	68892.0 52.3
수도권	81146.1 19.8	1887.0 0.7	0	0	0
기타 경남 지역 (3)	3522.4 0.9	219.3 0.1	91.8 0	0	14316.0 10.9
(1) + (2) + (3)	125.8 0	4906.2 1.9	14203.5 6.8	7973.0 4.9	2038.3 1.5
(1) + (3)	754.8 0.2	5380.5 2.1	4231.3 2.0	1383.8 0.8	132.6 0.1
(2) + (3)	40.8 0	0	0	0	12482.5 9.5
기타	2026.4 0.5	1115.2 0.4	799.0 0.4	1635.4 1.0	377.4 0.3
계	410267.8 100	262412.4 100	209858.1 100	163141.9 100	131805.3 100

구역이 부산과 기타 경남 지역에 걸쳐 있어 <경남신문>의 광고와 시장 구역이 부분적으로나마 겹치는 광고는 <부산일보>가 2.1%, <국제신문>이 2.0%, <부산매일>이 0.8%에 그쳤다.

게재된 광고의 시장 구역 분포로 보면 부산과 마산·창원·진해 지역의 신문들은 서로 배타적으로 구분되어 경쟁이 제한적으로 이루어지는 별개의 지리적 시장들이라고 볼 수 있다. 즉, 이 분석 결과를 근거로 판단할 때 광고 부문에서 부산 지역과 마산·창원·진해 지역의 신문들은 우산 밑 경쟁 관계에 있다고 보기 어렵다.

표 4-2. 안내 광고의 시장 구역

단위: cm^2, %

	조선일보	부산일보	국제신문	매일신문	경남신문
부산	1258.0 5.1	33298.2 99.3	24371.7 95.5	22934.8 99.3	1326.0 2.3
마산 · 창원 · 진해	251.6 1.0	0	1006.4 3.9	0	53054.3 91.2
수도권	22782.0 93.1				
기타 경남 지역	0	34.0 0.1	40.8 0.2	0	3563.2 6.1
기타	168.3 0.7	217.6 0.6	108.8 0.4	153.0 0.7	202.3 0.3
계	24459.9 100	33549.8 100	25527.7 100	23087.8 100	58145.8 100

Chi-Square = 3033602.975, DF = 16, Significance = .00000

신문에 관계 없이 안내 광고의 시장 구역은 각 신문의 해당 연고 지역에만 국한된 것이 압도적으로 많았다. 안내 광고는 신문의 종류에 관계 없이 지역 광고의 성격을 강하게 띠고 있다는 것을 알 수 있다. 부산 지역의 신문에서는 부산만을 시장 구역으로 삼은 안내 광고는 <부산일보>와 <부산매일신문>이 각각 99.3%이고 <국제신문>도 95.5%에 달했다. <조선일보>는 수도권 대상 광고가 93.1%였고, <경남신문>은 마산·창원·진해 지역을 대상으로 한 광고가 91.2%로 조금 낮게 나왔다. <경남신문>에서는 기타 경남 지역을 대상으로 한 광고가 6.1%로 안내 광고의 대상 지역을 경상남도 전역으로 비교적 넓게 설정하고 있는 것으로 보인다. 안내 광고를 전시 광고에 합산해서 시장 구역 분포를 내보면 우산 밑 경쟁이 이루어지는 광고 비율은 더 줄어들 것이다.

부산·경남 지역의 신문들이 어느 정도 치열한 경쟁 관계에 있는지 살펴보기 위해서는 광고 업종이라는 질적인 요소도 고려해야 한다. 표 4-3은 각 신문 전시 광고의 시장 구역별로 주요한 광고 업종을 정리한 것이다. <조선일보>에서 전국 광고의 비율이 높은 업종에는 전기 기기(97.4%), 화장품·세제(96.9%), 수송 기기(96.5%)를 비롯해서 광범위한 업종들이 포함되어 있었고 지역 광고의 비율이 높은 업종은 건설·건재, 유통, 의료·교육 등에 불과했다. 반면 4개

표 4-3. 전시 광고의 시장 구역별 주요 업종

	광고 지역	
	전국	연고 지역[*]
조선일보	식품·음료(94.9), 약품(94.1), 화장품·세제(96.9), 출판(94.4), 의류 섬유(96.4), 정밀 사무(93.1), 전기 기기(97.4), 수송 기기(96.5), 가정용품(96.3) 금융·보험(85.6), 서비스·오락(73.4), 관공청 단체(86), 의료 교육(53.2)	건설·건재(61.6), 유통(68.2), 의료·교육(46.2)
부산일보	약품(87.6), 출판(95.6), 전기 기기(84.6), 수송 기기(99.2)	식품·음료(77.3), 의류·섬유(71.9), 건설·건재(89.5), 유통(98.8), 금융·보험(74.4), 서비스·오락(95.5), 관공청·단체(93.8), 의료·교육(95.5)
국제신문	식품·음료(70.6), 약품(75.2), 출판(86.9), 일반 산업 기기(80.3), 정밀 사무 기기(56.2)	화장품(58.8), 의류 섬유(83.3), 건설 건재(93.3), 유통(58.4), 금융 보험(74.4), 서비스 오락(95.5), 의료 교육(88.4)
부산매일	약품(84.2), 출판(94.7), 일반 산업 기기(70.5), 전기 기기(63.4), 소송 기기(61.4)	식품·음료(77.9), 의류·섬유(52.1), 건설·건재(79.8), 유통(100), 금융·보험(74.4), 서비스·오락(95.5), 관공청·단체(93.8), 의료·교육(95.5)
경남신문	식품·음료(70.6), 약품(75.2), 전기 기기(63.2), 수송 기기(87.5)	기초재(56.4), 의류 섬유(56.5), 정밀 사무 기기(56.5), 가정용품(47.8), 건설·건재(69.4), 유통(76.0), 서비스·오락(90.4), 의료 교육(61.0)

* <조선일보>는 수도권, <경남신문>은 마산·창원·진해, <부산일보>, <국제신문>, <부산매일신문>은 부산 지역을 연고 지역으로 간주했다.

지역 신문에서는 전국 광고 위주로 된 업종이 몇 개에 불과하고 연고지의 지역 광고에 치중하는 업종이 많았다. 지역 광고 업종은 신문에 따라 편차가 있기는 하나 건설·건재, 유통, 의료·교육 등은 모든 신문에서 공통적으로 주요한 지역 광고 업종이다. 하지만 대체로 지역 신문들은 몇 개 업종을 제외하고는 비교적 규모가 작은 지역 광고에 주력하고 있는 것을 볼 수 있다.

5. 한국형 우산 밑 경쟁 모델의 특수성

부산과 마산·창원·진해 지역은 지리적으로 가깝게 위치하며 기능적으로 밀접한 관계를 맺는 생활권으로 거대한 광역 도시권을 이루고 있다. 그러나 이 지역의 신문 시장 구조는 로시의 우산 밑 경쟁 모델과는 상당히 다른 모습을 하고 있다. 우산 밑 경쟁 모델에서는 광역 도시권 인근의 위성 도시 신문층 위에 대도심 신문이 있고, 그 위를 전국지가 덮고 있는 형태를 취한다. 반면 부산·경남 지역에서는 부산 도심층과 위성 도시인 창원·마산·진해 지역은 규모의 차이에도 불구하고 우산 밑 포섭 관계가 아니라 상호 배제 관계에 있기 때문에 우산 밑 경쟁 상태에 있다고 보기는 어렵다.

즉, 부산·경남 지역의 신문 광고 시장은 전국지층의 큰 우산 밑에 크고 작은 층의 신문들이 모두 같은 층에 속해 있는 독특한 형태를 하고 있다. 이 분석 결과를 토대로 부산·경남 지역의 우산 밑 경쟁 모델을 다시 그려 보면 3장의 그림 3-3과 같다. 이 지리적 시장 모델에서 신문 간의 경쟁은 부산과 창원·마산·진해 지역 사이에서보다는 주로 중앙지와 지역지 사이에서 이루어진다.

위의 분석 결과 부산·경남 지역에서는 도심지와 위성 도시 일간지 사이에 경쟁 관계가 성립하지 않는다는 것을 알 수 있었다. 로

시의 모델과 달리 이러한 독특한 결과가 나오게 된 것은 여러 가지 의미로 해석할 수 있다.

첫째, 마산·창원·진해를 부산의 위성 도시로 설정한 가정 자체가 잘못된 것일 가능성을 생각해 볼 수 있다. 우선 가장 큰 요인은 인구 규모다. 1990년 인구 센서스 자료에 의하면 부산시의 인구는 379만 8113명이고, 경상남도 전체 인구는 367만 2396명에 달한다. 경상남도 총인구 중 마산은 49만 3731명, 창원은 32만 3223명, 진해는 12만 212명으로 서로 밀접한 관계를 맺고 있는 세 도시의 인구수를 합하면 93만 7166명에 달한다(통계청, 1993). 해당 도시의 인구가 어느 정도 규모일 때 이 지역에 근거를 두는 지역 신문이 유지될 수 있을지에 관해서는 아직 경험적 연구가 나와 있지 않다. 하지만 중심지 이론에 따르면 중소 도시 인근에 훨씬 큰 도시가 있을 경우 사회·경제적 활동에서 도시 간에 어느 정도 밀접한 관계가 유지될 가능성이 크다.

또 단순히 어떤 도시의 인구 규모가 일정한 수준을 넘어섰다고 해서 이 도시가 자급 자족적 기능을 할 것이라고 볼 수는 없다. 물론 이러한 경우에도 구체적으로 몇 가지 형태를 생각해 볼 수 있다. (1) 도시들이 상당한 거리를 두고 떨어져 있는 사례다. 레이시는 특히 광고 경쟁은 부수 경쟁에 비해 도심지로부터의 거리에 더 영향을 받는다고 말했다(Lacy, 1985). 부산·경남 지역 시장에서는 두 도시 지역 간의 거리가 경쟁을 배제할 정도로 떨어져 있는지는 불확실하다. 실제 교통 상황을 감안한 도시 간 이동 시간, 도시 거주민의 심리적 귀속 의식이나 다른 도시에 대한 심리적 거리 따위를 감안한다면 사회 문화적 거리가 지리적 거리와 상당한 차이가 날 가능성도 배제할 수는 없다. (2) 인천의 사례를 보면 인구는 181만 7919명에 달하지만 수도권과 독립된 신문 시장이 형성되었다고 보기는 어렵다. 인천의 사례에서는 사회적·정치적 요인들이 지역 신문 시장의 활성화에 불리하게 작용하고 있는 것은 아닌가 하는 가설을 제기해 볼 수 있다. 만일 그렇다면 지역 간이나 도시 간의 관계를 설명하기 위해서는 단순히 인구와 같은 지표뿐 아니라 경제 지리학적·정치 구조적 요인도 고려해야 할 것으로 보인다.

둘째, 행정 구역의 차이를 생각해 볼 수 있다. 마산·창원·진해 지역과 부산은 지리적으로는 아주 가깝지만 행정 구역은 광역시와 경상남도로 소속이 다르다. 창원은 인구가 360만이 넘는 경상남도의 도청 소재지이기도 하다. 한국 사회에서 지역의 경제적 활동은 각종 행정 기관이나 지방 의회와 밀접한 관계를 유지하고 있을 뿐 아니라, 사적인 친분 관계나 때로는 배타적인 인적 네트워크 따위의 비경제적인 요인이 신문 광고 시장에 상당한 영향을 주는 것이 현실이다. 지역 신문이 침체된 인천 지역 역시 이러한 가설을 반증하는 사례는 아니다. 서울과 인천은 행정 구조상으로는 모두 수평적인 자치 단체지만 동시에 서로 수직적인 관계를 형성하고 있기 때문이다. 즉, 지방 자치 구역 간에는 지역 이기주의에 근거한 상호 배타성이 유지되면서도 중앙과 지방 사이에는 강력한 중앙 집권적 관계가 지배적이다. 한국의 이 같은 사회 구조가 특이한 한국적 우산 밑 경쟁 모델을 낳고 있지는 않는가 하는 추측을 해 볼 수 있다.

셋째, 신문 판매 시장과 광고 시장의 경쟁 형태가 일치하지 않기 때문에 생긴 현상으로 해석해 볼 수 있다. 만일 그렇다면 우산 밑 경쟁이 신문 판매 시장에서는 성립하면서도 광고 시장에서는 성립하지 않을 가능성도 있다. 신문들의 지역별 판매 현황에 관한 자료가 없어 이러한 가설을 뒷받침할 경험적인 연구가 현재로는 불가능하다. 그러나 각 신문들의 판매망인 보급소 현황을 살펴보면 이러한 추측은 어느 정도 가능하다. <부산일보>의 신문 보급소 수는 부산 206개, 경남 지역에 106개(창원시 / 군 4, 마산 2, 진해 3개소 포함), 경북 9개, 서울 1개다(<부산일보> 내부 자료, 1994년 8월 집계). <국제신

문>은 보급소를 부산에 147개, 경남 지역에 101개, 경북에 7군데 유지하고 있는 것으로 집계되고 있다(<국제신문> 내부 자료). <경남신문>에 관해서는 정확한 집계가 나와 있지 않지만 부산 시내에는 보급망이 거의 없는 것으로 알고 있다.

물론 판매 부수가 보급소 숫자에 비례하는 것은 아니기 때문에 보급소 숫자가 지역별 신문 판매 비율을 말해 주는 것은 아니다. 그럼에도 불구하고 보급소의 분포 상황을 보면 부산 지역 신문과 창원·마산·진해 지역 신문들의 신문 판매 시장 구역이 두 층 간에 중복되어 있다고 추정할 수 있다. 더구나 <부산일보>는 1994년 8월부터 <한국일보> 창원 분공장에서 중서부 경남 지역에 배포할 신문을 위탁 인쇄하기 시작했는데, 이것은 위의 추측을 뒷받침하는 또 하나의 증거로 해석할 수 있다(<부산일보> 社告, 1994. 7. 23). 따라서, 부산·경남 지역의 신문 판매 시장에는 어느 정도 우산 밑 경쟁이 이루어지고 있으리라는 추측을 해 볼 수 있다.

그렇다면 신문 판매 시장과 광고 시장의 시장 경쟁이 일치하지 않는 현상은 어떤 의미를 지닐까? 이론적으로는 신문 판매 시장에서 우산 밑 경쟁이 이루어진다 하더라도 신문사의 수입에서 광고 수입의 비중이 절대적이기 때문에 판매 시장의 경쟁은 상대적으로 중요성이 미미하다고 볼 수 있다. 하지만 지역 광고주 입장에서 볼 때에는 비효율적인 광고를 하고 있는 셈이다. 부산·경남 지역 신문에 실린 지역 광고의 예를 들면 잠재적인 광고 효과가 미치는 시장 구역은 실제 신문 판매 범위보다는 훨씬 좁은 범위에 국한되어 있기 때문이다. 그러나 전국을 시장 구역으로 하는 광고에서는 해당 신문의 판매 범위에 관계 없이 총 판매 부수가 경쟁력의 지표가 된다. 따라서, 전국 광고 시장에서는 부산 지역 신문이나 창원 지역 신문은 전국지와 여전히 경쟁 관계에 있게 된다.

이 연구는 부산·경남 지역의 사례만을 분석했기 때문에 물론

이 분석 결과를 일반화하기는 어렵다. 부산 광역 도시권은 대도심 주위에 상당히 큰 도시(창원, 마산, 울산 등)가 인접해 있지만, 이것과 상당히 다른 도시권 유형도 있다. 수도권은 부산권과 마찬가지로 큰 도시들(서울, 인천)이 접해 있지만 수도를 중심부에 끼고 있다는 점이 다르다. 대구, 대전, 광주 등의 다른 광역시는 주위에 강력한 경쟁 도시가 없다는 점에서 부산권과 차이가 있다. 이처럼 다양한 광역 도시권 유형의 사례를 비교 분석해야 한국 신문의 지리적 시장 구조에 관한 좀더 체계적인 모델이 나올 수 있을 것이다.

또 지방 자치제 실시가 지역 신문 시장에 상당한 영향을 줄 것이라는 주장은 시의적인 비평 수준의 글에서 많이 나왔지만, 이 문제에 관해 실증적인 연구는 거의 없었다. 이 연구는 민선 자치 단체장이 선출되기 전의 기간을 대상으로 했기 때문에, 앞으로 지방 자치제가 본격적으로 실시된 이후의 기간과 비교 연구가 필요하다.

5장 한국 신문 시장에서 진보적 대중지는 가능한가

<한겨레>의 사례 연구

1. <한겨레>의 언론사적 의의

'국민의 신문'을 표방하고 태어난 <한겨레>가 창간 10주년을 넘겼다. <한겨레>는 1987년 정치적 민주화 운동의 열기 속에서 태동하여 1988년 5월 창간했다. <한겨레>는 자본·운영·편집 방향 등 여러 면에서 기존의 언론과 다른 새로운 방식을 모색해 왔고 상당한 성공을 거두었다고 할 수 있다. 이는 한국뿐 아니라 세계 언론사에서도 보기 드문 획기적인 사례다. 하지만 창간 이후 10여 년 동안 한국 사회는 정치적·사회적으로 급격한 변동을 겪었고, 신문업계 내부에서도 커다란 변화가 있었다. 오늘날 한국 사회의 사회·정치적 상황, 신문업계의 상황 역시 <한겨레> 창간 당시와 많이 달라진 만큼, <한겨레>의 위상이나 정체성의 문제를 본격적으로 재검토해 볼 필요가 있다.

　　<한겨레>는 외부적 변화와 도전을 맞아 나름대로 여러 차례 변신과 위상 재정립에 힘써 왔다. <한겨레>가 창간된 지 10여 년이라는 짧지 않은 시간이 지났지만, 아직까지도 과연 <한겨레>라는 새로운 언론 형태의 실험이 성공했는지 평가하기란 쉽지 않다. 하지

만 <한겨레>의 사례는 신문 시장에서 진보적인 신문의 가능성에 대한 실험이라고 할 수 있고, 이념적 차별화가 거의 이루어지지 않은 한국 신문업계에서 <한겨레>의 실험은 많은 정치적 의미를 지닌다. 이 장에서는 <한겨레>가 진보 언론으로서 창간 후 10여 년 동안 시도한 편집 노선이나 시장 전략을 검토해 보고, <한겨레>식 진보 언론의 성격이나 한계와 그 가능성에 대해 살펴보고자 한다.

<한겨레>의 가장 두드러진 역사적 의의는 역시 독립성과 진보 성을 강조한 창간 정신이라 할 수 있다. 기존 언론사는 대부분 한국 현 대사의 격동 속에서 정도의 차이는 있지만 기득권 세력과 타협하거나 적극적으로 동참한 어두운 과거의 기억을 안고 있다. 반면 <한겨레> 는 과거 권위주의 정권에서 해직되거나 민주화 투쟁의 경력이 있는 인 사들을 중심으로 해서 창간되었다는 점이 특색이다. 즉, <한겨레>는 다른 신문들과 달리 일종의 정치적 원죄 없이 출발했다는 점에서 구성 원들이 도덕적 정당성과 자부심을 갖는 것이 조직의 특성이기도 하다.

<한겨레>는 대주주에 의한 지배를 막기 위해 개인별 지분을 1% 이내로 제한하고 국민주 모금 형태를 통해 설립되었다. <한겨레>의 주주 현황을 보면, 200주 미만을 소유한 소액 주주의 주식 지분이 42.55%, 200~1000주 미만의 지분은 42.79%를 차지하고 있고, 주주 숫 자는 6만 1768명에 달한다. 또 주주 1인당 평균 보유 주식은 63.9주로 31만 9000원에 불과하다(한겨레신문사, 1997. 12). 기존의 많은 언론사들이 대기업화하거나 재벌의 산하 기업화하는 바람에 자본의 압력이 언론 자유를 위협하고 있다는 우려의 목소리가 점차 높아지는 오늘날 <한 겨레>의 자본 조달 방식은 권력과 자본으로부터 독립성을 확보할 수 있는 새로운 소유 구조 방식의 가능성을 보여 주었다.

<한겨레>는 단지 소유 구조에서 뿐 아니라 조직 내부로도 언 론 자유를 보장할 수 있는 각종 제도적 장치들을 도입했다. 편집권 의 독립을 보장한다든가, 편집국장의 직선제를 도입한 것을 예로 들

수 있다. 그리고 사소한 것 같지만 관료 조직의 냄새가 나는 국장, 부장 등의 직책명 대신에 편집위원과 같은 호칭을 채택한 것도 민주적인 조직 문화를 조성하려는 시도로 평가할 수 있다. 대외적으로는 언론계의 뿌리 깊은 관행인 촌지 수수 거부 등 취재 관행의 개혁과 언론 직업 윤리의 확립을 주도한 점도 두드러진다. 1990년대 말부터는 신문마다 거의 보편화했지만, 창간 때부터 한글 세대의 감각에 맞추어 과감하게 가로 쓰기와 한글 전용의 신문 편집 방식을 채택한 것도 언론 문화의 개혁 차원에서 큰 의의가 있다.

하지만 창간 후 10여 년 간의 경험을 보면 <한겨레>가 진보 언론으로 정착되는 과정이 그다지 순탄하지만은 않았다. 창간 때에 표방한 이념은 조직 이념으로 유지되었지만, 그것을 실천하는 방안과 해석을 둘러싸고 조직 내에서 적지 않은 혼선과 갈등이 있었다. 그 뿐만 아니라 이전에는 '민주와 빈민주'로 비교적 단순하던 진보성의 의미가 '문민 정부' 수립 후 크게 달라져 내부적으로 정체성의 혼란을 겪기도 했다. 신문 시장의 경쟁이 치열해짐에 따라, <한겨레>의 독특한 상품 가치인 진보성을 신문 시장에서 구체화하기 위해서는 좀더 정교한 시장 분석과 전략이 필요하게 되었다. 따라서, <한겨레>의 창간 이념을 새로운 맥락에서 어떻게 재해석할 것인가 하는 문제는 사활이 걸린 쟁점으로 떠올랐다. <한겨레>는 조직 운영과 경영 방식의 정당성을 상당 정도 창간 이념에 의존하고 있다. 따라서, <한겨레>가 신문 시장 내에서 정치적으로 어떤 위치에 포지셔닝할 것이며 신문 마케팅의 컨셉트를 어떻게 설정할 것인지는 창간 이념의 해석에 크게 의존하고 있다. 이 장은 <한겨레>의 조직 목표인 정치적 진보성이 편집 노선과 마케팅 컨셉트와 같은 구체적인 시장 경쟁 전략으로 어떻게 해석되었으며, 그 전략들이 시장 전략으로서 어느 정도 현실성을 띠는지 검토하기로 한다.

2. 한국 신문 시장에서 <한겨레>의 위상

<한겨레>는 창간 당시 이념적으로는 진보적인 '민주·민족·민중 언론'을 지향하면서도 형태 면에서는 일반 보수지와 마찬가지로 신문 판매 수입과 광고 수입에 의존하는 대중지 전략을 채택했다. 한국 사회의 기층 민중과 진보적 세력을 기반으로 표방하면서도 신문 시장의 메커니즘에 의해 심판을 받으려 한 것이다. 따라서, 현실적으로는 상대적으로 고학력·고소득 중산층 독자에 크게 의존하게 되었다. 문제는 이 두 가지 목표가 양립 가능한가이다. 즉, <한겨레>가 표방한 언론 이념이 시장 메커니즘 아래서 어느 정도 현실성을 띨 수 있는가 하는 점이 문제로 대두된다.

<한겨레>는 스스로 진보적이라고 생각하는 독자층에 크게 의존한다. 이들은 <한겨레>의 고정적이고 열성적인 독자층을 이루고 있다. 하지만 <한겨레>는 그 동안 다양한 계층의 독자에게서 엇갈리는 평가를 받아 왔다. 일부 진보 세력들은 <한겨레>가 원래의 창간 이념을 저버리고 보수적 대중지를 닮아간다고 비난했다(정용준, 1990). 반면 초창기의 독자 조사에 의하면, 특히 비구독자 사이에서는 <한겨레>가 마치 운동권 기관지나 대학 신문을 연상시킬 정도로 편파적이고 이념 지향적이라는 평가가 나오기도 했다(이인우·심산, 1998: 273). 비교적 최근 조사에서도, <한겨레>는 일반 독자들 사이에서 '그저 그렇다'는 평가가 <조선일보> 다음으로 가장 적고, 다른 신문에 비해 선호도와 비선호도가 동시에 높은 수치를 보이고 있다. 이는 <한겨레>가 <조선일보>와 함께 일반 국민들에게 분명한 이미지를 갖고 있는 신문으로 인식되고 있음을 말해 준다(한겨레신문사 편집혁신팀(이하 편집혁신팀), 1996. 8: 41~2).

<한겨레>의 이념적 진보성은 고정되고 일관된 것이 아니라 시대 상황에 따라 유동적으로 변해 왔고, 같은 시기의 지면 내에서도

여러 입장들이 동시에 혼재되어 나타나기도 했다. 독자들 사이에서 상반된 평가가 나오도록 한 이념적 모호성 역시 시대적 산물이라 볼 수 있다. <한겨레>가 태동한 시절은 민주 대 반민주 세력 사이의 대립 구도가 지배적이었고, <한겨레>의 구성원들을 묶어 준 것은 통일된 이념이라기보다는 기존의 수구 세력들과 차별된 독립성·도덕성이라고 보는 것이 정확하기 때문이다.

<한겨레>의 지난 몇 년간 경영 지표는 이 신문이 채택한 전략이 현실적으로 어느 정도 성공을 거두었는지를 평가하는 한 가지 잣대가 될 수 있다. 표 5-1에서 볼 수 있듯이 <한겨레>는 창간 후 10년 동안 흑자를 올리지 못했지만, 매출액 규모는 비교적 꾸준히 성장하고 있다. 10개사가 치열한 각축을 벌이고 있는 중앙 일간지 시장에서 아직 이른바 '3강'(조선·중앙·동아)에는 진입하지 못했지만 '3중'(경향·한국·한겨레) 그룹의 위치를 확보하고 있다는 자체 평가도 있다(한겨레신문사, 1997. 5.).

신문 사업은 본질적으로 새로운 신문의 이미지 확립에 상당히

표 5–1. <한겨레>의 경영 지표 (1988 ~ 2000)

단위: 100만원

	1988	1989	1990	1991	1992	1993	1994	1995	1996	1997	1998	1999	2000
자산 총계	8,969	18,959	18,556	21,784	23,190	23,865	29,043	32,572	40,991	42,963	57,840	55,870	57,920
자본 총계	6,627	14,394	13,190	14,628	14,440	13,265	14,441	13,763	11,117	10,551	16,840	12,540	14,970
매출액	6,566	12,558	16,411	17,928	23,630	24,953	36,337	47,434	53,479	61,309	72,181	83,811	85,066
당기 순이익	−772	−1,746	−1,392	−84	−820	−1,350	−1,102	−749	−3,206	−655	1,026	−4,448	741

출처: 한겨레신문사 재무 제표, 각 연도; 한국언론재단, 2001a.

오랜 기간이 걸린다는 점에서, 그리고 이 기간 동안 신사옥 건립 (1990. 2~1991. 12), 고속 윤전기 도입(1996. 9 / 1997. 4) 등 대규모 투자가 이루어졌다는 점을 감안할 때, 그 동안의 경영 실적이 그렇게 나쁘다고 볼 수는 없다. 또 비슷한 기간 동안 수십 억에서 수백 억에 이르는 적자를 기록한 다른 신문과 비교해도 <한겨레>의 실적은 비교적 성공적이라 평가할 수 있다.

하지만 분명히 <한겨레> 주위의 시장 상황이나 독자의 취향이 창간 당시에 비해 급속히 달라지고 있는 것을 보여 주는 징후는 많다. 앞으로의 전망도 그다지 밝지만은 않은데, 가장 큰 이유는 <한겨레>의 기반이라고 할 수 있는 진보 진영의 쇠퇴를 들 수 있다. 문민 정부 수립 이후에는 정치적·이념적 문제에 관한 국민들의 관심이 현격하게 퇴조하여 진보 세력의 기반이 많이 위축되었다. 또 과거와 달리 보수 대중지와의 차별성을 부각시킬 수 있는 기사거리도 상대적으로 줄어들었다.

사회적 변화에 따라 <한겨레> 역시 진보적 정론지 스타일에서 벗어나 정보지와 대중지의 성격을 강화하는 쪽으로 방향을 잡아가고 있다. 이러한 변화 모색은, 특히 <중앙일보>의 급속한 신장으로 대변되는, 독자의 취향 변화에 자극을 받은 것이다. <중앙일보>의 전략은 섹션 신문을 기치로 내걸고 정보의 질적·양적 강화와 젊은 감각에 맞는 신문 편집으로 요약할 수 있다. 대규모 일간지들이 주도한 신문 시장의 무한 경쟁은 <한겨레>에게도 새로운 경영 전략의 모색을 불가피하게 만든 것이다. 1997년 IMF 사태로 불어닥친 신문 시장의 위축도 중요한 상황 변화라 할 수 있다. 조만간 몇몇 신문의 퇴출을 포함해 신문 시장의 대대적인 구조 개편이 불가피하다는 데 공감을 표하는 이들이 많아졌기 때문이다("'화려한 날' 끝나고 빚잔치만 남다," <시사 저널> 1998. 1. 22: 42~5).

그렇지만 <한겨레>가 어떤 방향으로 편집 노선을 설정해야 하는지에 대해서는 논란이 적지 않았다. 좀더 보수적이고 안정 희구적인 중산층의 생활 감각에 맞춘 다른 일간지들의 편집 방향을 어느 정도 수용해야 할 것인가? 민주·민족·민중 언론이라는 창간 이념은 오늘날의 변화된 상황에서 어떤 의미를 지닐 수 있을 것인가? <한겨레> 내부에서 새로운 전략으로 표방하고 있는 '진보적 대중지'의 개념은 구체적으로 어떤 편집 방향과 실천 방안으로 나타날 것인가? 이러한 질문들은 <한겨레>의 이념적 위상을 어디에 설정할 것인가 하는 정치적 선택의 문제이며, 이것은 곧 기존의 신문 시장에서 <한겨레>의 위상과 타깃 독자층을 어디에 둘 것인가 하는 마케팅 전략의 문제이기도 하다. 이러한 방향 결정에서는 신문 시장 상황에 대한 과학적인 검토가 토대가 된다. 이러한 전략 수립에서 가장 중요한 판단 근거는 무엇보다 <한겨레> 독자의 특성과 성향이다.

<한겨레>의 독자층은 어떠한 성격을 띠며 다른 종합 일간지에 비해 어떤 차별성을 갖는가? 내부 조사 결과에 의하면 <한겨레>의 타깃 독자는 도시에 사는 대졸 이상의 학력을 갖춘 27~39세의 진보적 성향의 남자로 요약할 수 있다(편집혁신팀, 1996. 8: 4). <한겨레> 독자 조사에서 특히 두드러지는 특징은 자신의 정치적 성향을 진보적이라고 생각하는 사람의 비중이 압도적으로 높게 (진보적 60.8%, 중도적 22.6%, 보수적 16.5%) 나타난다는 점이다(한겨레신문사, 1996. 6). 물론 이 수치를 액면 그대로 해석할 수는 없다. 지표상으로는 진보층의 수치가 높게 나타난다 하더라도 그 수치의 의미는 창간 당시와 상당히 다를 수도 있기 때문이다.

<한겨레>는 다른 중앙 일간지에 비해 평균적으로 독자층의 학력과 소득이 높고, 독자들 가운데 다른 신문을 동시에 구독하는 병독률이 35% 정도로 20% 내외인 다른 신문에 비해 월등히 높은 것도 특색이다(한겨레신문사 지면혁신특위, 1997. 9). <한겨레>는 다른 신문이 넘볼 수 없을 정도로 확고한 진보성과 독립성을 갖추고 있고, 이에

따라 규모는 상대적으로 적지만 열성적인 독자층을 확보하고 있다. 구독 부수에 비해 정치적 영향력이 월등히 높다는 평가를 받고 있는 것도 특징이다.

가령 <시사저널>에서 여론 선도층이라 할 수 있는 전문가 집단을 대상으로 조사한 바에 의하면, 이들의 일간지 구독률은 <조선일보>, <동아일보>, <중앙일보>, <한국일보>, <한겨레>의 순으로 나타났다. 하지만 미디어 영향력에 대한 이들의 평가는 <조선일보>, <동아일보>, <중앙일보>, <한겨레>, <한국일보>의 순이었다. <한겨레>는 다른 일간지에 비해 상대적으로 여론 지도층의 구독률이 높으며, 영향력에 대한 평가 역시 구독률에 비해 상대적으로 높게 나타나는 것이 특징이다. 이 조사에서 구독자의 직업적 특성을 보면 <한겨레>는 사회 단체 종사자(48.3%)의 구독률이 압도적으로 높았다("여론 좌지우지하는 KBS, <조선일보>의 힘," <시사저널>, 1997. 10. 30).

3. <한겨레>의 정치적 포지셔닝과 시장 차별화

<한겨레>가 기존의 신문 시장에서 취할 수 있는 전략에는 어떤 것이 있을까? 신문 시장 내의 경쟁 전략은 크게 보면 어떤 종류의 신문으로 차별화할 것인가 하는 선택의 문제다. 다음은 외국의 신문 시장에서 흔히 볼 수 있는 차별화 유형을 분류한 것이다. 실제로 이 유형들은 순수한 형태로 나타나지 않고, 몇 가지가 융합된 형태로 나타난다.

1) 지리적인 시장 차별화

지리적인 시장 차별화 유형은 각 신문이 타깃 독자층으로 잡는 지리적 시장의 범위를 차별화하는 것인데, 미국의 신문 시장에서 전형적으로 볼 수 있다. 여기서도 신문 간의 질적 차이, 가령 고급지(<월스트리트 저널>이나 <뉴욕 타임스> 등)와 대중지의 차이는 존재하지만, 그것보다는 타깃 독자층의 지역적 분포가 차이를 보이고 있다는 것이 가장 큰 특징이다. 전국지는 전국을 대상으로 하고 광역지는 대도시 인근 지역(대도심 지역)을 포괄하며, 지역 신문은 대도시의 일부 지역이나 소도시를 대상으로 하여 지역적인 시장 범위를 차별화한다. 대도시 지역에서 이러한 신문 유형들의 배치 형태는 로시의 '우산 밑 경쟁' 모델로 도식화할 수 있다(우산 밑 경쟁 모델에 관해서는 Rosse, 1975; 임영호, 1993; 임영호, 1996을 참조).

한국 사회에서 이러한 유형의 시장 차별화는 두드러지지 않는다. 중앙지와 지방지 사이에 이러한 구분이 부분적으로 존재하기는 하지만, 중앙지의 시장 지배력이 압도적이어서 지방지 시장이 제대로 발달하지 못했기 때문이다. 하지만 엄밀히 말하자면 중앙지들 사이에서도 점유율과 영향력이 지역별로 차이가 많이 난다. 이러한 지리적 분포의 차이는 신문의 성격에 적지 않게 영향을 미칠 수도 있다. 가령 선거나 지역 개발 사업을 둘러싸고 형성되는 지역적 대립 구조는 지방지의 보도 방향이나 논조에서 두드러지는 특징이다(강상현, 1992). 하지만 엄격히 말해 중앙지 역시 이러한 지역적 대립 관계의 영향에서 완전히 자유롭기는 어렵다.

<한겨레>에서는 원적지별로 보았을 때 호남권의 독자 비중이 44%에 이른다. 일반 독자를 대상으로 한 조사에서도 <한겨레>에 대한 호감도는 광주·전라 지역이 다른 지역에 비해 10% 이상 높게 나타난다(편집혁신팀, 1996. 8: 43, 52~3). 하지만 엄격히 말해 이들의 정

치 성향은 진보라기보다는 보수 야당 성향에 가깝다고 할 수 있다. <한겨레>에 대한 이들의 충성도는 <한겨레>의 진보적인 정치 노선에 대한 것이라기보다는 야당지적인 성격, 즉 오랫동안 실현해 보지 못한 정권 교체에 대한 욕구에 기인한 것이라고 해석할 수도 있다. 한동안 이러한 지역적 구도가 보수 - 진보의 구도와 겹치는 부분이 많았기 때문에 <한겨레>의 정체성을 위협하는 큰 문제점은 생겨나지 않았다. 하지만 1998년 김대중 정권의 수립은 <한겨레>의 편집 방향에 큰 영향을 미쳐 <한겨레>의 정체성에 혼란을 가져오기도 했다. 물론 <한겨레>가 표방해 온 독립성이나 도덕성을 감안할 때 이러한 우려는 근거 없는 것일 수도 있다. 하지만 지역적 이해 관계가 첨예하게 대립되는 주제에 관해 <한겨레>가 어떻게 구체적인 입장 표명을 하게 될 것인지는 앞으로 주목해 볼 만하다.

2) 보수지와 진보지

보수지와 진보지의 구분은 정치적 논조의 차이에 의한 것이다. 즉, 정치적 논조의 선택이 시장 메커니즘의 심판을 받는 것인데, 역사적 경험에서 볼 때 진보지에게 불리하게 진행되는 게임이라 할 수 있다. 유럽 국가들의 예를 보면, 비교적 다양한 진보지들이 시도되었지만, 진보지의 시장 전략은 대개 실패로 끝났다. 프랑스에서는 2차 세계 대전 직후 진보적인 일간지들이 일시적으로 전성기를 누렸다. 전쟁 직후 나치 협력자 숙청 과정에서 주로 우익이 된서리를 맞았기 때문이다. 그러나 시장 경쟁에서 진보지의 전성기는 그리 오래 가지 않았다(Freiberg, 1985).

이 점을 감안할 때 창간 후 10년도 채 되지 않아 주요 일간지로 부상한 <한겨레>는 세계 언론사에서도 유례를 찾기 어려운 독특한 사례라 할 수 있다. 국민들의 탈정치화가 상당히 두드러진다고 하는 최근의 조사에서도 <한겨레> 독자 가운데는 자신을 진보적이라고 보는 층의 비율이 압도적으로 높았다. <한겨레>는 이들을 주된 독자층으로 설정하고 있다. 그것은 <한겨레> 창간 때부터 유지해 온 기준 축이며, 또 <한겨레>와 비슷하게 진보층 독자들을 분점하고 있던 <동아일보>가 보수 쪽으로 논조를 선회함에 따라 그 공백까지도 점유하려는 시도를 가능하게 한다.

최근 수십 년 간 한국 정치사에서는 진보적인 세력이 큰 역할을 해 왔음에도 불구하고 이들의 제도 정치권 진출은 거의 실패했다. 몇 차례 선거에서 진보 세력이 거의 미미한 수준의 득표율을 기록하는 데 그친 것을 보면 한국 사회에서 진보 이념이 과연 정치적으로 가능한지에 대해 회의가 들 정도다. 진보적인 정치 노선의 참패와 <한겨레> 독자 조사에 나타난 진보층의 높은 비율은 묘한 대조를 이룬다. 그렇다면 <한겨레> 독자층의 '진보성'이 의미하는 것은 무엇인가?

한 마디로 말해 진보성이란 불명확하고 상대적인 개념이다. 독자 조사에서 진보적인 독자로 파악된 60.8%의 비율 속에는 진보라는 단어의 다양한 외포와 내연적 의미가 혼재되어 있는 것으로 보인다. 진보라는 단어에는 정치적 노선의 차이라는 의미뿐 아니라 기득권층과의 거리를 함축하는 야당지, 도덕적 정당성의 차원도 함축되고 있다. 말하자면 독자들에게 진보는 정치적 노선, 참신함, 도덕성, 새로운 것, 변화하는 것 등 다양한 의미로 받아들여질 수 있다. 신문의 진보성은 구체적인 입장의 차이일 수도 있지만 상당 부분은 이미지의 차원에 속하기도 한다.

진보라는 단어는 강한 도덕적인 함축을 포함한다. 그것은 한국 사회에서 '보수'라는 개념이 지닌 특수성 때문이다. 그 동안 보수는 체계적인 이념으로 존재한 적이 없으며 늘 '기득권층'이나 '수구 세력' 따위의 부정적인 개념과 연관된 의미로 많이 쓰였다. 특히, 젊은 세대는 보수의 이념 자체보다 그 단어가 갖는 함축에 부정적일 수 있다. <한겨레>에 대한 일반 독자들의 호감도를 보면 10대에서 41.4%로 가장 높고, 20대가 38.9%, 30대가 24.7% 등으로 연령대가 낮아질수록 높게 나타났다(편집혁신팀, 1996. 8: 43). 흔히 연령대가 낮을수록 진보적 성향을 보이는 것으로 단정하기 쉽지만 젊은 세대가 진보성의 어떠한 측면에 대해 호감을 보이는지, 또 <한겨레>의 어떠한 측면에 대해 호감을 갖고 있는지는 불확실하다.

따라서 <한겨레> 독자들이 표현하고 있는 진보성을 글자 그대로 정치적 성향으로만 해석할 수는 없다. 진보 성향을 표명한 일반 독자들이 조사에서 상대적으로 보수적인 <중앙일보>에 대해 높은 호감도를 보인 것은 주목할 만하다. 연령대별로 보면 젊은 층일수록 <중앙일보>에 대한 호감도가 높다. 연령별 호감도를 보면 20~21세는 60%를 넘어서고 있으며, 22~25세는 40%대이다. 26~28세에서는 30%대로 떨어지지만 29~33세에서는 40%로 다시 높아지고 있다. 정치적으로도 진보 성향을 표방한 독자의 <중앙일보>에 대한 호감도(38.7%)는 보수(32.4%)보다 높다. <한겨레>를 병독하는 독자 중에서 <중앙일보>(28.3%)는 <동아일보>(33.4%) 다음으로 높은 비율을 차지하고 있는 것도 주목할 만한 점이다(편집혁신팀, 1996. 8: 83~5). <중앙일보>의 이미지는 젊고 새롭고 변화한다는 것이다. 이것이 반드시 정치적 성향의 진보성과 크게 관련이 있다고 보기는 어렵다. 만일 <한겨레>가 진보 개념의 다의미성*polysemy* 때문에 다양한 층들을 끌어들일 수 있었다면, 그것은 동시에 독자의 이탈을 가져올 수 있는 문제점 역시 다양할 수 있다는 뜻이다.

한국 정치 문화에서 '파당성'은 부정적인 단어이다. 그것은 시각과 주장의 논리적 결함의 문제라기보다는 이 단어가 함축하는 도덕적 의문이나 편협성과 관계가 있다. 초창기에 일부 독자들이 <한겨레>에 가진 이미지 중에는 '정치 신문,' '정파적 신문,' '당파적 신문' 등이 있었다. 이러한 이미지는 치열한 신문 시장 경쟁에서 <한겨레>의 위상을 주변화할 우려가 있는 부정적인 것으로만 판단하는 경향이 있다. 하지만 정치적으로 보수가 기조를 이루면서도 보수지와 기득권의 정치적 결탁에 대한 혐오가 널리 퍼져 있는 한국 사회에서 이러한 이미지는 도덕적인 정당성과 독립성을 함축하는 긍정적인 측면도 지닌다. 물론 오늘날에는 정치 상황의 변화로 정치적·정파적 신문의 자리가 좁아졌다. 그러나 <한겨레>의 이미지에서 이미 중요한 비중을 차지하는 '정치적 신문'의 성격을 좀더 정교하고 세련된 형태로 발전시키지 못한다면, 앞으로 <한겨레>의 진보 컨셉트는 점차 타격을 입게 될 수도 있다. 역설적으로 일부 독자층은 <한겨레>의 강한 정치적 이미지 때문에, 또 일부에서는 정치성이 희석되고 있다는 이미지 때문에 <한겨레>에서 이탈할 가능성이 있다.

<한겨레>가 진보성의 기반으로 삼고 있는 독립성이나 체제 비판과 민주화, 민족 등의 정치적 담론은 스튜어트 홀의 지적처럼 반드시 "고정되거나, 필연적인 혹은 한정된 방식으로 특정한 계급이나 [집단에] 귀속"시킬 수 있는 것이 아니다. 가령 "'민주주의'라는 똑같은 기본적인 용어도 다른 요소들과 접합되어 아주 다른 이데올로기로 농축될 수도 있다." 즉, 이 담론들은 다양한 사회적 집단들이 구체적인 의미의 접합을 위해 벌이는 '사회적 투쟁의 영역'이나 '의미를 둘러싼 투쟁'의 장이 되는 것이다(Hall, 1982 / 1996: 272).

<한겨레>의 진보성은 정치 권력과 자본으로부터의 독립성을 기반으로 해서 '민주·민족·통일·민중'의 추구를 그 내용으로 한다. 하지만 이 창간 이념은 일상적인 정치 용어를 사용하고 있고 그것의 의미는 사실상 열려 있는 것이어서, 구체적인 내용은 시대와 상황에 맞게 새롭게 규정될 수 있다. <한겨레>가 폭넓고 다양한 의미에서 진보적인 독자층을 확보할 수 있는 것은 어쩌면 창간 이념의 모호성과 포괄성에도 있다고 할 수 있다. 문제는 많은 독자 대중들이 <한겨레>의 진보성에 대해 갖고 있는 다양하고 이질적인 의미 차원들을 공통 분모로 봉합할 수 있는 이미지 전략을 어떻게 개발해 내느냐 하는 것이다.

3) 고급지와 대중지

고급지와 대중지의 구분은 신문의 질적 차이에 근거한 것인데, 이는 동시에 신문이 타깃으로 삼고 있는 독자층의 성격 차이에도 근거한다. 대중지는 교육 수준과 소득 수준의 차이가 다양한 이질적인 독자층을 최대한 많이 확보하려는 전략 아래 지면을 구성하려 한다. 반면에 고급지는 양적인 확대보다는 영향력과 구매력이 높은 독자층의 확보에 초점을 두는 전략을 선택한다. 두 가지 전략 모두 장점과 단점이 있다.

대중지 전략은 성공할 때 가장 반대 급부가 크지만, 상대적으로 투자 비용이 많이 들고 경쟁에서 위험 부담이 크다. 외국의 사례를 보더라도 뒤늦게 대중지 시장에 뛰어든 기업이 선발 주자를 추월한 사례는 그렇게 흔치 않다. 그것은 신문 상품이 지니는 '공공재'의 성격 때문이다.

공공재란 한 사람의 상품 소비가 다른 사람의 소비에 영향을 미치지 않는 상품의 성격을 말한다. 즉, 복제에 추가 비용이 거의 들지 않는 것이다. 신문에서는 발행 부수에 관계 없이 초기에 소요되는 투자 규모가 비슷하기 때문에 이러한 성격이 생겨난다. 판매 부수가 많은 신문은 군소 신문에 비해 한 부당 평균 소요 비용(즉, 원가)이 훨씬 낮아지는 규모의 경제 혜택을 입는 반면 광고 효과는 크기 때문에 광고 수입 확보에서 우위를 점한다. 이러한 격차는 광고 수입의 빈익빈 부익부 현상과 이에 따라 재투자 규모의 격차를 낳고 이는 다시 신문의 질적인 차이로 이어진다. 단순한 산술적 계산으로도 시장 경쟁에서는 발행 부수가 많은 기존 대중지가 절대적으로 유리하다. 국내에서 신문들이 대부분 대중지를 표방하는 것은 이러한 규모의 경제 원리 때문이라 할 수 있다. 그러나 대중지로 영업 방향을 설정한다고 해서 반드시 유리한 것은 아니다.

만일 <한겨레>가 대중지로서 정면 승부를 하려면 자본 투자를 대폭 늘리고 독자 기반을 더욱 확충해야 한다. <한겨레>가 중앙 종합 일간지로서 면모를 갖추기 위해서는 아직까지 경쟁력이 떨어지는 부문을 해결해야 하는 과제를 안고 있다. 지면 구성, 기사의 정확성, 속보성, 배달 서비스 등에서 <한겨레>는 아직 취약하다. 그리고 이 점들은 결국 자본 규모의 문제로 귀착된다. 대자본에 의한 지배는 물론 은행 채무조차 꺼려온 <한겨레>의 과거 전통을 볼 때 자본 규모의 확대를 통한 경쟁력 강화 전략이 채택되기는 쉽지 않을 것이다.

그러나 현실적으로 신문 시장이 완전한 독점 체제로 이어지지 않는 것은 신문 상품 시장이 '독점적 경쟁'의 성격을 띠기 때문이다. 즉, 신문 시장은 외양상으로는 다른 미디어에 비해 시장 진입이 자유롭고 치열한 경쟁 형태를 띤다. 그러나 신문의 내용은 질적 차별이 있기 때문에, 어느 신문도 다른 신문을 완전히 대체할 수 없다. 신문의 이러한 속성은, 왜 새로운 신문이 엄청난 물량과 덤핑 공세에도 불구하고 기존 시장에 파고들기가 어려운지도 잘 설명해 준다. 그러나 동시에 이러한 속성 때문에, 규모에서 상대적으로 열세인 신문이 살아 남을 수 있는 길이 열려 있다. 즉, 양적인 열세에 있는 군소 신문은 내용의 질적 차별화를 통해서 시장에서 존립할 수 있다는 것이다.

고급지 전략은 다른 대중지와 완전한 대체가 불가능하도록 특화된 상품을 만드는 것으로 요약할 수 있다. 이 전략에서는 정치적 성향의 차이나 소득, 교육 수준의 차이가 있는 특정한 집단을 주 타깃 독자층으로 삼게 된다. <한겨레>는 다른 일간지에 비해 이러한 전략에서 성공할 가능성이 비교적 높은 속성들을 갖추고 있다.

지난 1990년에 <한겨레>가 닐슨사에 의뢰해서 수행한 조사 결과를 보면, <한겨레> 독자층은 다른 중앙 일간지에 비해 평균적으로 학력과 소득 수준이 높고, 직업에서도 전문직이나 화이트칼라의 비율이 높은 것으로 나타났다(에이·씨·닐슨, 1990. 6; 한국갤럽, 1989. 6). 또 판매 부수는 상대적으로 적지만 주 독자층이 상대적으로 고학력·고소득이며, 이들의 열독 시간이 비교적 길다는 점은 광고주에게 매력적인 유인이 될 수 있다. 광고주가 관심을 두는 것은 독자의 이념적 성향이 아니라 결국 독자의 인구학적 특성과 구매력이기 때문이다. 이러한 광고 시장을 기반으로 해서 <르 몽드 Le Monde>처럼 해설, 문화 따위의 읽을거리를 강화해서 진보적 고급지로서 기존 대중지와 차별화하는 것도 <한겨레>가 선택할 수 있는 전략 가운데 하나다.

이 전략의 단점은 불가피하게 병독지로서 위상을 설정하게 된다는 점이다. 실제로 <한겨레> 독사 가운데 병독층의 비율은 다른 일간지의 거의 두 배에 가깝다. <한겨레>는 인력 규모가 적고 취재 여건이 열악해서 대중지의 생명인 속보성이 떨어지는 등 현실적인 여건 때문에 주독지로서 기존 일간지와 정면 승부하기는 어렵다. 따라서, 대신 <한겨레> 독자층의 인구학적 특성을 감안하고 <한겨레> 특유의 장점을 살려 보수 중앙 일간지에 대한 차별성과 보완적 기능을 강화하는 것이 고급지 전략의 기본 방향이라 할 수 있다.

고급지 전략은 한겨레신문사 내에서도 1992년의 <회사발전위원회 논조 개선 보고서>와 1994년의 <지면개선특별위원회 논조 개선 보고서>에서 제기되었고, 실제로 편집 방향으로 수 년간 채택되기도 했다(유사한 주장으로 임영호, 1994를 참조하라). 그러나 그 뒤 <한겨레>에서는 이 전략을 폐기하고 '진보적 대중지'를 새로운 컨셉트로 채택했다.

4) 한겨레의 '진보적 대중지' 전략

현재 <한겨레>의 차별화 전략은 1996년 10월 지면 혁신 이후 설정된 '진보적 대중지'의 컨셉트로 요약할 수 있다. 이것은 기존의 일간지 시장에서 중요지 진입을 목표로 삼고, <한겨레>가 이미 갖추고 있는 진보성을 장점으로 살리면서 다른 일간지의 장점을 선별적으로 도입해 경쟁력을 강화하려는 시도다.

구체적인 전략으로 들 수 있는 것은 첫번째 종합성의 강화이다. 이것은 오랫동안 <한겨레>의 약점으로 지적되던 부분이다. 자체 조사에 의하면 <한겨레> 구독자의 77%가 경제와 생활 정보의 확대가 바람직하다고 응답했다(지면혁신특위, 1997. 9). 이와 더불어 소비자의 구매 기준이 변한 것도 중요한 요인이 된 것 같다. 최근에는 신문 독자들 사이에서 신문 이미지나 관행(습관)보다는 제품력(신문의 질, 내용)을 기준으로 선택하는 적극적인 구독이 늘고 있다. 구독 이유 가운데 '관행 때문'(습관적으로)이라는 것이 1996년에는 1위를 차지했으나 1997년엔 3순위 이하로 떨어지고, 대신에 신문 내용 때문에 구독한다는 사람이 압도적으로 많아져 1위를 차지했다. <한겨레>에 대해 독자들의 선호도와 비선호도가 동시에 하락하면서 중립적인 태도가 늘고 있는 것도 제품력의 중요성이 증가한 것을 보여 주는 근거다(지면혁신특위, 1997. 9).

두 번째 전략은 진보성의 현실화라는 개념이다. 이는 "진보의 개념을 이념적·정치적 측면으로만 국한시키지 않고 실생활과 관련된 모든 분야로 그 외연을 넓히며"(지면혁신특위, 1997. 9), 창간 이후의 사회 변화를 진보의 개념에 포함시켜 실용성과 조화를 모색한다는 것이다. 즉, 진보 언론으로서의 사회적 역할을 다양한 시각과 정보 따위의 제품력으로 뒷받침하려는 전략이다. '진보성' 자체를 상품화해서 보수 언론과 차별성을 유지하면서 증면, 정보적 성격의 강화로 보완하는 전략으로 요약할 수도 있다. 구체적으로는 진보를 사시로 내걸면서도 메이저 신문으로 자리잡고 있는 일본의 <아사히신문 朝日新聞> 같은 위치를 점하는 게 최선의 목표라고 보고 있다.

진보적 대중지 전략은 표 5-2에서처럼 성향별 독자층의 구성으로 설명할 수 있다. 독자 조사 결과를 보면 <한겨레>에 대해 호감

표 5-2. 성향별 독자층의 구성

진보적 여론 주도층(a)	보수적 여론 주도층(b)
진보적 대중(a')	보수적 대중(b')

도가 높은 계층은 진보적 여론 주도층(a)과 진보적 대중(a')에 집중적으로 분포되어 있다. <한겨레> 내부에서는 a-b축을 중심으로 하는 고급지 전략은 a-a'축을 중심으로 하는 전략에 비해 시장 규모를 대폭 위축시킬 가능성이 있고 진보적 논조의 변질을 가져올 우려도 있다고 본다(편집혁신팀, 1996. 8: 31). 이러한 판단은 한편으로는 현실적인 근거가 있다. 한국의 신문 시장에서는 별도의 고급지 시장이 분화되어 있지 않다. 이 점에서 한국은 유럽 국가보다는 일본의 사례에 가깝다. 신문들이 대부분 고급 정론지의 성격과 대중지(혹은 황색지)의 성격을 겸하고 있기 때문이다. 그 동안의 경험을 통해 볼 때 몇몇 신문에서 표방한 고급지 전략은 실제로는 일부 지면의 부분적인 강화 이상이 되기는 어려울 가능성이 크다. <한겨레>가 고급지 전략에 유보적인 태도를 취하게 된 것도 이러한 판단에 근거한 듯하다.

하지만 대중성의 강화 역시 한계점을 지닌다. 대중성의 축은 <한겨레>의 기본적인 특성인 진보의 축을 모호하게 할 가능성이 있기 때문이다. 한겨레 신문사 편집혁신팀은 "현존하는 질서와 제도를 바꿔 사회와 자신의 삶을 개선하려는 흐름"을 진보로 파악하고 있지만(편집혁신팀, 1996. 8: 32), 이러한 컨셉트는 상당히 모호하고 다양한 의미로 받아들여질 수 있다. 1980년대의 권위주의 정권 하에서는 변화와 개혁이라는 차원에서 보수와 진보의 시각이 쉽게 나누어졌지만, 지금 한국 사회에서는 이 구분이 그렇게 단순하거나 뚜렷하지 않다. 이제는 변화에 대한 시각도, 복잡하게 엇갈리는 이해 관계에 대한 판단과 선택을 필요로 하게 된 것이다.

<한겨레>에서는 대중지 성격의 강화 방안을 마련하면서 <중앙일보>나 <조선일보> 등 기존 대중지의 사례를 많이 참조한 것으로 보인다. 이것은 말하자면 진보의 의미를 정치 지향적 성향에서 탈피해 새로움과 젊음, 미래 지향 등 다양한 층으로 의미의 외연을 확장하려는 노력이다. 이러한 변화 시도는 물론 긍정적인 것이긴 하지만, <한겨레>에서 설정하고 있는 진보층 독자 컨셉트의 모호함을 보여 주는 것이기도 하다.

　　한국의 진보적 독자층은 <한겨레>에서 많이 참고한 일본의 사례와 여러 가지 점에서 다르다. 일본에서는 보수 정권이 계속 집권했지만 다양한 형태의 진보 세력도 현실 정치권에 상당한 비중을 갖고 진출해 있었다. 우리보다는 진보 이념이 훨씬 구체적인 형태로 현실적 기반 세력을 확보하고 있다. 한국 사회에서 진보 언론의 독자층이란 시각에 따라서는 다분히 감상적 차원에 의존하는 불안정한 층이라고 볼 수도 있다.

　　<한겨레>의 '진보적 대중지' 전략은 내부적으로 1992년, 1994년에 설정한 고급지 전략이 사실상 실패했다는 판단에 근거하고 있는 듯하다. 고급지 전략이 병독지의 개념을 어느 정도 전제하고 있다는 점, 그리고 병독지 시장이 점차 줄어들고 있다는 점도 감안한 듯하다 (편집혁신팀, 1996. 8: 31). 하지만 '진보적 대중지' 개념 역시 구체적인 차원에서는 고급지 전략 못지않게 문제의 소지를 안고 있다. 몇 년 전 채택한 고급지 전략에서 이론과 실제 사이의 괴리가 생겨났듯이, 대중지 전략에서도 형태는 다르지만 비슷한 형태로 문제점이 생겨날 가능성은 있다.

　　대중지 전략의 구체적인 지침으로 지적되는 것들은 고급지 전략에서도 사실상 필수적인 요인들이다. 쉬운 대중의 언어로 써야 한다든지 정보의 질을 통한 차별화 따위는 고급지 전략에서도 필수적인 요소들이다. 타깃 독자의 고급화가 반드시 '소재나 문체의 고급화'를

의미하지는 않는다. <한겨레>가 '사회적 변화에 둔감'해지고 '독자와의 괴리가 커지는' 등 고급지 전략이 실패한 징후로 들고 있는 것 역시 컨셉트 자체의 문제라기보다는 조직 운영 전반의 문제다(편집혁신팀, 1996. 8: 29~30, 32~4). 이 문제점들은 고급지 컨셉트의 중심적인 특성이라기보다는 실행상의 문제점에 해당하며, 개념과 실천 사이의 괴리나 조직 관리의 실패 차원에서 보는 것이 정확할지 모른다.

<한겨레>의 지면 개혁은 진보보다는 대중지 쪽으로 무게 중심이 옮겨가고 있다는 인상을 많이 주고 있다. 이러한 이동은 단기적으로 독자층의 확대에 기여할지 모르지만, 장기적으로는 <한겨레>의 차별화한 이미지를 회석시키고 <한겨레>의 정체성을 잠식해서 열성적인 독자층의 이탈을 가져올 수도 있다. 신문의 성격상 대중지 전략에 부수되는 위험은 여러 가지가 있지만, 특히 중요한 것은 제한된 자원을 분산시킨다는 점이다. 하지만 <한겨레> 내에서 대중지 전략에 대해 낙관적인 시각의 징후는 다음과 같이 자체적인 판단에서도 여러 곳에서 발견된다. "틈새 시장은 없다. 어느 부분도 포기하지 않는다." "종합 일간지에 걸맞게 주류 미디어와 경쟁할 수 있도록 모든 부분을 강화한다"(지면혁신특위, 1997. 10: 4).

대중지 시장에서의 경쟁은 많은 양적, 질적 자원을 필요로 할 뿐 아니라 경쟁의 위험 부담 역시 적지 않다. 신문 상품의 이미지는 확정하기 어려울 뿐 아니라 한번 굳어진 이미지를 수정하는 데에는 많은 투자와 시간이 필요하다. 대중지화 전략은 <한겨레>의 오랜 장점인 질적으로 차별화한 이미지와 진보적 주제와 시각에 강한 전통을 회석시킬 가능성도 있다. 신문의 뚜렷한 이미지는 변신 전략에서 장애물이 되기도 하고 장점이 되기도 한다. <한겨레>의 독립성과 진보적 이미지는 성장에 장애 요인이 될 수 있지만 확실한 자원으로 활용할 수도 있다. 또한 <한겨레>는 규모가 상대적으로 작아 시장 변화에 유연하게 대응할 수 있다는 장점도 있다. 앞으로 진보

신문의 성공 여부는 기존의 굳어진 이미지라는 여건을 최대한 활용하면서 최적의 효과를 얻을 수 있는 투자 전략을 개발할 수 있는지에 달려 있다.

4. 지면의 특성과 한계

신문의 특성과 경영 전략은 결국 지면으로 표현된다. <한겨레>의 특성은 지면에 대한 평가에서 구체적으로 잘 나타난다. <한겨레>만큼 독자들 간에 애증이 뚜렷하고 평가가 엇갈리는 신문도 드물 것이다. 1991년 <한겨레>는 자체적으로 실시한 독자 설문 조사에서 다음과 같은 질문을 던졌다. "당신은 <한겨레>를 떠올리면 가장 먼저 무엇이 연상됩니까?" 여기에 대해 <한겨레> 독자들은 '정확한 보도'(18%), '공정성'(17%), '한글 신문'(14%), '지조 있다'(13%) 순으로 대답했다. 하지만 <한겨레> 독자가 아닌 사람들의 응답 내용은 아주 달랐다. '한글 신문'(12%), '평민당(당시 야당) 신문'(10%), '너무 강한 비판'(9%), '운동권 신문'(9%) 등의 순서로 대답이 나온 것이다. 한글 전용처럼 형식과 관련된 항목을 제외하면 두 집단의 반응은 판이하게 다르다고 할 수 있다. <한겨레> 독자의 반응은 대체로 긍정적이라 할 수 있는 데 비해, <한겨레> 독자가 아닌 사람은 <한겨레>를 대체로 '편파적인 신문,' '특정 정파에 우호적인 신문,' '비판만을 일삼는 운동권 신문' 등 부정적으로 인식하고 있다(이인우·심산, 1998: 273).

또 1989년에 <한겨레>가 자사 지면에 대한 독자들의 평가를 조사한 것을 보더라도, '공정성,' '해설·논설,' '여론 조성' 등의 기능에서는 다른 신문에 비해 비교적 좋은 평가를 받았지만, '신속성,' '다양성,' '지역 소식,' '생활 정보,' '문화 정보' 등에서는 상대적으로 낮은 평가를 받은 것으로 나타났다(한국갤럽, 1989. 6). 당시의 지면에 대해 강준만은 "편협하고 고루한 전통적 신문관에 입각하여 시장 경쟁에서 신문 내용으로 승부를 걸겠다는 것은 적어도 대중지에선 더이상 통용될 수 없는 발상"이라고 지적했는데(강준만, 1991. 5), 이 지적은 초창기 <한겨레> 지면의 한계를 잘 요약하고 있다. 진보적 성격을 유지하면서도 정보성을 강화하는 것이 초창기 <한겨레>에게 주어진 과제였다.

<한겨레> 지면에 대한 독자들의 극단적인 평가는 이후 많이 완화되었다. 이는 1998년 초의 정권 교체를 비롯해 사회적·정치적 상황의 변화에서 비롯된 것일 수도 있고 내부적인 개선 노력의 결과로도 볼 수 있다. 특히, 최근에 채택된 '진보적 대중지' 전략은 증면, 제호 변경, 대대적인 지면 혁신을 통해 이러한 평가를 바꾸는 데 주력했고, 그것이 어느 정도는 결실을 거두었다고 할 수 있다.

비교적 최근의 조사에서 독자들이 <한겨레>를 선호하는 이유를 보면 1996년에는 '가독성'(27.4%), '공정·객관'(12.0%), '비판'(11.4%)의 순이었다. 1997년 조사에서는 '한글 신문'(13.6%), '비판'(12.8%), '정직'(10.5%) 등이 높은 비율을 차지했다. <한겨레> 비구독자의 구독 희망 이유는 '모든 면에서 만족'(18.3%), '진보적'(11.3%), '그냥'(10.6%), '공정 객관'(9.4%)으로서 '관행'이나 '내용 풍부' 등의 이유가 압도적으로 많은 다른 신문과 차별화되고 있다(한겨레신문사, 1997. 5). 다른 신문은 1996년에는 '그냥'이 가장 높았으나 1997년 조사에서는 '정보의 다양성과 질'이 1위로 부상했다. 다른 일간지에 대한 선호 이유가 점차 정보의 질로 옮아가고 있는 데 비해, <한겨레>에 대한 선호 이유는 큰 변화가 없었다는 점은 주목할 만하다.

1997년 10월의 조사에서 분야별 만족도를 보면 정치 기사, 사설, 칼럼 등에서 독자의 만족도가 높았고 그 외에는 비교적 낮게 나타났다. 독자들이 <한겨레> 지면에서 부족한 정보로 든 것을 보면 문화 예술(대중 문화), 경제 일반(소비자, 기업, 생활 경제), 스포츠, 생활 교

144

양(건강, 가정) 등의 순이었다(지면혁신특위, 1997. 10).

1998년 2월에 구독자를 대상으로 한 <모니터 지면 평가 보고서>에서는 정치 기사, 사설, 칼럼, 여론 독자면에 대한 반응을 조사했다. 여기서는 신문의 사회성이나 객관 보도 범주의 평가 항목(독립성, 신뢰성, 차별성, 논지 일관성, 사실성, 사회 공헌도)에서 비교적 긍정적인 평가를 받았다. 반면 지면의 상품성이나 전문성 범주의 평가 항목(다양한 정보, 국제적 감각, 신속성, 흥미성)에서는 상대적으로 점수가 낮게 분포되었다 (한겨레신문사, 1998. 2). 이러한 반응은 <한겨레> 초기의 지면 평가와 유사한 경향을 보인다. <한겨레> 지면이 그 동안 거의 변화되지 않은 것으로 해석할 수는 없지만, 그 동안 다른 일간지들의 지면 변화에 비교해 볼 때 상대적으로 이미지 개선 효과가 적은 것으로 볼 수 있다.

<한겨레>가 신속성이나 다양성, 지역 소식 등에서 낮은 평가를 받는 것은 제작 여건상 사실상 불가피한 것일 수도 있다. <한겨레>는 우선 인력면에서 열세다. 예를 들어, 중앙 일간지 가운데 <중앙일보>의 인력 규모가 1362명, <한국일보>가 1279명, <조선일보>가 1028명인 데 비해 <한겨레>는 560명에 불과하다(한국언론연구원, 1997. 7: 36). 취재해 오는 정보량이나 속보성 면에서 <한겨레>가 다른 일간지와 경쟁하기가 그리 쉽지 않으리라는 것은 쉽게 예상할 수 있다.

지금은 많이 개선되었지만 기사 내용에서 전체적으로 편향이 심하다는 인식이 퍼져 있는 것에는 <한겨레> 자체의 풍토에도 원인이 있다. 스트레이트 기사에서 사실과 의견의 구분이 모호하거나, 주장을 정해 놓고 사실을 선별적으로 짜 맞추기도 하고, 심지어 사실의 근거 없이 주장만 강하게 부각시키는 사례도 종종 볼 수 있다. 이러한 관행을 기존 언론의 보수적 편향을 보완하는 '역편향'으로 합리화하면서 문제삼지 않으려는 경향이 있던 것도 사실이다.

<한겨레> 기사에서 기자의 주관적 목소리가 강하게 돌출되는 <한겨레>만의 스타일이 생겨나게 된 좀더 근본적인 이유는 다른

언론과의 차별성을 부각시키려는 의욕은 앞서지만 현실적으로 기존 언론의 취재, 편집 방식을 대부분 따를 수밖에 없다는 데 있다. 과거 <한겨레>는 다른 신문이 꺼리는 정치성 강한 주제를 다루거나, 같은 주제라도 다른 시각에서 접근함으로써 다른 신문과 차별되었다. 하지만 정치적 민주화가 이루어지면서 스트레이트 기사로 다른 신문과 차별화할 수 있는 소재는 많이 줄어들었다. 공보처 자료에 의하면 <한겨레>는 관급 기사 의존도가 중앙지 가운데 두 번째를 기록하는 불명예를 안기도 했다(편집혁신팀, 1996. 8: 92에서 재인용).

인력이 부족하고 취재 여건이 열악해서 속보성에서 기성 언론 보다 뒤떨어질 수밖에 없다면, <한겨레> 특유의 취재 보도 양식을 만들어 나가야만 차별화는 가능해진다. 미국에서 오늘날 보편화한 '심층 취재' 방식은 원래 지하 언론에서 생겨나 주류 언론에도 보급된 것이라고 한다. 출입처 기자단 중심의 취재 관행과, 통조림처럼 가공되어 제공된 정보를 그대로 전달하는 기존의 기사 형태에 맞서 대안을 만들어 내지 못한다면, <한겨레>의 대안적 언론 역할은 제한될 수밖에 없을 것이다. 대중지로 시장 확대를 시도하려는 <한겨레>의 딜레마는 이러한 문제점들을 단기간에 해결하기가 쉽지 않다는 데에 있다.

5. 조직 이념의 이론과 실제

<한겨레>는 지배적인 대주주가 없는 국민주 회사이며 조직 운영 역시 민주적으로 이루어지고 있다는 점을 자랑으로 내세워 왔다. 하지만 조직의 공식적인 이념과 실제 운영의 역학 사이에는 상당한 괴리가 생겨날 가능성이 항상 존재한다. 가령 주주가 많으면 서로 성향이 다른 주주들 간에 의견 수렴이 어려워진다. 실제로도 신문 운영이나 편집 방향의 결정에서 수많은 주주들의 의견이 영향을 미치

기 어렵다. 뚜렷한 소유주가 없고 조직의 운영 역시 민주적인 합의 절차를 통해 이루어질 경우 조직 이념의 구체적인 실행은 사실상 조직 내의 인맥 구성이나 조직 역학에 따라 이루어질 가능성이 크다.

<한겨레>의 구성원 가운데 1세대는 과거 권위주의 정권에 맞서 투쟁했거나 탄압을 받은 적이 있다는 공통점이 있지만, 이들의 성향은 상당히 이질적이다. 따라서, 한편으로는 구성원의 창의성을 살리는 조직 내 민주주의가 활성화했지만, 다른 한편으로는 내부 통합력의 부족으로도 나타났다. <한겨레>의 조직은 내부 민주주의의 명분 때문에 조직 목표 수행의 효율성면에서는 적지않은 문제점을 드러낸 것도 사실이다. 구성원이 이념적으로 다양하기 때문에 의견 수렴이 어렵고, 의견이 첨예하게 대립될 때 조정할 수 있는 장치가 미흡하다. 그리고 주인이 없다는 것은 장점이기도 하지만, 업무 추진에서 문제 발생의 소지를 최소화하는 데 주력하는 소극적이고 방어적인 정책이 채택될 가능성도 크다. 기자들의 취재 활동에서도 데스크가 별 간섭 없이 자율성을 부여하는 것, 또 대기업처럼 노동 강도의 관리와 같은 관념이 희박한 것은 언론 자유의 보장이라는 명분 때문에 생겨난 현상이기는 하지만 조직 차원에서 볼 때는 지면 할거주의와 무책임의 경향을 조장할 우려도 있다.

이러한 이질성과 조직 통합력 부족은 때때로 지면에 그대로 반영되기도 했다. 가령 1995년 10월 <말>에서는 <한겨레>의 논설과 칼럼, 만평 등이 김대중의 신당 창당과 정계 복귀에 대해 부정적인 기사와 우호적인 기사를 조율하지 않고 그대로 내보낸 사례를 지적하고 있다(박상현, 1995. 10). 이러한 혼선은 중요한 쟁점을 둘러싸고 종종 나타난다. 예컨대 동일한 사안을 놓고 기사나 지면에 따라 논지, 노선, 방향이 편차를 보이는 사례도 있다. 다른 신문과 비교해 볼 때 조직 차원에서 설정한 통일된 컨셉트가 구체적인 지면에는 일관성 있게 잘 반영되지 않는 경향이 드러나기도 했다. 따라서 <한

겨레> 내부에서는 내부 조직의 집중력을 높이는 방향으로 여러 차례 조직 개편을 추진하기도 했다.

<한겨레>가 조직 혁신에서 일정한 한계를 드러내게 된 요인들은 조직 내부와 외부에서 동시에 찾을 수 있다. <한겨레>는 그 동안 내부적으로 여러 가지 참신한 방식들을 시도해 왔지만 어떤 점에서는 특유의 도덕적 우월감이 혁신에 장애가 되기도 했다. 자신도 모르게 높은 도덕적 자만심과 우월감에 빠져 독자 서비스나 운영에서 매너리즘이나 아마추어리즘을 드러내기도 했다. 기자들은 자기 직업 사회의 관행에 대한 내항적 정서, 동회의 정도가 심하다. <한겨레> 기자는 자신을 같은 업계의 다른 동료와 차별화하려 하고 도덕적 우월감을 유지하면서도, 다른 한편으로는 기자 사회의 문화와 관행을 본능적으로 따르는 경향이 있다. 기성 언론사와 차별성을 강조하면서도 이들의 취재 관행을 대부분 따르고 있는 것이 대표적인 예다.

하지만 <한겨레>가 추진할 수 있는 개혁의 한계는 <한겨레>의 이상적인 방안들이 한국 사회의 현실적인 여건 때문에 벽에 부딪히게 된 데에도 있다. 가령 <한겨레> 창간의 주축 인사들은 출입처 중심으로 구성된 기존 방식에서 탈피해 취재 관심사별로 편성된 새로운 취재 편제를 시도했다. 정치 경제부, 민족 국제부, 민생 인권부 등 생소한 명칭의 부서들이 이에 해당한다. 하지만 이처럼 '환상적인' 부 편성은 출입처 중심의 기존 취재 관행의 현실적 장벽 때문에 그대로 관철되지 못하고 재조정 과정을 겪기도 했다. 당시 작업에 참여한 박우정은 이러한 시도를 "사회 운동적 언론관의 과잉"이라고 평가하면서 다음과 같이 말했다. "지금 돌이켜 보자면 이상에 치우친 나머지 수십년 이상 굳어져 온 한국 언론관행을 너무 과소평가한 측면이 적지 않았습니다"(이인우·심산, 1998: 99).

6. <한겨레> 실험의 불확실한 미래

<한겨레>의 실험은 한국 신문 시장에서 진보적 신문의 진입 가능성을 보여 주었다. 그것은 진보성을 강화해 내용을 차별화한 진보적 신문이 신문 시장의 메커니즘에서 존속할 수 있을 것인지에 관한 실험이라 할 수 있다. 하지만 <한겨레>의 성공은 단순히 시장에서의 질적 경쟁의 논리로만 설명할 수는 없고, 1980년대 후반 한국 사회의 특수한 정치·사회적 국면의 종합적인 산물이라고 보아야 할 것이다. 보수 우익 일변도의 언론 풍토에 대한 반감과, 한국 사회의 민주화와 개혁에 대한 열망이 높던 시대적 상황은 다양한 개혁 지향적 세력들을 묶어 낼 수 있는 이념적 공간을 만들어 냈다. <한겨레>는 이같이 다양한 집단들의 이념, 정치 노선, 현실 인식의 편차를 "권력과 자본으로부터 독립된 자유 언론"(이인우·심산, 1998: 275~6)이란 공통된 목표 아래 묶어 낸 것이다. <한겨레>가 주요 대중 일간지의 위치에까지 부상할 수 있었던 것은 어쩌면 이 신문의 '진보성'이라는 담론이 지니는 포괄적·보편적·다의미적 *polysemic* 인 성격 때문이라 할 수도 있다.

그렇지만 의미 정치의 차원에서 볼 때 이후의 정치적 민주화는 <한겨레>의 주된 기반이던 진보성의 의미를 크게 변화시켰다. 진보성이라는 포괄적인 개념 중에서 젊고, 새롭고, 변화하는 이미지로 요약할 수 있는 비정치적인 의미축은 <한겨레>의 정치적 진보성을 '당파성'이나 '정파성'과 같은 부정적인 함축과 결합시키면서 <한겨레>의 진보성을 주변화하는 데 기여하기도 했다. <한겨레>는 과거의 진보적·정치적 이미지를 좀더 미래 지향적인 의미 차원으로 재정립할 과제를 안게 된 셈이다. <한겨레>가 '진보적 대중지'의 컨셉트를 통해 진보성의 외연 확대를 시도하는 따위의 변신을 시도하게 된 것은 이러한 의미 정치의 차원에서 해석할 수도 있다.

하지만 <한겨레>가 대중지로 확대되는 것을 쉽지 않게 하는 현실적 여건들은 적지 않다. 강한 "정치적·지역적 편향 이미지"(이인우·심산, 1998: 279)는 과거 <한겨레>의 충실한 기반이 되기도 했지만 <한겨레>의 이미지 변신을 어렵게 하는 요인도 되고 있다. <한겨레>는 여러 차례 지면 개혁을 시도했지만 아직도 상반된 평가를 동시에 받고 있다. 신문의 사회성이나 정치성과 관련된 항목에서는 독자에게 높게 평가받고 있지만, 지면의 상품성과 전문성 분야에서는 여전히 평가가 좋지 않다. 이는 <한겨레>가 제한된 인적·물적 자원에 의존할 수밖에 없다는 현실적 여건을 반영하는 것이지만, 동시에 신문의 이미지 변신이 얼마나 어려운지를 보여 주는 사례이기도 하다.

조직 이념의 이론과 현실적 조직 역학 사이의 괴리 역시 <한겨레>가 진보적 대중지로 확대되기 위해 해결해야 할 과제다. <한겨레>의 절차적 조직 민주주의는 조직의 이념에 가장 충실한 것이지만, 다른 한편으로는 새로운 상황에 맞추어 조직 목표가 변신해 나가는 데에는 비효율성을 드러내기도 했다.

<한겨레>는 다른 어느 신문보다 적은 물적 자원으로 운영되면서도, 다른 신문의 구습을 벗어나 새로운 진보적 언론 양식을 만들어 내려고 노력해 왔다. <한겨레>가 이러한 도덕적 자부심과 사명감을 시장 경쟁을 통해 현실화하기 위해서는 자신의 여건에 맞는 효율적인 전략을 마련해야 할 것이다. '진보적 대중지' 전략 역시 매우 불확실하고 위험한 실험이긴 하나, 어쩌면 <한겨레>가 시행 착오를 거쳐 자신에게 적합한 해답을 찾아가는 과정이라 할 수 있다. 이 전략이 어느 정도 결실을 거둘 것인지는 좀더 지켜 보아야 할 일이다.

3부

격변기의 신문 산업과 노동 정치

1. 언론 노동 운동을 어떻게 볼 것인가

한국 언론 노동 운동의 역사는 그리 길지 않지만 한 편의 드라마를
연상시킬 정도로 극적인 계기로 가득 차 있다. 국내 언론사에서 일
부 업종을 중심으로 노동 조합이 처음 생겨난 것은 해방 직후이지만
1987년 무렵에 와서야 전 업종을 포함하는 노동 조합이 기업마다 결
성되었다.[1] 이후 언론 노동 운동은 빠른 속도로 성장했다가 최근 급
격히 쇠퇴하고 있다. 불과 10여 년간의 짧은 기간에 언론 노동 운동

---

1. 국내에서는 1945년 10월 조선출판노동조합이 결성되고 그 밑에 여러 신문사 노
조 분회가 조직되었는데, 이를 언론 노조의 시초로 볼 수 있다. 그 후 1960년 5월
에 부산, 대구, 서울의 여러 신문사에서 노조가 결성되었지만 1961년의 군사 쿠데
타로 곧 폐쇄되었다. 1963년 8월에는 경남매일신문사(1974년에 해체)에 1967년에
는 충청일보사(1971년에 해체)에 출판 노조가 결성되어 활발한 활동을 벌였다.
1960년대까지 언론사 노조가 주로 공무국 종사자를 중심으로 했다면, 편집국 기자
위주의 노동 조합은 1970년대에 들어와 생겼다. 1974년 3월에는 동아일보사, 12월
에는 한국일보사에서 노조가 결성되었지만 경영진과 정치권의 탄압으로 곧 좌절
되었다(유재천, 1988: 251~2).

은 한국 사회의 급변하는 정치적·사회적 상황에 대응하여 극적인 변화와 부침을 거듭했다. 초창기 언론 노동 운동은 전국적인 규모의 정치적 운동을 전개하면서 때때로 정국의 뇌관이라 할 정도로 엄청난 정치적 파급 효과를 미쳤다. 하지만 언론 노동 운동은 점차 기업별 노조 단위로 작업장 내에서 전개되는 노사 협상의 차원으로 위축되어 가고 있다. 더구나 1997년 말 IMF 구제 금융 체제로 접어든 이후에는 전국민적인 연대나 편집권 따위를 논의하는 것이 마치 시대착오적인 것처럼 간주하는 분위기까지 조성되고 있다. 언론 노동 운동은 1980년대에 반짝했던 신보적 사회 운동처럼 일반인의 관심사에서 서서히 사라져 가고 있다. 한국 언론 노동 운동의 독특한 성격은 어떻게 생겨났으며, 언론 노동 운동이 급속히 변모하게 된 것은 무엇 때문인가? 언론 노동 운동의 변화는 어떠한 구조적 맥락에서 파악해야 하는가?

지금까지 언론 노동 운동을 보는 시각은 다분히 정치적인 낭만주의에 젖어 있었다. 다소 단순화해 보면 기존의 분석에서는 언론 노동자 집단을 일종의 '사회·언론 개혁의 주체'로 가정하는 경향이 있고, 현상 분석에서도 이들에 대한 정치적·도덕적 '희망 사항'이 강력하게 투영되어 있다.[2] 이러한 시각은 언론 노동 운동의 성격을 분석하는 데 적지 않은 장애로 작용하기도 한다. 결국 '언론 노동자'란 추상적인 개념에 불과하기 때문에 실제 분석에서는 다양한 이해관계와 모순을 안고 있는 하위 집단 사이의 상호 연관을 파악할 필요가 있다. 특정한 국면에서 이들이 선택할 수 있는 행위의 범위는 당시의 정치적 여건이나 시장 상황, 이데올로기적 지형 등에 의해

---

2. 이러한 경향은 아마 1980년대 말의 진보적인 사회 분위기 속에서 주로 소장 연구자를 중심으로 언론 노조에 관한 연구가 이루어졌기 때문일 것이다. 언론 노조에 관한 연구에는 주로 학위 논문이 많다(김동민, 1990; 윤창빈, 1989; 이성환, 1989; 황인호, 1989).

제한되어 있다. 미시적으로 보더라도 이들의 집단적 행위는 이질적인 개개인들 간의 집단 역학이나 의사 결정 구조를 통해 정해진다. 의사 결정이란 단기적인 차원의 것이기 때문에 때로는 단기적으로 유리한 선택이 장기적으로 이들의 집단적 이해 관계에 불리하게 작용할 가능성도 있다.

언론 노동 운동이라는 단어는 다분히 노사 갈등이 외부적으로 분출된 사건의 수준이나 노동 조합과 같은 제도적 차원을 함축한다. 언론 노동 운동에서는 언론사의 노사 관계를 형성하고 유지해 주는 구조적 맥락이나 일상적 기제가 중요한 역할을 하는데, 이 용어는 이러한 측면을 잘 반영해 주지 못하는 한계가 있다. 따라서 언론 노동 운동을 단순히 사건이나 제도의 차원에서만 보지 않고 좀더 넓은 맥락 속에 위치시켜 의미를 해석하는 "징후 해독 *symptomatic reading*"적인 접근 방식이 필요하다(Althusser, 1977). 언론 노동 운동을 분석하는 데에 이론적인 틀이 필요한 것은 바로 이 때문이다.

이 점에서 볼 때 '생산의 정치 *politics of production*'라는 개념은 언론 노동 운동을 분석하는 데 시사하는 점이 많다. 일반적으로 여러 사회 집단들은 정치 과정에서 기존의 사회 관계, 혹은 권력과 이해 관계의 배분 방식을 유지하거나 자신에게 좀더 우호적인 조건을 확보하기 위해 개인적인 차원이나 집단적인 차원에서 영향력을 행사한다. 이러한 과정은 정당이나 국가 기구를 통해 제도화하기도 하고 비공식적 채널 (시위나 캠페인)을 통해 이루어지기도 한다. 상품의 생산·교환·분배 과정을 둘러싼 사회 관계에서도 이와 유사한 과정이 존재하는데 뷰러워이는 이를 "생산의 정치"나 "공장 정치"라고 불렀다(Burawoy, 1979; 1985).

생산의 정치는 노동과 자본을 비롯해 국가 기구까지 참여하는 거시적인 차원에서 전개되기도 하고 작업장이라는 미시적인 차원에서도 진행된다. 신광영과 박준식은 뷰러워이의 생산의 정치 개념을 다시 "생산의 정치"와 "생산 내 정치 *politics in production*"로 세분해서 사용하고 있다(신광영, 1994: 188; 박준식, 1996: 109). 생산의 정치는 "재화의 생산·교환·분배를 둘러싼 사회적 관계의 거시적 구도로서 국가, 기업, 노조 등에 의해서 규정되는 제도화된 혹은 제도화되지 않은 권력의 행사 방식과 규칙," 즉 거시적인 차원에서 국가, 자본, 노동 등의 집단들이 벌이는 사회적인 상호 작용이나 정치 과정을 말한다. 반면에 생산 내 정치는 이보다는 미시적인 차원, 즉 주로 작업장 안에서 진행되는 노사 관계의 수준을 의미한다. 생산 내 정치는 거시적인 생산의 정치 차원에서 민들어진 규칙의 범위 안에 제한된다. 정치적 민주화가 정착된 국가에서는 노동의 정치 참여(생산의 정치)가 제도화되어 있거나 노동의 요구를 작업장 내에서 수렴하는 생산 내 정치가 발달되어 있다.

생산의 정치에 대한 분석은 주로 단기적인 국면을 결정하는 데 중요한 역할을 하는 구조적 맥락 속에서 사건의 의미를 파악하려 한다. 국가(정치 상황), 시장 상황, 이데올로기의 장 등이 이러한 구조적 맥락을 이루는 요소들에 해당한다. 특정한 시점의 구조적 맥락은 이러한 요인들의 특성이나 모순이 농축되어 나타난 것이다. 하지만 특정한 '국면 *conjuncture*'에서 이 요인들이 다원주의에서처럼 비슷한 비중을 차지하는 것은 아니다. 오히려 어떤 특정한 요인이 지배적인 계기로 부상하는 상황을 흔히 볼 수 있다.

언론 노동 운동의 구체적인 형태는 국가, 자본, 언론 노동자 등 여러 행위자들의 상호 작용의 결과다. 생산의 정치라는 개념은 단기적인 국면에서 노동과 자본, 국가 등의 집단들이 벌이는 '전략적 선택'의 게임을 부각시킨다. 이 집단들의 선택은 자신들에게 주어진 제한된 법적·경제적·이념적 자원에 의존해 이루어지기 때문에, 이들의 선택 폭은 구조적으로 결정된다고는 할 수 없지만 그렇게 넓지 않을 수도 있다. 정치적 상황(국가의 성격), 시장 상황, 이데올로기의

장 등 노동 운동의 구조적 맥락에 해당하는 요인들이 지난 10여 년 간의 언론 노동 운동에서 언론 노동자 집단의 전략적 선택에 어떤 영향을 주었는지 살펴본다.

2. 국가와 생산의 정치

생산의 정치는 국가, 자본, 노동, 시민 사회 등 다양한 부문들 사이에서 이루어지지만, 여기서 국가는 가장 핵심적인 역할을 수행하게 된다. 특히, 언론은 시장 영역에 속하면서도 정치적 기능이나 시민 사회의 기능도 수행하기 때문에 노사 관계에서 국가의 역할이 더욱 두드러질 수밖에 없다. 국가의 기능은 크게 두 가지 차원으로 나타난다(신광영, 1994: 190~1).

첫번째는 생산 주체들의 행동을 규제하는 국가의 권력 행위 차원이다. 국가는 법규나 정책을 통해 노사 관계에서 노동과 기업에게 여러 가지 형태의 제약을 가할 수 있다. 국가는 노동 조합이 합법적으로 제기할 수 있는 요구의 범위를 규정하며('요구의 제약'), 노조가 이러한 요구를 달성하기 위해 구사하는 절차와 방법을 규정할 수도 있고('절차적 제약'), 또 노조가 목적 달성을 위해 동원할 수 있는 자원을 제약할 수도 있다('자원의 제약'). 이 장치들은 노동에 대한 소극적인 배제와 규제의 성격을 띤다고 할 수 있다.

반면 생산의 정치에서 두 번째 차원은 국가가 노동에 대해 제공하는 복지로서 적극적인 유인의 성격을 띤다. 일반적으로 시장 임금은 노동력의 시장 가치에 의해 결정되는데, 국가는 노동력의 시장 가치와 무관한 '사회적 임금'을 노동에게 별도로 보장해 줄 수 있다. 이렇게 되면 노동의 자본에 대한 의존도가 줄어들어 노사 갈등도 감소하게 될 가능성이 커진다.

그렇다면 한국 언론의 노사 관계에서 생산의 정치는 어떻게 작용해 왔을까? 1987년 이전까지는 언론 부문에서 노동 조합이 조직되지도 않았고 생산의 정치가 활성화하지도 않았다. 하지만 이 노동 운동의 공백기 동안에 진행된 언론사 노사 관계에서는 이후의 언론 노동 운동의 성격에까지 커다란 영향을 준 특성들이 형성되었다. 언뜻 보기에 1987년 이전의 언론사 노사 관계에서는 주로 국가에 의한 억압적인 기제만 발달되어 있었다. 따라서 생산의 정치 차원에서는 노동과 자본의 관계가 사실상 국가와 노동의 대리전 양상으로 나타났다. 노사 관계 차원에서 생겨나는 사소한 갈등이나 노동의 요구에 대해서조차 국가가 직접 개입하여 억압하는 형식이었다.

당시 언론 산업 부문의 억압적인 노동 정책은 단지 언론 자본의 이익을 안정적으로 확보해 준다는 산업적 차원의 목적뿐 아니라 언론 산업이 체제 유지에서 차지하는 정치적·전략적 중요성 때문이기도 하다. 당시 억압적인 노동 통제와 더불어 다른 한편으로는 국가가 주도해서 기자들의 사회적 복지 강화를 추진한 것에서도 이 점을 엿볼 수 있다. 언론 노동자들에 대한 복지 강화는 노동을 정치적으로 포섭하는 효과를 가져왔지만, 다른 한편으로는 1987년 이후 언론 노동이 임금 인상 같은 경제적인 투쟁이 아니라 정치적 투쟁에 집중할 수 있는 물질적 기반을 강화시켜 주는 역설적인 결과도 낳았다. 또한 정치적 민주화 이후에도 언론 노조가 국가에 대해 계속 강한 불신감을 갖고, 언론 노동 운동 역시 경제적 측면보다는 정치적 성격을 강하게 띠게 되는 것도 이때의 경험에서 유래하는 바가 크다.

1987년 6월 항쟁 이후에 진척된 제도 정치권의 민주화는 지금까지 유지되던 노사 관계의 골격을 급격하게 바꾸었다. 즉, 지금까지 전면에 나서서 언론 노동의 잠재적인 갈등을 억압하던 국가가 후퇴한 공백을 자본이 메워야 하는 상황이 나타난 것이다. 국가 기구의 후퇴는 일시적인 것이지만, 그 짧은 공백 기간에 언론 노동 운동은 급속도로 성장할 수 있었다. 이 때 각 언론사마다 노동 조합이 결성되고, 노조들은 자본으로부터 편집권의 보장을 위한 제도적인 장치를 확보할 수 있었다. 즉, 이 무렵 노동 조합이나 공정 보도 위원회 등 언론 노동의 요구를 노사 관계에 수렴할 수 있는 제도적 장치, 즉 작업장 내 정치의 골격이 정착되는 듯 했다.

하지만 이후의 정치 상황은 언론사의 노사 갈등을 다시 작업장 바깥으로 끌어냈다. 제도 정치권의 민주화에도 불구하고 국가의 보수적·권위주의적 성격은 크게 바뀌지 않았기 때문에, 언론 노동에 대해 국가의 통제와 공세는 간접적인 형태로 계속되었다. 가령 초기의 노태우 정권은 정치적 여소야대라는 분산된 정치 권력 구조 아래에서 이전처럼 전면에 나서는 강압적인 노동 통제 방식을 동원할 수 없는 상황에 있었음에도 불구하고, 언론 노조의 정치 참여나 정책 결정 과정에 대한 영향력 행사를 저지하려고 시도했다. 정부가 한동안 전국언론노동조합연맹을 언론사 노조의 상급 단체로 인정하지 않은 조처나, 방송사 인사와 노사 관계에 직접 개입하려 한 몇 가지 사례에서 이 점은 잘 드러난다. 따라서, 특히 노태우 정권 때의 언론 노동 운동은 작업장 내의 문제에 국한되지 않고 정치적·사회적 운동의 성격을 강하게 띠었다. 이 시기의 국가는 노동 세력(언론 노조를 포함해서)이 생산의 정치에 참여할 수 있는 통로를 철저하게 봉쇄하려 한 권위주의적 성격을 띠었기 때문이다.

1987년 이후 언론 노동 운동은 형식적으로는 언론 노조와 경영진 사이에 공식적으로 제도화한 교섭 통로인 단체 협약을 통해 이루어지고 있다. 그러나 노사 간의 갈등이 증폭되거나 정치적으로 미묘한 사안일 경우 노사 관계의 테두리를 넘어 사회적 쟁점화하는 사례가 종종 있었다. 즉, 이슈의 성격에 따라 때로는 노동 운동이 국가와 언론 간의, 또는 언론사·국가 대 노조·시민 연합 세력 간의 연대 투쟁이라는 사회 운동으로 확대된 사례를 볼 수 있다. 이 때 노조는 자신의 주장을 '사회적 공동선'의 형태로 표현하여 정당성을 얻으려고 하고, 이에 동조하는 사회 집단이 늘어나면 자연히 노동 운동은 시민 사회 운동의 성격을 강하게 띠게 된다.

이와 같이 한국의 언론 노동 운동은 초기부터 정치 지향적이고 사회 개혁을 표방하는 사회 운동의 성격을 강하게 드러냈다. 물론 노동 조합은 기본적으로 이익 집단에 가깝지만, 서구의 노동 운동과는 달리 한국의 언론 노동 운동은 경제적 권리 쟁취에 그치지 않고 사회 구성원 가운데 다수가 관심을 갖는 언론 민주화라는 보편적 가치를 목표로 표방하고 있다는 점에서 시민 사회 운동의 성격도 띤다. 여기서는 경제적 지위 향상뿐 아니라 편집권, 공정 보도 따위의 이슈가 노사 관계의 중요한 쟁점이 된다. 이러한 현상은 언론이라는 영역의 특수성을 보여줄 뿐 아니라 동시에 한국 사회의 특수한 역사적 경험을 반영하고 있다. 워터만 Waterman 의 용어를 빌자면 한국의 언론 노동 운동은 "사회 운동 노동 조합주의 social movement unionism"의 성격을 띤다(Scipes, 1992에서 재인용). 따라서 시민 언론 운동을 신사회 운동의 한 형태로 보면서 시민 언론 운동에 언론 노동 운동을 포함시킨 견해는 단지 언론 노동 운동이 나아가야 할 규범적 방향 제시에 그치지 않고 어느 정도 현실적 타당성을 지닌다(강상현, 1993: 96~8).

표 6-1은 언론 노동 운동의 쟁점이 사회 운동으로 확대된 사례들이다. 언론 노조와 연관된 쟁점을 둘러싸고 진행된 운동이지만 노조나 언론 종사자 단체(한국언론노동조합연맹, 한국기자협회, 한국프로듀서연합회, 기타 노동 운동 단체 등)뿐 아니라 여러 사회 단체들이 대거 참여했다. 여기에는 대체로 방송 노조 관련 이슈가 사회적 쟁점화한 사례가 많다. 아마도 방송 미디어가 공식적으로는 공공 영역에 위치하고 있거나, 민간 소유라 하더라도 전파 자원을 특권적으로 차지하고 있어 국민의 수탁 기관의 성격을 가져야 한다는 인식이 작용한 것인지도 모른다.

160

표 6-1. 사회적으로 이슈화한 노사 갈등

이슈	시기	참여 단체
KBS 사태	1990. 4. 19	− 서울민족민주운동협의회
	1990. 4. 24	− 전국노조협의회, 전국목회자정의평화 실천협의회, 전대협, 한국기자협회
	1990. 4. 25	− 민주화를 위한 변호사 모임
	1990. 6. 13	− 민주언론운동협의회(이하 민언협)
	1990. 4. 26	− 경실련, 여성단체연합, 한국교회여성연합회, 소비자문제연구시민모임, YMCA, 서울민협 등이 'KBS지키기시민회의' 결성
	1990. 4. 26	− 기독여민회, 충남여민회, 중소 기업 및 민중 경제 연구소
	1990. 5. 4	− 국민연합, 민족예술인총연합, 한국여성단체연합, 전국농민회총연맹, 전노협, 한국기자협회, 13개 업종 연맹 등(문화 예술, 시민 단체, 여성, 종교, 노동, 농민, 학생, 재야 등 12개 부문 52개 단체)이 'KBS, 현중 노조 탄압 분쇄를 위한 국민 회의' 결성
	1990. 5. 8.	− 사무 전문직 13개 업종 연맹이 'KBS 및 현중 노조 탄압 분쇄를 위한 업종 노련 비상 대책위' 구성
	1990. 5. 8	− 언론학 교수 84명
	1990. 5. 10	− KNCC
방송법 개정 파동	1990. 6. 26	− KNCC가 '기독교방송자율권 수호대책위원회' 구성
	1990. 6. 26	− 전북민주화교수협의회, 전북기독교사회운동연합
	1990. 7. 9	− 방송 4사 노조, 국민연합, 평민당, 민주당, 기자협회, 언노련, PD연합회, 동아─조선투위, 1980년 해직언론인협의회 등이 '방송법 개악 저지 공동 대책위' 구성
	1990. 7. 5	− 언론학 교수
	1990. 12. 5	− 기자협회, 언노련, 방송경영행정인연합회, 방송기술인연합회, PD연합회
평화방송 사태	1991. 1. 22	− 민언협
MBC <땅> 방영 중단	1991. 4. 30	− 민언협, 한국사회언론연구회
KBS 노조원 해고	1991. 12 .9	− 민언협
MBC 파업	1992. 9. 19	− 경실련, KNCC 언론대책위, 민언협, 민주화를 위한 교수협의회, 민주주의민족통일전선연합, 전국노동조합협의회, YMCA, 여성단체연합, 건강사회실현을 위한 약사회, KNCC 인권위원회, 전국업종노동조합회의 등 200여 시민 및 사회 단체 등이 '공정 방송 실현을 위한 범국민대책위원회' 결성
	1992. 9. 21	− 전 현직 언론인, 언론학자 3600여명
중앙일보 정기자 구속	1993. 6. 15	− KNCC, 전교조, 불교인권위원회, 민언협

출처: 임영호, 1995a, pp.256~8을 부분 수정.

예컨데 이 가운데 큰 사회적 관심을 불러일으킨 세 '사건(즉, 1990 년의 KBS 사태, 방송법 개정 파동, 1992년의 MBC 파업)은 각기 다른 쟁점을 둘러싸고 일어난 것이다. 그럼에도 불구하고 노조를 지지한 사회 운동 단체들은 이 사건을 기본적으로 정부의 방송 장악 시도로 해석하여 방송의 독립성이라는 틀에서 접근하고 있는 점이 눈에 띤다. 이는 한국의 방송 제도가 공식적으로는 공영제를 골격으로 표방하고 있고 특정한 자본이나 사회 집단에 의한 독점을 제한하고 있지만, 실제로는 국가가 방송에 대한 주도권을 장악하고 있기 때문이다. 즉, 방송은 일종의 공공 영역을 표방하고 있음에도 불구하고 국가와 자본을 제외한 거의 모든 사회 세력과 사회 집단의 영향력은 사실상 배제되고 있다. 방송을 둘러싼 사회 운동은 아직까지 정치적으로 소외된 사회 집단과 시민 세력이 국가에 대항하여 싸우는 대립 양상을 띠고 있다. 이는 한국 사회에서 정치적 절차(가령 선거제)의 면에서는 민주적 제도가 도입되었지만 아직 국가 기구의 정당성이나 실제적인 민주화는 달성되지 못했고, 국가에서 독립된 공공 영역 역시 아직 정착되지 못했다는 것을 잘 보여 주는 사건이다.

하지만 1993년에 '문민 정부'와 1998년에 '국민의 정부' 등 정치적인 정당성을 갖춘 정권이 잇따라 들어서자 노동 세력이 동원할 수 있는 정치적·사회적 이슈가 점차 줄어들었고, 이 때문에 언론 노동 운동은 점차 탈정치화하면서 정치적 영향력도 크게 줄었다. 언론에 대한 국가 개입 방식이 좀더 정교해진 것도 이러한 추세를 가속화하는 데 기여했다. 5공과 노태우 정권 시절 언론에 대한 국가 개입이 비교적 직접적인 형태를 띤 데 비해, 이후에는 점차 정치적 담론이나 의제 설정(가령 '세계화', '국가 경쟁력 강화' 등)을 통해 노동에 불리한 이념적 여건을 조성하려는 이념(헤게모니) 공세의 형태로 바뀌어갔다. 언론 시장의 경쟁이 격화되면서 외면적으로는 노동 통제의 주도권이 언론 자본에게 넘어가게 된 것도 주요한 요인이다. 자본에 의

한 노동 통제는 비정치적인 모습으로 비쳐지면서도 훨씬 효율적으로 노동 운동을 탈정치화할 수 있게 되었다.

물론 언론 노동 운동이 표면적으로 쇠퇴했다고 해서 앞으로 언론 노동 운동이 계속 탈정치화하리라고 단정할 수는 없다. 일반적으로 노동의 요구를 수렴하는 생산의 정치가 제도화한 국가에서 노사 관계는 비교적 예측 가능하고 안정된 형태를 띠는 반면에, 생산의 정치가 억압적이거나 배제적인 국가에서는 정치적·경제적 국면의 변화에 따라 노사 관계에 주기적으로 위기가 나타나는 취약한 구조를 드러낸다. 한국 사회에서는 노동 세력의 요구를 수렴하고 참여를 보장하는 공식적인 정치적 통로(즉, 거시적인 생산의 정치)가 여전히 배제되어 있다. 따라서 정치적·경제적 상황 변화에 따라 노동 세력의 요구는 언제든지 비제도적인 통로를 통해 강력한 정치적 세력으로 부상할 수 있는 잠재적 가능성이 있다. 이와 같이 부상하는 갈등은 때로는 노사 관계의 차원을 넘어 정치 체제의 골격까지도 흔들어 놓을 수 있다.

3. 시장 상황과 작업장 정치

언론 노동 운동의 성격 변화는 정치적 민주화와 정권 교체뿐 아니라 미디어 산업의 시장 상황의 변화와 밀접하게 맞물려 있다. 1990년대 초반까지 언론 노동 운동의 쟁점은 주로 언론 민주화라는 정치적 이슈로 비교적 단순했고, 여러 사회 집단 간의 전략적 제휴 역시 국가와 노조, 반민주와 민주라는 단순한 축을 중심으로 비교적 뚜렷하게 형성되었다. 하지만 점차 미디어 산업의 시장 경쟁이 격화되면서 국가 대신에 주로 자본이 전면에 나서서 노동 통제를 담당하게 되었고, 이러한 대립 관계 역시 집단들의 경제적 이해 관계와 얽혀 점차 복잡해졌다. 이에 따라 노동 운동의 성격 역시 눈에 띠게 변했다.

노동 체제가 좀더 안정적일수록 노사 갈등은 생산의 정치라는 거시적 수준보다는 점차 미시적인 작업장 수준에서 해결되는 경향이 있다. 권위주의 체제 아래 노동 운동의 정치적·경제적 투쟁을 유발한 쟁점들이 1990년대 초반 정치적 민주화 국면에서 점차 희석되면서, 노동 운동의 관심사는 점차 "외부 정치"에서 "내부 정치"로 옮아갔다 (송호근, 1994: 205). 외부 정치는 주로 권위주의적 노동 억압을 둘러싼 정치적 쟁점과 경제 정책을 대상으로 한다. 이에 반해 내부 정치는 노조의 활동 내역과 방향 설정에 관련된 쟁점을 대상으로 삼는다. 내부 정치는 갈등을 최소화하고 조합원의 자발적 침여를 유도함으로써 기업 수준에서 '노조 민주주의'를 확립하는 데 역점을 둔다. 한국의 언론 노동 운동 역시 정착되어가면서 점차 초기의 뚜렷한 정치성이 희석되고 미시화하기 시작했다. 언론 노동 운동의 이러한 변화는 노동자 집단 내부의 분화, 신문 시장 구조나 노동 시장의 구조 변화 등 시장 상황의 맥락에서 검토해 보면 두드러진 경향을 읽어낼 수 있다.

초기의 언론 노동 운동이 언론 노동자들의 관심사를 사회적·정치적 쟁점에 집중시킬 수 있던 것은 1980년대 이후 언론 산업의 급속한 성장이라는 물질적 기반과 무관하지 않다. 1980년 무렵 국가 주도의 언론 산업 개편은 중앙지 시장의 카르텔을 강화하고 지방지 시장의 지역 독점 체제를 구축했다. 지방지 시장에서는 언론 통폐합을 통한 인위적인 시장 개편이 이루어졌지만, 중앙지 시장에서는 주로 시장 행위의 측면에서 시장 규제가 시행되었다. 이러한 경쟁 제한적 체제는 언론 노동자를 시장 경쟁의 압력에서 해방시켜 주는 동시에 직업적 안정도 가져다 주었다. 1987년 이후 특히 방송사와 대기업 신문사의 노동 조합 운동에서는 언론 노동자의 집단적 이익에 국한되는 이슈보다는 사회적 공감을 얻을 수 있는 보편적 가치와 관련된 이슈(가령 언론 자유와 편집권 확보)에 초점을 두는 경향이 두드러진다. 이처럼 주류 언론사의 노동 운동이 '비경제주의적' 노선에 치중할 수 있던 것은 이러한 물질적 기반과 무관하지 않다.

장기적으로 볼 때 노조를 비롯한 업종별 단체는 결국 집단 이익과 극단적으로 상치되지 않는 한도 내에서만 보편적 목표를 추구하게 된다. 업종별 단체는 일반적으로 "자신의 집단적 이해관계에는 대단히 민감한 반면에 이해관계를 초월하여 사회적 공공 선을 추구하는 운동에는 설사 그 공공성이 궁극적으로 자기 자신에게 이익이 된다 하더라도 별로 열의를 보이지 않는 측면이 강하다. …… [이들은] 그들의 이해관계가 사회적 공공 선에 부합될 경우에 한하여 사회개혁에 기여"하는 한계를 지닌다(서경석, 1993: 3). 이 후 언론 노동 운동의 성격 변화를 시장 상황의 맥락에 비추어 보면 이러한 해석은 어느 정도 설득력이 있다.

1987년 이후 카르텔 체제의 붕괴와 이에 따른 시장 경쟁의 격화는 노동 운동 세력 내부의 분화를 가져왔다. 우선 미디어 종류나 기업 규모에 따라 이해 관계가 분화되기 시작했다. 이질적인 노동 집단들을 결집시킬 수 있는 공통된 이해 관계나 정치적 명분을 갖춘 쟁점이 점차 줄어든 것도 이러한 추세를 가속화한 요인이다. 시장 경쟁은 언론 노동자들 사이의 공통된 이해 관계보다는 미디어나 기업별로 경영진과 노동자 사이에 공통된 이해 관계를 조성했다. 신문과 방송의 경쟁 관계와 시장 여건의 차이는, 특히 신문 노조와 방송 노조 사이에 두드러진 균열을 가져왔다. 신문 산업에서는 기업 간의 치열한 경쟁으로 노동 조합들 사이에 분열이 생겨났고, 중요한 쟁점에서 노동 세력들 사이의 연대는 치명적일 정도로 약화되었다. 언론 노동 세력은 단위 노조들을 결집시킬 수 있는 이해 관계와 정치적 쟁점을 개발해내는 데 실패함으로써, 언론 노동 운동은 점차 기업별 단체 협상의 차원으로 축소되어 버렸다는 비판도 나왔다.

특히, 신문과 방송 매체의 노동 조합 운동에서 점차 두드러진 차이가 나타나기 시작했는데, 이는 두 매체가 처해 있는 시장 구조와 소유 구조의 차이라는 맥락에서 이해할 수 있다. 지금까지 신문과 방송이 경쟁 관계에 있었다는 점을 제외하더라도 시장 구조 면에서 한국의 방송 미디어는 일종의 시장 과점 상태에 있기 때문에 신문 매체에 비해 경쟁의 압력을 상대적으로 적게 받는다. 방송 노조는 대개 소속 기업의 재정적 안정성이 어느 정도 지속적으로 보장된 반면, 신문 노조는 앞이 보이지 않는 치열한 시장 경쟁 아래 어느 정도 기업과 운명 공동체 의식을 느끼지 않을 수 없게 되었다. 박준식의 지적은 언론 노조에도 잘 적용된다.

> 한국의 노동조합조직은 기업별로 조직되어 있다. 이러한 상황에서 노조조직은 기업내 조직일 수밖에 없기 때문에 기업의 운명은 항상 노조의 운명을 결정하는 변수였다. 노조가 구조적으로 기업에 종속되어 있는 제도적 조건 하에서 기업의 '퇴장'은 곧바로 노동자들의 '퇴장'을 의미하게 된다 (박준식, 1996: 164).

소유 구조의 측면을 보더라도 신문은 대개 개인 기업인 데 비해 방송 미디어는 반半국가 소유의 성격을 띠고 있어 이윤 극대화만을 위해 노동 집단을 압박할 필요성이 상대적으로 적다. 더구나 방송은 정치적으로 중요한 전략적 요충지이기 때문에 경영진은 노사 관계에서도 기업 경영상의 이익보다는 정치적인 측면을 우선적으로 고려하거나 적어도 동시에 감안해 매사를 처리할 가능성이 높다. 방송사의 노사 문제에서 시작된 갈등이 종종 국가와 노동 간의 정략적 투쟁의 형태를 띠는 것은 방송의 전략적 중요성에서 비롯된 것이라고 보아도 무방하다. 실제로 그 동안의 경험을 통해 보자면 방송사 노사 관계에서는 신문에 비해 거시적·정치적 주제가 노사 관계의 의제로 등장하거나 조직 내부 문제(가령 인사 문제)도 정치적인 파급 효과라는 측면에서 해석하려는 경향이 있었다. 하지만 장기적으로는 방송사 노사 관계에서도 경제적 측면이 부상될 것이고 실제로도 이러한 추세는 점점 강화되고 있다.

이 밖에도 같은 미디어 종사자들 사이에서도 직종별·기업별로 잠재적인 갈등의 조짐은 나타났다. 1987년 이후의 정치적 민주화 국면에서 노조 설립 붐이 일었을 때는 정치적 열기에 묻혀서 노조 내부적인 이해 관계의 대립이 표면에 드러나지 않았다. 즉, 공무직과 편집국 종사자 간, 또 특히 대자본 언론사와 군소 언론사 종사자 간의 여건 격차는 엄연한 현실이었지만 이로 인한 실제적인 관심사의 차이는 그 동안 노동 운동에서 전면에 부각되지 않았다. 하지만 장기적으로 볼 때는 집단 이익의 추구가 노동 운동에도 상당한 영향력을 발휘할 가능성이 높다.

앞으로 언론 노동 운동은 산별 노조 체제로 가면서 직업 여건 개선 투쟁의 성격을 강화해 갈 가능성이 크다고 본 장용호의 지적은 이 점에서 어느 정도 설득력이 있다(장용호, 1992). 장용호는 시장 상황이라는 물질적 기반의 분석을 통해, 언론 노동 운동에 참여하는 행위자의 선택이 직업 여건 개선의 방향으로 갈 것이라고 예견했다. 하지만 그는 행위자의 선택이 행위자의 객관적 이익을 극대화하는 관점에서 결정될 것이라고 가정함으로써, 언론 영역의 독특한 직업 문화 등 비물질적 요인이 행위자의 선택 범위를 제한할 수도 있음을 고려하지 않고 있다. 가령 운동 참여자들이 본질적으로는 이해 관계를 초월해서 행동하지 않더라도 이를 표면에 내세울 수 없는 상황은 흔히 생겨난다. 여기에는 언론 영역이 지니는 특수한 성격(예를 들면, 공공성을 유지해야 하는 것) 외에도 당사자의 직접적인 손익 계산을 전면에 부각시키는 것을 기피하는 문화적 풍토도 요인으로 작용한다. 특히, 한국 사회의 언론 영역에서 이러한 요인은 아주 현실성이 있다. 그러나 장기적인 시각에서 본다면 장용호의 설명은 상당히 설득력이 있다.

또한 주목할 만한 것은 언론 노동 인력의 수요 공급이 이루어지는 노동 시장의 분화이다. 1987년 무렵 기업마다 언론 노조가 결성되면서 노동 여건의 측면에서는 단일 호봉제가 채택되는 등 연공 서열제가 강화되었다. 언론 노조들의 이러한 노력은 몇 가지 중요한 의미를 지닌다. 편집국 노동자에게는 1980년대에 이미 상대적으로 높은 임금 수준이 보장되었기 때문에 노조 결성의 실질적인 수혜층은 오히려 비편집국 인력이었다. 언론 노조의 입장에서 볼 때 연공 서열제 강화는 노조의 결집력과 단체 교섭력의 강화라는 단기적 효과를 달성할 수 있었다.

하지만 이는 장기적으로 경영진이 노동 집단에 대한 통제를 강화할 수 있는 구조적 변화를 모색하게 하는 계기를 조성했다. 1980년대 이래로 언론 기업의 고임금은 시장 기제에 근거하기보다는 정치적 과정을 통해 결정된 측면이 컸다. 1987년 이후 시장 경쟁의 격화로 경영진은 고비용 저이윤의 상황에 직면하게 되었고, 노동의 고임금과 단체 교섭력을 약화시킬 수 있는 방안이 필요하다고 절감하게 되었다. 특히, 경쟁이 치열하던 신문 기업에게 가장 효율적인 선택은 신기술 도입이었다. 이 무렵 신문 산업에서는 주로 CTS 도입에 주력했다.

국내에서 컴퓨터를 신문 제작에 활용하는 데에 관심을 갖기 시작한 것은 1979년 무렵까지 거슬러 올라간다. 종합 일간지 중에서 처음으로 CTS를 시작한 것은 서울신문사다. 초기에는 단순히 입력한 기사를 출력해서 오려 붙이는 1세대형 *paste-up type* CTS가 대부분이었지만, <중앙일보>는 1992년부터 처음으로 전 신문 제작 공정을 온라인화 하는 본격적인 4세대 CTS 방식을 신문 제작에 도입했다. CTS가 도입된 배경에 대해서는 다양한 해석이 가능하지만 도입 시기가 1987년 이후부터 1990년대 초 무렵까지 집중되어 있다는 점은, 특히 주목할 만하다. 지방지에서 CTS를 도입한 시기도 1988년에서 1992년 사이에 집중되어 있다.

이 시기는 신문 발행 자유화로 많은 신문이 창간, 복간되고 신문 시장이 치열한 경쟁 상태로 들어가기 시작하면서 숙련 노동력 부족과 높은 인건비 부담을 느끼기 시작하던 무렵이다. 그리고 이러한 기술 도입을 계기로 신문사에서 명예 퇴직이나 인력 재배치 등 노동 부문의 개혁이 본격적으로 시작된 것을 보더라도 노동 비용 절감이 CTS 도입의 주요한 동기였다는 것을 짐작할 수 있다(최진환, 1994: 40~7에서 국내의 CTS 도입 현황을 참조하라).

신문 기업의 경영진은 CTS 도입을 통해 생겨난 잉여 인력을 명예 퇴직이나 재교육을 통해 처리하고, 계약제나 임시직 따위의 "비정규 노동" 고용 방식을 도입해 신규 인력 수요를 해결하려 했다(김영하, 1992). 특히, CTS 체제에서는 비편집국 직종이 크게 타격을 받게 되었다. 이는 신문 기업의 고용 구조에서 연공 서열제의 물리적 기반이 붕괴되면서 동시에 주변부-중심부의 (혹은 편집국과 비편집국의) 이중적 노동 구조로 바뀌어갔다는 것을 의미한다. 이것은 장기적으로 언론 노동 세력의 교섭력을 잠식하는 효과를 낳았다.

언론 노동 운동의 급격한 쇠퇴는 결국 정치적 상황과 언론 산업의 시장 구조와 같은 구조적 맥락에서 놓고 볼 때 손쉽게 이해할 수 있다. 하지만 국가, 자본, 노동 등 각 행위자의 전략적 선택을 결정짓는 요인은 이 같은 구조적인 것 만은 아니다. 중요한 국면마다 자신들에게 유리한 방향으로 상황을 조성하고 자신들의 행위의 영향력을 극대화하기 위해서는 어떻게 다른 집단과의 전략적 제휴/연대를 달성하고 이데올로기적 자원을 효율적으로 동원할 수 있느냐 하는 것도 중요한 문제다.

4. 이데올로기의 장과 의미 영역의 투쟁

지난 10여 년 동안 언론 노동 운동의 부침은 국가, 자본, 노동 집단들이 벌여 온 의미 영역에서의 투쟁 과정이라는 측면에서도 살펴볼 수 있다. 특정한 국면마다 혹은 시기마다 각 집단이 동원할 수 있는 이념적·문화적·이데올로기적 자원은 제한되어 있다. 이러한 이데올로기의 장에서의 상황에 따라 각 집단이 모색하게 되는 다른 세력과의 전략적 제휴나 담론 전략은 다양한 형태로 나타났다. 여기에는 언론의 역할이나 언론 자유, 민주주의에 관한 담론처럼 정치적 성격의 것도 있지만, 개인과 집단의 관계에 관한 유교적 전통처럼 언뜻 보기에 비정치적인 것도 있다.

다소 엉뚱하게 들릴지 모르지만, 1991년 상업 방송의 개국은 언론 노동 운동사에서 한 획을 긋는 사건이다. 그것은 한국 사회에서 언론에 관한 논의의 이념적 토대가 "공공 서비스 모델"에서 점차 "시장 자유주의 모델"로 넘어가기 시작한 변화를 상징적으로 보여 주는 사건이기 때문이다(원용진, 1998에서 개념을 참조하라). 이러한 이념적 변화는 언론 노동 운동의 기반이 서서히 약화되기 시작하는 것과 시대적인 흐름을 같이 한다. 시장 자유주의 모델에 입각한 담론 자원들은 초창기 언론 노동 운동이 확보한 성과들을 무너뜨리고 이념적 투쟁에서 주도권을 국가와 자본에게 넘겨 주는 데 결정적인 기여를 했다.

1987년 직후에 언론 노동 운동이 올린 가장 큰 성과는 편집권의 제도화로 정리할 수 있다. 엄격하게 말해 편집권의 개념은 언론 자유의 개념과는 달리 반드시 고전 자유주의 이념에서 유래한 것으로 보기는 어렵다. 미국의 수정 헌법 1조의 사례에서 보듯이 미국의 언론 자유 개념은 언론사의 소유권과 밀접한 연관을 맺고 있다. 물론 이러한 이념의 차이가 반드시 언론사 종사자의 내부적 자율성을 측정하는 실제적인 척도가 되는 것은 아니다. 하지만 자유주의의 틀 안에서 언론사 내부의 통제와 자율성은 이념적인 차원의 문제가 아니라 절차와 관행의 문제로 국한되게 된다.

이와는 대조적으로 유럽 국가들, 특히 독일을 중심으로 해서 나온 '내적 언론 자유 *internal press freedom*'의 개념은 언론 노동의 자율성에 관한 문제를 철학적 · 정치적 권리로 개념화하려 했다는 점에서 의미가 있다. 언론은 시장 영역에 속한 기업일 뿐 아니라 공적인 기능을 수행하는 '사회적 기관 *institution*'이라는 이중적 정체성을 갖고 있다는 인식에서 이 개념은 시작된다. 여기서는 언론의 사회적 기관의 측면이 얼마나 실현될 것인지는 "여론 형성에서 정치적 · 경제적 기득권을 갖고 있는 사람들[즉, 소유주]의 제약과 영향에서 어느 정도 자유로운지에 달린 것"이라고 본다(Hart, 1980: 268~87). 이러한 이념은 전후 일본이나 1980년대 후반 한국에서 진행된 편집권 논쟁에서 구체적으로 발견할 수 있다.

국내에서 편집권의 개념은 비교적 오래 전부터 논의되기 시작했지만 1980년대 후반 무렵에 처음으로 제도적인 장치를 통해 구체화되었다(편집권 개념의 역사에 관해서는 유재천, 1988을 보라). 편집권의 이념은 공공 서비스 모델에 입각해 미디어 내용을 사유 재산이 아니라 공공 영역이라는 차원에서 파악해, 미디어 내용에 대한 통제권을 노사에게 모두 귀속시켰다. 그 뿐만 아니라 편집권의 제도적 보장이라는 차원에서 소유주의 인사권에 속하던 주요 직책 임명권에 대해서도 기자들이 관여할 권한을 이념적으로 정당화한 것이다(강명구, 1989).

이같이 편집권의 이념이 관철된 것은 단지 1987년 무렵 국가 권력이 후퇴하면서 생겨난 힘의 공백 때문 만이라고 볼 수는 없다. 만일 그렇다면 1990년대에 들어와 정치적 민주화가 더욱 진행되었음에도 불구하고 편집권 이념이 오히려 빛을 잃게 된 것을 설명할 수 없게 된다. 편집권 이념의 쇠퇴는 언론 이념에 관한 공식적 담론의 변화와 연관시켜 설명할 수 있다. 1987년 무렵은 정치적 정당성의 문제 때문에, 국가 권력이 명목상 발이 묶이게 된 시기라 할 수 있다. 노태우 정권은 5공 정권의 보수적이고 권위주의적인 성격을 유지하면서도 민주적 절차를 통해 집권했기 때문에 언론에 대한 개입을 일시적으로나마 중단할 수밖에 없었다. 더구나 언론을 공공 서비스 영역으로 보는 이념이 공식적으로 지배하던 국면에서 언론 노조의 편집권 요구를 거부할 명분을 찾기 어려웠다. 언론 노조에서 제기한 편집권 이념이 빠른 시간 내에 제도화될 수 있던 것은 이처럼 국가의 물리적 힘의 공백뿐 아니라 공식적 담론의 허점을 동시에 효과적으로 공략했기 때문일 것이다.

하지만 점차 시장 자유주의 모델이 새로운 언론 이념으로 부상하면서 공공 서비스 모델에 근거한 편집권의 이념 역시 상당 부분 빛을 잃게 되었다. 시장 자유주의 모델에서는 탈규제를 통해 자유로운 경쟁을 유도하고 시장 경쟁에서 소비자의 심판을 받는 것이 가장 바람직한 언론 자유의 모델이라고 본다. 이 모델은 그 동안 공공적인 통제를 옹호해 온 이념을 뿌리로부터 뒤흔들어 놓았다. 언론에 대한 견제와 심판의 기능 역시 소비자에게 자연스럽게 넘어가게 된다. 이 과정에서 언론 노조들이 주축이 되어 정착시킨 편집권 제도는 이념적 기반에서도 상당한 타격을 입었다고 할 수 있다.

이러한 이념적 변화는 국가, 자본, 노동, 시민 사회 등 여러 부문들의 전략적 제휴와 연대의 지형에도 적지 않은 변화를 가져왔다. 1990년대 초반에만 해도 언론 노조는 언론을 공공 영역으로 지키기 위해 사안별로 시민 사회의 운동 세력(가령 시민 언론 운동 단체)들과 연대해서 운동을 전개하곤 했다. 생산의 영역인 작업장과 시민 사회 영역들이 정치 과정의 기능까지 떠맡아 보수 세력에 대한 정치적 견제 기능을 수행한 셈이다. 그러나 특히 문민 정부 수립 이후 국가는 시장 자유주의의 이념 아래 국가 경쟁력이나 정보화, 세계화 등 미래주의적, 기술적, 경제적 성격의 담론들을 통해 이념적 공세를 펼쳤다. 이와 같이 탈계층적이고 보편적 가치 지향적이며 비정치적으로 보이는 이념들은 정치적 쟁점들을 비껴나가면서도 언론 노조와 운동 세력의 정치적 쟁점을 무력화하는 효과를 낳았다. 언론 노동 운동의 탈정치화와 쇠퇴는 이같이 언론 담론 영역을 둘러싸고 벌어진 이념적 투쟁이라는 맥락에서도 이해할 수 있다.

이밖에도 언뜻 보기에 정치성이 희박한 것 같은 문화적 전통이나 관행이 정치적 효과를 낳는 사례도 적지 않다. 가령 한국 사회의 유교 문화 전통은 독특한 형태의 집단주의 문화를 언론 기업의 조직 문화에 정착시켰다. 말하자면 서구적인 계약 관계에 입각한 노사 관계에도 전통적인 의사疑似 '친족 관계'의 요소가 접목되어 있다. 가령 언론사의 조직 구성원들 사이에는 가족처럼 외부 조직과 구분되는 공통적인 정서적·물질적 공동체의 정서가 존재한다. 이러한 '가족주의' 문화는 때로는 구성원 사이에 자연적인 공감대로 존재하지만 때로는 경영진에 의해 인위적으로 조성되기도 한다.

한국 사회에서 언론 노조 운동이 전국적인 산별 노조로 발전하지 못하고 기업 중심으로 굳어진 것은 주로 법적·구조적 요인 때문으로 볼 수도 있지만 상당 부분은 흔히 '자사 이기주의'라고 불리는, 기업 내부의 가족주의적인 정서에 기반하고 있다. 비교적 시장 경쟁의 압력에서 자유롭고 소유 구조가 어느 정도 공공성을 띠는 방송 미디어에서보다는 서로 치열한 경쟁 관계에 있는 신문 매체에서 이러한 경향은 더욱 두드러진다.

그러나 이처럼 가족주의적인 기업 문화가 반드시 노사 관계에서 가부장적인 보호 체제를 의미하지는 않는다. 경영진은 가부장적인 문화와 가족주의의 담론을 노사 관계에서 조직의 안정성과 경영진의 권위를 지키려는 수단으로 흔히 이용하고 있지만, 조직이 위기에 처할 때는 다시 냉혹한 자본의 논리를 도입하기도 한다. 1997년 말 IMF 위기가 닥친 이후 기업마다 거의 보편적으로 전 사원의 임금 삭감을 단행한 것이 대표적인 사례다. 기업마다 회사의 경영 상태에 관계 없이 '고통 분담'이라는 명분으로 획일적인 임금 삭감을 단행할 수 있었는데, 이러한 관행의 이면에는 가족 구성원들은 고통을 함께 나누어야 한다는 가족주의적인 담론이 동원된 것이다.

한국 사회에서 가족주의는 전체 구성원들이 어느 정도 공유하고 있는 '문화적 자원'의 일부라고 할 수 있으며, 경영진은 이러한 자원을 노사 관계의 언어에 접합시켜 전략적으로 이용한 것이다. 하지만 이후에 이루어진 정리 해고에서는 다시 경쟁력 강화나 시장 논리 등 서구의 신자유주의적인 수사가 동원되었다. 즉, 언론 자본은 노동 통제를 정당화하는 이데올로기적 자원으로서, 냉혹한 노동 시장의 논리에 관한 자유주의적 담론과 가족주의라는 전통적 담론을 선별적으로 결합해서 사용한 것이다. 이처럼 가장 비정치적인 것으로 보이는 가족주의의 담론이 역설적으로 언론 노동 운동을 무력화하는 정치적 기능을 가장 효율적으로 수행한 셈이다.

이러한 문화적·정치적 담론들은 스튜어트 홀의 지적처럼 반드시 "고정되거나, 필연적인 혹은 한정된 방식으로 특정한 계급에 귀속시킬 수 있는" 것이 아니다. 즉, 담론들의 구체적인 정치적 의미는 특정한 계급의 전유물이 아니라 집단 간의 투쟁을 통해 만들어진다. 가령 '민주주의'라는 똑같은 용어도 "다른 요소들과 접합되어 아주 다른 이데올로기로 농축될 수도 있다……. 똑같은 용어라도 원래 어떤 담론에서 차지하던 위치에서 탈접합[즉, 분리]시켜 그것을 다른 위치에 접합시킬 수 있다." 즉, 이 담론들은 다양한 사회적 집단들이 구체적인 의미의 접합을 위해 벌이는 '사회적 투쟁의 영역'이나 '의미를 둘러싼 투쟁'의 장이 된다(Hall, 1982 / 1996: 272). 홀의 시각에서 보면 가족주의의 담론은 노사 관계에서 의미를 둘러싼 정치적 투쟁이 어떻게 전개될 수 있는지 잘 보여 주는 사례다.

한국의 독특한 노동 통제 방식은 나름대로 취약성을 안고 있다. 미국은 "개인주의에 기초하여 계약을 중시하는 합리주의"를 노동자 통제 방식으로, 일본은 "기업주가 고용인의 기본 생계를 책임지는 산업적 온정주의"를 채택하고 있다. 한국은 "기업 복지주의와 산업적 온정주의"를 명분으로 내세우지만 실제로는 책임 이행을 거부하는 독특한 "권위주의적 가부장제"에 가깝다(송호근, 1991: 68). 한국의 노사 관계에서는 바로 이러한 왜곡된 형태의 가부장제 때문에 노동자가 자본가를 극도로 불신하고 때로는 노동 쟁의에서 양자의 실질적인 이해 관계와 큰 관련이 없는 쟁점이 극단적인 대립을 낳기도 한다. 이 점에서 한국의 언론 작업장 문화의 한 형태인 가족주의는 앞으로 잠재적인 갈등과 모순의 가능성을 안고 있는 불안정한 이데올로기 체제라고 볼 수 있다.

5. 작업장 정치의 이론적 의미

지난 10여 년간의 언론 노동 운동사를 보면 특정한 국면에서 언론 노조가 선택할 수 있는 행위의 범위는 이들이 처해 있는 정치 상황이나, 시장 여건, 이데올로기적 지형 등의 구조적 맥락에 의해 제한되는 것을 알 수 있다. 행위자 중심의 관점에서 달리 해석하자면 이러한 구조적 맥락은 특정한 상황에서 행위자가 동원할 수 있는 정치적·경제적·법적·이념적 자원의 범위를 의미하기도 한다. 언론 산업의 장기적 추세에 주목하는 구조적 분석과는 달리 생산의 정치라는 개념은 좀더 미시적이고 단기적인 차원에서 행위자의 선택 행위가 가져오는 정치적·사회적 의미에 초점을 맞춘다. 하지만 어떤 특정 시점의 구조적 맥락은 단순히 가변적이고 우연한 요인들의 합계가 아니라 비교적 장기적인 지속력이 있는 정치적·경제적·이데올로기적 경향들의 특성이나 모순이 농축되어 나타난 국면 *conjuncture* 의 성격을 띤다.

　언론 노조의 초창기인 1987년 직후의 언론 노조 운동은 주로 거시적인 생산의 정치 차원에서 전개되었다. 언론 노조는 활동을 작업장 내의 문제에 국한시키지 않고 정치적인 쟁점을 둘러싼 사회적 갈등에서까지 주도적인 역할을 했다. 즉, 시민 사회 영역의 신사회 운동이나 정치 영역의 기능까지도 부분적으로 수행하는 '사회 운동 노동 조합주의'의 성격을 강하게 띠었다. 이 무렵 국가는 정치적 정당성의 측면에서 수세에 몰려 있었고 이념적 차원에서도 공공 서비스 모델이라는 담론이 지배적이던 상황이기 때문에 언론 노조는 운동 과정에서 전략적으로 유리한 정치적 이념적 자원을 많이 동원할 수 있었다.

하지만 문민 정부가 들어서고 점차 정치적 민주화가 진행되면시 언론 노조가 의존할 수 있는 자원들은 급속히 줄어들기 시작했다. 이러한 변화는 언론 노조의 정치적 영향력이나 내부 결속력을 크게 잠식했다. 이와 더불어 언론 산업에서 시장 경쟁이 치열해지면서 언론 노동자 집단의 공통된 관심사나 이해 관계보다는 각 노조의 소속 기업 단위로 이해 관계가 재구성되기 시작한 것도 주목할 만한 변화다.

언론 노동자 집단이 확보한 높은 경제적 지위와 직업적 안정성은 1980년대의 정치적 상황과 시장 여건에 의해 주어진 것이지만, 동시에 상당 부분 언론 노조 운동의 성과이기도 했다. 하지만 이는 역설적으로 점차 언론 노동 전체에 불리한 변화를 가져오는 부메랑 효과를 낳기도 했다. 언론 자본이 CTS와 같은 새로운 기술을 도입해서 노동 비용을 절감하고 통제를 강화하려 시도하게 된 것이다. 이러한 기술 혁신은 언론 산업의 안정적 고용 구조를 점차 붕괴시키고 대신에 중심부 – 주변부의 이중적 노동 구조를 낳게 했다. 이 이중적 노동 구조는 언론 노조의 내부적 결속력과 노동의 위상을 크게 잠식하는 효과를 가져왔다.

이데올로기적 지형을 둘러싼 담론 정치 역시 언론 노동 운동의 전개 과정을 이해하는 중요한 요소다. 가령 언론 노조의 초창기에는 이러한 이념적 지형이 언론 노조에게 유리한 상황을 조성해 주었다.

하지만 1990년대에 점차 부상하기 시작한 시장 자유주의 모델에 입각한 이념은 그 동안 언론 노조가 확보한 편집권 보장 제도의 이념적 기반을 잠식해서 언론 노조의 이념적 주도권에 커다란 타격을 입혔다. 뿐만 아니라 문민 정부 수립 이래로 국가는 정보화나 세계화 따위의 미래주의적이고 탈계급적으로 보이는 담론을 많이 구사하기 시작했다. 이 담론들은 정치적 쟁점을 비껴가면서도 언론 노조와 운동 세력의 정치적 쟁점을 효율적으로 무력화하는 역할을 했다. 이처럼 노동 운동에서 담론 정치의 중요성은 점점 커져가고 있다. '가족주의' 담론처럼 비정치적으로 보이는 것도 노사 관계에서 어떠한 정치적 효과를 발휘하는지 앞에서 살펴보았다.

단기적인 국면에서 행위자의 선택에 초점을 맞추는 이러한 분석에서 주의해야 할 점들은 있다. 우선 언론 노조라는 주체를 합리적인 행위자로 가정하고 주어진 맥락에서 최선의 정치적 해답 찾기에 흐를 가능성을 경계해야 할 것이다. 물론 언론 노조는 자신이 처한 상황에 대한 분석에 근거해서 전략적으로 최선의 선택을 추구하고 있다. 하지만 언론 노조는 단일한 행위자가 아니라 언론 노조의 의사 결정은 독특한 내부적인 조직 역학에 따라 이루어진다. 특히, 개별적 노동자들은 단기적인 노동 시장의 상황에 민감하기 때문에 외부적으로는 장기적인 이익을 표방하면서도 실제로는 단기적인 물질적 이익에 부합되는 선택을 하는 모순이 나타날 수도 있다. 이때 단기적으로 언론 노동에 가장 유리한 선택이라 하더라도 장기적으로는 최선의 선택이 아닐 수도 있다.

또한 언론 노동 집단이 추구하는 것은 단순히 물질적 이해 관계만이 아니라 정치적 정당성 따위의 다양한 가치들을 포함할 수도 있기 때문에, 이들의 선택 행위의 의미를 이해하려면 좀더 다양하고 폭넓은 구조적 요인들과 연관시켜 파악해야 한다. 물론 언론 노동 운동을 분석하는 작업에서 이념적 기준에 따라 언론 노동 세력을 이상화하거나 비판하는 정치적 낭만주의나 도덕적 근본주의를 탈피해서 좀더 사회 과학적인 접근 방식을 취할 필요가 있다. 하지만 산업 구조에 대한 구조적 분석에서 추론해 언론 노동의 행위를 설명하는 경제주의적 관점 또한 피해야 하는 이유는 바로 여기에 있다.

7장 │ 언론 자유와 편집권

1. 왜 편집권인가

민주주의 사회에서 언론의 자유가 중요하다는 점에 대해서는 아마 아무도 이의를 제기하지 않을 것이다. 그렇지만 좀더 구체적인 수준에서 언론사의 자유로운 활동이 사회적으로 부정적인 결과를 가져올 때 과연 이를 어느 정도까지, 또 어떻게 규제할 것인지에 대해서는 사람마다 견해가 엇갈린다. 민주주의라는 단어처럼 언론 자유라는 용어는 다양한 차원의 의미들을 포괄하고 있기 때문에, 사실 어떤 정치 이념이나 주장도 언론 자유란 단어를 끌어다 전혀 다른 의미로 변형시켜 사용할 수 있다.

스튜어트 홀이 지적한 것처럼 사회 집단들이 정치적 문제를 놓고 겨룰 때 언론 자유 이념은 서로 자기에게 유리한 방향으로 의미를 고착시키려는 '담론 투쟁,' 즉 '의미를 둘러싼 투쟁'의 영역이 된다(Hall, 1982/1996). 김대중 정권은 2001년 초부터 언론 개혁을 명분으로 주요 언론사에 대해 세무 조사를 실시했다. 이 조치가 정권 차원의 '언론 탄압'을 위한 시도인지, 아니면 '언론 개혁'을 위한 첫 단계 작업인지를 놓고 언론사와 정치권, 시민 단체 사이에서는 치열한 공방이 벌어졌다. 이것은 바로 언론 담론의 해석을 둘러싸고 벌어진 투쟁의 전형적인 사례다.

국내에서 '편집권'이란 개념은 언론 자유에 관한 논쟁에서 거의 빼놓지 않고 등장하고 있다. 이는 한국 사회에서 편집권이 언론 담론을 구성하는 핵심적인 쟁점 가운데 하나라는 것을 말해 준다. 한국신문협회는 편집권을 "편집의 방침 결정, 시행 및 보도와 논평의 적정선 유지 등 편집제작에 관련된 일체의 권능"으로 정의했다(남시욱, 2001: 61). 이 정의는 언론의 기본적인 기능을 집약해 보호해야 할 권리 형태로 표현한 것이다.

편집권 개념은 구체적으로는 언론사를 내부적으로 어떻게 운영할 것인지, 즉 언론사 조직의 상충하는 목표들(영리 추구와 저널리즘의 기능)을 어떻게 조정할 것인지에 관한 논의다. 하지만 좀더 추상적인 차원에서 보면 이 개념은 언론 자유가 누구를 위한 것이며, 누구에게 속하는 권리인가 하는 근본적인 철학적 문제를 끌어들이게 된다. 언론 자유의 이념은 너무 포괄적이고 모호하기 때문에, 그 문제점을 보완하기 위해 새로운 개념과 해석들이 많이 등장했다. 편집권 개념 역시 이러한 과정에서 생겨난 것이라 할 수 있다. 이 장에서는 현재 한국 언론의 문제점을 진단하고 해결하는 데에 편집권 문제가 어떤 의미와 한계를 지니는지, 또 편집권 문제를 어떤 각도에서 접근할 것인지 살펴본다.

2. 편집권의 이념적 토대

편집권 이념은 왜 나오게 되었을까? 편집권에 관한 논쟁에서는 특히 이 권리가 누구에게 귀속되고, 권리의 한계는 어디까지이며, 이 권리를 침해하는 요인은 무엇인가 하는 문제에 주목할 필요가 있다. 편집권이 쟁점으로 부각된 것은 자유주의 언론 자유 이론에서 이상과 현실의 괴리가 커졌기 때문이다. 따라서 편집권 개념에는 언론의 바람직한 기능에 관한 규범적인 판단뿐 아니라 이러한 기능을 위협하는 요인에 대한 진단이 반영되어 있다.

전통적인 자유주의 이념에서는 언론 자유가 기본적으로 개인의 권리이기 때문에 원칙적으로 매체 소유주에게 속한다고 보았다. 언론사 소유주는 다양한 의견과 정보를 담은 언론이라는 상품을 시장에 내놓고 소비자의 심판을 받는다. '사상의 자유 시장'은 사상끼리 경쟁해 진리가 가려지는 곳이면서 동시에 상품들이 경쟁하는 경제적 시장이다. 자유주의 언론 이론은 시장 경쟁과 사상의 경쟁이 보이지 않는 손에 의해 조화를 이루고, 개인적 이익의 추구가 결국에는 사회적 공익에도 기여하게 될 것이라고 낙관한다.

하지만 20세기에 들어와서 언론 환경이 크게 변화하면서 이러한 가정은 점차 정당성을 잃었다. 시장 메커니즘이 사상의 경쟁 방식을 왜곡시켜 버리는 바람에 이상과 현실 사이의 간격은 더욱 벌어진 것이다. 치열한 시장 경쟁을 거치면서 상품 경쟁의 메커니즘에 적응한 거대 언론사만 살아남고 높은 진입 장벽이 생겨났기 때문에 사상의 다양성은 점차 사라지게 되었다. 자유주의 이념이 기대한 것처럼 언론이 외부의 간섭과 제약 없이 자유롭게 활동할 수 있다 하더라도 사회적으로 바람직한 결과(즉, 다양성과 공공성)가 달성되리라 기대하기는 어려워졌다. 즉, 언론사 소유주의 개인적 자유는 확대되었지만 시민들의 알 권리나 선택의 자유는 오히려 위축되었다. 자유주의 이론에서 핵심이던, 견제와 균형을 통한 조화의 손길이 사라진 셈이다.

언론의 자유를 위협하는 요인은 이제 (국가 권력의 간섭처럼) 외부에서뿐 아니라 내부에서도 자라나고 있다. 18세기 고전 자유주의 시대에는 어떤 점에서는 언론인과 소유주가 동일한 목표를 추구했다. 하지만 언론사가 거대 기업으로 성장하게 되자 기업 경영의 논리와 언론 활동의 논리가 갈등 관계에 놓일 가능성이 커졌다. 언론인의 직업적 지식과 양식에 따른 선택이 기업 경영의 관점에서는 합리적인 결정이 아닐 수도 있게 되었다. 따라서, 언론의 기업화가 언론 고유의 기능을 위협하지 않도록 내부에서 견제하는 장치가 필요하다는 인식이 싹텄다. 편집권 논의는 이런 맥락에서 시작되었다.

언론사 소유주의 개인적 이익이나 영리 추구가 언론의 공공성과 사회적 책임, 즉 "공적 과업"(박용상, 2002)을 훼손하지 않도록 하는 장치가 필요하게 되었다. 이러한 맥락에서 편집권 이념은 편집 활동이 경영권의 영향력에서 벗어나 자율성을 확보해야 한다고 본다. 여기서는 경영권과 편집권의 관계, 또 편집권의 귀속 주체 문제가 쟁점이 된다. 이 문제들에 대한 견해는 크게 두 가지로 나눌 수 있다.

하나는 고전 자유주의의 주장을 따라 언론 자유의 주체는 소유주이기 때문에 이에 대한 어떤 제한도 언론 자유를 침해하게 된다고 보는 견해다. 여기선 사주의 경영권과 분리된 편집권의 존재 자체를 부정하며, 편집권 역시 경영권의 일부분으로 당연히 사주에게 있다고 간주한다. 다른 하나는 언론의 공공성을 중시하는 관점인데, 편집 부문에 종사하는 일선 기자들이 경영진의 간섭에서 벗어나 직업적 규범과 전문 지식에 따라 판단할 수 있으려면 편집권의 독립을 확보해야 한다고 주장한다.

국내에서도 편집권의 주체에 관한 입장은 크게 경영자측에 있다고 보는 견해(남시욱, 1982; 박용상, 2002; 임근수, 1964)와 기자에게 속한다고 보는 견해(김주언, 2001; 방정배, 1988)로 나눌 수 있다. 편집권 문제를 처음으로 제기한 임근수는 편집권이 신문의 소유주(주주)에게 귀속되지만 실제로는 '경영관리인 및 그 위임을 받은 편집관리인'이 행사한다고 보아 경영진 측에 있다는 견해를 제시했다. 편집권이 구체적으로 누구에게 위임되거나 공유된다고 보는지에 관계 없이 최종적인 권한이 경영인에 속한다고 보는 주장은 모두 앞의 견해에 속한다. 반면에 편집권이 기자에게 속한다는 주장은 편집권을 경영권과 대립되는 기능으로 보는 것인데, 이러한 대립이 기본적으로 언론의 성격 가운데 공공성과 상업성이라는 상반되는 목표들의 갈등에서 비롯하는 것으로 파악한다. 2001년의 언론사 세무 조사를 둘러싼 논쟁에서도 편집권 귀속 문제를 놓고 언론사 소유주/경영진과 언론사 노조/시민 단체들은 뚜렷한 의견 대립을 보였다.

이 두 관점은 언뜻 상당히 다른 언론관에 서 있는 것처럼 보인다. 앞의 견해가 '개인주의적인 자유주의'의 정신을 따라 개인의 자유를 중시한다면 뒤의 견해는 공동체에 대한 책임, 공공성을 강조한다는 점에서 '공동체주의 communitarianism'나 사회 민주주의의 정치 철학을 받아들이고 있다고 보는 의견도 있다(임상원, 2001). 하지만 이러한 이분법적 구분은 양자의 차이를 과장해서, 편집권 논의가 자유주의의 기본적인 가치를 부정하는 급진적 사상인 것처럼 희화화할 수도 있다. 실제로 일부 보수 논객들은 언론 개혁 운동을 비판하면서 편집권 독립 제도가 언론 자유를 크게 침해할 반자유주의적 사상인 것처럼 주장하고 있다.

편집권 이념 역시 변형된 형태이긴 하나 자유주의 언론 사상의 전통을 계승하고 있다. 자유주의 언론 이론은 현실 상황에 그대로 적용할 수 있는 구체적인 원칙으로 정리되어 있지 않다. 언론 자유의 이념은 달성되어야 할 규범적 이상을 가리키지만 거기에 도달하는 수단과 방법의 차원까지도 포함한다. 편집권 이념은 자유주의 언론 자유의 이상을 부정하는 것이 아니라 언론 자유라는 큰 이념을 구체화하기 위한 '수단적' 이념을 추구한다.

자유주의 언론 사상이 '사상의 자유 시장'으로 요약되는 단일한 원칙으로 이루어진 것도 아니다. 외부 간섭 배제와 개인의 자율적 선택에 대한 신뢰는 자유주의 언론 이론에서 가장 중요한 축을 이룬다. 하지만 18세기 자유주의 사상에서도 이미 이러한 낙관론이 가져올지 모르는 위험을 일깨워 주는 통찰력을 발견할 수 있다. 가령 존 스튜어트 밀은 '다수의 폭정'이 소수의 의견을 억압해 진리를 질식시킬 수도 있다고 경고했다. 밀의 공리주의는 간섭 없는 언론의 자유가 선험적 원리로 주어진다기보다는 단지 경험적 진리 발견에 가장 효과적이기에 보장해야 한다고 보았다(박권상, 1982: 19). 따라서 표현하는 사람의 자유뿐 아니라 듣는 이의 권리도 중요해진다. 즉, 자유주의 이념 안에서조차도 개인의 무제한적 자유 보장 자체가 절대적인 가치가 아니라 공공의 이익과 조화시켜야 하는 상대적인 가치에 가깝다고 인정한 셈이다.

언론 자유 이념은 민주주의에 소중한 정치적 유산이긴 하나 불완전한 이념에 불과하다. 18세기의 이념을 21세기의 현실 상황에 그대로 적용하기는 어렵다. 1980년대 이후 새롭게 각광받으며 부상해 언론 부문에서도 탈규제 바람을 일으킨 신자유주의 이념은 언뜻 18세기의 고전 자유주의 이념을 그대로 계승하고 있는 것처럼 보인다. 하지만 신자유주의는 화려한 수사에도 불구하고 결국 공공 영역의 이념과 제도적 장치를 무력화하고 자본의 무제한한 전횡을 합리화하는 이념적 근거로 악용되어 적지 않은 부작용을 낳았다. 여기서 우리는 적어도 한 가지 교훈을 얻을 수 있다. 결국 자유주의 이념이란 우리가 추구해야 할 가치를 제시할 뿐이지 구체적인 행동 지침이나 제도적 방안까지 제공하지는 못했다는 점이다.

언론에 관한 규범적 이념은 언론이 처해 있는 정치적·문화적 환경의 산물이며, 어떤 이념이 가장 적합한지는 그 사회가 처해 있는 구체적인 현실 상황에 비추어 볼 때에만 판단할 수 있다. 편집권 문제 역시 한국 언론이 어떤 독특한 문제점을 안고 있는지에 대한 분석 위에서 해답을 찾아야 한다.

3. 편집권에 대한 외부의 위협들

국내에서 편집권의 개념은 1964년에 언론학자 임근수가 <신문평론>
에 게재한 "편집권의 옹호와 독립"이라는 글에서 처음 제기되었다.
하지만 편집권 이념은 1987년 이후에 와서야 단순히 이론적·이념적
논쟁 대상에서 벗어나 현실에서 구체적인 제도를 뒷받침하는 이념적
장치로 적용되기 시작했다.

편집권 개념에 대한 입장 차이에도 불구하고 지금까지의 논의에
서 편집권은 체계적인 이념으로 제시되고 있지는 않다. 편집권은 적
극적으로 실현할 가치라기보다는 오히려 침해당할 때 드러나는 소극
적 권리나 가치에 가까운 것으로 보인다. 하지만 편집권 개념에는
한국 사회에서 편집권을 위협하는 구조적 요인에 대한 진단과 더불
어 언론 자유의 바람직한 방향에 대한 규범적 판단까지 포함되어 있
다. 따라서 편집권 문제에 관한 입장은 자유주의 이념에 대한 해석
차이뿐 아니라 이 문제가 제기되던 당시의 언론 상황과 밀접한 관련
을 맺고 있다.

1960년대에 논의가 시작되었을 무렵에는 편집권 이념이 아직 언
론사 내부의 민주주의라는 차원에서 파악되지는 않았다. 그것보다는
대외적인 간섭으로부터의 독립, 특히 국가 권력의 간섭 배제가 언론
자유 실현을 위해 시급한 과제로 받아들여졌고 편집권 이념 역시 이
러한 맥락에서 논의되었다. 즉, 편집권은 언론사 내부의 모든 사람들
이 외부, 특히 국가 권력의 부당한 개입에 공동으로 대처해서 지켜
야 할 언론 고유의 기능으로 파악되었다. 이 때문에 편집권을 경영
권에 종속되는 것으로 개념화하는 데 대해 기자들 사이에도 큰 거부
감은 없었다.

하지만 1970년대에 들어오면서 편집권을 위협하는 세력은 언론
사 외부에서 점차 내부에까지 확대되었다. 즉, 국가 권력과 결탁한

소유주와 경영진의 간섭에 대항해서 일선 기자들이 편집권의 독립을 주장하는 양상으로 바뀌어 갔다. 이에 따라 기자와 경영진을 모두 편집권의 주체로 파악하는 견해는 점차 퇴색하기 시작했다. 언론사 내부에서 이러한 균열의 조짐은 1971년 4월과 1973년 10월, 11월에 기자들이 주도해서 일어난 '언론자유수호운동'을 계기로 가시화했다. 이러한 움직임은 당시 정치 상황에서 경영진 역시 공정한 보도를 해치는 중요한 세력이 되고 있다는 인식에서 생겨났다.

즉, 1969년의 3선 개헌과 1971년 대통령 선거, 1972년 유신헌법 선포 등의 중대한 정치적 시점에서 언론에 대한 관권의 개입이 강화되었다. 일선 기자들은 경영진과 관권의 야합 때문에 이러한 개입이 심화되었다고 보고 이에 대처하기 위해 노조 결성을 통해 편집권 독립을 추진했다(정진석, 1988: 18). 그리고 기자들의 이러한 산발적인 움직임은 1987년 이후의 민주화 국면에서 본격적으로 편집권의 제도화라는 결실을 맺게 되었다. 이 무렵의 편집권 논의 역시 권력과 사주로부터 편집의 자율성 확보라는 정치적 성격을 강하게 띠었다.

하지만 1990년대에 들어와 국가 권력의 규제가 두드러지게 약화된 대신에 시장 경쟁이 점차 치열해지면서 편집권 독립에 대한 관점도 적지 않게 변화했다. 즉, 자본의 논리가 일선 기자들의 직업적 자율성과 언론의 고유 기능을 위협하는 세력으로 주목받기 시작했다. 시장 경쟁 체제는 단순히 사주의 가시적인 개입과 간섭이 편집의 자율성을 침해하는 정도에 그치지 않고 기자들의 일상적이고 무의식적인 작업 방식과 직업 문화, 행위에까지 커다란 영향을 미쳤다. 무한 경쟁과 IMF 체제를 거치면서 점점 강화된 자본의 논리는 1987년 이후 언론 노조가 쟁취한 편집권 독립의 제도를 사실상 유명무실하게 만들었다. 이러한 변화는 이전의 외부적인 간섭에 비해 잘 두드러지지 않으면서도 훨씬 강력하게 편집의 자율성을 잠식하는 새로운 위협으로 등장했다.

편집권이란 이처럼 언론의 자율성과 공익적 성격을 위협하는 다양한 세력들을 저지하려는 실천적 의지를 규범적인 차원에서 표현한 것이다. 이 점에서 편집권은 분석적인 개념이면서 현실 개혁을 지향하는 실천적 성격이 강한 개념이다. 하지만 편집권 개념은 현실 분석의 도구로서나 개혁 추진의 전략적 이념으로서 몇 가지 한계점을 안고 있다.

첫째, 편집권은 공익의 성격 때문에 보호해야 할 권리 형태로 표현되고 있으나 법적 개념으로서는 논란의 여지가 많다. 권리의 구체적인 범위나 주체에 관한 법리가 분명치 않기 때문이다. 박용상은 이 점에 관해 다음과 같이 지적하고 있다.

> 기자들이 주장하는 편집·편성권이라고 하는 개념은 단지 권언유착權言癒着이나 영리추구에만 몰두하여온 언론기업주의 부정적 행태에 대한 항의적·비판적 개념으로서 기자들의 공적 과업 수행의지를 집약한 사회적·정치적 차원의 개념이라고 할 수 있을 뿐, 법적인 근거를 가지거나 법적으로 뒷받침될 수 있는 개념은 아니다. 그러므로 편집권이라는 말을 그 귀속 주체 및 내용에 대한 구체적 확정이나 합의 없이 어떠한 형태로든 정간법에 명문화하는 것은 여러 헌법 문제뿐 아니라 해석상·적용상의 문제를 일으켜 큰 혼란을 야기하게 될 것이다(박용상, 2002: 822).

최근 언론인 단체와 시민 단체는 입법 청원을 통해 편집권 독립을 법제화하려는 운동을 전개하고 있다. 하지만 사회 운동의 수준에서 생성된 이념이 법적 권리의 차원으로 제도화되기 위해서는 법적 담론의 틀 속에서 정당성을 확보할 수 있는 정교한 이론적 토대를 갖추어야 한다. 좀더 미시적이고 전문적인 차원에서 진행되는 담론 투쟁을 효과적으로 수행해야만 이러한 시도는 실현 가능성이 있다.

둘째, 편집권이라는 용어는 현실의 복잡한 문제를 분석하기 위한 개념으로서 한계가 적지 않다. 이 개념은 편집의 자율성을 위협하는 세력들에 대한 진단을 포함하고 있다. 그러나 이 용어 자체는 어떤 의미에서는 지나치게 추상적이고 동어 반복적인 성격이 강하다. 예컨대 최근에는 편집권을 주로 소유권이나 경영권과 대립되는 권리이자 기능으로 파악하고 있다. 하지만 이렇게 되면 편집권 문제는 단순히 조직 안에서 권한의 배분을 둘러싸고 벌어지는 제로섬 게임 *zero-sum game* 에 그치게 되며, 편집권에 관한 논의는 일선 기자와 경영진 사이에 어떻게 권한을 배분하는 것이 바람직한지 결정하는 수준을 넘어서기 어렵다.

또한 엄격히 말해 소유권이나 경영권이라는 어휘는 한국 사회에서 편집권을 위협하는 독특한 권력 관계의 뉘앙스를 적절히 담아 내지 못하고 있다. 지금까지 사용된 편집권 개념에서는 이러한 권력 관계가 현실의 상황에 따라 구체적인 모습으로 변화해 가는 동적인 개념이 아니라 단순히 '권력'과 '자본'이라는 추상적이고 정태적인 실체로 일반화되어 표현될 수 있을 뿐이다. 현실의 구체적인 모순과 문제점을 분석하고 진단하기 위해서는 좀더 정교한 분석틀이 필요하다.

4. '보이지 않는' 위협들

한국 언론에서 '사주'나 '자본'은 편집권 독립을 위협하는 세력으로 흔히 지목된다. 또 여기에는 사주의 개인적인 이익 추구가 작용하기 때문이라고 보고 있다. 그렇다면 한국 사회에서 사주가 언론사 경영을 통해 추구하는 이익은 무엇일까? 여기에는 단순히 경제적 이익이나 정치적 영향력으로 단순화해서 파악하기 어려운 부분들이 있다. 사회 각 부문의 엘리트층이 보유한 사회적 자원이나 특권을 권력의 구성 요소로 본다면 언론 사주가 누리게 되는 권력은 어떤 형태일까? 흔히 편집권에 대립되며 편집권을 위협하는 요인으로 지목되는 경영권이나 소유권이란 용어는 권력의 다차원적 성격들을 제대로 전달하지 못하고 있다. 또한 자본이나 사주라는 개념은 편집권에 대한 위협 세력을 사회적인 과정으로 파악하기보다는 도덕적인 선악 대비를 투영해서 의인화擬人化한 존재(즉, 악한 사주와 선한 노동자)로 지나치게 단순화하는 경향이 있다.

만일 사회 과학 이론의 관점에서 편집권 문제를 접근하면 편집권의 침해 현상을 좀더 새로운 각도에서 바라볼 수 있을 뿐 아니라 사회 운동이라는 실천적 차원에서도 새로운 함의를 많이 얻을 수 있을 것이다. 가령 흔히 비판받고 있는 '언론의 권력화'는 언론이라는 장을 움직이는 원칙이 변질한 병리적 현상에 해당한다. 이러한 병리 현상의 생성 과정을 설명하기 위해 언론이라는 제도를 권력 이론의 관점에서 해석해 보면 매우 흥미로운 점을 많이 발견할 수 있다.

프랑스 사회학자 부르디외의 용어를 빌리자면 어떤 집단의 사회적 위상이나 권력은 '경제 자본,' '문화 자본,' '사회(관계) 자본,' '상징 자본' 등 다양한 요소로 구성된다(Bourdieu, 1979/1995; 1982/1997). 언론 활동은 정보와 지식을 판매하는 과정에서 지적 권위를 수반하기 때문에 언론사는 정도 차이는 있지만 경제 자본과 더불어 문화 자본을 보유하게 된다. 권위지일수록 문화 자본의 축적에 치중하며 대중지는 경제 자본의 축적에 더 비중을 둘 것이다. 시장 체제에서 편집권 침해 현상은 경제 자본 축적의 논리가 문화 자본의 논리를 압도하는 과정에서 발생한다고 볼 수 있다.

하지만 이 밖에도 한국 사회에서 사회 자본의 규모는 언론의 권력 위상을 정해 주는 중요한 요인이다. 사회 자본은 어떤 지위나 위치에서 동원할 수 있는 비공식적인 영향력의 네트워크를 말한다. 우리 사회에서 일반인이 언론인을 단지 특이한 일을 하는 회사원이 아니라 '힘을 쓸 수 있는' 자리로 인식하는 것은 바로 이러한 형태의 자본 때문이다. 공간적으로 권력의 중심에 가까이 있는 중앙지가 지방지보다, 종합지가 특수지보다, 일간지가 비일간지에 비해 사회 자본을 축적하는 데 훨씬 유리하다.

한국 사회에서 언론사를 운영해서 경제 자본과 문화 자본을 축적하기란 그리 쉽지 않다. 1980년대 말부터 언론 시장은 거의 포화 상태에 이르렀고 대다수 언론사가 적자를 기록했으며 일부에서는 적자 규모가 천문학적 수치에 이르고 있다. 이러한 사정은 언론사 사주가 경영에서 권위와 도덕성보다는 이윤에 극도로 집착하도록 압박할 수도 있다. 하지만 다른 한편으로 보면 이러한 여건은 언론사 사주가 좋은 언론 상품을 만들어 공정한 경쟁을 통해 심판을 받기보다는 경제 외적 이익(즉, 부르디외가 말한 사회 자본)으로 보상을 추구하게 하는 동인으로 작용할지도 모른다.

언론 사업을 통해 여러 이익 단체와 네트워크를 맺어 다른 형태의 이익을 도모하고, 유사시에는 사적인 폭력까지도 행사할 수 있는 권력 수단으로 언론사를 활용하고자 하는 유혹을 느낄 수도 있다. 지난 번 대통령 선거에서도 드러났듯이 때때로 언론 권력은 정치 권력의 감시 역할에 만족하지 않고 '대통령 만들기'라고 불리는 방식으로 권력 창출의 게임에 직접 뛰어들기도 한다. 보통 사람들에게 비친 언론 사주의 이미지는 도덕적·지적 권위와 무게를 지닌 지식인보다는 감히 건드릴 수 없을 것 같은 전근대적인 권력자에 가깝다. 문제는 언론 권력의 이러한 복합적 성격이 몇몇 '부도덕한' 사주에게만 해당하는 예외적인 병리 현상이 아니라 언론이라는 장을 움직이는 규칙과 관행 속에 깊숙이 스며들어 있다는 점이다.

이렇게 보면 한국 사회에서 편집권의 독립을 침해하는 요인은 흔히 지적하듯이 '자본의 논리'라는 일차원적 개념으로 단순화하기 어렵다. 우리 사회에서 언론 자본에 의한 위협은 경제적 측면만 아니라 정치적·문화적 측면까지 복합적으로 작용해 형성된 독특한 형

태를 띠고 있다. 언론 사주로 상징되는 언론 권력은 '자본의 논리'뿐
아니라 전근대적 권력의 모습으로 언론의 공공적 기능을 위협하고
있는 셈이다.

한국 언론에서 비극적인 것은 서구의 언론과 달리 여론을 주도
하는 힘과 영향력에 걸맞게 도덕적·지적 권위를 갖춘, 즉 진정한
형태의 문화 자본을 갖춘 언론사의 모델을 보여 주지 못했다는 점이
다. 서구의 권위지란 언론의 자유와 권위를 위협하는 내·외부의 적
과 투쟁하면서 보여 준 덕목들 때문에 자연스레 형성된 것이다. 반
면에 한국 사회에서 유력 언론사들의 역사는 자랑스런 저널리즘의
전통 대신에 정치적 굴곡 속에서 부끄러운 과거로 얼룩져 있다. 정
치적 상황이 바뀐 후에도 이들의 행태는 여전히 신뢰성과 가능성을
보여 주지 못했다. 자본으로부터의 독립을 강조하는 최근의 편집권
논의에서도 시장 경쟁의 왜곡된 메커니즘뿐 아니라 자본의 권력화
현상에 대한 견제에 무게를 두고 있는 것은 바로 한국 언론 자본의
이러한 독특한 성격 때문일 것이다.

이렇게 보면 한국의 언론 자본은 서구의 자유주의 언론 담론으
로 설명하기 어려운 독특한 문제점을 안고 있다. 2001년 언론 세무
조사를 둘러싸고 벌어진 논쟁에서 주류 언론은 서구 자유주의 담론
을 끌어다 '언론 탄압'을 외치며 언론 개혁의 제도적 방안을 거부했
다. 여기에 대해 시민 단체를 비롯해 일반 여론의 눈길이 그리 곱지
못한 것은 바로 이들의 얼룩진 전통뿐 아니라 이들이 한국 사회에서
권력 집단으로서 차지하고 있는 독특한 위상에 대한 유쾌하지 못한
경험 때문일 것이다. 편집권 독립을 비롯해 언론 개혁의 추진 과정
에서 주목해야 할 것은 단순히 자유주의 이념의 비현실성과 순진함
에 대한 인식만은 아니다. 무엇보다도 한국 사회에서 언론이라는 장
을 움직이는 독특한 문법에 대한 이해를 토대로 구조적인 처방을 내
려야 한다. 즉, 언론의 가시적인 문제점으로 부각된 병리적 현상만이

아니라 이러한 결과를 낳고 있는 '잘 드러나지 않는' 구조적인 메커니즘에 주목할 필요가 있다.

5. 편집권 독립의 제도적 형태들

그렇다면 언론 권력의 침해에서 벗어나 편집권의 독립을 보장하는 가장 좋은 방법은 무엇일까? 소유권이나 경영권이 남용되어 언론 외적인 논리가 기자의 직업적인 판단을 압도할 때에는 어떤 형태로든 제동을 걸 수 있는 장치가 필요하다. 제도란 일상적 행위가 일정한 규칙에 따라 이루어지도록 한 것인데, 법적 규정처럼 강제성을 띨 수도 있고 규범이나 관행 차원에서 실행되기도 한다. 어떠한 제도가 가장 바람직한지는 그것이 뿌리박고 있는 사회적 환경에 따라서 달라지게 된다.

언론의 공공성을 유지하기 위한 제도적 장치의 사례는 유럽 국가에서 흔히 볼 수 있다. 특히 독일에서 제기된 '내적 언론 자유'의 개념은 편집권 독립 제도를 추상적인 이념으로 표현한 것이다(Hart, 1980; 박용상, 2002). 반면에 미국에서는 편집권이라는 개념이 없다(류일상, 1988: 23; 박용상, 2002: 730~1). 용어의 정의만으로 보면, 편집에 관한 방침을 결정하는 '편집 방침 *editorial policy*'의 결정권이 편집권에 해당한다고 할 수 있지만, 이 개념이 그리 자주 쓰이지 않는다는 것은 이 권리의 소재가 논란이 되지 않고 있다는 뜻이다. 미국에서 언론 자유라는 기본권은 재산권이나 소유권과 밀접한 관련을 맺고 있어 언론사 내부에 편집권이란 권리가 들어설 여지가 없다. 전파라는 제한된 공적 자원을 이용하는 방송 매체는 사정이 다르지만 인쇄 매체에서 언론 자유의 특권은 발행인이나 소유주에게 최종적으로 귀속되는 것으로 파악하는 경향이 있다.

하지만 편집권의 형식적 귀속 여부에 관계 없이 미국 언론에서 편집 기능의 자율성은 어느 나라보다 잘 보장되어 있다는 평가를 받고 있다. 경영자는 일반적인 편집 방침을 정할 뿐이고 개개의 편집 업무는 편집진의 자율적 결정에 맡겨 둔다. 즉, 편집에 관해 사주는 군림하지만 통치하지는 않는 것이 불문율이다. 편집에서 자율성의 원칙은 제도가 아니라 사회적 관행이자 전통의 형태로 지켜지고 있는 셈이다.

이렇게 보면 유럽과 미국의 제도가 실제 운영에서 반드시 큰 차이가 있다고 하기는 어렵다. 편집권 독립을 제도화한다고 해서 소유권이나 경영권의 존재를 부정하지는 않는다. 일선 기자들이 편집 방침 결정에 참여한다 하더라도 그 조직이 추구하는 큰 방침의 테두리를 벗어나기 어렵기 때문이다. 편집권 제도는 편집과 경영에서 소유주를 배제하려는 것이 아니라 일상적 작업에서 기자들의 직업적 판단을 존중하고 사주의 자의적 개입을 막자는 취지에서 나온 것이라 할 수 있다.

한국에서는 1987년 이후 여러 언론사에서 편집권 보장 제도를 도입했다. 회사마다 차이가 있기는 하지만, 노사가 참여하여 편집 방향을 평가, 논의하는 공정보도위원회(또는 지면개선위원회) 제도라든지 일반 기자들이 직접, 간접으로 편집국장을 선출하는 제도가 도입되었다. 제도만 보면 국내 언론사는 유럽의 어느 나라 못지 않게 공공성과 내부 민주주의의 정신을 살릴 수 있는 선진적인 장치를 갖추고 있다. 그런데도 편집권의 침해에 대한 우려는 높아가고 있으며, 언론 개혁을 논의할 때마다 편집권 독립 문제는 늘 제기되고 있다. 이러한 역설이 생겨나는 것은 무엇 때문일까?

한편으로 보면 이는 치열한 시장 경쟁과 IMF 체제를 거치면서 1980년대 말에 노사 합의에 의해 이루어진 이 제도가 거의 유명무실하게 되고 편집권 침해가 심화되고 있다는 것을 말해 준다. 즉, 조직에 고용된 신분인 기자들에게 점차 불리하게 바뀌어 가고 있는 구조적 환경의 탓으로 돌릴 수 있다. 만일 그렇다면 어느 정도 강제성을 띠는 최소한의 제도적 장치 없이는 경영진의 자의적 개입과 영향력을 배제하기 어렵다는 주장이 나올 수 있다. 언론 단체와 시민 단체의 주도 하에 편집권 독립을 법제화하려는 움직임이 나온 것은 아마 이러한 인식 때문일 것이다.

하지만 다른 한편으로 보면 1990년대 편집권 독립 제도의 실패 사례는 우리가 편집권의 침해, 나아가 언론 개혁 문제를 좀더 근본적으로 접근해야 할 필요가 있다는 사실을 시시한다. 즉, 편집권에 대한 장애를 단순히 가시적인 제도적 실체에서만 찾을 것이 아니라 언론이라는 장을 움직이는 게임의 규칙과 연관지어 파악할 필요가 있다. 이렇게 보면 언론사의 내부 민주주의 실현을 저해하는 요인들은 몇몇 탐욕스런 사주에게만 국한되는 것이 아니라 한국 사회에서 언론이라는 장의 독특한 가치와 관행 속에 깊숙이 뿌리박고 있는 셈이 된다. 편집권 문제 역시 규범적 이념과 법적 권리의 차원에서 더 나아가 이론적 탐구의 대상으로 끌어들여야 하는 이유는 바로 여기에 있다. 부르디외의 권력 이론은 이러한 작업에서 지적인 잣대로 삼을 만한 풍부한 통찰력을 제공해 준다.

과거 경험에서 보듯이 제도적 장치만으로 편집권 독립을 실질적으로 보장하기는 어렵다. 제도란 결국 최악의 상태를 방지하는 소극적인 방어 장치이며 개혁으로 나아가는 과정에서 필수적인 전략적 요충지에 불과하다. 언론인의 직업상 자율성이 제도의 차원을 벗어나 행위의 수준에서 언론계의 도덕적 규범과 전통으로 정착될 때, 즉 언론이라는 장의 규칙으로 자리잡을 때 비로소 진정한 편집권 독립은 실현될 수 있을 것이다.

8장

미디어 환경의 변화와 언론 노조의 미래

TNG와 CWA 통합의 의미

1. 불확실한 시대의 언론 노동자

언론인들의 노동 환경이 변하고 있다. 언론인 직업에 관한 담론 역시 신문 매체의 전성기에 만들어진 낭만적이고 정치적인 색채가 퇴색하고 대신에 멀티미디어 시대, 국경 없는 글로벌 경쟁 시대, 정보 고속 도로 시대에 걸맞게 감각적인 연성 언어, 실용적인 비즈니스 용어, 하이테크 신조어 등으로 점차 채워지고 있다. 담배 연기 자욱한 기자실과 현장을 발로 뛰면서 부패한 정치 권력의 음모에 맞서 비리를 파헤치고 펜대를 휘두르는 기개 있는 지사志土처럼 낭만적인 이미지를 언론인의 모습에서 떠올리기는 점차 어려워지고 있다.

신문 산업만 보더라도 1987년 이후 '무한 경쟁' 시대를 맞아 쏟아져 나오는 갖가지 '경영 혁신'은 언론 노동자들의 노동 강도를 엄청나게 높였고 이들의 생활은 더욱 각박해졌다. CTS를 비롯한 새로운 제작 기술은 기존의 수많은 전문 인력을 하루 아침에 사실상 무용지물로 만들었다. 이와 같은 환경에서 언론 노동자들은 현재의 자리를 보전하기 위해 하루하루 힘겨운 싸움을 해야 할 뿐 아니라, 머지 않아 어떻게 다가올지 모르는 변화의 추세에 뒤떨어지지 않기 위해 자기 계발을 늘 염려해야 하는 불안한 시절을 맞게 되었다. 더구나 1997년 말 이후에는 IMF 구제 금융 체제 아래에서 '구조 조정'이란 이름의 대량 해고가 노동계를 강타했다. 1990년대에 들어와 한국 사회 전반을 휩쓸기 시작한 '세계화'의 추세 속에서 어쩌면 이러한 참사는 이미 상당히 오래 전에 예고된 일일지 모른다. 그러나 역설적으로 언론인은 대학 졸업자들에게 최고의 직장이자 보람 있는 커리어로 각광받으면서도 이제 '언론 노동자'라는 용어가 그다지 어색하지 않을 정도로 작업 환경이 각박하고 열악하게 변한 게 사실이다.

　　노동 조합 운동의 차원에서 보더라도 이러한 추세가 나타나고 있다. 1990년대 이후 정치적으로나 사회·문화적으로 변화와 경쟁의 논리가 지배하게 되면서, 1987년에 처음 노동 조합이 설립되던 당시의 정치적 열기는 크게 퇴색했다. 아직도 언론의 독립성이나 편집의 자율성처럼 기본적인 정치적 가치들이 해결되지 않은 과제로 남아 있다는 데 많은 사람들이 공감하고 있지만, 이러한 목소리는 '새 시대,' '미래,' '정보화,' '세계화'라는 현란한 사회적·정치적 담론의 홍수 속에 묻혀 버려 서서히 관심을 잃어가고 있다. 노동 조합 활동 역시 전임 집행부를 구성하기도 어려울 정도로 침체기에 접어들었다.

　　그러나 이와 같이 급격한 미디어 환경 변화와 미래에 대한 불안 속에서 언론 노동자 역시 무엇인가 새로운 변화를 모색해야 한다는 점은 공감을 얻고 있다. 국내 방송계에서 업계 단일 노조가 결성된 것도 크게는 이러한 맥락에서 해석할 수 있다. 해외의 사례를 보더라도 노동계에서도 조직 개편의 바람이 불고 있다. 예컨대 북미의 신문기자 조직인 신문 노동 조합(The Newspaper Guild: TNG)은 1995년에 커뮤니케이션 노동 조합(Communications Workers of America: CWA)과 통합을 선언했고 1997년에는 정식으로 CWA 산하의 한 부문이 되었다. 비록 우리와 언론계의 상황이나 직업 문화를 비롯한 정치적·사회적 여건이 다르긴 하지만, 이러한 통합이 이루어지게 된 과정과 배경을 살펴보면 우리의 상황을 진단하고 방향을 정하는 데 많은 시사점을 얻을 수 있을 것이다.

2. 독립적인 언론인 단체에서 산별 노조로

북미에서 신문 산업 노동 조합은 칼럼니스트인 헤이우드 브라운 Heywood Broun 의 주도 아래 1933년에 미국 신문 노조(The American Newspaper Guild)라는 이름으로 처음 설립되었다가 1970년대에 현재의 명칭으로 바뀌었다. TNG는 초창기에는 주로 편집국 기자만으로 구성되었으나 1937년에 영업, 광고 부문 종사자까지 받아들였고, 점차 가입 대상 범위를 확대해 이제는 매우 다양한 직종들을 포괄하는 산업 노조로 바뀌었다. 여기에는 편집국, 광고국 소속 직원뿐 아니라 타이피스트나 회계 등 신문사 내의 일반 사무직, 운전사, 시설 보수 기술공, 보급 관련 직원, 전화 교환수까지 속해 있다. TNG는 미국, 캐나다와 푸에르토리코 전역의 언론사에서 3만 4000명 정도(2002년 기준)가 조합원으로 가입하고 있는데, 대체로 신문 산업의 규모에 비해 노동 조합 가입자 수가 그리 많은 편은 아니다.

AP나 UPI를 비롯해 통신사 종사자들은 통신 서비스 노조(Wire Service Guild)라는 별도의 조직을 구성해 TNG 산하 단체로 가입해 있다. 그러나 인쇄공을 비롯한 공무국 종사자들은 오래 전부터 별도의 업종 노조(International Typographical Union: ITU)를 결성했는데, 이 조직은 지금은 CWA 산하에 들어가 있다. CWA는 텔레커뮤니케이션 분야를 비롯해 출판, 그래픽 아트, 방송, 케이블 텔레비전, 뉴스 산업 등 미디어 관련 산업 각 부문의 업종들을 산하에 거느리고 있는 방대한 조직이다. TNG와 통합을 추진하던 무렵에 CWA의 조합원은 60만 명

정도였는데 출판 부문에 2만 5000명, 방송과 케이블 텔레비전 분야에 1만 2000명, 커뮤니케이션 네트워크 서비스 부문 종사자가 40만 명에 달했다.

TNG와 CWA의 통합 추진이 최근에 갑자기 결정된 것은 아니다. 실제로 TNG의 대의원 총회에서는 거의 20년 동안 통합 파트너를 물색하고 통합을 추진하기 위한 권고안을 채택하는 등 1970년대 이래로 적극적인 노조 통합을 시도해 왔다. 특히, TNG는 ITU와 여러 해에 걸친 협상 끝에, 1983년 미국 오하이오 주 클리블랜드에서 열린 TNG 대의원 총회에서 ITU와 통합 결의안을 거의 만장 일치로 통과시키기까지 했으나, 막판에 ITU 내부의 동요로 무산된 적이 있다. 통합이 결렬된 후 ITU 조합원 가운데 일부는 미국 운전 기사 노조(International Brotherhood of Teamsters)로 옮겨 가고 나머지는 CWA와 다시 통합을 추진하여 1987년 경에 CWA 산하의 한 부문(Printing, Publishing and Media Workers Sector: PPMWS)으로 들어갔다.

TNG는 1993년 5월 대의원 총회에서 통합 추진 4개년 계획을 통과시킨 후 특별 위원회를 구성해 거의 모든 산업 노조를 잠재적인 통합 대상으로 놓고 통합 파트너를 물색해 왔다. 최종적으로 좁혀진 CWA와의 통합안은 1995년 6월 TNG의 대의원 총회에서 채택되어, 같은 해 9월에 전체 조합원 투표에 붙여졌다. 투표 결과 미국의 조합원 유효표 가운데 찬성 7741표, 반대 621표, 캐나다에서는 찬성 677표, 반대표 83표로 통합안은 압도적인 지지를 얻어 통과되었다. CWA와의 통합은 비슷한 시기에 진행된 노조 위원장 선거에서도 주요한 쟁점으로 부상했다. TNG와 CWA는 완전 통합에 들어가기 전에 2년 동안 가맹 *affiliation* 형식의 과도기를 두어 적응과 준비 기간을 갖게 했다. 1995년 10월 27일에는 양측이 통합 합의서에 서명하면서 본격적으로 가맹 관계가 시작되었으며, 2년 후인 1997년 대의원 총회 때부터 TNG가 CWA 산하로 통합하는 데 합의했다.

TNG 내부에서는 통합으로 TNG가 거대 노조인 CWA에 사실상 흡수되어 신문 노조 고유의 특성을 잃어버리지나 않을까 하는 우려의 목소리도 적지 않았다. 이러한 우려를 잠재우기 위해 양측은 통합 협상 과정에서 신문 노조의 전통과 자율성을 최대한 보장해 주는 방향으로 몇 가지 원칙을 정했다.

첫째, 통합이 이루어진 후에도 TNG는 신문 노조의 '정체성, 목적, 독특한 성격'을 유지하기 위해 CWA의 한 '부문 Sector'으로 남기로 결정했다. TNG는 기존의 명칭도 그대로 사용하고, 단지 공식 명칭 뒤에 CWA가 덧붙어 TNG–CWA(The Newspaper Guild Sector of Communications Workers of America, AFL–CIO, CLC)로 불리게 되었다. 통합 이후에도 TNG는 이전과 마찬가지로 규정이나 운영, 재정에서 거의 독립성을 유지할 수 있도록 했다.

둘째, 캐나다에서는 통합 이후 TNG-Canada가 기존의 단위 노동 조합들을 관장하게 되고, 따라서 캐나다에 있는 기존의 TNG 소속 단위 노조뿐 아니라 CWA에 소속된 관련 단위 노조도 TNG-Canada 산하로 들어간다. 양측은 TNG-Canada를 캐나다의 대표적인 미디어 노조로 발전시키기는 데 합의를 했다. 그렇지만 종전에 TNG에 속해 있던 단위 노동 조합들은 TNG-CWA(즉, TNG-Canada)에 남든지 캐나다의 다른 전국 노조 산하로 들어가든지 자유롭게 선택할 수 있도록 했다.

셋째, TNG 산하에 속해 있던 단위 노동 조합들은 CWA에 의무적으로 통합시키지 않기로 했다. CWA 단위 노조와 통합을 권장하기는 하지만, 이를 강제로 추진하지는 않고 각 단위 노조의 자율적인 의사에 맡기기로 했다. 이 단위 노조들은 소속이 약간씩 바뀌기는 하지만 이전의 규정이나 기금, 자산을 그대로 유지하는 등 계속 독립성을 유지할 수 있게 되었다.

넷째, TNG는 CWA와 가맹 관계 기간 동안이나 통합이 이루어진 후에도 TNG 국제 운영 위원회(International Executive Board)의 결의와 전

체 회원 투표를 거쳐 언제든지 탈퇴할 수 있도록 했다. 단 2년 동안
의 가맹 기간 동안 이런 조치를 취할 때는 3개월 이전에 CWA에 서
면으로 통보해야 한다. 또 통합 후 5년 이내에는 1년 이전에 통보한
후 탈퇴할 수 있게 했다. 만일 이러한 사태가 발생할 경우 단위 노
동 조합들은 자동적으로 통합 이전처럼 TNG 소속으로 환원되도록
규정했다.

3. 통합 추진의 동기와 장애들

직업 문화가 이질적이고 때로는 이해 관계가 상충될 수도 있는 노동
조합들 사이에 이와 같이 전격적으로 통합이 결정되기까지는 내부적
으로 갈등과 장애 요인이 적지 않았을 것으로 추측할 수 있다. 그렇
다면 과연 이와 같이 위험 부담이 적지 않은 데도 불구하고 통합을
추진하게 된 환경이나 구조적 요인은 무엇일까? 편의상 조직의 내부
요인과 미디어 환경의 일반적인 변화와 같은 외부 요인으로 나누어
살펴본다.

우선 노동 조합 조직은 내부적으로 TNG가 조직의 영향력을 확
대하는 데 필요한 가입 조합원 수나 수입 확보에 한계가 있었다는
점이다. 조합원이 꾸준히 증가하기는 했지만 아직 신문 산업 내에서
노조 가입 비율이 비교적 낮고, 그 결과 조직 운영비를 적은 조합원
에 부담시키는 바람에 노조에 다소 소극적인 조합원의 반발을 불러
일으키는 악순환이 계속되고 있다. 1982년 TNG 대의원 총회에서 조
직 운영의 적자 해소를 위해 조합비를 인상하자는 제안이 나왔을 때
격론이 벌여진 것이 단적인 예다.

그렇지만 기자들이 노동 조합 활동에 대해 냉소적인 자세를 보
이고 있는 것은 단지 조직 운영의 문제에 그치지 않고 기자 사회의

독특한 직업 문화라는 근본적인 문제와 적지 않게 관련이 있다. 즉, 전통적으로 미국의 기자들 사이에서는 노동자라는 의식이 희박했고 기자 직업을 일종의 전문직으로 인식하는 경향이 강했다. 기자 직업의 객관적인 물질적 위상, 즉 고용 조건이나 봉급 수준은 블루칼라 노동자와 별 차이가 없는 데도 불구하고 자유로운 작업 분위기, 창의적인 작업 내용, 깨끗한 옷차림, 그리고 사회 저명 인사들과 친하게 지낼 수 있다는 점은 이들이 전문직이라는 의식을 쉽게 바꾸지 못하게 하고 있는 요인들이다. 따라서 미국의 기자 사회에서는 독립적이고 개인주의적인 성향이 두드러지게 나타났고 조직적인 연대와 단체 활동을 지향하는 노동 조합 자체에 매우 부정적인 견해가 많았다.

1930년대에 신문 노조가 처음 설립되던 당시 사실상 노동 조합 운동을 지향했으면서도 노동 조합 *Union* 이라는 용어를 기피하고 대신에 중세의 독립적인 장인 조합을 뜻하는 '길드 *Guild*'라는 명칭을 채택하게 된 것도 이러한 독특한 직업 문화에서 비롯된 것이다. 당시의 신문 노조는 많지 않은 '조합원' 사이에서도 노동 조합 특유의 연대 의식이 희박하고 개인적 개성과 독립성이 두드러져 '개인들의 조합 *a union of individuals*'이라고까지 불렸다(Leab, 1970). 세월이 한참 지났으나 기자 사회의 이러한 전통은 아직도 크게 바뀌지 않았다.

이와 관련해서 신문 노조가 조직 활동에서 근무 조건이나 임금, 단체 협약 등의 미시적인 문제에만 지나치게 집착해 온 것도 많은 기자들의 냉소주의를 부추기는 요인이 되었다. 유럽의 신문사만 보더라도 노동자의 경영 참여 문제가 노조 활동에서 종종 제기되었으며, 2차 세계 대전 직후 일본이나 1980년대 말 한국에서도 노동 조합 운동에서 '편집권'과 관련된 쟁점들이 부각되었다. 미국에서도 노동 조합 내부에서 일부 인사들이 이러한 쟁점의 중요성을 절감하고 때때로 문제를 제기해 왔지만, TNG는 조직 차원에서 이러한 과제들을 추진할 역량에는 미치지 못한 것 같다. 그래서 <뉴욕 타임스>

에서 노동 문제를 전담하는 기자이던 라스킨은 TNG가 조합비 인상에 관한 논란에 열중해서 노동자 참여 문제처럼 거시적이고 저널리즘의 본질적인 위상과 관련 있는 문제는 제대로 논의하지 못했다고 비판하기도 했다. 이러한 이유 때문에 일부 지역에서는 기자들이 온건한 TNG 대신에 자신들의 취향에 맞는 좀더 급진적인 업종 노조(미국 운전 기사 노조, 인쇄 노조, ITU, 심지어는 식료품 및 상업 부문 노조 등)에 가입한 사례도 있다.

따라서 TNG로서는 조직의 확대와 기능 강화에 필요한 물적·인적 자원 확보가 절실했고 CWA와의 통합은 이러한 욕구를 충족시켜 줄 수 있을 것으로 기대했다. CWA는 조직, 노사 협상, 교육 등에 필요한 자문과 지원을 제공할 능력을 갖추었을 뿐 아니라, 협상이나 분쟁 해결을 좀더 유리하게 이끌어 내는 데 필수적인 연구 조사 기능과 법률 서비스도 제공해 줄 수 있을 것이라고 TNG에서는 기대했다. 가령 단위 노조 차원에서 CWA와 통합한 AP 통신사 노조원은 자신들의 경험을 예로 들면서 통합을 적극 지지하고 나섰다. 즉, 노동 조합이 회사측과 단체 협상을 벌이고 있을 때, CWA에서 경제 전문가를 파견해서 회사 경영 상태에 관한 체계적인 분석 자료를 제공해 주는 등 협조를 아끼지 않은 덕에 협상 결과를 노조측에 아주 유리하게 이끌어 낼 수 있었다는 것이다(Bernotas, 1995). 이러한 서비스는 기존의 TNG가 제공해 주지 못한 부분이다. TNG와 CWA의 통합 취지를 밝힌 문서에서도 이 점을 통합의 장점으로 부각시키고 있다. TNG의 위원장으로 선출된 린다 폴리 Linda Foley 역시 위원장 선거에서 통합 문제를 쟁점화하면서 선거 유인물에서 이러한 장점을 강조하고 나섰다.

CWA는 다양한 업종으로 구성된 노조 연맹이어서 TNG에 비해 구성원이 매우 이질적인 조직이긴 하나, 산하에 미디어 관련 노조도 두고 있어 미디어 부문에 전혀 생소하지는 않다는 점도 장점으로 부각되었다.

CWA 산하의 미디어 관련 업종 노조로는 ITU를 비롯해 전국 방송 종사자 및 기술자 노조(National Association of Broadcasting Employees and Technicians: NABET)가 있는데, 이중 ITU는 이전에 TNG와 통합을 추진한 적도 있다. 따라서 CWA와 TNG 사이에는 이미 조직 분위기에서도 어느 정도 공통점이 있다는 점도 통합 추진에 매력적인 요인으로 작용했다.

CWA의 모턴 바아 Morton Bahr 위원장이 지적한 것처럼 CWA측 역시 전통적인 산업(특히, 제조업) 노조 중심에서 벗어나, 새롭게 부상 중인 오락, 정보 산업 분야에까지 영역을 확대하기 위해 전략적인 차원에서 TNG와 통합을 적극적으로 추진한 것으로 보인다. 미국 노동 조합계의 기준에서 볼 때 비교적 군소한 노조에 불과한 TNG를 파격적일 정도로 관대한 조건으로 받아들인 것도 이러한 이유 때문인 것으로 추측할 수 있다.

4. 미래를 위한 도박

TNG와 CWA의 통합이 이상과 같이 조직 간의 전략적 이해 관계의 계산에서 상당 부분 비롯되고 있는 것은 사실이다. 그렇지만 이러한 통합 움직임을 단지 노동 조합 조직 내부 사정이라는 단기적인 상황 요인의 결과로 간주하기보다는 미디어 환경의 급속한 변화에 대한 노동 조합의 장기적이고 전략적인 대응이라는 거시적 차원에서 볼 때 그 의미를 좀더 제대로 파악할 수 있다.

미디어 환경 변화에서 가장 두드러진 요소는 이전의 정보 전달 방식에 혁명적인 변화를 가져다 주고 있는 미디어 통합 추세다. 예전의 기준에서 볼 때 이질적인 노동 조합 간의 통합은 이러한 미디어 통합 추세에 대한 조직적인 대응이라 할 수 있다. TNG와 CWA의 통합은 "뉴스 산업의 성격 변화"와 "다양한 정보 테크놀로지의 통합"에 맞추어 "정보 고속 도로를 따라 흩어져 있는 모든 부문의 노동자들을 망라하는 노동 조합의 결성"을 지향하고 있다(Wire Service Guild, 1994, October 25). TNG와 CWA가 통합 결정을 공식화한 합의문에서도 통합의 취지를 다음과 같이 밝히고 있다.

> 한때 음성, 데이터, 텍스트와 영상의 전자 송신을 구분해 주던 장벽들을 기술적 변화가 제거해버림에 따라, 이러한 산업들의 주요 노동 조합들도 통합될 것이다. 텔레커뮤니케이션, 방송, 케이블 텔레비전, 출판, 오락 등의 산업들은 한때 별개의 실체를 이루고 있었지만 이제는 모두 하나로 융합되고 있나(TNG–CWA, 1995, 5. 17).

노동자의 입장에서 보면 이러한 기술적 변화는 고용의 안정성을 흔들어 놓고 장기적인 커리어 구조에까지 심각한 불확실성을 초래하고 있다. 오랜 기간에 걸쳐 익힌 '전문적'인 기술이 테크놀로지 발전으로 미숙련자도 처리할 수 있는 단순 하급 노동으로 전락할 수도 있고, 아예 직종 자체가 없어질지도 모른다. 더욱 큰 문제는 특정한 기술 분야를 익히면서 장기적인 커리어를 예측해서 설계하기가 매우 어려워졌다는 점이다. 한국 언론계에서 1990년대 초부터 계약직이 급격히 증가하고 있는 현상도 이러한 기술적 발전의 추세로 발생하고 있는 커리어의 불확실성이라는 맥락에서 어느 정도 이해할 수 있다.

또한 소유의 복합화와 미디어 통합의 추세를 감안할 때, 특정한 분야의 노동자는 다른 미디어 부문에서 일어나고 있는 변화 때문에 자신의 운명이 크게 흔들릴 수 있다. 이제는 신문 산업의 노사 관계는 단순히 신문업계 내부에서 정해진 파이를 놓고 밀고 당기는 제로섬 게임에서 벗어난 것이다. 미디어 산업이 이러한 변화 추세에 맞추어 대대적인 변신을 모색하는 과정에서 노동자의 이익과 목소리를 최대한 반영하기 위해서는 여러 미디어 부문 종사자들을 망라한 조직적인 대응이 필요하게 되었다.

미디어 테크놀로지의 발전과 같은 기술적 여건의 변화뿐 아니라 사회 경제적 환경 변화 역시 노조 통합의 필요성을 부각시키고 있다. 미디어 통합이 기술적으로 가시화하기 오래 전부터 북미에서는 이미 미디어 소유 형태가 체인화, 복합 매체 소유로 변모해 왔고 나아가 이제는 국가 간의 경계를 넘어 글로벌 미디어 제국으로 확장되어 가고 있다. 이러한 환경에서는 한 부문에 국한된 노동 조합이 선택할 수 있는 수단은 경영진의 가용 자원에 비해 범위가 매우 제한적일 수밖에 없다. 적어도 자본측과 비슷한 조건으로 협상 테이블에 앉기 위해서는 노동 조합 조직 역시 거대화하는 동시에 다양한 부문 간의 조직적 연대와 전략적 대응 수단을 갖출 필요성을 느끼게 된 것이다.

신문 산업 내부적으로 보면 신문 노조의 활동 여건이 여러 가지 이유로 점차 어려워지고 있다. 우선 신문업계 전반의 경기를 보더라도 신문 산업이 양적인 지표상으로는 꾸준히 성장하고 있지만, 장기적인 전망은 그리 밝지 않다. 더구나 상대적으로 선진국이라 할 수 있는 OECD 회원국(27개국)의 사례를 보면 1992년에서 1995년 사이에 일간지 숫자는 5.1%, 총 발행 부수는 2.2%가 감소했다. 27개 회원국 중에서 발행 부수가 조금이라도 증가한 국가는 일본, 네덜란드, 폴란드, 스페인, 터키 등 5개국에 불과했다(한국언론연구원, 1996b: 3~5).

미국에서도 문을 닫는 신문은 해마다 꾸준히 늘어나고 있다. 여기에는 상당히 전통 있는 신문까지도 예외가 아니어서 신문업계 종사자들은 직업의 미래에 대해 불안해하고 있다. 물론 로시의 '우산 밑 경쟁' 모델이 잘 도식화해서 보여 주듯이(이 모델에 관해서는 3장과 4장을 보라), 미국에서는 대도시 광역 일간지가 쇠퇴하는 대신에 대도시 교외 주거 지역의 성장과 더불어 전문화한 소규모 신문이 많이 늘어난 것은 사실이다(Rosse, 1975). 하지만 이처럼 군소하고 재정적으로 불안정한 언론사에서 노동자들이 영향력 있는 노동 조합을 결성하고 유지하기란 그리 쉽지 않다.

둘째, 신문 제작 과정에서 기술 혁신이 빠른 속도로 진행되고 노동 과정에 대한 경영진의 통제가 강화되는 추세에서 신문 노조만으로는 더 이상 노사 협상에서 영향력을 행사하기가 점차 어려워지고 있다. 그래서 노조 간의 통합을 통해 다양한 직종 간의 연대와 협력이 불가피해졌다. 가령 1978년 <뉴욕 데일리 뉴스>의 파업에서 경영진측에 결정적으로 타격을 입힌 것은 편집국 기자 집단이라기보다는 운전 기사 노조의 파업이었다. 제작 기술의 혁신으로 신문 제작 과정에서 노동자의 입지는 많이 줄었지만, 배달 부문만은 기술 혁신의 사각 지대로 남아 있기 때문이다. 관련 업종 종사자들이 조직적으로 공동 대처한다면 점차 엄격해지는 노동 통제 체제에서도 경영진에 효과적으로 대응할 수 있는 여지가 남아 있다는 것을 이 사례는 잘 보여 준다.

셋째, 신문 산업의 소유 구조가 점차 독과점 형태로 전환함에 따라 신문 경영 스타일도 노조에게 불리하게 바뀌어 가고 있다. 과거 미국의 신문 기업은 주로 가족 중심으로 경영되는 형태 *independent newspaper* 가 많았다. 이러한 조직 풍토에서는 비록 사주의 전횡이 가끔 문제가 되기도 했으나 그래도 경영진과 노동자 사이에 저널리즘의 기본과 품위에 대한 최소한의 공감대가 있어 노동자들의 목소리가 상당히 반영될 수 있던 것도 사실이다. 그러나 신문이 익명의 대기업화, 체인화하면서 조직 경영 역시 점차 주주를 의식한 단기적인 이윤 창출에만 관심을 두게 되었고, 이러한 묵시적인 합의의 기본선도 깨져 버렸다. 경영진 역시 전통적인 언론인보다는 MBA 스타일에 가깝게 변한 곳이 많아졌다. 회사 경영에서 적자가 계속될 경우 아무리 오랜 전통을 자랑하던 신문이라 할지라도 일반 기업처럼 과감히 폐쇄해 버리는 풍조가 보편화하면서, 노동자의 목소리가 신문사 경영에 반영될 여지는 더욱 줄어들었다. 그러나 역설적으로 노동자의 관점에서 보면 이러한 여건 변화는 결과적으로 경영진의 자의적 조치를 견제하기 위해 노동 조합 조직을 강화할 필요성을 더욱 느끼게 만드는 계기가 된 셈이다.

5. 남겨진 과제

북미에서 진행되는 미디어 노조 사이의 통합은 결국 북미의 특유한 미디어 환경과 사회적 상황의 산물일 뿐이며 한국 사회의 미디어 산업의 상황과 정치적·사회적 환경은 이와 큰 차이가 있다. 그렇다고 해서 한국 언론계는 이러한 변화의 추세와 전혀 무관하다고 할 수 있을 것인가? 지난 몇 년 동안 발생한 몇 가지 사례는 미디어 산업에서 정치적·이념적 지형이 급속하게 변해 가고 있음을 시사한다. 우선 1991년 민간 상업 방송인 SBS 설립 허가를 기점으로 방송 정책에 관한 논의에서 '공공 서비스 모델'이 퇴조하고 '시장 자유주의 모델'이 부상하고 있다(정용준, 1995). 또 정치적 금기 사항으로 통하던 재벌이나 언론사의 방송 사업 참여가 최근 위성 방송 허가를 계기로 본격적으로 논의된 데서 볼 수 있듯이 오랫동안 미디어의 시장 논리와 글로벌화를 견제하던 정치적·이념적 장치는 눈에 띄게 약화되고 있다.

이러한 추세를 감안할 때 서구와 북미 국가에서처럼 조만간 복합 매체 소유가 점차 가시화할 가능성도 배제하기 어렵다. 미디어 전반에 걸쳐 시장 논리와 경쟁 담론이 점차 일반화하고 있는 것도 이러한 추세를 예측할 수 있게 해 주는 징후다. 미디어 테크놀로지의 변화와 글로벌 미디어 기업의 영향력은 이미 국내의 언론 노동자들도 피부로 느끼기 시작했다.

앞으로 국내 미디어 산업에서도 국경 없는 글로벌 미디어 기업이 등장하고, 체인 소유, 복합 매체 소유가 본격화하게 되면 지금처럼 부문별로 독자적으로 행동하는 노동 조합의 영향력은 그만큼 제한적일 수밖에 없다. 특히, 지금처럼 미디어 노조들이 미디어 간에 또 회사 간에 뿌리 깊은 분파주의나 자사 이기주의, 이해 관계의 대립을 계속 드러낸다면 언론 노동 운동의 미래는 어두울 수밖에 없다. 운동 양식이나 전략 수립에서도 인쇄 매체 시대의 시각과 감각 일변도에서 탈피하는 것도 앞으로 해결해야 할 과제로 남아 있다.

1980년대 말처럼 정치적 낭만주의와 열정에 의존하던 노동 조합 운동의 시대는 사실상 끝났다. 이제는 좀더 복잡하게 급변하는 국내외 미디어 환경과 노동 계층의 내부적 상황에 대한 냉철한 전략적 분석이 필요한 시대가 되었다. 그렇다면 앞으로 미디어 환경의 변화에 따라 언론 노동 운동은 어떠한 방향으로 나가야 할 것인가? 결국 정답은 없다. 그것은 북미의 사례에서 보듯이 좀더 많은 가능성과 청사진을 놓고 모든 언론 노동자가 고심해서 풀어 나가야 할 과제다.

9장 | 온라인 저널리즘과 뉴스 노동의 성격 변화

1. 머리말

인터넷 혁명이 일어나고 있다. 미디어 부문에서도 인터넷을 비롯한 정보 테크놀로지가 빠른 속도로 확산되면서 산업 구조를 비롯해 노동 양식과 수용자의 소비 양식에 이르기까지 모든 부문에서 예측 할 수 없을 정도로 큰 변화가 일어나고 있다. 오프라인 미디어 기업도 대부분 인터넷 사이트를 운영하거나 별도로 사이버 미디어를 창설해 온라인 사업에 뛰어들고 있다. 미디어 기업 종사자들은 어느 부문에서 일하든지 인터넷의 영향을 실감하게 되었다. 인터넷의 확산은 미디어의 역사에서 구텐베르크 이후 가장 혁명적인 사건으로 평가할 만하다.

   뉴스 생산 과정에 국한해서 보더라도 인터넷의 확산은 언론인의 작업 양식과 노사 관계에 큰 영향을 미치고 있다. 나아가 이러한 변화는 민주주의 정치 체제의 한 축을 이루는 언론의 활동 방식, 보도 양식에 크게 영향을 받는 정치 제도나 관행, 정치인의 행동 양식에까지 연쇄 효과를 미칠 가능성도 크다. 그럼에도 불구하고 정보화가 저널리즘을 어떻게 변모시킬 것인지에 관한 연구는 그리 많지 않다.

이 글은 '온라인 저널리즘 *online journalism*'의 확산이 뉴스 생산 양식과 뉴스 개념에 어떠한 영향을 미치고 있는지 검토한다. 구체적으로 이는 크게 다음과 같은 연구 문제로 정리할 수 있다. 첫째, 온라인 저널리즘의 확산은 커뮤니케이션 과정의 모델이나 커뮤니케이터의 역할, 뉴스 관행과 형식 등에 어떤 변화를 가져오는가? 둘째, 온라인 저널리즘에서 시간과 공간의 개념은 어떤 형태를 띨 것인가? 하루 주기로 사건을 구성하는 마감 시간 *deadline* 의 시간적 리듬이라든지, 정보 발생의 가능성과 중요도에 따라 구역을 나누어 취재하는 공간적 분업 체제(가령 출입처)는 지금까지 뉴스 양식과 생산 과정에서 핵심적인 요소였다. 온라인 저널리즘의 확산은 이러한 전통적인 시간과 공간 개념을 어떻게 변화시킬 것인가? 셋째, 테크놀로지의 도입과 정착 형태는 사회적·문화적·정치적 맥락에 의해 어떻게 영향을 받는가? 또한 온라인 저널리즘의 확산은 뉴스 조직 내의 분업구조나 권력 분포에 어떤 변화를 가져다 줄 것인가?

물론 사이버 공간에서 온라인 저널리즘의 영역은 다양한 형태로까지 확장되고 있다. 기존 신문, 잡지에서 온라인 취재와 온라인 출판이 급속히 진척되고 있을 뿐 아니라 혼자서나 소수의 인원이 운영하는 독립적인 인터넷 신문이나 웹진, 예를 들어 <드러지 *Drudge*>나 <딴지일보> 따위의 새로운 온라인 저널리즘 형태도 출현하고 있다. 어떤 면에서 온라인 저널리즘에 대한 관심이 높아지고 있는 것은 이러한 대안 매체가 지니는 잠재력 때문이라고도 할 수 있다. 하지만 여기서는 주로 온라인 저널리즘이 기존의 언론사 조직에 어떤 파급 효과를 줄 것인가 하는 문제에 논의의 범위를 국한시켰다.

사이버 공간과 관련된 문제를 연구하는 데는 아직 어려움이 많다. 우선 온라인 저널리즘이라는 현상이 이제 막 시작되어 급속히 변화해 가는 과정에 있다는 점이다. <시카고 트리뷴 *Chicago Tribune*>처

210

럼 온라인 뉴스 미디어에 많은 전담 직원을 두고 미래의 중점 사업으로 설정해 추진하는 기업도 있지만 아직 온라인 미디어는 대부분 직원도 적고 오프라인 신문·방송 미디어의 내용을 그대로 전제한 내용 *shovelware*이 주류를 이룬다(Singer, 1998). 어떤 면에서 온라인 저널리즘 연구는 아직 상당 부분 미래학의 영역에 속한다고 할 수 있다. 또 온라인 커뮤니케이션은 전통적인 조직 연구에서처럼 '관찰'할 만한 공간적인 실체가 없는 현상이라는 점도 연구에 장애가 되고 있다. 따라서 이 글은 관련 연구 외에도 온라인 저널리즘 종사자들이 정보와 의견을 활발히 교환하는 장이 되는 업계 저널(*Columbia Journalism Review, Presstime, American Journalism Review* 등)이나 관련 인터넷 사이트, 메일 리스트(예컨대 CARR-L, INTCAR-L)의 논의를 검토했으며 여기서 주요한 연구 쟁점들을 개념적인 수준에서 정리했다.

2. 온라인 저널리즘의 개념과 연구 동향

컴퓨터와 온라인 미디어를 저널리즘에 활용하게 되면서 신조어들이 생겨났다. 온라인 저널리즘을 비롯해 "사이버 저널리즘*cyberjournalism*," "컴퓨터 취재 보도(*computer-assisted reporting*: CAR)" 등의 용어가 이에 해당한다(임영호, 1997). 컴퓨터 취재 보도는 온라인 정보 서비스뿐 아니라 통계 처리 프로그램 등 컴퓨터 프로그램의 활용까지도 포함하는 개념이다. 여기서는 주로 온라인 미디어를 통한 취재와 출판의 두 측면을 모두 포

---

1. INTCAR-L(Internationally-Oriented Computer-Assisted Reporting List)이나 CARR-L(Computer-Assisted Reporting and Research List)은 각국의 온라인 저널리즘 종사자들이 주로 가입해 취재 과정에 필요한 정보를 교환하고 있는 메일 리스트 *Listserv*다. 특히, CARR-L은 1992년 10월에 시작되었으며 온라인 저널리즘 분야에서 가장 활동이 활발한 대표적인 메일 리스트다.

함하는 개념으로 온라인 저널리즘이라는 용어를 사용하기로 한다.

온라인 저널리즘이 저널리즘의 일부로 관심의 대상이 된 것은 아주 최근의 일이다. 최근 몇 년간 CARR-L를 비롯해 저널리즘 관련 메일 리스트에서는 주로 취재와 관련된 아주 실질적인 차원에서 온라인 저널리즘에 관한 논의가 활발해졌다. 이와 더불어 온라인 미디어를 취재 보도에 실제로 활용하는 방법을 다룬 교과서도 활발히 나오고 있다(Garrison, 1995; Houston, 1996; Miller, 1998; Paul, 1999; Reddick & King, 1995; 추광영, 1998).

온라인 저널리즘의 확산은 뉴스 생산 과정에서 혁명적인 변화를 몰고올 만한 잠재력을 지니고 있다. 즉, 뉴스 조직에서 노사 관계의 틀 뿐아니라 뉴스 미디어의 성격과 뉴스 개념까지도 근본적으로 바꿀 수 있는 가능성이 있다. 그렇지만 온라인 저널리즘이 뉴스 생산 과정에 미친 영향에 관한 논의는 주로 신문이나 잡지에 실린 사의적인 비평문이 주류를 이룬다(Ciotta, 1996; Fulton, 1996; Lasica, 1996; Lasica, 1997; Moeller, 1995; Pavlik, 1997; Pogash, 1996; Stepp, 1996). 인터넷상에서도 아직 학술적인 수준으로 정리되지는 않았지만 관련 사이트나 문헌이 간간이 나오고 있다(예로 Ackerman, 1992; Cracknell, 1995; Hauben, 1995; Maynard, 1994). 하지만 온라인 저널리즘에 관한 본격적인 연구는 아직 매우 미미하다.

지금까지 온라인 저널리즘에 관해 나온 연구들은 추상적인 수준의 에세이류 아니면 온라인 취재 기법의 도입 현황에 관한 기술적記述的인 연구가 주류를 이루고 있어 앞으로 좀더 체계적이고 이론적인 연구가 필요하다(Davenport, et al., 1996; Endres, 1985; Friend, 1994; Garrison, 1997). 미국 언론인들의 인터넷 이용과 전자 신문 보급 실태를 조사한 로스와 미들버그의 연구가 대표적인 예다(Ross & Middleberg, 1996). 즉, 기존의 연구는 "온라인 미디어의 이용과 수용이 확산되고 있음"을 보여 주기는 하지만 아직 "우리는 그 과정이 어떻게 진행되고 있는지 뚜렷이 파악하지 못하고 있다"(Singer, 1998).

온라인 저널리즘이라는 새로운 현상을 연구하면서 우리는 새로운 테크놀로지 도입에 관한 기존 연구에서 이론적 시사점을 많이 얻을 수 있다. 특히, 테크놀로지의 도입이 뉴스 노동에 미치는 효과는 그 동안 국내외의 여러 연구에서 다룬 주제다(Im, 1990; 강상현, 1996; 이용준, 1995; 임영호, 1991). 하지만 온라인 테크놀로지가 가져오는 변화는 기존 연구의 분석틀로서는 파악하기 어려운 새로운 측면을 많이 포함하고 있다. 지금까지의 테크놀로지 발전은 언론인의 메시지 전달 수단을 획기적으로 개선시켰지만, 이에 비해 정보 수집 과정의 성격은 거의 변하지 않았다[2](Koch, 1991: 69). 신문 산업에서 테크놀로지 발전은 편집국 노동보다는 주로 제작 과정의 효율화에 주력해 왔다. 따라서 관련 연구 역시 이러한 변화가 조직이나 노동에 가져다 주는 효과— 노동 생산성, 노동 통제— 에 초점을 맞추는 경향이 있었다(강상현, 1996을 보라). 이러한 시각에서 보면 조직의 노사 관계는 기술 도입으로 생겨나는 조직내 권력 관계의 재분배를 둘러싸고 벌어지는 제로섬 게임의 양상을 강하게 띠었다. 사이버 노동 환경에서도 노사 관계의 틀은 유효하지만 거기에는 지금처럼 자율과 통제의 패러다임으로만 설명하기는 어려운 부분이 많다.

지금까지 테크놀로지 도입의 경험에서 얻을 수 있는 함의는 우선 테크놀로지의 가능성을 완전히 예측하기가 어렵다는 점이다. 새로운 테크놀로지는 처음 도입시에 계획한 것 외에도 부수적인 효과를 가져오기도 한다. 여기서 예측 못한 결과는 대개 작업 과정의 "효

---

2. 엄격히 말해 온라인 저널리즘이라는 새로운 작업 양식은 미국에서는 1970년대에 도입되기 시작한 CTS(Computerized Typesetting System) 테크놀로지에서 싹튼 것이다. CTS 체제에서는 종이 대신에 컴퓨터에 기사를 입력하기 때문에, 뉴스의 데이터 베이스화, 기사의 온라인 검색, 컴퓨터 통신망을 통한 기사 송신 등의 변화가 기술적으로 가능해졌다. 즉, CTS 체제는 온라인 저널리즘이 본격적으로 확대·발전할 수 있는 하부 구조를 마련해 준 셈이다.

율성 효과의 [측면]보다는 대인 관계의 변화라든가 일의 중요도에 대한 인식, 작업 절차, 사회 조직 등과 더 관련이 있다"(Sproull & Kiesler, 1991: 7~8). 조직 내에서 새로운 직무의 수행은 새로운 사고 방식을 낳고 사람들의 노동 방식이나 상호 작용 유형에도 변화를 가져올 수 있다(p.35). 컴퓨터 매개 커뮤니케이션이 가져오는 가장 근본적인 효과는 바로 조직 내의 상호 작용 유형을 바꿀 수 있다는 점에 있다.

따라서 인터넷 테크놀로지 때문에 변하고 있는 뉴스 노동의 양식을 파악하기 위해서는, 다양한 새로운 이론적 접근 방식이 필요하다. 온라인 저널리즘이 가져오는 변화는 기술적·산업적 측면뿐 아니라 저널리즘 개념 자체의 재형성이라든지 언론의 직업 문화적인 관점에서도 접근할 필요가 있다. 저널리즘 양식은 시간적·공간적 제약 구조 내에서 형성되는 만큼, 인터넷이 가져다 줄 시간적·공간적 구조 변화는 새로운 저널리즘 양식을 예고하기 때문이다.

이러한 점에서 전신 *telegraph* 의 발명을 문화사나 사상사적인 관점에서 재해석한 캐리(Carey, 1989)의 접근 방식이라든지 뉴스 형식을 언론인이 불확실한 환경에서 생존하기 위해 만들어 낸 "전략적 의식 *strategic ritual*"으로 파악한 터크만의 현상학적 연구는 온라인 저널리즘 연구에도 적용할 만한 함의를 많이 준다(Tuchman, 1972, 1978). 또 수용자의 측면에 초점을 맞추었기는 하지만 "가상 현실의 지리학 *virtual geography*"에 관한 워크의 연구는 온라인 세계를 통한 체험의 문제를 문화 연구의 시각에서 분석하고 있어 온라인 저널리즘 연구가 어떤 방향으로 가야할지를 예시해 준다(Wark, 1994). 이 장은 이러한 문제 의식에서 온라인 테크놀로지가 저널리즘 일반에 미치는 영향의 의미를 살펴본 다음 좀더 구체적으로 뉴스 노동의 성격에 가져다 주는 변화를 쟁점별로 검토한다. 이것들은 아직 이론적 분석틀로 체계화하기는 어렵지만 온라인 저널리즘 현상의 의미를 이해하는 데 중요한 쟁점들이다.

3. 뉴스 커뮤니케이터의 역할 모델

온라인 테크놀로지가 가져온 변화는 커뮤니케이터의 역할이나 매스 커뮤니케이션 과정에 관한 기존의 모델에 대해 재검토를 요구하고 있다. 지금까지 매스 커뮤니케이션 과정에서 커뮤니케이터가 맡은 역할은 "게이트 키핑 *gate keeping*" 이론이 잘 표현하고 있다(White, 1950). 이는 커뮤니케이터의 기능을 정보원 *information source* 과 수용자 사이의 흐름을 통제하는 수문장에 비유한 이론이다. 그렇다면 온라인 저널리즘의 확산은 커뮤니케이터의 역할이나 작업의 성격, 또 거기에 근거해서 생겨난 뉴스 관행 등에 어떤 변화를 가져다 줄 것인가?

게이트 키핑 이론은 전통적인 매스커뮤니케이션 과정의 몇 가지 특성에 근거해 나온 것이다. 첫째, 수용자가 대중 매체를 거치지 않고 정보원에 직접 접촉할 수 있는 수단이 제한되어 있다. 둘째, 잠재적인 뉴스거리가 되는 정보는 거의 무한하지만 이를 담을 수 있는 지면과 시간(방송의 경우)은 제한되어 있다. 사회 각 부문에서 나오는 정보량은 엄청나게 많지만 아주 일부만이 게이트 키퍼라는 좁은 관문을 통과해 수용자에게 도달하게 된다. 커뮤니케이터는 정보 유통의 흐름에서 가장 좁은 지점에 위치하면서 정보의 선별, 압축 기능을 수행해 왔다. 그러나 온라인 저널리즘에서 언론인이 맡게 되는 역할을 설명하려면 게이트 키퍼 대신에 새로운 비유가 필요하다(Lasica, 1996: 28).

특히, 온라인 환경에서는 수용자의 위상이 두드러지게 변화한다(Harper, 1998). 전통적인 커뮤니케이션 모델에서 수용자의 역할은 텔레비전을 켜거나 가판대에서 신문을 선택하는 행위의 차원을 넘어설 수 없었다. 여기서 피드백 개념은 제한된 것이었다. 최근에 부각되고 있는 '능동적 수용자' 개념 역시 주로 소비 행위를 통한 의미 창출에서 수용자가 적극적인 역할을 한다고 강조하지만, 수용자의 물리적 위치는 결국 소비자 역할에 머무를 수밖에 없다는 사실을 이미 전제하고 있다.

하지만 온라인 커뮤니케이션에서 수용자는 수동적인 소비자의 위치에서 벗어나 좀더 적극적인 역할을 떠맡게 된다. 첫째는 '매스' 커뮤니케이션 과정에서도 피드백이 좀더 큰 비중을 차지하게 된 것이다(Lasica, 1996: 31; Moeller, 1995: 46; Pugh, 1996). 전통적인 뉴스 생산과정에서 수용자의 반응은 독자 투고라든지 신문 구독이나 시청률의 증감을 통해 선호도를 표시하는 것처럼 일반적으로 아주 느리고 간접적인 형태를 띠었다. 하지만 온라인 환경에서는 시청자나 독자가 전자 우편을 통해 기자에게 즉각적이고 직접적으로 영향을 미칠 수 있다. 둘째는 수용자가 온라인 기사의 출처를 확인하거나 다양한 정보원을 직접 접촉할 수 있게 된 것이다. 전문적 언론인이 맡던 게이트 키핑 기능(정보의 확인, 선택, 해석)을 사실상 수용자가 부분적으로 떠맡은 셈이다.

이처럼 수용자의 위상 변화는 정보 유통 과정에서 권력 분포의 지형을 변화시키게 된다. 인터넷을 혁명적이라고 부르는 것은 정보 유통이 "분산적 구조 distributed architecture"로 되어 있기 때문이다(Newhagen & Levy, 1998: 15). 인터넷의 정보 유통 구조는 네트워크에 비유할 수 있다. 이것은 매스 커뮤니케이션 과정처럼 커뮤니케이터에서 수용자로 이어지는 단선적인 흐름이 아니라 무수하게 많은 송신자와 수용자를 이어주는 수많은 마디 node 로 이루어진 그물 모양을 하고 있다. 이러한 구조에서는 어떤 마디에서나 메시지의 생산을 시작할 수 있다. 기자가 맡던 정보 수집 기능은 네트워크의 어느 지점에서든 수행할 수 있다.

이처럼 분산적인 구조는 커뮤니케이터의 역할에도 많은 변화를 가져오는 계기가 될 수 있다. 전통적인 커뮤니케이터의 위상은 대체로 미디어 진입 장벽에 근거한 것인데 온라인 미디어는 이 장벽을 무너뜨릴 수 있다. 지금까지 미디어가 시장에서 살아 남기 위해서는 수용자를 일정 규모 이상 유지할 필요가 있었다. 하지만 인터넷 미디어는 손익 분기점을 유지하는 데 필요한 수용자의 최소 규모가 작고 수용자 분포에서도 지리적 제약을 받지 않기 때문에 거의 무한한 시장 분화가 가능하다(Vasterman & Verwey, n.d.). 따라서 전문 커뮤니케이터의 독점적 지위가 무너지고 다양한 형태의 커뮤니케이터가 진입할 수 있게 된다. 인터넷상에서는 전문 커뮤니케이터(훈련받은 언론인이나 편집자)가 만든 미디어도 있지만 비전문적인 아마추어도 비교적 쉽게 커뮤니케이터가 될 수 있다(Kawamoto, 1998: 185).

그렇다면 과연 온라인 환경에서도 전문적인 커뮤니케이터의 역할은 존속할 수 있을 것인가? 이에 대해 다소 극단적인 견해는 온라인 저널리즘의 확산이 전문 커뮤니케이터를 소멸시킬 것이라고 보고 있다. 예를 들어, 가와모도는 장기적으로 뉴스 미디어가 점점 개인적인 수요에 맞춘 주문형 뉴스 미디어로 바뀌면서 인터넷이나 데이터베이스의 검색 장치 *search engines*가 전문 커뮤니케이터의 자리를 대신할 것이라고 보았다(Kawamoto, 1998). 만일 이렇게 되면 전문적인 커뮤니케이터가 아니라 컴퓨터의 논리적 연산 방식이 뉴스 가치 판단의 기능을 맡게 된다. 앞으로 검색 장치가 개인적 게이트 키퍼의 역할을 대신하게 된다면 수용자는 효율적인 정보 검색 기술을 필수적으로 갖추어야 할 것이다. 여기에는 단순히 정보를 검색하는 기계적인 숙련도뿐 아니라 정보 자체를 비판적으로 평가하고 정보를 발견한 맥락에 비추어 검토할 수 있는 개념적인 숙련도까지 포함된다(pp.185~6).

하지만 새로운 전자 미디어가 보급되더라도 전문 커뮤니케이터는 여전히 필요할 것이라는 견해가 훨씬 많은 것 같다(가령 Bartlett, 1994). 싱어의 조사에서 미국 대도시 일간지의 언론인들은 유형의 차이는 있지만 대체로 이러한 견해를 나타냈다(Singer, 1996). 테크놀로지가 발전하면서 언론인의 역할이 어떻게 바뀔 것으로 예상하는가 하는 질문에 대한 반응은 세 가지 유형으로 나뉜다. 첫째, '우호적 혁명론자 *benevolent revolutionary*'로 이들은 새로운 테크놀로지가 언론인에게 기존의 작업을 좀더 효율적으로 할 수 있는 기회를 제공할 것이라고 보았다. 둘째, '초조한 전통주의자 *nervous traditionalist*'들은 새로운 테크놀로지가 장점보다는 문제점만 더 가져올 것이라고 보는 유형이다. 셋째, '차분한 분리주의자 *serene separatist*'는 새로운 테크놀로지가 자신들의 직업과는 무관하며 가까운 미래에 언론인의 역할이나 뉴스 상품, 작업 과정 등에 별다른 영향을 주지 않을 것이라고 보았다. 이 세 유형의 언론인들은 모두 테크놀로지가 기존의 작업 방식을 다소 변형시킬 뿐 근본저으로 변화시키지는 않을 것이라고 보았다.

만일 온라인 미디어 시대에도 전문 커뮤니케이터가 존속한다면 어떤 기능을 맡게 될 것인가? 이 문제에 대해 예측하기는 쉽지 않지만, 지금까지 언론인의 직업에서 주요한 요소이던 것을 검토해보면 단서를 얻을 수 있다. 위버와 윌호이트는 미국의 언론인을 대상으로 한 조사에서 '해석과 탐사 *interpretive / investigative*,' '정보 전달 *information dissemination*,' '적대적 *adversarial*' 역할이 이들의 직업관을 구성하는 세 가지 요소라고 분석했다(Weaver & Wilhoit, 1991: 112~7). 여기서 언론인들은 해석과 정보 전달의 역할을 특히 중시하고 있지만 해석 역할을 중시하는 비율이 더 높은 것으로 나타났다. 그렇다면 온라인 저널리즘의 확산은 언론인이 중시하는 역할에 어떤 변화를 가져다 줄 것인가?

온라인 환경은 정보 과잉의 시대를 현실화하고 있어 뉴스 미디어의 정보 전달 역할은 크게 약화될 것이라고 보는 견해가 있다. 가와모도의 견해는 여기에 해당한다(Kawamoto, 1998). 하지만 온라인 환경이 반드시 기존 뉴스 매체의 입지를 없애버리리라고 볼 수는 없다는 견해도 적지 않다. 이러한 주장의 근거가 되는 것들은 다음과 같다. 첫째, 정보 과잉 상태에서는 오히려 정보의 질을 평가하고 의미 있는 의제를 설정할 수 있는, 즉 정보를 선별적으로 여과해서 전달하는 역할이 더욱 중요해지고 있다는 점이다. 이러한 맥락에서 <워

싱턴 포스트>의 페고라로는 다음과 같이 말했다. "좀더 많은 뉴스원을 얻을수록 유용한 것을 골라 내고 판별할 수 있도록 도와 주는 편집 기능이 필요해진다"(Williams, 1998: 34에서 재인용).

둘째, 수용자가 정보를 획득하는 과정에서 투자하는 시간과 노력이 한정되어 있다는 점이다. 뉴스나 정보 상품에 대한 수용자의 선택 행위는 일반 상품 구매 행위와 달리 화폐 지출보다는 주로 시간을 투자하는 형태를 띤다. 신문과 같은 인쇄 매체에서는 미디어를 신댁하면서 동시에 비용을 지불하지만 판매자가 주로 추구하는 것은 수용자의 시간과 주목도다. 정보 과잉 상태인 온라인 환경에서도 수용자가 정보나 뉴스 추구에 한정된 시간만을 투자한다면, 이들은 전문 커뮤니케이터에 의존하는 것이 여전히 더 효율적이라고 판단할 것이다. 만일 그렇게 된다면 정보를 판단하고 선별해 내는 전문 커뮤니케이터의 역할은 형태가 바뀔지라도 계속 중요성을 띠게 될 것이다.

또 온라인 저널리즘의 확산은 언론의 해석과 탐사 역할을 더 강화할 것이라고 몇몇 연구자들은 보고 있다(예로 Koch, 1991). 온라인 미디어는 수용자뿐 아니라 전문 커뮤니케이터에게도 새로운 도구를 안겨 주어 이들이 제공하는 정보 서비스에 부가 가치와 유연성, 창의성을 더해 줄 수 있다. 가령 지금까지 뉴스의 서사 구조는 주로 공식적인 출입처(관리나 전문가)의 말을 인용하거나 사실 전달에 그쳐 언론의 전문성이나 해석 기능은 제한될 수밖에 없었다. 이는 사건의 원인과 결과를 확인할 만한 지식과 작업 여건을 갖추지 못했기 때문이다. 하지만 언론인이 컴퓨터와 온라인 미디어를 잘 활용한다면 독자적으로 정보 확인과 심층 조사를 할 수 있기 때문에 언론의 해석 기능은 앞으로 더욱 강화되리라는 것이다.

실제로 온라인 저널리즘이 기존 언론의 기능 가운데 어떤 것을 강화하고 어떤 방향으로 갈 것인지 예측하는 일은 그렇게 단순한 문제가 아니다. 거기에는 수용자의 이용 방식이라든지 컴퓨터 미디어의 기술적 속성 등을 고려해야 하기 때문이다. 온라인 미디어를 이용한 취재는 언론의 해석 기능을 강화하는 데 필요한 수단을 가져다 주었지만, 온라인 출판에 국한해서 보자면 문제는 다르다. 즉, 온라인 미디어의 속성이나 수용자의 이용 습관에 맞추어 뉴스 형식을 재구성해야 하기 때문이다. 기술적으로는 많은 정보를 수집할 수 있지만 이를 선별해서 온라인 미디어에 맞게 구성하는 일은 또 다른 차원의 문제다. 온라인 신문 제작자의 경험과 이용자 조사 결과를 토대로 온라인 저널리즘 환경에서 뉴스 형식이 어떻게 형성될 것인지 살펴본다.

4. 온라인 저널리즘의 뉴스 양식

온라인 저널리즘은 전통적인 뉴스 형식의 문제점과 한계를 극복할 수 있는 새로운 뉴스 형태의 가능성을 열어 주었다는 평가를 받는다. 흄은 새로운 디지털 테크놀로지 덕분에 "자원 저널리즘 *resource journalism*"이라는 새로운 뉴스 모델이 가능하리라고 보고 있다(Hume, 1998). 온라인 뉴스가 텍스트 외에도 영상이나 음성을 제공하는 멀티미디어의 매력과 더불어 쌍방향성 *interactivity* 과 심층성도 갖추게 되어 신문·방송 매체의 장점을 동시에 살릴 수 있다는 것이다. 그러나 이러한 평가는 단순히 온라인 저널리즘의 기술적 가능성만을 부각시키는 추상적인 수준에만 머물러, 온라인 뉴스의 구조라든지 수용 양식의 특성이나 한계를 감안하지 못하고 있다는 문제점이 있다.

　　온라인 뉴스 형식에는 아주 두드러진 몇 가지 특징이 있다. 이것들이 앞으로 뉴스 수용 과정이나 언론인의 작업 과정, 직업 문화에 어떤 영향을 줄 것인지는 중요한 쟁점이 된다. <워싱턴 포스트>의

디지털 신문 창간에 참여한 맥애덤스가 지적하듯이 온라인 기사는 인쇄 신문의 기사와 상당히 다른 구조적 특성을 갖추고 있다 (McAdams, 1995). 전통적인 언론인은 기사를 작성할 때 "스토리, 뉴스 가치, 공공 서비스, 그리고 읽기 좋은 것들"의 관점에서 생각하지만, 온라인 저널리스트는 "연결, 조직, 정보 뭉치들 내부, 그리고 그것들 사이의 이동, 다양한 사람들 사이의 커뮤니케이션"을 고려하게 된다는 것이다.

이 점들을 감안할 때 온라인 기사의 심층성이라는 특성은 전통적인 뉴스 형식과는 다소 다른 모습으로 나타날 수 있다. 온라인 뉴스는 지면의 제약을 받지 않기 때문에 다양한 출처에서 나온 정보를 조합해서 활용하면 심층성을 강화할 수 있다. 하지만 이러한 특성은 장점이면서 단점도 된다. 온라인 기사에서 정보는 서로 독립된 단편으로 구성되기 때문에 인쇄 매체처럼 논리적인 순서가 아니라 입체적인 링크 *link* 기능을 통해서 서로 연결된다. 더구나 인쇄 매체에 비해 온라인 뉴스의 정보 조직 구조는 전체적으로 훑어보기에 어렵게 되어 있다(McAdams, 1995).

따라서 온라인 뉴스 형식에서는 인쇄 매체의 몇몇 특성이 오히려 더 강화되기도 한다. 이용자 조사에 의하면 컴퓨터 화면상에서는 수용자가 기사를 꼼꼼히 읽지 않고 훑어보기 때문에 오프라인 기사에 비해 절반 이하로 짧게 써야 한다고 했다. 단락은 짤막하고 간결하게 구분해야 하고 중요한 키워드는 강조 표시하며 단락마다 작은 제목을 붙여 시각화하는 것이 효과적이라고 한다. 또 기사 요지를 한눈에 파악하기 쉽도록 하기 위해 역피라미드형 기사 작성의 원칙은 더욱 중요해진다. 따라서 온라인 기사는 서로 관련은 있으나 독립된 수많은 짧은 역피라미드형 기사로 이루어지게 된다(Nielsen, 1996; Nielsen, 1997; Pogash, 1996: 30).

물론 이처럼 온라인 뉴스가 수많은 단편으로 구성된다 하더라도 현실에 대해 이전보다 좀더 심층적이고 거시적인 그림을 전달하는 일도 불가능하지는 않다. 기자는 독자가 어떤 경로를 따라 뉴스를 읽을지 감안해서 링크의 틀을 입체적으로 구상할 수도 있을 것이다. 하지만 이와는 달리 윌리엄스는 온라인 미디어의 속성 자체가 뉴스의 객관성을 해칠 수도 있다고 경고하고 있다. "웹은 즉각적이고 경계가 없으며 쌍방향적이고 가변성이 높은 속성이 있다. 언론인이 현란한 장치에 너무 빠져들게 되면 이 속성은 조심스럽고 정확하면서도 균형 잡힌 보도를 해치는 방향으로 작용할 수도 있다"(Williams, 1997). 특히, 기존의 방송·인쇄 매체가 온라인 미디어 형식으로 수렴되고 경쟁이 치열해지면, 미래학자들이 예측하고 있듯이 온라인 뉴스의 장점만 살린 최선의 뉴스 양식이 탄생할 것인지, 아니면 가장 선정적이고 현란한 요소들(예를 들어, 영상이나 음성 등)만 기형적으로 발전할 것인지는 아직 불확실하다.

여기서 분명한 것은 온라인 저널리즘이 어떤 방향으로 자리잡든지 뉴스 형식과 언론인의 직업적 성격에 대해 지금까지와는 달리 새로운 접근 방식으로 파악해야 한다는 점이다. 전통적인 뉴스의 서사 구조 대신에 단편들의 연결성에 근거한 새로운 뉴스 형식이 보편화한다면 언론인은 지금까지 겪어보지 못한 아주 새로운 형태의 직업으로 바뀔지도 모른다. 가령 언론인이 정보의 흐름에서 이전처럼 독점적인 게이트 키퍼 구실을 할 수 없다면 정보 수집보다는 다양한 출처에서 나오는 정보를 확인하는 일 따위의 질적인 차별화에 비중을 더 두게 될 지 모른다.

온라인 저널리즘 시대에는 전통적인 유형의 기자 직종이 쇠퇴하고 언론인과 사서, 연구자를 혼합한 새로운 직업이 탄생할 것이라고 노라 폴은 보고 있다(Paul, n.d.). 윌리엄스 역시 비슷한 주장을 하고 있다. "뉴스는 아마도 보도의 폭 보다는 기사나 쟁점의 층들 속에 존재하게 될 것이다. 저널리스트는 도서관 사서처럼 사고하는 법을 배워야 할 지 모른다"(Williams, 1998: 34). 만일 이처럼 새로운 형태의 저널리즘이 전통적 작업 양식을 완전히 대체하지는 못한다고 하더라도 적어도 기존의 직업 문화에 주는 파급 효과는 아마 엄청날 것이다.

언론인의 역할이 하이퍼텍스트 세계에서 안내자 역할로 바뀌게 된다면 작업 방식도 상당히 변화할 것이다. 뉴스의 서사 구조가 관련 사이트들을 연결시킨 정보 지도에 가깝게 바뀌게 된다면 "뉴스를 읽는" 행위는 물리적인 신문지를 집어들거나 텔레비전을 켜는 행위와 결부되지 않고 소비자가 정보 추구에서 단순히 거쳐가는 한 단계에 불과할지도 모른다. 이렇게 되면 뉴스 읽기는 다른 유형의 정보 추구 행위와 점점 구별하기가 어려워지게 된다(Williams, 1998: 39). 이는 뉴스의 생산과 유통 과정에서 수용자뿐 아니라 뉴스 노동자도 이전과는 전혀 다른 형태의 경험을 맞게 될 수도 있다는 뜻이다. 문자 텍스트의 생산과 해독에 근거하는 구텐베르크 시대의 사고 방식에도 혁명적인 변화가 일어나게 된다. 이는 저널리즘 연구자에게 많은 새로운 연구 주제를 제시해 준다.

5. 테크놀로지와 뉴스의 문화

온라인 저널리즘의 수용 문제는 테크놀로지와 문화의 관계라는 아주 근본적이면서도 중요한 쟁점을 부각시킨다. 새로운 테크놀로지에 관한 연구는 흔히 기술적 가능성과 변화의 측면을 부각시키기 쉽다. 하지만 테크놀로지의 잠재력이 모두 그대로 실현되는 일은 흔하지 않으며 기술 도입에도 불구하고 기존의 사회 문화적 양식 중에서는 변화하지 않는 요소도 많다. 이 점은 온라인 저널리즘에도 적용된다.

온라인 형태의 뉴스 생산과 유통 방식은 거의 무한한 기술적인 가능성이 있고 실제로 많은 변화를 가져올 것이다. 그렇지만 이러한 변화는 "새로운 테크놀로지 자체의 위력에서 유래하지는 않고, 이것들이 뿌리내린 문화적·경제적 양상 속에서 어떻게 전개되는지에 달려 있다. 그러므로 내일의 문제와 기회는 적어도 오늘의 문제나 기회와 밀접한 관계를 맺고 있다"(Aufderheide, 1998: 44). 예컨대 윌리엄스의 지적처럼 "과거의 법적인 틀, 윤리적 모델, 뉴스에 대한 상업적인 지불 방식이 이러한 새롭고 다양한 면모의 세계에 맞추어 쉽사리 변하지 않는다는 문제가 남는다"(Williams, 1998: 39). 새로운 테크놀로지의 많은 가능성 가운데 가장 손쉽게 수용되는 부분은 뉴스 가치나 직업 문화, 사회적 관행 등 기존의 가치 체계나 생활 방식과 양립하기 쉬운 부분들이다.

취재 방법으로서 온라인 저널리즘이 어느 정도로 또 어떤 형태로 정착될 것인가 하는 문제 역시 이를 수용하는 사회적·정치적·문화적 맥락이나 언론사의 조직 문화에도 달려 있다. 예컨대 역사적으로 볼 때 취재 방법이나 뉴스로 인정받는 정보 형태는 사회적·정치적·문화적 변화를 밀접하게 반영하고 있다. 기자 직업의 선구자라고 할 수 있는 19세기의 언론인은 가령 법원 속기사처럼 주위 직종에서 취재 방법을 모방했다고 한다. 이후 관료제나 공기록 보존 방식, 정보 공개제 등도 언론의 보도 양식에 많은 영향을 주었다(Ward & Hansen, 1986: 52). 한국 사회에서 보도 자료에 의존하는 관급 기사의 비중이 왜 그렇게 높으며, 특히 정치 보도에서 추측성 분석이 왜 그렇게 일반화했는가 하는 문제도 이러한 관점에서 설명할 수 있다. 중요 기구의 내부 과정에 대한 정보 공개가 제도화하지 않은 환경에서 기자는 결국 보도 자료나 비공식적인 채널에서 얻은 단편적 정보에 의존할 수밖에 없을 것이다. 즉, "보도 기법의 발전사는 어떤 방식으로든 당시의 사회적·정치적·법적·기술적 환경을 반영한다는 사실을 보여 준다"(Ward & Hansen, 1986: 52).

반 아이크는 네덜란드의 어느 일간지에서 컴퓨터 취재 보도가 어떻게 시행되고 있는지 연구했는데, 이 사례는 온라인 저널리즘의 보급 역시 사회적 · 문화적 환경에 의해 규정된다는 것을 잘 보여 주고 있다(van Eijk, n.d.). 이 신문사에서는 1993년 무렵부터 과학부에서 인터넷을 사용하기 시작해 외신부와 국제 관계 논평 기사에도 활용하기 시작했다. 하지만 네덜란드 국내 담당 기자는 취재에 인터넷을 거의 사용하지 않는다고 한다. 인터넷에서 얻을 수 있는 네덜란드 관련 자료가 별로 없기 때문이다. 대체로 네덜란드의 기자들은 인터넷을 업무에 일상적으로 활용하기보다는 앞으로 기사 작성에서 쓸 만한 아이디어를 얻을 목적으로 사용하는 경향이 있다. 이는 온라인 취재 보도가 아주 활성화한 미국의 사례와는 대조적이다.

반 아이크는 이러한 차이가 생겨나게 된 몇 가지 이유를 들고 있다. 우선 미국과 달리 네덜란드에서는 정보 자유법(Freedom of Information Act)이 정착되지 않아 정부 기관들이 컴퓨터 네트워크를 통해 공공 정보를 공개하려는 노력을 하지 않았다. 따라서 온라인 정보 중에서는 기자가 취재에 활용할 수 있는 공기록이 많지 않다고 한다. 오히려 멀리 떨어진 미국의 기록을 입수하는 것보다 네덜란드 공공 기관의 자료를 구하는 데 훨씬 많은 시간이 걸리는 사례도 있다. 또한 반 아이크는 언론계 전통의 차이를 두 번째 요인으로 들고 있다. 네덜란드의 언론은 정치적 전통이 강해 사실보다는 의견을 중시하는 경향이 있다. 이러한 전통은 최근 20~30년 동안 많이 완화되어 사실에 대한 조사가 이전보다는 중요해졌지만 그래도 미국 언론과 비교할 때는 여전히 차이가 많다. 반 아이크의 연구는 물론 한국 사회의 사례에도 적용될 만한 함의를 많이 준다.

스프라울과 키슬러의 "두 단계 two-level" 시각은 조직 내에 테크놀로지가 도입되는 과정을 연구하는 데 필요한 개념을 제시해 주고 있다(Sproull & Kiesler, 1991). 이들은 전자 우편의 도입이 조직에 미친 영향에 관한 연구에서 새로운 테크놀로지 도입은 '효율성 효과 efficiency effects'와 '사회 체제 효과 social system effects'를 동시에 가져올 수 있다고 강조한다. 대개 테크놀로지를 새로 도입하는 조직은 주로 첫단계 효과, 즉 효율성 효과만 고려하는 경향이 있는데, 스프라울과 키슬러는 두 번째 단계의 체제 효과가 조직에 더 중요한 사례가 많다고 주장한다. 새로운 테크놀로지를 도입해서 교체할 기능을 분석할 때 흔히 이전의 테크놀로지가 주던 효용을 과소 평가하기 쉽다. 신기술 도입자들은 "이전의 테크놀로지가 조직의 생활에 유용하게 뿌리박고 있는 방식을 과소 평가하거나 무시"하는 경향이 있다(p.4). 이들은 "새로운 테크놀로지의 가장 중요한 효과는 사람들이 이전의 것을 좀더 효율적으로 수행하도록 하는 데 있지 않고 대신에 이전의 테크놀로지로는 불가능하던 새로운 일을 하도록 하는 데 있다"고 강조한다(p.7).

이들의 연구는 테크놀로지 문제를 연구할 때 전통적인 사회 문화적 맥락과 연관지어 파악하는 거시적 안목이 중요하다는 사실을 환기시켜 준다. 정보 테크놀로지에 관한 논의에서 흔히 빠지기 쉬운 기술 결정론적 경향을 피하기 위해서는, 특히 다양한 국가들의 사례를 비교 검토하는 비교 문화권적인 시각이 매우 유용할 것이다.

6. 뉴스 노동과 시간의 문화

온라인 저널리즘에 관한 논의에서 또 하나의 핵심적 쟁점은 뉴스 형식이나 특성이 어떻게 바뀔 것인가 하는 문제다. 터크만의 연구는 뉴스가 사회적으로 구성된 정보 생산과 전달 방식이라는 것을 보여 주었다(Tuchman, 1978). 그렇다면 온라인 저널리즘이 뉴스라는 현실 구성 방식에 가져다 줄 변화를 어떤 시각에서 분석할 것인가?

지금까지 온라인 뉴스 형식에 관한 글은 주로 온라인 뉴스의 기술적 특성에 초점을 두었다. 하지만 터크만의 연구는 온라인 뉴스 양식의 특성을 분석하는 데에도 도움이 될 만한 함의를 많이 주고 있다. 터크만에 의하면 뉴스 미디어는 불확실한 현실의 사건을 일정한 방식으로 걸러 내어 뉴스화하는데, 그는 이를 "뉴스 그물 *news net*"이라고 불렀다(pp.21~5). 뉴스 그물은 시간(마감 시간)과 공간(접근 가능한 공적 공간)의 차원을 특정한 방식으로 구성한 것이다. 따라서 시간과 공간의 문제는 뉴스 서사 구조의 특성을 이해하는 데 중요한 요소인데, 온라인 저널리즘은 뉴스의 시간적·공간적 성격에도 많은 변화를 가져올 수 있다.

시간은 시계로 측정할 수 있는 기계적이고 객관적인 실체이면서 사회 문화적으로 구성되는 산물이기도 하다. 컨의 연구는 역사적으로 시간과 공간의 문화가 어떻게 사회 문화적인 산물로서 형성되어 왔는지 보여 주었다(Kern, 1983). 뉴스 생산은 독특한 시간적 구조에 근거하고 있는데, 이것 역시 뉴스 매체가 처해 있는 환경의 산물이다(뉴스의 시간적 구조에 관해서는 Hjarvard, 1994를 참조하라). 우리가 경험하는 뉴스 형태는 터크만의 용어를 빌자면 언론인이 불확실성을 어느 정도 "정형화 *typification*"해서 예측 가능성을 높이려는 과정에서 생겨난 것이다(Tuchman, 1978: 46~63). 가령 하루를 주기로 사건을 구성하는 마감 시간의 관행은 사건 발생의 돌발성을 관리하기 위해 작업 방식을 정형화한 예다. 온라인 저널리즘은 뉴스 조직의 이러한 시간 개념을 어떻게 변화시키고 있는가?

모든 조직은 자신을 환경의 불확실성으로부터 보호하기 위한 메커니즘을 필요로 한다. 특히, 뉴스 미디어처럼 생산 과정이 동적이고 예측 가능성이 낮은 경우, 이러한 불확실성을 최소화하기 위해 '시간의 구조화 *temporal structuring*'가 필수적이다. 즉, 언제 사건이 발생할 지 모르는 가변적인 환경에 맞추어 작업 과정의 시간적 예측 가능성을 높일 수 있는 방안이 필요하다. 우선 특정한 상황이 발생하거나 조치가 이루어지는 시점을 예측할 수 있게 해 주는 '효율적인 일정 관리 *scheduling*'가 이에 해당한다. 기능적으로 서로 분화된 활동을 시간적으로 서로 조정해 주는 '동시화 *synchronization*,' 주어진 시간을 가장 효율적이고 합리적으로 사용할 수 있도록 하는 '시간 할당 *time allocation*' 따위도 시간의 구조화에서 대표적인 방식이다(Hassard, 1991: 116~7).

뉴스 미디어는 시간적 불확실성이 높은 작업 환경에 맞추어 독특한 시간의 문화를 발전시켰다. 특히, 첫째로 마감 시간의 문화는 언론사 조직의 작업 리듬뿐 아니라 조직 문화에까지 스며 있는 가장 두드러진 특징이다. 라일리 등은 미국 한 대도시 일간지에서 온라인 저널리즘의 도입 이후 신문사 조직의 작업 관행이 어떻게 바뀌었는지 조사했다(Riley, et al., 1998). 온라인 저널리즘 도입으로 뉴스 생산 과정이 인쇄 매체 모델보다는 방송 모델에 가깝게 바뀌어가고 있다고 이들은 결론지었다. 즉, 온라인 미디어를 발행하는 신문사는 다른 신문사뿐 아니라 CNN 웹 사이트 따위의 방송 매체를 취재 경쟁 상대자로 삼고 수시로 최신 정보를 갱신해 주는 즉시 보도를 점차 강조하게 되었다는 것이다. 따라서 마감 시간 개념은 사실상 유명무실해지고 대신에 방송 미디어처럼 24시간 내내 뉴스를 갱신하는 방식이 정착되었다(Disabatino, 1996).

둘째로 특종 문화는 시간에 민감한 뉴스 조직의 성격을 단적으로 보여 주는 특징이었다. 하지만 온라인 환경에서 특종은 상업적 가치를 잃게 된다(Hume, 1995). 온라인 환경에서는 특종과 낙종의 시간적인 차이가 아주 미세해서 수용자가 거의 인식하기 어려울 정도로 되기 때문이다. 마감 시간이나 특종 따위의 시간 문화가 언론사 조직 문화나 언론인의 직업관에서 차지하는 비중을 생각하면 온라인 저널리즘이 가져오는 변화의 파장이 어느 정도일지 추측해 볼 수 있다.

하지만 뉴스 미디어의 독특한 시간 문화는 온라인 저널리즘의 기술적 가능성을 제약하는 요인이 될 수도 있다. 가령 쌍방향성은 온라인 미디어의 가장 뛰어난 장점으로 꼽히고 있다. 온라인 출판은 전자 우편을 통해 수용자의 피드백을 받기 쉽게 하기 때문에 대중 매체를 쌍방향적인 미디어로 바꿀 수 있다는 주장이 이에 해당한다. 하지만 기자를 대상으로 한 라일리 등의 조사는 이러한 쌍방향성이 상당 부분 허상에 불과할 수도 있다는 점을 보여 준다(Riley, et al., 1998). 저널리즘의 노동 관행, 특히 뉴스 노동의 시간 구조는 쌍방향성이라는 새로운 특성을 수용하기 쉽지 않기 때문이다. 이들의 연구에서 한 기자는 다음과 같이 말했다.

> 어떤 기사가 인쇄되고 나면 이미 나는 다음 임무를 위한 작업을 하고 있다. 다음 기사와 관련된 정보원에 전화를 걸거나 정보를 확인하고 있다. 나는 과거 속에 살면서 지나간 기사에 관한 질문에 계속 답변이나 하고 있을 수는 없다. 그렇게 하지 않으면 다음 번 마감 시간을 맞추지 못할 것이다(Riley, et al., 1998에서 재인용).

이는 뉴스 조직의 직무 할당 방식이나 저널리즘의 문화가 사실상 쌍방향성에 적합하지 않게 되어 있다는 것을 말해 준다. 언론계의 문화가 수용자의 참여보다는 사건에 관한 기사를 만들어 내 전달하는 데 큰 가치를 두고 있는 한 쌍방향성은 기술적인 가능성으로만 남을 수도 있다는 것이다.

끝으로 조직의 수준에서 가장 거시적인 시간의 차원으로는 '커리어 career'를 들 수 있는데, 이것 역시 조직의 변화를 설명할 때 고려해야 할 중요한 요소다. 커리어의 개념은 "개개인의 생애를 규제하고 사회적 가치를 결정하는 여러 사회적 시간의 유형 중에서 핵심적인 요소"다. 사회 구성원들은 사회적으로 정해진 "규범적인 시간표"에 따라 사회적으로 인정받고 의미 있는 지위 단계를 밟아가게 된다(Hassard, 1991: 112). 새로운 테크놀로지의 도입은 이미 통용되고 있던 숙련도 skill 의 가치에 대한 재평가와 인력 수요의 변화를 수반하게 된다. 하지만 노동 인력의 숙련도 내용은 단순히 직책 이동과 재교육을 통해 쉽게 전환할 수 없는 것이며 때로는 새로운 인력 공급을 필요로 하기도 한다. 기존 인력의 소모와 새 인력 공급이라는 과정은 개인 단위에서 보면 커리어라는 비교적 긴 시간 범위 *time span* 에 걸쳐 서서히 진행된다. 더구나 새로운 숙련도를 갖춘 인력은 흔히 조직의 권력 위계에서 낮은 위치에서 시작하기 때문에 변화의 결정 과정에서 주도권을 잡기 어려운 것도 감안할 만한 쟁점이다.

아무리 혁신적인 테크놀로지라도 기존 작업장의 커리어 구조에 적합하거나 합리적인 형태의 커리어 구조를 새로 만들어 내지 못할 경우 조직 내에 제대로 정착되기 어렵다. 언론계에서 새로운 변화의 수용이 느린 것은 이처럼 커리어 개념으로 설명할 수 있는 부분이 많다. 노동 조직에 도입되는 테크놀로지 중에서는 노동 과정에 필요한 숙련도의 종류나 성격을 바꿈으로써 기존의 커리어 구조를 혁명 적으로 바꿀 잠재력을 갖춘 것이 많다. 하지만 실제로 커리어 구조가 항상 이러한 기술적 시나리오에 따라 변화한다고 보기는 어렵다. 노동 시장의 상황이나 작업장 정치, 사회적인 고용 구조 등에 따라 변형되는 수가 많은 것이다. 또 기술적으로는 단기간에 조직 혁신이 가능하다 할지라도 고용 구조는 비교적 장기적인 시간 단위인 커리어 구조에 따라 서서히 변하기 때문에 조직 혁신의 템포 역시 상대적으로 완만한 사례가 많다.

7. 뉴스 노동과 공간의 문화

뉴스 조직은 공간적 측면에서도 이해할 수 있다. 특히, 뉴스 조직은 사회 어디서나 발생할 수 있는 사건들에 관한 정보를 수집하는 데 목적을 두고 있다. 말하자면 전 사회를 노동 대상으로 삼고 있는 셈이다. 뉴스 양식은 잠재적인 정보의 공간적 분포의 불확실성을 어떻게 관리하느냐 하는 문제를 둘러싸고 형성되었다. 이 점에서 공간의 사회적 성격을 어떻게 파악하느냐 하는 것은 뉴스 양식의 변화를 이해하는 데 중요한 단서가 된다.

역사적으로 볼 때 테크놀로지는 뉴스 양식에서 공간의 개념을 구조화하는 데 큰 영향을 주었다. 전신이 대표적인 예다. 전신이 등장하기 전에는 시간은 지리적 공간, 즉 거리와 비례 관계에 있었다고 할 수 있다. 하지만 전신은 공간적으로는 서로 먼 거리에 분포되어 일어나는 사건을 동시에 체험할 수 있게 해 주어 결과적으로 공간을 압축시키는 효과를 가져왔다. 이러한 사회적 공간 개념의 변화는 "동시성 *simultaneity*"의 체험을 조장했다(Kern, 1983: 314). 전화기도 비슷한 파급 효과를 가져왔다. "물리적 근접성에 의해 결정된 유형을 넘어서 관심이나 사회적 접촉, 상호 의존성의 확장을 정착시켰기 때문"이다(Sproull & Kiesler, 1991: 7). 이 같이 올드 테크놀로지의 경험을 검토해 보면 우리는 미래에 일어날 변화의 사회적 의미를 해석하는 통찰력을 얻을 수 있다.

오늘날 뉴스 생산 과정에서 공간의 측면은 몇 가지 두드러진 특징을 갖고 있다. 전신의 사례처럼 뉴스의 전달 단계는 공간적 한계를 뛰어넘었다고 할 수 있지만 생산 단계에서 공간은 여전히 제약 요인으로 작용하고 있다. 뉴스 생산은 넓은 범위에 분산되어 있는 잠재적 뉴스거리를 놓치지 않도록 계속 뉴스 그물을 쳐야 하는 불확실성의 게임이다. 언론사 조직의 분업 구조는 이러한 공간적 불확실성을 최소화하려는 과정에서 만들어진 것이라 할 수 있다. 즉, 뉴스 발생의 불확실성을 줄이기 위해 정보 발생의 가능성과 중요도에 따라 일정한 공간적 구역 단위로 나누어 취재하는 분업 체제(즉, 출입처)가 생겨났다. 신문의 지면 구분이나 방송 미디어의 시간 편성 역시 취재 구역의 이러한 공간적 분업에 대응해서 형성된 것이다.

코크란은 온라인 저널리즘이 도입되면 기자와 정보원의 공간적 관계가 변화할 것이라고 보고 있다(Cochran, 1997). 지금까지 기자는 취재를 위해서는 정보가 위치하고 있는 출입처라는 물리적 공간으로 이동해야만 했다. 지금까지 뉴스 양식의 독특한 공간 관념은 뉴스 가치나 형식에도 깊이 배어 있다. 가령 육하 원칙에 따라 사건 발생 장소를 첫 문장에 밝히도록 하는 뉴스 문장 작법이라든지 근접성을 선호하는 뉴스 가치가 이에 해당한다. 뉴스 개념의 지리적 성격 때문에 특정한 공식 출입처에 국한되지 않는 추상적인 주제는 뉴스거리에서 배제되는 일이 많았다. 하지만 인터넷상의 가상 지리 공간 *virtual geography*에서는 물리적인 장소가 의미를 잃고 취재에서도 공간적 이동은 별다른 장점이 되지 못한다. 온라인 미디어를 활용해 "원격 저널리즘 *distance journalism*"이 가능해졌기 때문이다(Cochran, 1997).

온라인 저널리즘에서는 출입처가 가시적이고 구체적인 지리적 공간(즉, 공기관이나 학교 등) 대신에 주제(정치, 교육, 경제 등)에 따라 취재 영역이 재편성될 수 있다. 그뿐 아니라 취재 구역도 이전처럼 물리적 이동이 가능한 범위 내에 국한되지 않고 전세계로 확대할 수 있다. 또 이전에는 제한된 시간 내에 넓은 공간 범위를 취재하기 위해 뉴스거리의 발생 가능성이 높은 공기관에만 주로 출입했다. 하지만 온라인 취재에서는 지금까지 중요한 정보원으로 인정받지 못하던 다른 정보원도 다양하게 접하고 인용할 수 있게 된다.

가상 지리 공간을 통한 취재에서는 취재 영역이 넓어질 뿐 아니라 기자가 취재 방식을 정하는 데 도움이 되는 준거 집단도 다양해진다. 직업 규범과 관련해서 보자면 언론은 다른 권위 있는 기관을 준거 집단으로 삼아 취재 방식 결정에 참고한다. 이들은 인터넷을 통해 세계의 모든 언론 기관을 참고할 수 있게 되었다(Singer, 1998). 이러한 변화는 뉴스 생산 과정에도 적지 않은 영향을 줄 것이다.

온라인 저널리즘은 수용자층의 공간적 분포라는 측면에도 변화를 가져올 수 있다. 뉴스 공동체는 지리적 공간, 혹은 근접성이라는 전통적 뉴스 가치에 근거한 사회적 일체감에 따라 정의된다고 할 수 있다. 뉴스 공동체를 구성할 때 지리적 구속을 깨뜨릴 수 있다는 점은 인터넷의 장점이다. 그러나 온라인 미디어는 개인의 수요나 관심사에 따라 점차 세분화·파편화하고 있다. 수용자층의 이러한 파편화는 적지 않은 문제점을 안고 있다. 수용자는 자신이 살고 있고 자신에게 영향을 미치는 실제적·물리적 공간에 관해 알 필요가 있다. 일정한 물리적 공간 범위 내의 수용자에 기반을 두는 전통적인 뉴스 모델은 이 때문에 형태는 바뀌더라도 앞으로도 계속 유효할 것이라는 주장도 있다(Singer, 1998).

결국 미래의 온라인 저널리즘에 대한 이러한 가상적인 예측은 어디까지나 기술적인 가능성에 불과할 수도 있다. 그것이 어떤 형태로 정착될 것인지는 사회적 맥락에 따라 달라질 수도 있기 때문이다. 라일리 등의 연구에 의하면 온라인 출판이 가상 공간에서 정보 영역의 한계를 무한히 넓혀줄 것이라는 일반적인 기대가 실제로는 상당히 다른 결과로 나타나고 있다(Riley, et al., 1998). 즉, 온라인 신문사는 수용자가 다른 사이트에 접근하는 것을 차단하고 자신의 사이트에 붙들어 두기 위해 웹상에서 가상 지리 공간의 '영토화'를 꾀하고 있다는 것이다. 온라인 뉴스의 엄청난 기술적 잠재력과 달리 수용자가 특정한 사건이나 주제에 관해 다양한 목소리를 접할 수 있는 기회가 차단되고 있는 셈이다. 이는 주로 수용자를 최대한 확보해 광고 수입을 높이려는 경제적 이해 관계 때문에 생겨난 현상이다. 즉, 이 사례는 앞으로 시장 경쟁의 논리가 온라인 저널리즘의 기술적 잠재력을 왜곡할 가능성이 적지 않다는 것을 잘 보여 준다.

가상 공간에서의 취재가 전통적인 출입처 제도를 대체할 것인지도 다른 각도에서 보면 논란의 여지가 있다. 출입처 제도에서 기자는 정보원과 물리적으로 접촉하는 데 그치지 않고 정보원과 비공식적 인간 관계까지도 맺게 된다. 가상 공간의 취재와 물리적 공간(출입처)의 취재가 얻어낼 수 있는 정보 특성의 차이라든지 두 가지 커뮤니케이션 과정의 특성에 .관해서는 아직 연구된 바가 거의 없다. 사이버상의 정보가 아무리 풍부하더라도 온라인상에 비친 세계가 현실 세계를 대표성 있게 반영할 지에 대해 의문을 표하면서 온라인 취재의 유용성에 조심스런 태도를 표하는 이도 있다(Wolff, 1994: 64). 기자가 온라인상에서 주로 접하는 사람은 오프라인 세계의 평균인에 비해 더 많이 교육받고 상대적으로 부유하며 컴퓨터 이용 능력이 더 나은 층일 가능성이 있기 때문이다.

결국 온라인 취재가 발로 뛰는 전통적 취재 방식과 동일한 효과를 가져올지는 아직 미지수다. 한국 사회에서 그 동인 출입처 기자단 제도의 문제점을 지적하면서 여러 차례 폐지를 시도했지만 좀처럼 없어지지 않는 것을 단순히 윤리 의식의 결여라는 차원에서만 파악할 수 없는 것과 마찬가지다. 두 가지 취재 유형이 공존할 것이라는 주장은 많지만 더 중요한 문제는 양자가 어떤 형태로 자리잡을까 하는 점이다.

8. 조직 내 기능 재배치와 권력 관계의 변화

온라인 저널리즘은 가상 공간에 많은 변화를 가져오지만 이에 못지 않게 조직 내 위계나 직종 간의 권력 분포의 변화도 이론적으로 중요한 쟁점이다. 언뜻 보기에 온라인 저널리즘의 확산은 추상적이고 거시적인 수준의 문제로 비추어질 수도 있다. 하지만 이 현상은 조직 내부에서 기존의 직종과 새로운 직종 사이에 어떤 잠재적인 이해 관계의 갈등이 생겨날 수 있는가 하는 차원의 문제로 축소시켜 접근할 수도 있다. 아직 이 주제에 관해 나온 연구가 거의 없기 때문에 단지 몇몇 연구에서 단편적으로 언급된 것을 중심으로 쟁점을 정리해 본다.

우선 온라인 저널리즘이라는 혁신의 확산이 어떤 채널을 통해 이루어지며 그 채널이 조직 내에서 얼마나 영향력이 있는지는 매우 중요한 문제다. 예를 들어, 도입 채널이 공식적인가, 비공식적인가? 즉, 경영진 차원에서 주도해서 이루어지는가, 아니면 몇몇 선각자적 개인이 외부 경로를 통해 익혀 조직 내에서 사용하면서 퍼지게 되었는가? 또 새로운 기법은 조직 차원에서 재교육을 통해 보급되는가, 아니면 이미 그것을 익힌 신입 사원의 충원을 통해 조직 내에 도입되는가? 새로운 기술이 조직 구성원 가운데 어느 수준에 도입되는지, 즉 오피니언 리더에 해당하는 초기 채택자가 조직에서 얼마나 영향력이 있는지는 혁신의 확산 과정을 결정짓는 데 아주 중요한 요소다. 말하자면, "문제는 이러한 저널리즘의 실행자가 새로운 '뉴스 만들기' 방식을 자신의 조직에서 저널리즘의 지배적인 문화로 만들기에 충분한 권력과 추진 수단을 확보할 수 있느냐는 것이다"(Cochran, 1997).

미국에서는 이미 컴퓨터 취재를 활용해 작성한 기사가 퓰리처상을 비롯해 권위 있는 언론 상을 몇 차례 받았다. 이는 온라인 저널리스트의 직업 위상이 높아졌을 뿐 아니라 새로운 취재 방식이 저널리즘 세계의 권위 위계에서 핵심적인 요소로 부상하고 있다는 징후로 볼 수 있다. 다른 국가에 비해 미국의 언론에서 온라인 저널리즘이 활발히 보급된 것에는 여러 이유가 있겠지만 온라인 저널리즘의 위상이 상대적으로 높아진 것과도 적지 않게 관련이 있을 것이다.

온라인 저널리즘이라는 새로운 작업 양식과 직종이 도입되면 기존의 양식이나 직종과 잠재적인 갈등을 일으킬 수 있다. 즉, 새로운 작업 양식은 기존의 것과 별도의 직종으로 자리잡아 공존할 수도 있고, 기존의 것을 퇴출시키고 대신 자리잡을 수도 있으며, 기존 직종의 한 업무 형태로 흡수될 수도 있다. 인쇄판 신문과 온라인 신문을 동시에 운영하고 있는 언론사에서 두 부문 직종들의 관계를 검토해 보면 이 문제에 대한 함의를 얻을 수 있다.

미국의 사례를 보면 아직은 조직 내에서 온라인 미디어의 직원보다는 오프라인 직종의 권한이 크다. 아직까지 온라인 신문은 독자적으로 기사를 취재해 싣기보다는 오프라인 신문의 기사를 전재하는 방식을 채택하고 있어 오프라인 신문사 직원에게 의존할 수밖에 없기 때문일 수도 있다. 대체로 온라인 저널리스트는 전통적 언론인과 겨룰 만한 지위를 아직 인정받지 못하고 있으며, 심지어 취재 과정에서 취재원 접근을 거부당한 사례까지 있다고 한다(Singer, 1998; Lasica, 1998). 전통적인 언론인 중에는 온라인 신문 종사자를 같은 동료로 인정하지 않으려 하는 경향도 있다.

온라인 저널리즘이 도입되면서 많은 언론사에 담당 부장 CAR Editor 직이 신설되었지만 이 부서에 온라인 취재를 전담하는 부하 직원을 두지 못한 사례도 적지 않았다. 그래서 편집국의 대형 취재 건에 참여할 때라든지 독자적인 취재를 추진할 때마다 다른 기자나 부장을 설득해야 하는 상황이 잦았다. 또 컴퓨터 취재 전담 기자가 다른 출입처 기자와 공동 작업을 할 경우 기사에 크레딧 *byline* 을 제대로 받지 못하는 경향이 있는 것도 온라인 저널리즘에 대한 기존 조직의 인식을 보여 주는 사례다(Ciotta, 1996: 36, 39). 그러나 노동 시장의 상황이라는 측면만 보면 온라인 감각과 기법을 익힌 대졸 신입사원의 초임은 오프라인 매체 직종에 비해 월등히 높을 정도로 호황을 누리고 있다(Meyer, 1998). 언뜻 보기에 상반되는 이 두 추세가 앞으로 어떤 형태로 자리잡을 것인지는 언론사 조직 연구에서 주목할 만한 주제다.

온라인 저널리즘의 도입은 편집국 기자와 조사부 기자(사서) *news librarian* 의 관계에도 변화를 가져오고 있다. 특히, 신문사에서는 뉴스 제작 과정에 컴퓨터가 활용되면서 지금까지 비교적 뚜렷이 구분되던 두 직종의 직무 내용이 상당 부분 겹치게 되었다. 이러한 변화는 두 직종 사이에 잠재적인 갈등의 소지를 만들어 냈을 뿐 아니라 두 직종의 업무 성격이나 직업 문화에까지 영향을 줄 가능성이 있다.

사서라는 직종은 인쇄 혁명의 산물이다. 역사적으로 보면 두 직종의 관계는 테크놀로지 발전과 더불어 두드러지게 변모해 왔다. 전통적으로 미국의 언론사 조직에서 조사부는 편집실을 지원하는 기능을 맡기 때문에 위상이 낮았다. '시체실 *morgue*'이라는 음침한 용어에서도 드러나듯이 조사부는 주로 신문 스크랩 자료를 비롯한 문서 정보를 보존하는 곳이었다. 우선 사서가 수작업 방식으로 기사를 정리하는 데 시간이 많이 걸렸고, 여기서 자료를 찾는 일 역시 힘들고 느리면서도 아무 소득도 거두지 못하는 일도 때때로 생긴다. 편집국이 조사부의 지원 능력을 점차 신뢰하지 않게 된 것은 여기서 유래한다(Paul, n.d.).

하지만 미국에서는 1980년대 후반부터 신문 기사 스크랩 대신에 기사 데이터 베이스를 이용하기 시작하면서 이러한 관계는 많이 바뀌기 시작했다. 워드 작성 외에는 컴퓨터 사용에 익숙하지 않은 기자를 훈련시키는 것은 쉬운 일이 아니었다. 더구나 상업적인 데이터 베이스는 이용료가 비싸기 때문에 숙련된 전문가만 사용하도록 해서 경비 지출을 통제할 필요도 있었다. 뉴스 생산 과정에서 조사부 사서가 이 기능을 맡게 되면서 조사부의 위상은 매우 높아졌다(Koch, 1991: 220~1). 하지만 1990년대에 들어오면서 점차 많은 언론사에서는 편집실에 단말기를 많이 설치해 기자가 직접 검색을 하도록 하기 시작했다. 미국의 조사부 사서를 대상으로 한 조사에 의하면 편집국의 80% 이상이 편집국의 단말기를 통해 조사부의 데이터 베이스를 이용할 수 있다고 한다(Paul, n.d.). 이렇게 되면서 기자와 조사부의 기능이나 업무의 성격은 상당 부분 중첩되게 되었다.

이와 같은 추세는 뉴스 조직 내에서 새로운 쟁점을 부각시키고 있다. "데이타베이스 서비스 예산 책정, 온라인 검색 비용 통제, 그리고 이러한 검색 작업의 주된 책임을 조사부 사서에게 맡길 것인지, 아니면 기자에게 맡길 것인지는 이제 새롭게 부상하고 있는 실질적인 쟁점에 속한다"(Ward & Hansen, 1986: 51). 미국에서도 언론사마다 온라인 검색을 담당하는 부서는 비교적 다양하다고 한다. 반 아이크에 의하면 네덜란드에서는 기자와 조사부의 기능이 비교적 엄격히 분화되어 있고, 대개 온라인 자료의 검색은 주로 조사부의 임무에 속한다고 한다. 사서 외에는 경제부나 정치부 기자를 비롯해 아주 소수의 사람만이 외부 데이터 베이스 이용 권한을 갖고 있다. 즉, "데이터 베이스 검색과 기사 작성 임무를 뚜렷이 구분"하고 있다(van Eik, n.d.). 앞으로 온라인 검색이라는 새로운 직무를 어디서 또 어떻게 담당하느냐 하는 관할 영역의 문제는 중요한 쟁점으로 부상할 것 같다. 직종 간의 분업 구조가 구체적으로 어떻게 형성될 것인지는 두 직종의 커리어 구조를 비롯해 저널리즘 양식에까지 큰 파급 효과를 미칠 것이기 때문이다.

몇몇 연구자들은 앞으로 기자와 조사부 사서 직종이 직종 분업 면에서는 구분이 유지되겠지만 기능적으로 점차 상호 의존적이며 비슷하게 될 것이라고 본다(van Eik, n.d.; Ward & Hansen, 1986: 52~3). 앞으로 정보 검색 기능은 기자가 갖추어야 할 필수적인 자질이 될 것이며, 사서 역시 지금까지 기자의 고유 직무에 속하던 부분을 상당히 흡수하면서 기사 작성 과정에서 중요한 동반자의 위상으로 부상할 것으로 본다(Koch, 1991: 222~3). 이 주장들은 주로 온라인 테크놀로지 때문에 두 직종의 정보 수집 과정이 유사해지고 있다는 관찰을 토대로 하고 있다. 그러나 이 두 직종의 이질적인 커리어 구조나 직업 문화가 두 직종의 수렴에 어떻게 작용할 것인지는 아직 불확실하다. 하지만 앞으로 뉴스 조직에서 사서의 위상이 높아질 것이라는 데는 이견이 없는 듯하다. 컴퓨터를 많이 사용하는 언론사에서는 점차 기자 단독 취재 대신에 사서를 포함한 "팀 취재 *team journalism*"가 유행하고 있다는 점도 이러한 예측의 근거가 되고 있다(Moeller, 1995: 42, 46).

온라인 테크놀로지는 조직 내 직종 간의 관계뿐 아니라 노사 관계의 틀에까지 영향을 미칠 수도 있다. 온라인 테크놀로지 역시 다른 테크놀로지와 마찬가지로 경영진에 의한 노동 통제 수단이 될 수도 있다. 하지만 모든 테크놀로지가 경영진의 기준과 통제를 강화시켜 주는 것은 아니다. 전화는 원래 경영진이 명령 하달과 직무 감독의 목적으로 도입했지만 피고용인들 사이의 수평적 커뮤니케이션을 가능하게 해 주는 바람에 대인 관계나 통제 유형까지도 크게 바꾸어놓았다.

컴퓨터 도입 사례에서도 비슷한 경향을 볼 수 있다. 1960년대와 1970년대에 대형 메인프레임 컴퓨터는 주로 경영진이 중앙 집중적 통제를 강화할 목적으로 도입했다고 한다. 하지만 PC가 도입되고 컴퓨터 테크놀로지 역시 분산적인 구조로 바뀌어가면서 조직 구성원 사이에 정보 통제권의 분포도 점차 변했다. 가령 조직 내에 정보 네트워크를 도입하면서 종사자가 직접 정보에 접근하고 단순 업무를 처리하게 되었기 때문에 경영진은 의도한 대로 작업 효율성을 개선하는 효과를 거두었다. 하지만 노동자가 정보원을 직접 이용할 수 있게 되자 관리층의 조직 통제력을 상당히 약화시키는 부수 효과도 나타났다. 노동자는 자신의 직무를 장악하고 네트워크상에서 조직 내부나 외부의 사람들과 정보를 공유하는 데에도 컴퓨터를 활용할 수 있게 되었다. 말하자면 조직 통제를 위해 도입된 컴퓨터가 경영진에 대한 효율적인 견제 수단도 부수적으로 만들어 낸 셈이다 (Sproull & Kiesler, 1991: 106~7).

요컨대 온라인 저널리즘은 뉴스 조직 내에서 새로운 숙련도에 대한 수요를 만들어 내고 기존의 직무 구조도 바꾸는 등 많은 파급 효과를 가져오고 있다. 이러한 변화는 기존 직종과 새로운 직종 사이에, 또 기존 직종들 사이에 권력 분포의 변동을 유발할 수도 있다. 가령 온라인 저널리스트와 전통적 저널리스트 사이의, 또는 기자와 조사부 사서 사이의 분업 구조뿐 아니라 노사 관계의 틀까지도 상당한 변모를 겪을 가능성이 있다. 이 점에서 온라인 저널리즘이라는 새롭고 미래 지향적인 주제를 연구하는 데에도 기존의 조직 이론이나 산업 사회학 이론은 여전히 많은 함의를 줄 수 있을 것이다.

9. 기술적 가능성의 두 얼굴

온라인 저널리즘의 확산은 뉴스 노동에 혁명적인 지각 변동을 예고하고 있다. 그것은 매스 커뮤니케이션 과정의 성격이나 전문 커뮤니케이터의 역할, 뉴스 관행이나 형식, 직업관 등에 이르기까지 광범위한 부문에 걸쳐 재검토를 요할 만큼 중요한 변화라고 할 수 있다. 온라인 정보 유통 환경에서는 수용자의 실질적인 발언권이 확장되고 지면이나 채널의 한정 때문에 생긴 정보의 양적 제한도 없어지게 된다. 따라서 전문 커뮤니케이터는 독점적인 게이트 키퍼의 특권을 상실할 수도 있다. 만일 전문적 언론인의 위상이 유지된다 하더라도 정보 전달이나 해석 등 언론인의 전통적 역할은 많은 변화를 겪게 될 가능성이 크다. 온라인 저널리즘은 기사의 시각화, 쌍방향성과 연결성에 근거한 독특한 기사 양식을 낳고 있어 뉴스 형식도 새로운 관점에서 이해할 필요가 있다. 온라인 환경은 마감 시간과 특종, 출입처 등 오랫동안 저널리즘의 상징처럼 통해 온 독특한 시간과 공간 문화까지도 근본적으로 흔들어 놓고 있다.

하지만 이처럼 환상적으로만 보이는 기술적 가능성이 구체적으로 어떤 형태로 정착될 것인지 예측하기는 쉽지 않다. 온라인 저널리즘의 확산 여부는 단순히 어떤 사회의 기술적 발전 정도라는 단일한 척도만으로 예측할 수 없다. 새로운 테크놀로지의 도입은 노동과정의 기술적 효율성의 차원에 영향을 주는 데 그치지 않고 대인 관계나 사고 방식, 가치 등에도 영향을 미치고 또 거기에 따라 구체적인 정착 형태는 달라질 수 있다. 따라서 이러한 사회 문화적 전통에 대한 검토는 테크놀로지가 가져올 미래의 변화를 이해하는 데 중요한 단서가 될 수 있다. 우리가 테크놀로지를 연구하면서 테크놀로지의 현란한 기술적 가능성에만 현혹되지 말고 오히려 변화하지 않는 전통적 요소라든지 권력, 이해 관계 등 세속적 요인에 좀더 이론적으로 관심을 기울여야 하는 이유는 바로 여기에 있다. 가령 테크놀로지가 기존의 사회 문화적 맥락 속에 어떤 과정을 통해 접목되는가, 또 뉴스 조직 내부의 분업 구조나 권력 분포의 지형을 어떻게 변모시키며 어떤 영향을 받는가 하는 문제가 이에 해당한다.

새로운 테크놀로지가 가져오는 변화가 반드시 진보만을 보장하는 것은 아니다. 멀티미디어적 특성이나 심층성, 수용자의 다양한 정보 수요에 맞춘 전문화 등은 온라인 뉴스 양식이 가져올 대표적인 장점으로 꼽히고 있다. 그러나 장차 미디어 통합이 활발해지면서 시장 경쟁이 더욱 치열해질 새로운 미디어 환경에서 온라인 뉴스의 이러한 특성은 뉴스의 선정성이나 수용자층의 파편화, 공동체 의식의 상실 등 예상치 못한 문제점을 가져올 수도 있다. 새로운 미디어 테크놀로지의 쟁점을 연구하면서 우리는 오히려 언론에 관한 전통적 가치의 중요성을 재발견하는 계기를 얻게 될지 모른다.

앞으로 온라인 저널리즘은 피할 수 없는 사회적 추세로 확산될 것이다. 미디어 역시 사회 문화적 환경과 밀접한 관련을 맺고 있는데, 정보를 생산하는 다른 사회 영역에서 정보화가 빠른 속도로 진행되고 있기 때문이다. 하지만 온라인 저널리즘에 관한 연구가 시류에 편승하다 이내 식어버리는 유행으로 그치지 않기 위해서는 추상적이고 미래학적인 논의 수준을 벗어나야 한다. 그러기 위해서는 관련 현상의 여러 측면들을 기술하고 분석하는 실증적 연구가 축적되어야 한다. 하지만 이에 못지않게 중요한 것은 이론적 문제 의식에 입각해서 현상의 어떤 측면을 어떤 방식으로 접근할 것인지에 관한 성찰이 이루어져야 한다는 것이다. 온라인 저널리즘이라는 새로운 현상의 의미를 이해하는 데 적합한 이론적 틀을 발전시키기 위해서는 다양한 이론적 조류들이 참여하는 학제적 *interdisciplinary* 연구를 모색할 필요가 있다.

4부

신문 정책과 개혁 과제

10장 | 신문 개혁과 자율 규제 모델

영국 왕립 언론 위원회의 성과와 한계

1. 정치 과정으로서의 언론 개혁

영국의 왕립 언론 위원회(Royal Commission on the Press)는 2차 세계 대전 이후 1970년대 후반까지 세 차례에 걸쳐 활동했다. 각 위원회는 의장의 이름을 따서 로스 위원회(Ross Commission, 1947~9), 쇼크로스 위원회(Shawcross Commission, 1961~2), 맥그레거 위원회(McGregor Commission, 1974~7)라고 불리기도 한다. 왕립 언론 위원회는 엄격히 말한다면 정책 수립 기관이 아니라 조사 기관으로서 정책 수립을 위한 현실 진단과 이념적 청사진을 제공하는 역할을 했다. 즉, 현실 언론에 어떤 문제점이 있는지 진단하고 이를 어떻게 변화시키는 것이 바람직한지에 대해 방향을 제시하는 기능을 했다. 언론 부문에서 이러한 이념적 청사진은 현실에서 직·간접적으로 큰 영향력을 발휘할 수 있다. 위원회의 정책 결정 과정은 정치 과정과 마찬가지로 여러 사회 집단이나 정치 세력의 집단 역학에 따라 이루어졌다. 그렇지만 이 집단들의 영향력은 현실적인 세력뿐 아니라 자신이 내세우는 주장을 정당화하는 데 동원할 수 있는 담론 자원에 의해서도 크게 좌우되었다.

이 점에서 왕립 언론 위원회의 역사는 영국 사회에서 언론 문제를 보는 다양한 시각들이 서로 투쟁하면서 현실적인 타협을 거쳐 보고서라는 결과물로 만들어 낸 일종의 정치 과정이라고 할 수 있다. 즉, 다양한 행위자들이 서로 충돌하고 타협, 협상하는 과정의 산물로 정책 결과를 파악하는 '관료 정치 모델'은 이 사례를 설명하는 데 편리한 틀이 될 수 있다. 미국의 방송 정책 결정 과정에 관한 크라스노 등의 분석틀은 이 연구에 매우 유용한 선례를 보여 준다(Krasnow, Longley, & Terry, 1982: 138~41). 이들에 의하면 정책 과정에서 행위자들은 서로 갈등하는 목표를 추구하는데, 상호 조정과 타협은 이 과정의 큰 특징이다. 행위자 사이의 권력 분포는 매우 불균등한 것이 보통이지만 그렇다고 해서 특정한 행위자가 동원할 수 있는 자원이 결정 과정을 계속 지배할 수 있을 정도로 압도적인 사례는 드물다. 정책 결정 과정의 이러한 과정적 특성 때문에 정책 변화는 급격하게 이루어지지 않고 점진적으로 진행되는 경향이 있다고 이들은 본다.

크라스노 등은 이 과정에서 행위자의 권력 자원뿐 아니라 법적·이데올로기적 상징이 매우 중요한 역할을 한다는 데 주목한다. 정책 결정 과정은 모든 관련 집단들의 현실적인 세력 균형의 산물이면서, 오래 된 전통과 부상하는 이념이 각축을 벌이는 이념적·상징적 담론 투쟁의 공간이기도 하다. 왕립 언론 위원회가 구체적인 결과물을 만들어 내는 과정을 정책 결정을 둘러싼 집단 역학의 과정이라고 본다면 여기에 영향을 미치는 요인들이 서로 어떻게 작용하는지 입체적으로 검토해야만 이 과정을 제대로 이해할 수 있다.

이 요인 중에는 이념적·담론적 차원에서 영향을 주는 것도 있고, 현실 정치의 장에서 공식적으로나 비공식적으로 영향력을 미치는 인적 집단의 요인도 있다. 자유주의 언론 이념을 비롯해 언론 문제를 이해하고 비판하는 잣대가 되는 이념들은 담론적 요인에 해당하고, 정당의 세력 분포나 언론 관련 정부 기구 구조, 언론사 소유주,

노동 조합, 각종 사회 단체의 압력 등은 인적 집단의 요인에 해당한다. 이 밖에도 왕립 언론 위원회의 구성이나 운영 방식 역시 정책 결정 과정에 영향을 미치는 내부 요인으로 들 수 있다.

이 장에서는 관료 정치 모델에 입각해 왕립 언론 위원회를 통해 이루어진 정책 결정 과정의 의미를 파악하고, 이 사례가 언론 개혁 모델에 주는 함의를 검토하려 한다. 구체적으로 영국에서 세 차례의 왕립 언론 위원회가 어떤 배경에서 출범했으며, 위원회의 정책 결정 과정에서 다양한 사회적 요인들이 어떻게 작용해 어떠한 성과가 도출되었는지 이해하고, 그 결과의 의미와 한계를 평가해 보려 한다.

2. 정책 과정에 영향을 미친 요인들

왕립 언론 위원회의 정책 결정 과정에 영향을 미친 주요 요인들은 크게 다음과 같이 정리할 수 있다. 첫째로는 자유주의 전통과 언론 담론 따위의 상징적 차원, 둘째로는 정부 기구나 부서, 정당 등의 정치 세력, 셋째로는 언론사 소유주와 노동 조합, 시민 사회 단체 등의 관련 이익 단체, 그리고 마지막으로 정책 결정 과정이 이루어지는 위원회 내부의 인적 구성과 운영 방식 등의 요인이다.

1) 자유주의 전통과 언론 담론

왕립 언론 위원회의 최종 보고서에 채택된 내용은 각 관련 집단이 자신의 주장을 최대한 반영하려 각축을 벌이는 과정에서 나온 산물이다. 이 주장은 각 집단의 현실적 이해 관계뿐 아니라 이들의 현실 인식 방식에도 근거하는데, 이 주장을 어느 정도 관철시키는지는 각 집단의 정치적 영향력에 크게 좌우되는 것이 사실이다. 그렇지만 이 집단들은 또한 대중적인 상식으로 통용되는 언론 관련 담론에서 정당성을 찾으려고 노력한다.

영국에서 언론을 둘러싸고 벌어진 정치적 논의들은 고전 자유주의 언론 이론과 떼어놓고 이해할 수 없다. 18세기 이래의 고전적인 이론에서는 언론 자유란 국가의 간섭이나 통제 없이 정보를 전달하고 의견을 표현할 수 있는 자유를 말한다. 이렇게 하면 언론은 민주주의 정치 과정이 유지되는 데 필요한 다양한 의견과 정보를 제공해 줄 것이라고 믿었다. 이처럼 무계획적인 과정을 제대로 작동할 수 있게 해 주는 것이 바로 시장 메커니즘이다. 폭넓고 다양한 언론이 제공될 수 있는 것은 시장에서 그것을 원하는 독자들이 있기 때문이라는 것이다. 자유주의자들에 의하면 시장은 소비자의 욕구를 기반으로 한다는 점에서 정치적 대의 제도와 비슷하다. 정치인이 유권자의 욕구를 맞추기 위해 노력하고 선거에서 심판을 받듯이 신문도 시장에서 독자의 심판을 받는다. 그리고 정치 과정과 상업적 언론 제도는 이러한 심판에 '정당성'의 기반을 둔다는 점에서도 비슷하다.

자유주의 이론이 주는 결론은 단순하다. 즉, 언론이 자유로워야 국민이 힘을 갖게 되며, 정부는 영원히 언론 자유의 적일 수밖에 없다는 것이다. 이 주장은 영국 언론인들의 직업 문화뿐 아니라 정치 문화에도 깊숙이 스며들어 자리잡았다. 이것은 고전 자유주의에서 유래된 이론이지만 전통적 자유주의자뿐 아니라 급진적 자유주의자 그리고 좌파에 이르기까지 중요한 정치적 가치로 인정받고 있다. 영국 사회에서는 이 전통에서 어떤 묵시적인 정치적 합의가 생겨났는데, 바로 '무無정책이 최선의 언론 정책 *a policy of no policy*'이라는 것이다. 이렇게 해서 언론은 정부의 위험한 시선에서 벗어날 수 있으며, 언론을 공개적으로 비판하는 일조차 잠재적으로 정치적 간섭의 시도라는 의혹을 받게 되었다(Curran, 2000: 36). 영국 사회의 이러한 전통은 '최소한의 입법화와 자율성의 원칙 *minimalist legislation and the voluntary principle*'으로 요약할 수 있다(Tunstall, 1983: 237).

왕립 언론 위원회를 통해 진행된 정책 논의 과정에서도 이 전통은 큰 영향력을 발휘했다. 그렇지만 자유주의 언론 이론을 따라 자유 방임 상태로 둔 언론이 자정 기능을 제대로 발휘하지 못할 때 문제는 생겨난다. 왕립 언론 위원회에서는 점차 비난의 대상이 되고 있는 언론의 폐해를 어떻게 교정할 것인지가 문제로 부각되었다. 자유주의 전통에서는 외부적인 강제력에 의해 문제를 해결하는 방식에 대해 부정적이다. 자유주의 전통의 영향력이 매우 크게 남아 있던 1차 왕립 언론 위원회에서는 그래서 주로 언론계의 자율 규제 *self-regulation* 에서 해결책을 찾으려 했다.

그렇지만 세 차례에 걸친 왕립 언론 위원회 활동의 역사는 고전적인 자유 방임주의 언론 이념이 점차 빛을 잃어 가고 새로운 언론 담론이 부상한 과정으로 해석할 수 있다(Curran, & Seaton, 1991: 278). 2차, 3차 왕립 언론 위원회에서는 전통적인 자유 시장주의 언론 담론에서 벗어나 점차 언론의 사회적 책임을 중시하는 방향으로 옮겨갔다. 이러한 변화는 왕립 언론 위원회 활동을 통해 다양한 사회 집단의 주장들이 수렴되기 시작했기 때문일 것이다. 하지만 좀더 근본적인 이유는 급변해 가는 20세기의 언론 현실을 18세기의 이념이 설명하고 소화해내지 못한 데서 찾을 수 있다.

왕립 언론 위원회는 자유주의 이념의 기본 틀을 유지하면서도 다양한 사회 집단이 참여하는 정책 과정을 통해 폭넓은 주장과 이념들을 수렴하려 했다. 따라서, 이 정책 과정을 지배한 자유주의 담론은 일관성을 지닌 것이 아니라 레이먼드 윌리엄스의 용어를 빌리자면 '지배적' 담론 외에도 '잔여적 *residual*' 이념과 '새롭게 부상하는 *emergent*' 이념들이 뒤섞여 있어 이질적이고 때때로 서로 모순되는 복합적 성격의 담론이다(Williams, 1977). 영국 사회에서 통용되던 자유주의 언론 담론은 어떤 순수한 철학적 개념이라기보다는 현실 담론 정치의 산물이기 때문이다.

특정한 시기의 언론 관련 논의에 작용하는 자유주의 언론 담론
은 이처럼 시기나 집단 역학에 따라 가변적일 뿐 아니라 미디어(가령
신문, 방송, 영화 등)에 따라 다른 모습으로 나타나기도 한다. 매체마다
전통이 다르기 때문에 정책에서도 뚜렷한 차이를 볼 수 있다. 어떤
미디어의 독특한 전통은 그 산업의 정책을 수립할 때도 어떤 정책을
어느 정도로 하는 것이 적합한지 규정해 주는 경향이 있다. 미디어
에 관한 보고서를 작성하는 방식에서도 차이가 있다. 신문에 관해서
는 경제학을 비롯해 구조적인 접근이 주류를 이루고, 방송에 관해서
는 공공성이나 취향 *taste* 따위의 도덕적·철학적인 문제가 많고, 영화
산업에 관해서는 업계 자체에 종사하는 사람들의 경험과 통찰력에
근거해 작성한 것이 많다(Seaton, 1978: 297).

따라서, 어떤 시기의 언론 정책은 당시 유행하던 지배적인 언론

표 10-1. 영국의 신문·방송 관련 위원회 활동

신문 위원회 (쟁점)	방송 관련 위원회 (쟁점)
· 1947~9년: 1차 왕립 언론 위원회 (신문의 질, 통제, 경영과 소유 구조)	· 1949~51년: 비버리지 Beverage 방송 위원회 (라디오와 텔레비전의 제도, 통제, 재원과 기타 문제)
· 1961~2년: 2차 왕립 언론 위원회 (신문의 산업과 재정 문제, 신문의 수와 다양성)	· 1960~2년: 필킹턴 Pilkington 방송 위원회 (방송의 미래, 추가 채널의 운영 주체 문제)
· 1974~7년: 3차 왕립 언론 위원회 (신문의 독립성, 다양성과 질, 산업, 노사 관계, 시장 집중, 언론 평의회)	· 1974~77년: 아난 Annan 방송 위원회 (방송의 미래, 제도, 조직, 재정)
	· 1985~86년: 피콕 Peacock 방송 위원회 (BBC의 대안적 재원 조달 방식 — 가령 광고 도입 — 과 그 함의)

출처: Seymour-Ure, 1991, p.212.

담론과 연관되어 있지만, 이 담론의 영향은 미디어마다 불균등하게 나타날 수 있다. 그렇지만 때로는 어떤 미디어의 정책은 다른 미디어의 정책에서 적지 않게 영향을 받기도 한다. 가령 영국 신문 정책의 자유 방임주의적 전통은 방송의 공공 서비스 모델과 뚜렷이 구분되지만, 비슷한 시기에 방송 정책에서 일어난 이념 지형 변화는 신문 정책을 둘러싼 논쟁에까지 상당한 영향을 미쳤다(표 10-1 참조).

2) 정당 정치와 정부

왕립 언론 위원회의 구체적인 정책 결정 과정은 직접 참여하거나 간접적으로 영향을 미치는 집단들의 역학 관계 안에서 이루어졌다. 그 가운데 언론 관련 국가 기구, 정당의 세력 분포, 언론과 정당의 관계 등은 특히 두드러진 요인들이다. 왕립 언론 위원회는 시한부로 운영되어 정책 결정 과정이 비교적 짧은 시간 내에 종결되었기 때문에, 관련 집단들의 역학 관계나 단기적인 정치적 이해 관계에서 크게 영향을 받을 수밖에 없었다.

· **정부 기구나 부서**: 미디어 관련 정부 부서는 공식적 규정이나 정책을 통해 영향을 행사할 수 있을 뿐 아니라 자신들의 입장에서 체계적으로 축적한 전문 지식과 경험을 투입하여 정책 결정 방향에도 영향을 미칠 수 있다. 그러나 다른 유럽 국가와 달리 영국에서는 미디어 부문을 전담하는 정부 부서를 따로 두지 않고 있으며, 국가 차원에서 미디어 산업의 전략적 정책 목표를 수립하는 일에 대해서도 부정적이었다. 그래서 미디어에 영향을 미치는 각종 정책 기능은 수많은 부서(특히, 정치성이 두드러지지 않는 부서들)에 분산되어 있다.

정책 목표 역시 미디어의 내용이나 이용자보다는 미디어의 구조와 조직, 재정과 테크놀로지처럼 구조나 하드웨어의 측면에 초점을 맞추는 경향이 있었다. 특히, 신문 산업에 대한 정책은 어떤 정책 목표의 실현을 추구하는 적극적 정책보다는 심각한 문제가 발생할 때 단기적이고 대증적인 차원에서 대응하는 소극적, 대응적 *reactive* 정책이 주류를 이루었다(Seyour-Ure, 1991: 213, 215).

정부 기구의 분산이나 체계적인 정책 부재는 언론에 개입하기를 꺼려하는 자유주의 전통에서 기인한다. 이러한 구조에서는 언론 산업의 문제점에 일관성 있게 대응하는 정책 수립이 어렵다. 또한 정책 결정의 주도권은 자연히 다우닝가 Downing Street, 즉 총리를 비롯해 고위 정치 지도자의 스타일과 정치적 세력 분포에 좌우되기 쉽다.

· **정당 세력 분포**: 영국의 정치 풍토에서는 정당이 신문 정책 결정에서 중요한 전략적 역할을 한다. 우선 보수, 노동 양당 체제에서 누가 집권하는지에 따라 언론에 대한 시각이나 정책 방향이 달라진다. 또한 신문이 특정한 정당을 지지하는 정론지 역할을 하는 전통이 강하기 때문에, 정권 교체는 언론과 정부의 관계에도 큰 변화를 가져온다. 이 친소 관계는 정부가 언론에 대해 취하는 정책 방향을 정하는데에서도 중요한 전략적 고려 사항이 된다.

정당은 언론의 문제점에 손을 대는 개혁의 주체 역할을 하지만 동시에 재집권과 지지율 유지를 위해 언론에 의존해야 하는 공생 관계에 있다. 따라서 몇몇 정치인이 언론 재벌을 공격하고 나선 사례가 있긴 하나 영향력 있는 고위 정치인이 신문에 대항해 개혁을 주장한 사례는 드물다.

대체로 노동당에 비해 보수당은 언론 사주의 입장을 옹호하는 경향이 있었고, 이 때문에 언론과 훨씬 좋은 관계를 유지하여 정치 보도에서도 언론의 지원을 받기도 했다. 노동당 역시 한때 언론사를 직접 인수하기도 하는 등 언론에서 지지 세력을 확보하려 했기 때문에 신문에 대한 정책이 크게 다르지 않았다. 하지만 노동당은 1960년대에

표 10-2. 2차 대전 이후 영국 집권 내각 분포

수상	집권당	집권 기간
Clement Attlee	노동당	1945 ~ 51
Winston Churchill	보수당	1951 ~ 55
Anthony Eden	보수당	1955 ~ 7
Harold Macmillan	보수당	1957 ~ 63
Alec Douglas-Home	보수당	1963 ~ 4
Harold Wilson	노동당	1964 ~ 70
Edward Heath	보수당	1970 ~ 4
Harold Wilson	노동당	1974 ~ 6
James Callaghan	노동당	1976 ~ 9
Margaret Thatcher	보수당	1979 ~ 90
John Major	보수당	1990 ~ 7
Tony Blair	노동당	1997 ~

출처: Turner, 2000, p.1591.

신문사 운영에서 손을 떼고 나서는 좀더 비판적인 입장으로 선회했다. 노동당은 언론 문제에 관해 뚜렷한 입장을 취하지 않다가 1974년에야 신문 산업에 적극적으로 개입하는 쪽으로 정책 방향을 정리했다.

언론 문제, 특히 신문에 관해서는 입법화를 통한 규제보다 자율성을 중시하는 전통은 어느 당의 정책에서든 비슷하게 유지되었다. 그렇지만 집권 정당에 따라 구체적인 정책은 조금씩 차이가 있었다 (Seyour-Ure, 1991, 207~9). 방송의 예를 들자면 1950년대 중반에 노동당이 집권하고 있었다면 아마 상업 방송인 ITV를 도입하지 않았을 것이며, 1980년대에 집권했다면 아마 Channel 4를 상당히 다른 모습으로 만들었을 것이다. 하지만 집권당의 정책 결정은 정치 상황에 따라 달라지기도 하기 때문에, 정당의 노선 차이가 절대적이지는 않다.

노동당이 1960년대와 1970년대에 집권했을 때에도 상업 방송인 ITV에 크게 손을 대지는 않았다. ITV가 노동당 유권자층에 인기가 높았기 때문일 것이다. 또 1962년 추가 텔레비전 채널 도입을 논의하던 무렵에는 보수당이 집권하고 있었지만 보수당 역시 새로운 채널을 상업 방송에 넘겨 주고 시장 논리만 추구하지는 않았다. 또 1961~2년 2차 왕립 언론 위원회가 활동하던 시기에는 보수당이 집권하고 있어 언론에 대해 비개입주의적 *non-interventionist* 입장을 취한 것이 당연하게 보일지 모른다. 그렇지만 1차(1947~9년)와 2차(1974~7년) 왕립 언론 위원회 무렵에는 노동당이 집권하고 있었는데도 언론 정책에서 보수당 못지않게 비개입주의적 기조를 유지했다. 다시 말해 어느 당이든지 어떤 정치 노선에 입각해 언론을 개혁하려고 권력을 행사하거나 법적 장치를 도입하려는 모험을 꺼려했다. 정치 노선을 감안하면 보수당보다는 노동당 정권이 언론계 개혁의 필요성을 더 느꼈을 것이다. 하지만 그러한 권력 행사는 단기적으로는 매력적일지 모르나 영국의 언론 전통이나 정치 풍토에서 큰 저항과 정치적 위험 부담을 감수해야만 했다.

더구나 광고주는 노동자 계층보다는 구매력이 높은 중산층 독자를 선호하기 때문에, 신문 시장의 기제는 기본적으로 중산층 지향의 보수 신문에게 유리하게 되어 있다. 실제로 영국 신문업계에서 정당별 지지 성향을 보면 보수당 성향이 훨씬 우세했다. 1945년 총선에서 보수당과 노동당은 각각 40%, 48%의 득표율을 기록했지만, 신문 부수 기준으로 볼 때 보수당 지지 신문은 52%인 데 비해 노동당 지지 신문은 35%를 차지하는 데 그쳤다(O'Malley, 1997: 138). 따라서 보수당 정권은 정치적 목적을 위해 굳이 신문 산업에 개입할 필요가 없었다. 영국의 신문업계는 결정적인 국면에서는 우익을 지지하는 성향을 드러냈기 때문이다.

그렇지만 노동당이라 해도 신문 시장에 개입하는 정책을 선택하기란 쉽지 않았다. 신문업계가 어려움을 겪던 1970년대에도 노동당 성향의 <데일리 미러 *Daily Mirror*>는 어느 정도 안정된 운영을 하고 있었는데, 만일 이 무렵에 노동당 정권이 신문 기업에 대한 정부 지원 제도를 도입했다 하더라도 더 많은 혜택을 입는 것은 노동당 성향의 신문이 아니라 우익 성향의 보수 신문들이었을 것이다.

그렇다고 해서 정치적 성향에 따라 신문 기업을 차별해서 지원하는 방안 역시 정치적 위험 부담이 큰 발상이었다. 비록 노동당이 집권하고 있더라도 언론 개입에는 다른 중요한 사안들을 고려하지 않을 수 없기 때문이다. 언론 개혁이 중요한 사안이긴 하나 선거에서 위험 부담이 클 뿐아니라 정권 교체 후에는 좋지 않은 선례를 남길 수도 있다. 집권당의 시각에서 보면 집권 중에 자신의 지지 세력에게 편 시혜 정책을 다음 정권이 똑같이 반복할 우려가 있어 조심스러울 수밖에 없다.

3) 관련 이익 단체들

왕립 언론 위원회의 정책 결정 과정에는 정당이나 국가 기구 따위의 공식적인 단체 외에도 언론사 소유주, 업계 단체, 노동 조합, 일반 사회 단체에 이르기까지 다양한 이익 단체나 사회 집단이 압력을 행사하여 결과에 자신의 입장을 반영하려 했다.

· **언론사 소유주**: 언론 기업이나 소유주는 왕립 언론 위원회의 정책 결정 과정에서 가장 중요한 이해 당사자일 뿐 아니라 정치 과정이나 여론 형성 과정에 큰 영향을 미칠 수 있는 중요한 세력이었다. 이들은 주로 전통적인 자유주의 언론 담론을 활용해 모든 형태의 개입을 반대하는 입장을 취했다. 즉, 자신이 소유한 언론에 대한 규제를 저지하는 일은 단지 개인적 이해 관계를 지키려는 행위가 아니라 언론 자유라는 사회적 공익을 위하는 일이라고 주장하는 담론 전략을 취

했다. 또한 이들은 바로 자신이 소유한 신문 지면을 통해 자신의 주장을 널리 알리고 반대 세력을 공격할 수 있는 유리한 위치에 있었다. 특히, 주목할 만한 것은 신문 발행인들은 좌파에서 우파에 이르기까지 정치적 성향에 관계 없이 단결해 한 목소리로 외부 규제에 반대했다는 점이다. 언론을 둘러싼 담론 투쟁에서 발행인들이 주도적 위치를 차지하게 된 것은 바로 이 때문이다(Curran, 2000: 49).

하지만 왕립 언론 위원회 활동이 진전되면서 언론사의 로비 전략도 점차 바뀌어 갔다. 신문사 소유주들은 위원회 활동에 적극적으로 참여하기 시작했을 뿐 아니라, 참여 방식에서도 점차 개인 차원에서 벗어나 집단적으로 대처하기 시작했다(O'Malley, 1998: 92~3). 우선 신문사가 위원회에 증인으로 출석하거나 증거 문서를 제출한 건수를 보면 1차 위원회 때는 198건, 2차 위원회에서는 169건이었으나 3차 위원회 때는 247건으로 늘어났다. 또한 위원회는 의견 수렴을 위해 관련 집단에 증거 제출을 요청했는데, 1차와 2차 위원회 때에는 제출자 가운데 압도적인 다수가 신문사였다(1차 위원회 때는 약 100건, 2차 위원회 때는 75건).

의견 제출과 로비 방식도 점차 조직적으로 바뀌었다. 가령 영국 신문 발행인 협회(Newspaper Publishers' Association), 영국 신문 협회(Newspaper Society), 스코틀랜드 일간지 협회(Scottish Daily Newspaper Society) 등의 업계 경영진 단체는 1차 위원회 때도 위원회에 증거를 제출하기는 했으나 개별 기업별 제출에 비해 비중은 매우 적었다. 그러나 3차 위원회 때는 바로 이 단체들이 업계의 이해 관계를 대표해서 위원회에 의견을 전달하는 역할을 했다. 또 광고업계에서도 1차와 2차 위원회 때는 13개 광고주와 몇몇 대행사가 개별적으로 의견을 내는 데 그쳤다. 그러나 3차 위원회 때는 광고 협회(Advertising Association)나 영국 광고주 협회(Incorporated Society of British Advertisers) 등의 단체가 적극적으로 나서 업계의 목소리를 위원회에 반영했다.

위원회에 대한 신문업계의 로비 규모와 방식이 이처럼 변화한 것은 신문업계에만 국한된 것이 아니라 사회 전반에서 일어난 변화와 관련이 있다. 왕립 언론 위원회라는 제도가 신문업계의 로비 방식을 변화시켰다고 단정하기는 어렵다. 그렇지만 외부에서 언론에 대한 요구와 불만이 점차 커지는 환경에서 업계 단체야말로 체계적이고 일관성 있게 업계의 요구를 정책 과정에 반영할 수 있을 것이라고 소유주들이 깨닫기 시작했다는 점은 분명하다.

· **언론인과 노동 조합**: 일선 언론인은 언론 활동의 현장에서 뛰는 주체로서 언론의 문제점을 누구보다 잘 인식하고 있다. 따라서 이들은 언론 개혁에서도 중요한 역할을 맡게 된다. 왕립 언론 위원회 활동을 거치면서 보수적인 언론 사주가 주도하는 자유주의 언론 담론이 퇴조하고 새로운 언론 이념이 부상할 수 있도록 하는 데 기여한 것도 바로 언론인과 언론인 단체였다. 언론인들은 언론사에 고용된 노동자 신분으로 집단적으로 사주에게 영향을 미칠 뿐 아니라 언론인 단체를 통해 왕립 언론 위원회의 정책 결정 과정에서 중요한 압력 단체로도 작용했다. 하지만 언론 개혁의 주체로서 언론인은 적지 않은 한계를 드러내기도 했다.

커런은 왕립 언론 위원회를 둘러싸고 언론사 소유주가 강력한 발언권을 행사하는 동안에도 언론사 내부에서는 언론인들의 저항이 미약했다고 평가한다. 언론인들은 개인적으로는 언론의 행위에 대해서 비판적이지만, 공식적인 채널을 통해 비판하는 일은 드물었다. 노동 조합 역시 원칙적으로는 언론 개혁을 지지하고 나섰지만 실제 활동에서는 주로 단체 협약 따위의 경제적 문제에만 주력하고 참여가 부족했다는 것이다(Curran, 2000: 49). 이러한 한계에도 불구하고 전국 언론인 노조(National Union of Journalists: NUJ), 언론인 협회(Institute of Journalists: IOJ) 등의 언론인 단체는 왕립 언론 위원회의 정책 과정에서 무시 못할 역할을 했다. 특히, NUJ는 1차 왕립 언론 위원회가 출범할 때까지 언론 개혁을 끊임없이 요구했을 뿐 아니라 1948년부터 1952년 사이에는 적극적인 선전 활동을 벌여 의회가 언론 평의회(General Council of the Press)를 결성하도록 강력한 조치를 취하게 하는 데 큰 기여를 했다.[1]

그렇지만 언론 노조 활동의 성과에 대해 비판적인 평가가 나오는 것은 이들 역시 언론이라는 기득권층의 일부로 인식되기도 했기 때문이다. 이들의 활동에서 두드러진 것은 1979년 인쇄 노조에서 주도해서 결성한 CPBF(Campaign for Press and Broadcasting Freedom)이다. 이는 노동자 자치 연구소(Institute of Workers Control)가 주최한 발표 행사에서 언론 노조의 필요성이 제기되어 결성되었는데, NUJ를 비롯해 많은 노조들이 지지하고 나섰다. 이 기구의 주도 인물은 주로 인쇄공이었으나 이후 이들이 직장에서 해고되고 새로 집행부가 들어서면서 조직의 성격 역시 많이 바뀌었다. 즉, 교체된 사람들은 미디어 연구 기관이나 독립 프로덕션 따위의 다른 미디어 분야 출신이었기 때문에 이들의 관심사 역시 정치성이 강한 신문 문제에서 다른 미디어로 점차 바뀌었다(Curran,

---

1. NUJ와 IOJ는 영국의 대표적인 언론인 단체다. NUJ가 주로 노동 조합의 성격을 띤다면 IOJ는 노동 조합이면서도 특허장(Royal Charter)에 의해 설립된 전문 직업인 단체의 성격도 띠고 있다. IOJ는 역사가 더 오랜 조직이지만 초창기에는 일선 언론인의 이익보다는 편집인이나 사주의 관심사를 대변한다는 비판을 많이 받았다. 그래서 노동 조합의 대표성 문제를 둘러싼 의견 차를 계기로 1907년에 NUJ가 별도로 결성되었다. 하지만 1차 세계 대전 발발 무렵이 되면 두 단체가 주는 혜택이나 지향하는 목표가 거의 동일하다는 데에 이견이 없었다. 실제로도 두 단체는 관심사나 활동에서 공통점이 많다. 그래서 1917~21년 무렵의 시도를 비롯해 몇 차례 통합 시도가 있었지만 몇 가지 쟁점과 법적인 문제 때문에 성사되지 못했다. 1917년의 첫번째 통합 논의에서는 회원 자격 문제, NUJ가 인쇄 노조와 또 넓게는 영국 노동 조합 회의(TUC)에 가맹한 것에 대한 의견 차이를 수렴하지 못했다. 또 두 단체의 규정을 법적으로 통합하기 어렵다는 문제, 즉 노동 조합과 전문직 단체를 통합할 경우 IOJ의 특허장이 취소될 가능성이 크다는 법적 문제가 장애가 되었다(Griffiths, 1992: 646~7, 656).

2000: 49; Curran & Seaton, 1991: 292).

· **시민 사회 단체**: 위원회 활동 과정에서 언론에 대해 불만을 가진 일반 시민이나 독자층을 대변할 수 있는 단체들은 제대로 조직되지 않았고, 영향력도 미미했다. 정부 기구의 관료들 역시 체계적인 정책 안을 개발해 내지 못해서 전문성이 필요한 정책 분야에서 중심적인 역할을 하지 못했다. 학자들 역시 이러한 공백을 메워 주지 못했다. 3차 왕립 언론 위원회에서 의장을 맡은 맥그레거 경은 이 점에 대해 유감을 표시했다. "위원회가 위임받은 매우 방대한 조사 사항에 관해 지식은 단편적이고 체계적이지 못했으며, 정책안들은 방향을 제대로 잡지 못했고, 언론에 관한 학술 연구는 큰 도움이 될 정도로 발전되지 못했다"(Curran, 2000: 50). 신문업계가 언론에 관한 여러 공식적 연구의 내용을 결정하는 데 큰 영향력을 행사한 것은 어쩌면 이처럼 대안적 지식이 상대적으로 부족하고 취약했기 때문일지도 모른다.

4) 위원회의 구성과 운영 방식

왕립 언론 위원회라는 조직은 영국의 언론 정책 결정 과정에서 수많은 요인이 작용해 만들어 낸 결과물이지만, 이 조직의 운영 방식은 이 구체적인 결과물을 만들어 내는 데 영향을 미친 요인이기도 하다. 그래서 왕립 언론 위원회의 구성 방식, 위원의 성향과 출신 배경, 의사 결정 과정 등은 중요하게 고려해야 할 사항들이다. 언론 정책에서 입법이나 정부 개입을 최소화하려는 전통의 영향은 왕립 언론 위원회 조직과 운영 방식에서도 잘 나타난다.

위원회 구성에서 가장 두드러진 특징은 정치적 색깔이 짙은 인물을 기피하고 언론이나 정치와 관련이 없는 '아마추어' 명망가들로 구성한 것이다. 원칙적으로 정치인이나 업계의 지도적 인물은 위원

표 10—3. 3차 왕립 언론 위원회의 위원 구성 (1975년 9월)

위원 이름	출신 배경과 경력
O. R. McGregor(의장)	런던 대학교, 베드포드 대학교, 옥스포드 대학교 등 교수(사회학)
Elizabeth Anderson	프리랜스 기고가, 스코트랜드 교회 여성 조합(Church of Scotland Women's Guild) 대표 역임, 이 단체 대표 자격으로 여성 전국 위원회(Women's National Commission) 참여(1971~3)
David Basnett	일반·시 노동자 노조(General and Municipal Workers' Union) 총서기
G. S. Bishop	부커 맥코넬사(Booker McConnell Ltd.) 회장, 식품성(Ministry of Food)에서 근무(1945~61)
R. R. E. Chorley	공인 회계사, 쿠퍼스 앤 리브랜드(Coopers & Lybrand) 회계 법인 공동 대표, 가격 소득 조사국(National Board for Prices and Incomes), 우정국 소비자 전국 위원회(Post Office Users' National Council) 등 각종 정부 기관에서 회계 자문 위원으로 근무 경력
Geoffrey Goodman	<데일리 미러> 경제부장
L. C. B. Gower	사우스햄튼 대학교 부총장, 런던 대학교 법학과 교수(1948~62), Law Commissioner(1965~71), 대영 박물관 이사 역임
Malcolm Horseman	보워터 제지 회사(Bowater Corporation Ltd.) 부회장
Lord Hunt	에버레스트산 영국 등반 대장(1952~3), 잉글랜드·웨일즈 사면위(Parole Board for England and Wales)(1967~4)
Paul Johnson	작가, <뉴 스테이츠맨 *New Statesman*> 편집장 (1965~70)
John Eilian Jones	캐너반 헤럴드 그룹 (Caernavan Herald Group) 편집국장
Ian Richardson	<버밍엄 포스트 *Birmingham Post*> 사회부장
Eirlys Roberts	소비자 협회(Consumers Association) 부회장
Z. A. Silbertson	옥스퍼드 노트필드 대학 학장(1972~), Courtaulds Ltd (1946~50), 캠브리지 대학교 경제학과 교수; 독점 위원회(Monopolies Commission) 위원(1965~8), 브리티시 스틸 철강 회사(British Steel Corporation) 이사(1967~) 역임

출처: Tunstall, 1980, pp.134~5.

선정에서 배제되었다. 언론사들은 위원회 활동에 적대적이었고, 의회는 언론 탄압의 의혹을 피하기 위해 늘 소극적인 태도를 취했다. 그래서 왕립 언론 위원회는 가장 큰 이 두 비토 그룹을 늘 의식하고 활동했다. 이 두 집단은 모두 왕립 언론 위원회의 임무가 언론에 대한 간섭을 최소화하고 언론 자유를 중시해 입법을 피하려는 것이라고 보았다(Tunstall, 1980: 122; Tunstall, 1983: 237, 239). 위원들이 위원회 활동을 하면서 신경을 쓴 것은 일반 수용자들이 아니라 바로 의회, 정부, 언론계였다.

위원회 의장은 주로 명망가 가운데 집권당에 가까우면서도 여당에 직접 관련되지 않은 사람이 맡았다. 위원들은 지역, 정당, 정치적 성향, 직업 등을 안배해서 임명했다. 3차 위원회의 사례를 보면 위원에 임명된 인물들은 거의 50대 정도의 남자였고, 지역적으로는 주로 남동부 잉글랜드 지방 출신이었으며 여기에 웨일스와 스코틀랜드 지역의 대표도 각각 한 명씩 가미되었다. 위원의 직업을 보면 법률, 경제, 경영 분야 출신이 많았고, 따라서 위원의 전문성이 주로 발휘된 분야는 재정, 회계, 경제와 일반 경영 분야였다. 위원 가운데 언론인은 4명이었다. 하지만 이들의 성향은 서로 큰 편차를 보였다. 이언 리차드슨은 중간 보고서 Interim Report 에서 소수 의견을 냈고 지오프리 굿맨 Geoffrey Goodman 은 최종 보고서의 견해에 반대해 결국 소수 의견 보고서 minority report 형식으로 소수 의견을 관철시키는 등 상대적으로 진보적인 성향을 보였다. 반면 폴 존슨은 과거 <뉴 스테이츠맨> 편집장 시절에는 사회주의에 우호적인 태도를 보였으나 보고서에서는 보수적인 정치 노선으로 입장을 바꾸어 노조에 적대적인 견g해를 드러냈다. 정치적 성향으로 볼 때 위원들 가운데 두 사람은 친노동당 성향이라고 할 수 있고, 나머지 12명은 대개 자유주의적인 노동당 성향과 보수주의 사이에 걸친 성향이라 할 수 있다(Tunstall, 1980: 135~6). 위원들은 따로 급료를 받는 상임직이 아니기 때문에, 모든 위원이 열성적으로 참여하리라고 기대하기는 어려웠다. 실제로 몇몇 명망가 위원들의 출석률 또한 그렇게 높지 않았다. 그래서 증거 자료를 골라 내고 증인을 심문하고 연구를 위촉하는 일은 주로 의장과 사무국을 비롯해 열성 있는 몇몇 위원의 몫이었다. 3차 왕립 언론 위원회에서 가장 주도적이고 활발한 역할을 한 사람은 의장인 맥그레거였다. 그 다음에는 졸리와 로드 헌트, 오브리 실버스튼, 폴 존슨 등이 주도적인 역할을 했다. 공인 회계사인 졸리는 재정 문제를 주로 맡았고, 헌트는 언론인 훈련 문제를, 실버스튼은 독점·경제 문제를 맡았다. 다른 위원들은 아주 세부적인 문제들을 각각 분담해 처리했다.

사무국은 정부 각 부서에서 파견 나온 공무원들로 구성되었고 회계사도 포함되었다. 위원회는 편의상 총무부(Civil Service Department)에서 직원 수당과 물품을 지원받았지만 독립 기구로서 어떤 특정한 정부 부서의 감독도 받지 않았다(McGregor, 1980: 153). 위원들은 학자나 언론인, 변호사, 기업인 등 전문 직업인인데다 지역적으로는 주로 런던과 연관되어 있는 공인이라는 공통점을 지니고 있어 이들이 도출해 낸 견해에는 이러한 집단적 편향이 어느 정도 반영되었다. 이들 자신이 전국적 인물이어서 전국적 미디어 중심으로 생각하고, 엘리트층으로서 대중적 매체보다는 엘리트 매체를 선호하는 경향이 있다는 비판도 받았다(Tunstall, 1980: 135; 1983: 240).

영국의 다른 미디어 관련 위원회에서도 그랬듯이 의장이 위원들을 통제할 수 있는 권한은 미약했다. 위원들은 다양한 단체와 정치적 견해를 대표해 서로 엇갈리는 의견들을 제기했다. 그래서 위원회는 여러 의견들을 절충해야 했으며 뚜렷한 합의를 이끌어 내기란 쉽지 않았다. 위원회 활동은 대부분 업계의 현황을 파악하는 데 시간을 보냈는데, 활동 기간이 끝나갈 무렵에는 체계적인 보고서 작성에 거의 주력했다. 그래서 위원들 사이에 논란이 많은 쟁점은 충분한 논의가 이루어지기 전에 종결되는 경향이 있었으며, 때로는 같은 보고서 내에서도 장별로 의견이 일치하지 않는 사례도 있었다. 의사결정 방식에서도 만장 일치를 선호했기 때문에 논란거리가 될 만한 쟁점을 피하고, 주장을 표현하는 데서도 모호한 표현을 선호하는 경향이 있었다(Tunstall, 1980: 144).

수집한 증거를 토대로 보고서를 작성하는 과정에서는 다양한 이익 단체들이 관련 부서를 상대로 로비를 벌여 특정한 권고 안이 채택·변경되도록 노력했다. 이것은 위원회 보고서에 제출한 증거 자료나 증언을 보면 잘 드러난다. 1차 왕립 언론 위원회에서는 신문업계 이외의 단체로서 증거를 제출한 숫자는 7개에 불과했으나 2차 왕립 언론 위원회에서는 11개로 늘어났다. 그러나 3차 왕립 언론 위원회에서는 숫자가 무려 50개로 늘어났을 뿐 아니라 단체 유형도 정부 기관, 정당, 지방 자치 단체, 압력 단체, 노동 조합, 교육 단체, 전문직업 단체 등으로 다변화했다. 30년에 걸쳐 왕립 언론 위원회가 진행되는 동안에 어떤 쟁점이 언론의 사회적 책임성에 관련된 것인지에 대한 인식이 그만큼 확대된 것이다(O'Malley, 1998: 93). 이는 즉 언론에 대해 발언권이 있다고 생각하는 집단이 늘어났을 뿐 아니라 언론 자유의 이념 역시 그만큼 변화했다는 사실을 말해 준다.

3. 자유주의 전통과 균열: 왕립 언론 위원회 이전의 비판들

20세기 중반에 와서도 언론 시장의 자율적 작동과 외부 간섭의 배제를 근간으로 하는 자유주의의 언론 이념은 영국 사회에서 아직 전통으로 자리잡고 있었다. 하지만 19세기의 역사적 경험에 근거한 이념이 20세기의 현실에 적용되기에는 적지 않은 한계가 있다는 점은 여기저기 드러나기 시작했다. 세 차례에 걸친 왕립 언론 위원회가 결성되기 이전에 이미 이러한 문제점에 대해 다양한 집단들이 문제를 제기하기 시작했다. 이 비판들은 대체로 네 가지 방향에서 제기되었다. 이것들은 왕립 언론 위원회의 문제 의식과 접근 방식에 선례를 만들었으며, 위원회가 채택한 내용과 주장이 이들에게서 상당 부분을 따왔다는 점에서 살펴볼 필요가 있다(Curran, 2000: 36~9).

첫번째는 보수적인 정치인의 관점에서 제기된 비판이다. 1930년대 초반 야당이던 보수당의 지도자 스탠리 볼드윈 Stanley Baldwin 은 거물급 언론 재벌인 비버브룩 Beverbrook과 로더미어 Rothermere 야말로 언론을 망치는 정치적 모험가라고 비판하면서 언론의 고질적인 문제점들을 비판했다. 전통적으로 신문이 보수당과 우호적인 관계를 맺고 있던 점을 감안하면 이는 매우 이례적인 사건이다. 이 때문에 한때 보수당과 보수 언론의 관계가 악화되어 언론이 볼드윈을 실각시키고 새로운 우익 정치 세력을 결성하려는 움직임을 지원하고 나서기도 했다. 하지만 볼드윈의 비판에서 주목할 것은 언론이라는 제도가 아니라 특정한 인물을 겨냥했다는 점이다. 따라서, 그의 보수주의적 비판은 언론 개혁이라는 정치적 강령으로 연결되지 못했다. 나아가 이 사건을 계기로 언론과 보수당 지도부 사이에 훨씬 우호적인 관계가 형성되어 1930년대에 보수당이 집권한 후 언론을 지지 세력으로 끌어들이는 전기가 된다. 이 점에서 볼드윈식의 보수주의적 비판은 이후 본격적인 언론 개혁 운동으로 이어지지 못했다.

두 번째는 노동당이나 노동계에서 제기한 다양한 형태의 비판들이다. 한편으로는 사회주의적 관점에 따라 언론이 소수의 재벌에게 집중되어 자본가 계급의 이익을 지지하는 데 사용되기 때문에 문제점이 생겨난다고 보는 근본주의적 비판이 있다. 이러한 비판에서는 대안을 제시하기 어렵기 때문에 해결책 역시 빈약할 수밖에 없다. 1940년대 노동계에서 제시한 언론 개혁의 해답이 언론인의 교육을 통한 질적 향상과 자율적 개혁에 무게를 둔 것을 보면 이 점이 잘 드러난다. 그렇지만 노동당 내에는 이상과 현실을 조화시켜 법률적 조치를 통해 개혁을 추구하는 노선도 있었다. 가령 웹 부부 Sidney Webb & Beatrice Webb 는 언론을 개인적 소유나 주식 회사 형식 대신에 소비자의 공동 소유 방식으로 대체해서 민주적으로 운영해야 한다고 주장했다.

그렇지만 노동당 지도부는 훨씬 단기간에 가능한 직접적인 접근 방식을 채택했다. 각 노조들의 전국적 조직인 영국 노동 조합 회의 (Trades Union Congress: TUC)는[2] 1922년에 <데일리 헤럴드 *Daliy Herald*> 를 인수해서 상업적 언론사인 오드햄스(Odhams)와 함께 1929년에 대중적 일간지로 발전시켰다. 이러한 방식으로 신문 시장에 뛰어들어 1940년대에는 대주주 지분을 확보하지 않고서도 <데일리 미러>와 <선데이 픽토리얼 *Sunday Pictorial*>이란 두 대중지를 노동당 지지자로 확보했다. 이렇게 노동당이 기존 언론 체제에 직접 참여하면서 노동당과 언론의 관계도 변화했다. 1918년에만 하더라도 노동당은 온통 적대적인 언론에 둘러싸여 있었으나, 2차 세계 대전 직후에는 이미 상당한 규모의 언론사를 직접 소유하고 있었을 뿐 아니라 언론

---

2. TUC는 영국에서 유일한 전국적인 노동 조합 단체다. 스코틀랜드, 웨일스, 아일랜드에는 독립된 관련 노동 조합 회의가 따로 있다. TUC는 1868년 창설되었으며, 노동 조합의 원칙을 천명하기 위해 개별 노동 조합별로 연례 회의를 개최한다. TUC는 1889년까지 숙련 노동자 조합들로만 구성되었다가 점차 비숙련 노동자 조합도 받아들였다. TUC는 자체 조직과 역할을 확장하는 대신에 두 개의 별도 조직의 구성을 지원했다. 하나는 1899년 파업에 대비해 기금 운영을 맡는 단체로 발족된 노동 조합 총연맹이고, 다른 하나는 1900년 노동 대의원 위원회로 설립되었다가 1906년 노동당으로 개칭했다. 전후에도 TUC는 영국 정치에서 큰 영향력을 발휘했으며 1979년 대처의 보수당 정권이 들어설 때까지만 해도 경제 정책을 수립하는 데 정부, 업계와 협력 관계를 유지하면서 현실 정치에 깊숙이 관여했다. 하지만 대처 정권 당시 정책 결정 과정에서 배제된 후 점차 영향력과 조직이 위축되고 있다. TUC 산하의 노동 조합은 자율적이고 독자적으로 업계와 관계를 유지한다. TUC 자체가 특정 정당과 제휴하고 있지는 않지만 산하의 노동 조합 다수는 노동당을 지지하고 있다("영국 노동 조합 회의," <야후! 백과사전> http://kr.encycl.yahoo.com/final.html?id=113534, 2001/12/2).

계에 든든한 지지 세력을 확보해 두고 있었다.

언론에 대한 세 번째 부류의 비판은 '진보적 중도파 *progressive centre*' 쪽에서 제기되었다. 진보적 중도파는 언론이 지니는 민주적 잠재력을 부인하지는 않으면서 언론 행위의 단점을 비판했다. 언론이 점차 상업화함에 따라 선정주의, 무책임, 공공 정보의 위축 등이 나타나고 있다는 점에 이들은 주목했다. 언론인들이 쓴 글에서도 이러한 지적은 많이 나타나고 있다. 하지만 이러한 관점에서 언론 비판을 집대성한 것으로는 PEP(Political and Economic Panning)에서 1938년에 낸 ≪언론에 관한 보고서 *Report on the British Press*≫가 대표적이다. 이 보고서는 개혁주의적인 관점에서 언론은 공적인 기관으로 행동한다는 전제 아래서만 상업적 기구로 운영되는 것을 정당화할 수 있다고 주장했다.

이들은 기존 언론이 이러한 공적인 역할을 제대로 수행하지 못했다고 보고 여러 가지 법제화 방안을 구상했다. 그렇지만 이들은 결국 다음과 같은 이유 때문에 이러한 구상을 포기하고 언론 자율에 맡기는 쪽으로 선회했다. 즉, 언론 자유라는 이상을 받아들인다면 언론이 스스로 노선을 정하도록 허용해야 한다는 것이다. 언론에 부분적으로 문제가 있지만 규제를 할 수가 없다면 과연 어떤 해결책이 가능한 것인가? 이 문제에 대해 보고서는 다음과 같은 해답을 제시했다. "국가 차원의 입법이나 행정 조치에 의한 구조적·기계적 변화보다는 수준 있는 교육이나 책임감 제고 따위의 보이지 않는 요소에 의해 개혁은 좌우된다." 이러한 추상적인 대안 외에 좀더 구체적인 방안으로는 언론인 채용이나 훈련 방식의 개선을 제안했다. PEP가 추구한 자유 개혁 위주의 개혁 방식은 이후 왕립 언론 위원회의 노선에 큰 영향을 미쳤다.

언론에 대한 네 번째 유형의 비판은 언론인 노동 조합, 즉 NUJ에서 제기한 것이다. 1차 세계 대전 직후에만 해도 신문업계에서 언론 노조의 영향력은 미미했으나 이후 영향력이 점차 확대되었다. 노동 조합이 언론의 문제점과 관련해서 목소리를 높이기 시작한 것은 신문 체인의 등장으로 조합원의 고용 불안정이 심각한 수준에 이르렀다고 판단한 것과 무관하지 않다. 이들은 언론의 시장 집중, 독립적 신문(비체인 신문)의 감소, 언론의 질적 수준 하락 등의 문제점들을 공개적으로 비판하고 나섰다. 언론인 노조는 노사 협상의 창구에만 활동을 국한시키지 않고 영향력 있는 언론인 출신 의원들의 네트워크를 이용해 정치적으로도 효과적인 활동을 벌였다. 1945년 총선에서 약 40명의 언론인 출신이 원내에 진출했는데, 이들 가운데 23명이 NUJ 회원이었다(O'Malley, 1997: 138). 언론인 노조는 규모는 그리 크지 않았지만 이러한 효과적인 전략 때문에 1947년 1차 왕립 언론 위원회 발족에 큰 역할을 했다.

4. 자율 개혁론의 우세

2차 세계 대전 직후에 치른 선거에서 노동당은 처음으로 압승해 클리먼트 애틀리 Clement Attlee 를 수상으로 하는 내각을 출범시켰다. 왕립 언론 위원회는 바로 애틀리의 노동당 정권에서 처음으로 구성되었다. 언뜻 보면 1차 왕립 언론 위원회의 결성은 오랫동안 비판받아 온 언론의 현실적 문제점에 대한 국가 차원의 반응이다. 그러나 좀더 자세히 보면 위원회의 설립은 당시의 복합적인 정치적 상황의 산물이라 할 수 있다. 이러한 상황은 또한 이 기구의 성과가 일정한 한계를 지닐 수밖에 없도록 만든 원인이기도 하다.

노동당 정권이 왕립 언론 위원회 결성을 결심하게 된 것은 무엇보다 언론 개혁에 대한 요구가 노동당 의원들뿐 아니라 언론인, 각료, 언론 단체를 비롯한 여러 집단들 사이에 높아졌고, 언론의 폐해에 대해 비판적인 여론이 광범위하게 형성되었다고 판단했기 때문이다. 하지만 이에 못지않게 노동당 정권에 대한 언론의 적대적인 태도 역시 결성을 촉진한 주요 계기가 되었다. 노동당 정권은 1945년 총선에서 압승한 후 수많은 정치적 과제를 안고 출범했다. 피폐한 전후의 경제를 살리는 일이 시급했을 뿐 아니라 사회 복지, 의료 제도, 교육 등 사회적 개혁 과제도 산적해 있었다. 노동당의 강령인 주요 산업(광산, 철도 등)의 국유화도 시급히 추진할 과제였다. 그렇지만 이러한 정책 추진은 보수 세력의 저항을 유발했고, 특히 언론 재벌이 소유한 보수저 전국지들은 정부 정책에 대해 노골적으로 적대적인 태도를 드러냈다(O'Malley, 1997: 128~9). 이러한 상황에서 언론 문제를 '조사 inquiry'하기 위한 왕립 언론 위원회 결성은 노동당과 내각 내부에서도 논란이 되었으나 결국 1946년 10월 의회에서 위원회 설립을 승인하게 된다.

1차 왕립 언론 위원회는 다양한 사회 집단들이 오랫동안 언론 문제에 대해 제기한 정치적 대응과 압력을 공식적인 공간으로 수렴하려 했다는 점에서 의미가 매우 크다. 이는 그 동안 금기로 여기던 언론 문제에 정치권과 사회 집단들이 관심을 갖고 본격적으로 논의하게 된 것을 말한다.

이처럼 1차 왕립 언론 위원회는 다양한 사회 집단들의 주장을 토론의 장으로 끌어들이는 데 성공했지만 의견 수렴 방식에는 본질적으로 한계가 있었다. 아직은 어떤 형태로든 국가 개입을 부정적으로 보는 언론 전통은 많은 집단들에게 논의의 한계를 크게 좁혔다. 특히, 위원회 활동 과정에서 가장 큰 영향력을 행사한 정치권과 언론사측은 이러한 언론 전통을 뒤집는 것을 거부하거나 부담스러워했다. 1차 위원회를 출범시킨 노동당 정부는 언론과의 정략적 관계를 염두에 두어야 하는 입장이었기 때문에 오히려 위원회에 온건하고 중립적인 인물들을 영입해서 언론의 적대적 태도를 누그러뜨리고 싫어했다. 그래서 왕립 언론 위원회에는 중립적인 인물을 위주로 하고 아주 보수적인 언론 재벌까지도 호의를 보일 만한 인물도 기용되었다.

이러한 분위기에서 왕립 언론 위원회가 채택할 수 있는 노선은 매우 제한적이었다. 하지만 언론에 대한 외부 간섭을 꺼리는 자유주의 전통이 완강히 남아 있는 분위기에서도 언론의 행위에 대한 부정적인 여론은 무시할 수 없었다. 그래서 1차 위원회가 선택한 개혁 방안은 바로 '전문직화 전략 *professionalizing strategy*'이었다. 언론의 질이란 구조적 문제에서 나오는 것이 아니라 결국 언론을 만드는 개개 언론인의 자질에 달려 있으며, 이들을 잘 교육시킨다면 언론 보도의 부정확성, 편향, 무책임함도 줄어들고 저널리즘의 수준도 훨씬 향상될 것이라는 논리다(Curran, 2000: 39). 1차 위원회의 현실 인식과 정책 제언은 사실 위원회의 독자적인 창조물이 아니라 보고서가 만들어지던 당시 많은 사회 집단들이 지닌 언론 개혁관의 최대 공약수 부분을 정리한 데서 크게 벗어나지 않았다(O'Malley, 1977: 154).

1차 왕립 언론 위원회가 채택한 전문직화 전략에서 대표적인 사항은 법적 규정에 의하지 않고 언론사가 자발적으로 '언론 평의회'를 설치하도록 권고한 것이다. 원래 위원회에서는 이 기구가 여러 기능을 수행해 언론 개혁의 중추적인 기능을 맡도록 구상했다. 즉, 언론에 대한 불만을 심사해 처리하는 일 외에도 언론인 채용, 교육, 훈련 방식을 개선하는 일을 맡고, 바람직하지 못한 언론 행위를 비판하고 전문적인 행위 규약을 개발하는 일도 담당하게 했다. 언론에 관한 연구를 구상해서 수행하고 보급하는 일도 빼놓을 수 없다. 언론의 질이나 독립성, 신뢰성에 영향을 미친다는 이유로 언론인의 연금 제도 문제까지도 이 기구에서 다루도록 했다. 1차 왕립 언론 위원회는 언론 평의회를 명실상부하게 독립성과 권위를 갖추고 언론계를 대표하는 기구로 구상한 것이다.

전문직화 전략은 위원회에 참여한 다양한 세력들 사이에서 정치적 합의를 얻은 사항이었다. 원래 '언론 평의회'라는 아이디어는 '중도 진보'에서 나왔으며, 언론인을 대표하는 NUJ에서도 이를 받아들였다. 전문직화 전략에 대해서는 1949년 당시 노동당 정권과 야당인 보수당이 모두 지지를 표했으며, 노동당 좌파까지도 이들과 보조를 맞추었다. 노동당 좌파가 사적 소유의 대안으로 제기한 '사회적 소유 social ownership'라는 청사진에서도 언론 전문직의 확립은 주요한 목표였기 때문이다(Curran, 2000: 39~40).

하지만 아무리 자발적 형태리 히더라도 일체 외부 제약을 배제해야 한다고 주장하는 언론의 자유주의적 문화에서는 전문직화 전략조차 갈등을 빚었다. 언론사 소유주들은 왕립 언론 위원회의 온건한 권고안마저 묵살해 버렸다. 하지만 1952년 공적인 언론 기구를 명문화하는 법안이 발의되고 나서야 법적 통제를 피하기 위해 마지못해 실행에 옮겼다. 언론사 소유주들의 불만에도 불구하고 1953년 언론평의회는 발족되었다.

이러한 분위기에서 출범한 언론 평의회가 언론사들의 협조를 얻지 못한 것은 예상된 일이었다. 언론 평의회는 운영에서 완전한 독립성을 확보하지 못했으며, 재원, 절차, 위원 임명 등 세부적인 사항에까지도 언론사들이 개입했다. 의장을 포함해 25명의 위원은 모두 업계 출신으로 채워졌으며, 재원 역시 모두 업계에서 충당했다(Seymour-Ure, 1991: 236). 1963년에 와서야 비언론인도 위원으로 임명하기 시작했으며, 1978년에 비로소 언론인 출신과 외부인 숫자를 같이 배분했는데, 심지어 이 외부인조차 언론사에서 선정했다. 1970년대 후반과 1980년대에는 언론 평의회를 자율적인 기구로 만들려는 시도가 나왔으나 이 역시 언론사의 저항 때문에 실패했다. 언론사의 이러한 저항 때문에 언론평의회는 원래 취지에 걸맞는 권위를 제대로 확보하지 못했다.

1차 왕립 언론 위원회는 다양한 집단의 주장을 조정하여 정치적 공간에서 수렴하는 형식을 취했지만, 기본적으로 언론사주가 주장하는 고전적 비개입주의의 승리였다. 자율 개혁론은 전통적 담론을 벗어나지 않는 범위 내에서 새로운 언론 담론이 제기한 주장들을 봉합한 불완전한 개혁이었다. 이러한 모호함 때문에 1차 위원회 보고서가 나온 후 보수, 노동 양당에서는 모두 이 연구 결과가 자신들의 주장이 정당하다는 것을 재확인해 주었다고 주장할 수 있었다(O'Malley, 1997: 142).

1차 왕립 언론 위원회의 보고서에서는 언론사의 자유와 더불어 책임성 *accountability* 의 개념도 어렴풋하게나마 도입했다. 하지만 그것은 주로 시장에서 소비자의 선택에 맡겨 책임을 묻는다는 '시장에 대한 책임 *market accountability*'이었다. 1차 위원회에서는 고전 자유주의자처럼 신문 시장에 새로운 신문이 아직도 자유롭게 진입할 수 있다고 믿지는 않았지만, 현재의 신문만으로도 민주주의가 유지되는 데 필요한 다양한 관점을 제공할 수 있다고 낙관했다(Seymour-Ure, 1991: 239). 이는 미약하긴 하지만 언론 이념에서 중요한 변화를 가져올 수 있는 단서를 제공해 주었다고 할 수 있다.

5. 시장 규제주의의 부상

1차 왕립 언론 위원회의 접근 방식에서 큰 문제점으로 들 수 있는 것은 역시 구조적·경제적 마인드의 부족이었다. 1차 위원회에서도 신문 시장의 문제를 다루기는 했지만 매우 보수적인 해결책을 제시하는데 그쳤을 뿐 아니라 문제점 역시 그리 심각하지 않다고 보았다. 하지만 자율 규제라는 온건한 해결책에 맡겨 두고 낙관하기에는 언론 시장의 문제가 갈수록 너무 심각해지고 있다고 많은 사람들은 인식했다. 2차 왕립 언론 위원회는 이러한 인식에서 결성되었다.

2차 왕립 언론 위원회는 보수당 정권 하에서 출범했다. 과거 보수당의 노선에서는 언론의 문제점을 진단하는 일조차 적합하지 않다고 보았지만 이 무렵에는 이미 시대적 분위기가 상당히 바뀌었다.

첫째, 신문 시장의 문제점은 이미 정당 차원을 넘어서 다양한 사회 집단의 관심사로 부상하고 있었다. 신문 시장의 소유 구조 문제는 계속 좌파의 비판 대상이 되었다. 이러한 분위기 때문에 언론사측에 우호적이던 보수당 정권 역시 이 문제를 다루기 위해 2차 왕립 언론 위원회를 출범시키게 되었다. 1949년과 1961년 사이에 런던과 지방에서 17개 신문이 문을 닫았고 점점 많은 신문이 소수 재벌 손에 넘어갔다. 특히, 몇몇 주요 일간지의 사례는 이 문제에 관해 경각심을 불러일으키는 계기가 되었다. <뉴스 크로니클 News Chronicle>이 폐간된 것이라든지 언론 재벌인 미러 그룹이 <데일리 헤럴드>와 <선데이 피플 Sunday People>을 인수한 것이 대표적인 사례다.

두 번째로 이 무렵에는 보수당의 경제 정책에서도 접근 방식이 상당히 바뀌었다. 이전의 자유 방임주의 경제 정책이 퇴조하고 정부의 시장 개입이 강화되던 시절에 2차 왕립 언론 위원회는 출범했다. 시장 실패를 바로잡기 위해서는 정부의 적극적인 개입이 필요하다고 본 케인즈주의 경제 이론은 이 무렵의 언론 정책에도 큰 영향을 미쳤다(Curran, 2000: 44). 2차 위원회 보고서는 이러한 경제학적 사고의 영향을 잘 보여 주고 있다. 즉, 보고서는 신문 생산 과정에서 작용하는 규모의 경제 원리 때문에 신문 시장은 자연적으로 독점화 경향을 띠게 된다고 보았다. 이 원리가 소규모 언론사에 불리하게 작용하여 신문 수의 감소와 독점 강화를 가져오게 된다는 것이다.

그러나 이러한 문제에 대한 왕립 언론 위원회의 대응은 일관되지 않았다. 위원 가운데 다수는 국가의 선택적 개입이 필요한 시기가 되었다는 데에 공감했다. 하지만 의장과 부의장을 비롯해서 몇몇 인사들은 취약한 신문을 돕기 위해 국가 지원 체제를 도입하는 일은 자유 경쟁에 입각해 있는 영국 사회의 정치 현실에 맞지 않는다고

표 10-4. 신문 수의 추이 (1921 ~ 88)

		1921	1937	1948	1961	1976	1988	감소율(%) (1921-88)
전국지	전국 일간지	14	11	11	10	9	12	14
	전국 일요 신문	14	10	10	· 8	7	9	36
지방/ 지역지	조간	41	27	27	22	20	18	66
	석간	93	83	80	77	79	74	20
	일요	7	7	6	5	6	8	(14)
	주간/ 격주	1,485	1,303	1,307	1,219	1,072	801	66
	생활 정보지	—	—	—	—	185	896	—
총계		1,654	1,441	1,441	1,341	1,193	922	44

출처: Curran & Seaton, 1991, p.282.

표 10-5. 신문이 두 개 이상 있는 도시 수의 추이 (1921 ~ 88)

	지역 조간지	지역 석간지
1921	15	27
1937	6	10
1948	4	11
1961	2	9
1974	2	1
1988	2	—

출처: Curran & Seaton, 1991, p.283.

주장하면서 반대했다. 단기적으로는 국가 개입에 근거한 지원 정책을 피하는 것이 좋다는 데 이들은 의견을 같이 했다. 시장 요인의 영향력을 인위적으로 규제하다 보면 정부가 언론에 개입할 우려가 있다고 보았기 때문이다.

1974년 3차 왕립 언론 위원회가 출범할 무렵에는 노동당이 다시 집권하고 있었다. 3차 위원회는 2차 위원회와 비슷한 입장을 취하면서도 처방은 조금 다르게 내렸다. 지방 신문 *provincial newspaper* 시장에서 독점이 가속화하는 경향이 있다고 결론짓고 신문 그룹의 성장에서 주요 원인을 찾았다. 즉, 많은 신문을 동시에 소유한 신문 그룹은 경쟁에서 규모의 경제 혜택을 누릴 뿐 아니라 새로운 신문을 창간할 때에도 우위에 서게 된다는 것이다. 2차 위원회에서는 이 점에 주목하지 못했다. 그런데 3차 위원회는 이러한 규모의 경제 원리가 시장 전문화나 기업의 후원에 의해 완화될 수 있다고 보았다. 새로운 테크놀로지 도입 역시 신문 시장에서 신문들 사이의 힘의 격차를 바꾸지는 못하겠지만 비용 절감에 기여할 것이라고 낙관했다(Curran, 2000: 44).

3차 왕립 언론 위원회 보고서는 기본적으로 신문업계 사주와 노동 조합 사이에 이루어진 타협의 산물이라는 인상을 준다(Tunstall, 1980: 134). 하지만 3차 위원회 보고서는 성향이 다양한 위원들의 의견을 내부적으로 통일해서 단일한 결론을 정하는 데에는 실패했다. 노조 대표로 참여한 데이비드 바스넷 David Basnett 과 언론인 지오프리 굿맨 두 위원은 새로운 미디어 진입을 돕기 위해 전국 인쇄 공사(National Printing Corporation)와 신문 창설 기금(Launch Fund) 제도를 도입해야 한다는 진보적인 소수 의견을 내놓았으며 노동당 지지 세력과 언론 노조는 이 방안을 지지했다. 하지만 대다수 위원들은 자유주의적 입장에서 모든 지원 계획에 반대했다. 그리고 어떤 정권도 이 안에 대해 우호적이지 않았다. 왜 유독 3차 위원회 보고서만 통일된 의견을 정리하지 않고 소수 의견을 같이 싣는 방식을 택했을까? 이 소수 의견은 성향이 다양한 위원들의 의견을 보수적인 결론으로 정리하기에는 이 무렵의 언론 현실이 이미 심각한 수준에 이르렀음을 역설적으로 보여 준다.

요컨대 2차, 3차 왕립 언론 위원회는 언론의 문제점을 그 동안 좌파에서 주장한 독점의 경제적 메커니즘과 연결지어 파악했다는 점에서 진일보했지만, 문제에 대한 처방은 신문업계가 주장하는 자유주의적 관점에서 크게 벗어나지 못했다. 하지만 이 두 차례의 위원회는 지금까지와 달리 무정책이 최선의 언론 정책이라는 견해에서 벗어났다는 점에서 의미가 있다. 특히, 2차 위원회는 언론이 민주적 정치 제도에 매우 중요하기 때문에 특별한 조치가 필요하다고 주장했으며, 특히 소유권 집중이 심각한 문제점이라고 보았다는 점에서 이전에 비해 진일보했다. 이 때문에 1965년에는 신문 독점법 조항이 도입되었고, 이 조항은 이후 1973년에 공정 거래법에 통합되었다. 따라서 신문사의 인수·합병시 두 신문의 총 부수가 50만 부를 넘을 때에는 소유권 이전에 대해 정부의 승인을 얻어야 했다. 3차 위원회 역시 이 조항의 중요성을 인식하여 더 강화해야 한다고 주장했으나 이 권고는 실제로 채택되지 않았다(Curran, 2000: 45).

2차와 3차 왕립 언론 위원회에서는 이 밖에도 다양한 쟁점들이 다루어졌지만 여기에서 이것들을 다 정리할 수는 없다. 단지 두드러진 것은 문제를 파악하는 틀이 언론 자유에서(1, 2차 위원회) 독립성, 다양성, 편집의 질 등 훨씬 폭넓은 쟁점으로(3차 위원회) 옮겨갔다는 것이다. 즉, 1차 위원회에서는 언론이 의견을 표현하는 자유에 어떤 제약이 가해지는가 하는 관점에서 문제에 접근했으나, 3차 위원회에서는 언론이 공중에게 어느 정도 선택권, 다양성, 독립성을 제공해 주고 있는지에 관심을 두었다고 할 수 있다(O'Malley, 1998: 92). 구체적인 해결책을 도출하는 데서는 보수적인 입장을 취했으나 좌파에서 우파에 이르기까지 모두 관심을 갖는 쟁점을 공개적으로 논의하기 시작한 것은 큰 의의가 있다.

왕립 언론 위원회의 결성은 언론의 적절한 역할에 관해 정당, 정부를 비롯해 다양한 집단이 더욱 관심을 갖게 된 것을 말한다. 이는 또한 언론 자유란 개념이 단순히 국가와 언론의 관계에만 관심을 두는 18세기 자유주의의 관점에서 탈피해 언론의 사회적 역할이나 책임 따위의 폭넓은 쟁점에 주목하는 쪽으로 바뀐 것을 뜻한다. 물론 기본적으로 세 차례의 왕립 언론 위원회는 모두 국가 개입을 부정적으로 보는 18세기 자유주의 언론 자유관에서 벗어나지 못했으나, 좀더 미시적으로 보면 다양한 쟁점을 다루는 과정에서 언론 자유에 대한 관점이 조금씩 변해 갔음을 알 수 있다.

6. 왕립 언론 위원회 이후의 언론 상황

세 차례의 왕립 언론 위원회는 다양한 집단들이 제기한 문제에 대해 가장 소극적인 대증요법對症療法을 해결책으로 채택했다. 가장 큰 이해 관련 집단인 언론사의 주장을 최대한 수용하려 했기 때문이다. 이때 제시된 방안들은 신문 산업의 추세를 돌이키기에는 사실상 너무 온건한 대책이었다. 이 점에서 1970년대 중반 이후 신문업계의 문제점이 더욱 악화되리라는 것은 이미 어느 정도 예견된 셈이다. 더구나 1980년대 초 영국 사회는 대처 정권의 신자유주의 물결 속에 다시 보수화하게 된다. 왕립 언론 위원회가 주장해서 도입한 몇몇 제도는 이 와중에 다시 원점으로 돌아가거나 위축되는 운명을 맞기도 했다.

3차를 마지막으로 더 이상 왕립 언론 위원회는 결성되지 않았다. 3차 위원회 이후 영국 정치에서는 큰 지형 변화가 일어나, 언론 정책 역시 새로운 국면을 맞게 되었다. 3차 위원회 보고서가 작성될 무렵에는 다양한 정치적 집단의 입장을 정치 과정에 수렴하는 자유주의적 조합주의 *liberal corporatism* 의 시대가 퇴조하고 새로운 보수주의의 물결이 밀어닥치고 있었다. 이 무렵엔 노동당 정권 역시 케인즈주의적 관리 정책을 포기하고 정치적 분위기 역시 우경화하고 있었다(Curran, 2000: 46, 50).

이러한 상황에서 개혁적 성향의 정치인들도 언론 개혁 문제에 대해 조심스러운 태도를 취했다. 3차 왕립 언론 위원회에서는 온건한 수준에서 독점 규제 강화를 권고했으나 노동당 제임스 캘러헌 정권(1976~9)은 이마저 묵살해 버렸다. 가뜩이나 정치적·경제적으로 어려움을 겪고 있는 상황에서 언론과 또 다른 전선을 벌이고 싶지 않았기 때문이다. 전후에 몇 차례 이루어진 방송 위원회 운영은 방송의 '공공 서비스' 모델을 신문에도 적용할 수 있는 가능성을 열어 주었으나, 노동당 정권이 언론을 상대로 싸움을 벌이던 시절에도 이 계획을 정치적으로 불가능하다고 거부한 적이 있기 때문에 이 무렵에 채택될 가능성은 거의 없었다.

1979년에서 1997년까지는 마가렛 대처와 존 메이저가 이끄는 보수당이 집권해서 탈규제적인 자유 시장 정책을 폈고, 이에 따라 언론 정책의 기조도 크게 바뀌었다. 1997년 다시 노동당이 선거에서 승리해 토니 블레어 Tony Blair 정권이 들어섰으나 이 때에는 노동당 역시 이전의 정책에서 크게 궤도를 수정해 친시장적 정책으로 선회했다. 이러한 정치적 분위기에서 시장 규제적 접근 방식에 근거한 언론 개혁의 가능성은 희박했다. 블레어는 노동당의 전통적인 노선에서 과감히 탈피해 언론 정책을 정치적 실리 차원에서 접근했다. 전국지 시장 점유율이 20%가 넘는 신문사는 상업 텔레비전 사업에 뛰어들 수 없도록 되어 있었는데, 이미 야당 시절에 블레어는 보수당이 이 규제를 철폐하지 않는다고 몰아 부치기까지 했다. 언론 정책을 수립하는 데에서도 노동당은 보수당보다 오히려 보수적인 노선을 취해 언론의 지지라는 실리를 얻으려 했다(Curran, 2000: 51)

언론 독과점 규제나 언론 평의회 제도는 노동당의 전통적인 정책이었고 세 차례에 걸친 왕립 언론 위원회 활동의 대표적인 성과로 꼽힌다. 그렇지만 이 제도들은 이후 큰 변화를 겪게 된다. 우선 독점 규제 제도는 효과면에서 의심스러운 점이 많았다. 이 제도가 1965년에 도입된 이래 1993년까지 소유권 이전 신청 중에서 151건은 승인되었고 (비교적 작은 신문인) 4건만 기각되었다. 언론 재벌 루퍼트 머독이 <더 타임스 The Times>나 <선데이 타임스 Sunday Times> 같은 유력 신문을 인수하려 했을 때나 <가디언 Guardian>이 <옵저버 Observer>를 사들였을 때에도 정부는 아무런 제지를 하지 않았다. 정치적으로 강력한 미디어 그룹의 확장을 막을 경우 이들과 적대적인 관계가 되는 것을 정부가 원치 않았기 때문이다. 또 이들이 인수하지 않을 경우 재정적으로 부실한 신문사를 살릴 수 있는 대안이 없었다. 방송과 신문사의 교차 소유 규제는 처음에는 어느 정도 성공을 거두었다. 특히, 1990년 방송법(1990 Broadcast Act)에 의해 교차 소유에 대해 엄격한 규제가 유지되었다. 하지만 머독이 위성 방송인 BSkyB를 인수하는 것을 허용하면서 규제가 풀리기 시작했고, 이 규제는 사실상 유명무실해졌다(Curran, 2000: 45).

독점 규제 제도의 실효성에 관한 논란 외에 이 정책에 대한 노동당의 입장도 점차 바뀌었다. 노동당은 1974년에야 이 쟁점에 대한 공식적 정책을 수립했고, 1983년과 1987년 총선에 임해서야 이 정책을 공식적인 당 강령에 포함시켰다. 그렇지만 1990년대의 변화한 정치 상황에서 노동당 역시 언론 문제에 좀더 현실적인 이익을 고려하게 되었기 때문에, 언론 독과점을 규제하고 새로운 신문 창간을 장려하는 정책을 슬그머니 철회했다.

노동당이 독점 문제에 대해 규정을 완화하게 된 것에는 다른 이유도 있다. 1980년대 중반 새로운 인쇄 기술 도입으로 신문사들의 수익성이 일시적으로 개선되었고, 1985년과 1988년 사이에는 6개의 전국지가 새로 창간되었다. 이 때문에 언론 집중에 대한 여론의 우려가 완화된 것이다. 그렇지만 이 신문들은 이후 모두 폐간되거나 거대 신문 그룹에 넘어가는 운명을 맞았다. 유럽 연합 내에서도 영국은 아일랜드를 제외하면 다른 어느 국가보다 언론 시장 집중도가 심했다. 현실이 이러한 데도 불구하고 시장 집중 문제가 어느 정도 해결되었기 때문에 별 다른 조치가 더 이상 필요하지 않다는 인식이 확산되면서 신문 시장 개혁을 요구하는 여론이 수그러든 것이다.

1980년대와 1990년대에는 언론사에서 내부 민주화 움직임도 상당히 쇠퇴했다. 이 시기에는 보수당 대처 정권의 노조 억압 정책으로 경제 전반에서 그렇듯이 언론계에서도 경영진의 권한(즉, 경영권)은 크게 확대되었고 이를 저지할 노조의 힘은 약화되었다. 1970년대처럼 실제 실현 여부와는 관계 없이 노동자 참여 제도가 적어도 가능한 방안으로 모색되고, 정부에서도 노동 조합이 참여하는 조합주의 체제가 운영되던 시절은 이미 끝났다는 평가가 나왔다.

언론 평의회는 왕립 언론 위원회 활동으로 도입된 대표적인 자율 규제 제도다. 하지만 온건한 자율적 개혁의 가능성이 후퇴하고 있는 상황에서 법적 규제가 본격적으로 논의되고 있다. 여기에는 이전에 비해 언론 문제에 관해 정치적 분위기가 달라진 것도 무관하지 않다. 첫째, 1980년대와 1990년대에는 타블로이드 신문의 선정적 보도와 사생활 침해, 부정확한 보도에 대해 독자의 불만이 높아졌다. 이런 분위기에서 사생활 보호를 위해 반론권 *right of reply* 제도를 법제화하려는 법안이 발의되기도 했다. 둘째, 1990년대 중반 언론이 정치인들의 도덕성을 계속 공격하고 사생활을 파헤치는 데 대해 정치인들의 불만이 높아졌다. 이러한 분위기에서 언론의 행위를 규제해야 한다는 시각이 어느 정도 힘을 얻었는지는 1990년대 초반에 나온 캘커트 보고서에서 잘 볼 수 있다(Calcutt, 1993). 이 보고서에서는 정부에서 임명하는 위원들로 언론 법정 *press tribunal* 을 구성해, 언론이 직업 규약을 어느 정도 잘 지키는지 사전 검열을 할 수 있는 권한을 부여하자고 제안했다(Curran, 2000: 48).

1991년에 언론 평의회가 언론 불만 처리 위원회(Press Complaints Committee)로 개편된 것은 언론 평의회를 명실상부한 공적 대의 기구로 만들려는 그 동안의 시도가 사실상 폐기된 것을 말해 준다. 이 새 기구는 언론과 권력층 사이에 만들어진 협정의 성격을 띤다고 턴스탈은 평가했다(Tunstall, 1996). 1997년의 사례를 보면 이 위원회에는 귀족이 4명(3개 주요 정당과 왕실의 대표), 기사가 3명, 교수, 의료계 원로 각 1명이 포함되어 있다. 하지만 위원회가 언론에 대한 소비자의 불만에 손을 들어 준 사례는 미미했다(1995년의 수치는 겨우 1%에 불과했다)(Curran, 2000: 41).

언론 정책에서의 전반적인 보수화의 흐름과 반대로 1990년대에는 대처 정권의 권위주의에 대한 반발도 거세졌다. 이러한 운동에서는 언론 자유를 확대하기 위해 언론에 대한 정부 개입을 저지해야 한다는 주장도 나왔다. 88 헌장(Charter 88)이라는 운동 단체가 주도하는 헌법 옹호자 constitutionalist 운동이 대표적인데 이들은 비대해진 정부 권한을 견제하는 한 방안으로 언론 자유 문제를 부각시켰다.

따라서, 1990년대 후반 이후 영국에서는 언론에 대한 규제 문제에서 두 상반된 흐름이 동시에 존재한다(Curran, 2000: 48~9). 하나는 법적 규제를 강화해야 한다고 보았고, 다른 하나는 이를 반대하는 입장을 취했다. 이러한 사정은 이후 1997년 출범한 블레어 정권의 언론 관련 정책에서 잘 나타난다. 한편으로는 유럽 연합의 인권 협약 정신을 받아들여 프라이버시 보호를 강화하면서도 다른 한편으로는 정보 자유 법안(Freedom of Information Bill)을 도입해 공공 정보에 대한 접근 제한을 완화한 것이다. 즉, 한편으로는 언론 자유를 위축시키고 다른 한편으로는 신장시킨 셈이다.

7. 왕립 언론 위원회에 대한 평가와 과제

개혁이란 결국 어떤 추진 세력의 이념과 의지로만 실현되는 것은 아니다. 관련 집단들 사이의 수많은 갈등과 투쟁, 저항, 조정 과정을 거쳐야 하며, 여론을 어떻게 활용하느냐 하는 것이 매우 중요하다. 영국의 왕립 언론 위원회가 남긴 성과는 결국 현실적인 정치, 집단 역학의 산물이다. 이 과정에서 관련 집단들의 역학뿐 아니라 언론에 관한 정치적 담론 지형 역시 큰 전략적 역할을 했다.

왕립 언론 위원회가 이룬 성과에 대해서는 평가가 엇갈린다. 3차 위원회에 위원으로 참여한 폴 존슨은 위원회의 성과를 높이 평가했다. 그가 보기에 위원회 보고서는 사려 깊게 보수적이고 현실적이며, 효율적인 입장을 취해 언론 문제에 대한 다양한 개입 계획을 현명하게 물리쳤다는 것이다. 위원회의 성과를 정리한 11권의 보고서는 나름대로 알차고 인상적인 업적이라고 그는 평가했다(Tunstall, 1980: 123).

하지만 다른 평가는 그렇게 긍정적이지만은 않다(예를 들면, Curran, 2000). 미국 허친스 위원회 Hutchins Commission 처럼 이념적 차원에서 공공 서비스 문화를 조성하는 데에도 실패했고, 다른 유럽 국가(특히, 스웨덴)와 달리 제도적 차원에서 언론의 다양성을 제고할 수 있는 지원 제도를 도입하는 데에도 실패했다는 평가도 있다. 왕립 언론 위원회가 달성한 가시적인 성과로는 주로 언론 평의회를 통한 자율 규제 체제와 신문 시장의 독점 규제 제도 정도에 그치고 있다. 이나마 1980년대 이후 보수주의의 이념적 물결에 휩쓸려 다시 회귀하고 있는 것도 어느 정도는 사실이다.

그렇지만 정책을 통한 개혁에서 성공이냐 실패냐 하는 것은 결국 상황을 고려해서 평가해야 한다. 왕립 언론 위원회의 성과는 평가가 어떠하든 결국 영국 언론이 처해 있던 정치적·이념적 상황의 산물이다. 현실에서 신문에 관한 논의를 지배하고 있던 자유주의 담론과 힘겨운 투쟁을 벌일 수밖에 없었다는 점, 스웨덴과 달리 다양한 집단의 요구를 체계적으로 수렴하는 조합주의 정치 제도가 확립되어 있지 않다는 점은 영국 사회에 특수한 여건들로서 왕립 언론 위원회의 성격에 큰 영향을 미쳤다.

커런은 왕립 언론 위원회를 통한 언론 개혁이 실패했다고 평가하면서, 그 원인으로 발행인들의 영향력, 언론 자유에 관한 전통적 수사, 개혁 운동의 취약성 등이 함께 작용한 것을 꼽았다(Curran, 2000: 50). 이러한 실패는 영국의 방송 부문에서 거둔 성공과는 여러 면에서 대조적이다. 영국에서 텔레비전에 대한 공적 규제는 자본의 폐해를 막고 언론의 공공성과 책임성을 확보한 장치로서 여러 유리한 여건 때문에 가능했다. 공공성을 추구하는 핵심적인 조직들이 풍부한 전문 지식과 권위를 지니고 있었고, 공공성에 대한 정치적 합의와 공공성의 문화가 정착되어 있었다는 것이다. 공영 방송의 전통이 다른 국가에 비해 잘 계승된 것은 이러한 풍토에서 가능했다. 신문에서는 이와 같은 개혁의 문화적 토대가 부족했다고 볼 수밖에 없다. 하지만 왕립 언론 위원회의 활동이 비록 가시적인 제도 개혁을 달성하는 데에는 미흡했을지라도 신문도 방송과 마찬가지로 공중에 대한 사회적 책임을 제대로 수행하고 있는지 평가할 수 있는 이념적 근거와 선례를 만들었다는 점은 의미 있는 변화다.

왕립 언론 위원회가 거둔 미완의 성과에서 우리가 교훈을 얻을 수 있다면 그것은 언론 개혁이 성공을 거두려면 그 사회의 구체적이고 특수한 여건에 맞는 전략 수립이 필요하다는 점이다. 아무리 진보적이고 정당성 있는 이념을 내건 개혁 운동이라도 결국 과거에서 전해진 문화적·이념적·정치적 전통이라는 환경의 제약 속에서 전개될 수밖에 없다. 이 전통들은 과거 언론계와 현실 정치, 언론 개혁의 경험들이 압축되어 상식 속에 반영된 것으로 싫든 좋든 현재의 개혁 운동에 커다란 영향을 미치게 된다. 개혁 운동 역시 이 전통과 상식의 탄탄한 벽을 조금씩 허물어뜨리고 새로운 전통을 만들어 나가는 힘겨운 과정이라 할 수 있다. 개혁 운동에 지름길이란 없으며 개혁 역시 지속적인 과정이 되어야 하는 것은 바로 이 때문이다.

11장 | 산업 집중과 시장 기제 조절 장치

미국의 JOA 제도 평가

1. 신문 정책과 경제적 접근

권위주의 정권 아래에서 시행되던 각종 인위적인 규제 장치가 1987년 이후 철폐되면서 한국 신문업계는 본격적인 시장 경쟁 시대에 접어들었다. 더구나 이념적으로도 전세계적인 신자유주의의 물결을 타고 '탈규제'가 언론 정책의 키워드로 부상하면서 자유로운 시장 경쟁은 거스를 수 없는 추세로 자리잡았다.

시장 경쟁 체제는 기사나 편집의 질적 개선을 비롯해 긍정적인 효과를 상당히 가져온 것으로 평가할 수 있으나 폐해도 적지 않게 드러냈다. 첫째, 중앙지와 지방지 사이의 격차, 중앙지 가운데서도 대자본을 갖춘 조선·중앙·동아 등 이른바 '메이저' 신문과 기타 신문 간의 격차는 갈수록 벌어지고 있다. 대자본을 갖춘 몇몇 중앙지가 자본과 경쟁력에서 상대적으로 열세인 지방지와 군소 신문을 초토화하고 전국의 신문 시장을 장악해가고 있다는 우려의 목소리도 나오고 있다.

둘째, 치열한 경쟁에 걸맞게 내용이나 논지에서 소비자에게 다양한 선택권을 주고 있는지에 대해서도 의문을 표하는 견해가 많다는 점이다. 광고에 의존하는 시장 메커니즘은 내용이나 논조에서도 최대 다수 독자의 공통 분모에 맞추는 경향이 있기 때문에 중산층 위주의 보수적 성향을 드러낼 것이라는 우려는 오래 전부터 있었다. 그리고 사실 이러한 우려는 현실화하고 있다. 지리적 범위나 취향면에서 제한된 독자층을 대상으로 하는 지방지나 진보적 성향의 신문은 시장 경쟁 체제에서 절대적으로 불리할 수밖에 없는 것이 사실이다.

셋째, 신문 시장의 메커니즘은 시장 체제에서 정상적으로 존속할 수 없는 기형적인 언론 기업 형태를 조장하고 있다는 점이다. 경세학적으로 '시장 실패'의 한 형태라 할 수 있는 사이비 언론 현상이 이에 해당한다. 불공정한 영업 행위(광고 강매나 구독 강요)나 노동 여건의 악화(기자증 판매, 저임금 기자, 기자들의 영업 활동)는 신문업계 일부에서 고질적인 문제점으로 남아 있다. 특히, 지방지 시장에서는 적자가 누적되는데도 계속 발간되는 신문이 적지 않다. 이는 아마 한국 사회에서 신문 사업이 가져다 주는 기업 외적인 혜택 때문일 것이다. 이러한 병리 현상은 단지 언론인의 도덕적 각성에 호소하거나 공권력에 의한 단속만으로 해결될 수 없는 구조적 문제점에서 나온다.

시장 체제에서 생겨나는 이러한 문제점들은 언론 정책 관련 논의에 중요한 의제를 던져 준다. 지금까지 역대 정권의 신문 정책뿐 아니라 언론 운동의 목표 역시 다양한 언론 육성이라는 적극적인 가치 실현보다는 언론의 바람직하지 못한 행위(선정성, 불공정)나 사이비 언론 따위의 병리 현상에 대한 소극적인 대응의 성격을 띠었다. 만일 시장 체제가 거스를 수 없는 대세라면 그 안에서 독과점화 경향이나 시장 실패 현상을 완화하고 다양한 군소 언론이 존립할 수 있도록 하는 제도적 보완책은 없을까 하는 의문을 가져볼 수 있다. 만일 신문 산업에 대한 정책 수립이 가능하다면 그 방향에 대해 근본적으로 검토해 볼 필요가 있다는 인식에서 이 글은 출발한다.

언론 관련 법규는 신문사의 설립이나 경영 환경을 규정해 이들의 존립에 직접적인 영향을 미친다. 최근엔 규제가 많이 완화되었지만, 신문사 설립시 윤전기와 인쇄 시설을 갖추도록 의무화한 '정기 간행물의 등록 등에 관한 법률'이 대표적인 규정이다. 지금까지의 법 장치는 다양성과 자유로운 시장 진입을 억제했으면서도 질적으로 높은 수준을 유지하는 데 실패했다. 한편으로는 언론이 불공정한 방법으로 경제 외적인 이익을 추구하면서 기생하지 못하게 차단하는 시장 정화 장치를 강화하는 일도 필요하지만, 다른 한편으로는 다양한 형태의 군소 신문이 존립할 수 있도록 시장 기제의 한계를 보완하는 제도적 장치도 필요하다.

　바람직한 정책 수립은 정확한 상황 진단과 정책 효과의 과학적 예측 위에서만 가능하다. 무엇보다 신문 간 경쟁의 근간이 되는 시장 메커니즘에 대한 분석이 필수적인데, 이 과정에서 사회 과학적인 분석은 아주 유용한 도구를 제공해 준다(Baker, 1975를 보라). 지금까지 언론 법제 연구에서는 주로 전통적인 법 해석학적, 법 사상적인 연구가 지배적이었다(예컨대 팽원순, 1989을 보라). 언론 관련 법규를 둘러싼 쟁점을 다룬 시의적인 비평도 대개 이 부류에 속한다. 이러한 연구는 주로 규범적인 측면에서 현행 법규가 지니는 문제점은 잘 지적하고 있으나, 기존 법제가 신문사의 기업 환경과 신문 산업의 장기적인 구조 변화에 미치는 영향을 예측하는 데에는 큰 도움이 되지 못하고 있다. 1980년대 후반 이후 나오기 시작한 매체 경제학적 연구들은 정책 연구에도 유용한 틀을 제공해 줄 수 있을 것이다(노병성, 1992; 임정덕, 1992; 장용호, 1987, 1989). 즉, 이들이 도입한 경제학적 사고는 정책에 관한 평가·논의에도 시사하는 바가 매우 크다.

　영국의 왕립 언론 위원회가 신문 산업의 구조적 문제점을 파악하고 해결책을 모색하는 데 정치적 접근 방식을 채택했다면, 미국의 신문 정책은 주로 경제학적 원리에 대한 이해를 근거로 신문 산업의 구조적 문제에 접근했다는 점에서 차이가 있다. 이 글은 1960년대 미국의 신문 정책 관련 논의를 당시의 상황에 비추어 분석하고, 이를 국내 사례와 비교 검토해 신문 정책 수립에 참고할 만한 함의를 얻고자 한다.

이 장에서는 주로 다음과 같은 쟁점에 초점을 두고 논의를 전개할 것이다. 첫째, 신문 시장에서 독과점화가 발생하게 되는 구조적 요인은 무엇인가? 둘째, 신문 시장의 경쟁 상태를 육성, 보존하기 위한 한 방안으로서 1970년에 미국에서 시도된 신문 보호법(Newspaper Preservation Act) 가운데 공동 경영 협정(Joint Operations Agreements. JOA) 허용 정책은 어떤 효과와 문제점을 가져왔는가? 셋째, 이 정책적 방안은 국내 신문 산업 정책에 어떤 함의를 주는가?

2. 신문의 경제적 성격과 정책 목표

1) 신문의 경제적 성격

신문 관련 논의에서는 신문의 특수성에 관한 규범적 측면을 피해 갈 수 없다. 자유주의 사상은 바로 이러한 규범적 논의에 중요한 이론적 바탕을 제공해 주었다. 즉, 신문 간의 경쟁과 다양성은 바람직하며, 가능하다면 외부의 국가 권력이나 권위의 개입 없이 자연적 조정과정을 통해 경쟁이 이루어져야 한다는 가정이다. 이러한 주장은 '사상의 공개 시장'과 자동 조정 *self-righting* 과정이라는 고전적인 공식으로 간결하게 정리할 수 있다. 자유주의 언론 이념은 그 동안 언론 관련 법제에도 커다란 영향을 미쳤다. 하지만 매체 경제학적인 관점에서 자유주의 언론 이론은 몇 가지 본질적인 모순을 안고 있다.

사상의 시장이라는 비유적 표현에도 드러나듯이 신문의 경쟁은 사상 간의 질적 경쟁과 시장 경쟁이라는 두 차원을 포괄하고 있다. 즉, 신문은 정보와 견해의 전달이라는 규범적 역할을 수행하지만, 이 작업은 시장이라는 자본주의적 경쟁 메커니즘 속에서 움직인다. 자유주의 언론 이론은 경쟁 메커니즘이 자기 조정 과정을 통해 효율적인 신문만 살아 남게 함으로써 결국 사회 전체적인 공익을 달성할 수 있게 한다고 가정한다. 그리고 공정한 경쟁이 제대로 이루어지지 않을 때에만 국가는 시장 질서를 바로잡기 위해 독과점 규제법과 같은 수단으로 개입할 수 있다고 주장한다. 하지만 시장 메커니즘에서는 최선의 사상이 시장 경쟁에서 이긴다는 보장이 없을 뿐 아니라 사상의 다양성을 유지하기도 쉽지 않다는 한계가 있다. 실제로 시장 체제 아래에서는 신문 내용의 경쟁 역시 이윤 극대화를 목적으로 하는 마케팅 전략의 하나로 변질되고 있다.

그렇다면 경제학적으로 볼 때 신문 시장에서 다양한 목소리의 공존을 점점 어렵게 만드는 구조적 요인은 무엇인가? 우선 가격 경쟁의 차원에서 규모의 경제 원리가 작용한다는 점을 들 수 있다. 즉, 신문 상품의 생산에는 총비용 가운데 고정 비용의 비율이 높아서 첫 부수 발행 비용 *first-copy cost* 이 아주 높고, 부수가 증가할수록 평균 비용이 급격히 감소하는 경향이 있다(Rosse, 1967; Owen, 1975: 16~8). 따라서 발행 부수가 상대적으로 많은 기존의 신문은 새로 진입하는 신문에 비해 절대적으로 유리하다. 더구나 신문 상품은 상품 시장과 광고 시장에서 동시에 경쟁이 이루어지는 이중적 상품 *joint product* 의 성격을 띤다. 미국의 사례를 보면 신문 기업의 수입에서 신문 판매가 차지하는 비중은 25%에 불과하고 나머지는 모두 광고에서 나온다(Ozanich, 1982: 20). 광고 수입은 신문 판매 부수에 비례해 정해지기 때문에 선두 주자에게 절대적으로 유리하다. 이 때문에 신문사 사이의 매출액 격차는 더욱 벌어지고, 이 격차는 다시 신문 내용의 질적 수준을 유지하는 데 필요한 투자액의 격차로 이어지는 악순환이 계속된다.

신문 상품의 또 한 가지 특성은 독점적 경쟁의 성격을 띤다는 점이다. 독점적 경쟁은 어떤 시장 내의 상품들이 "충분히 차별화되어 불완전한 대체재에 불과할 때" 발생한다(Owen, 1975: 19). 미시 경제학의 완전 경쟁 모델은 수요와 공급의 결정과 경쟁에서 가격이 결정적으로 중요한 변수라고 가정한다. 그러나 신문에는 이 모델이 잘 적용되지 않는다. 신문에 대한 수요는 가격뿐 아니라 내용의 질적 차이로도 정해지기 때문이다. 신문의 이러한 성격은 경쟁 양상에도 영향을 미친다. 우선 각 기업은 경쟁지가 있더라도 신문 가격 책정에서는 비교적 자유로울 수 있다. 또 신문의 가격과 상관 없이 독자는 새로운 상품보다는 이미 친숙해진 기존 신문을 선호할 가능성이 크다(Ozanich, 1982: 21). 따라서, 신문 시장에서 선두 주자는 부수가 적은 신문보다, 기존의 신문은 새로 생겨난 신문보다 유리하다.

규모의 경제 원리 때문에 이론적으로는 전국에서 가장 효율적인 단 하나의 신문만 존재할 수 있다. 그렇지만 현실적으로는 다른 복합적인 요인들 때문에 여러 신문이 공존하게 된다. 신문 시장에서 독점적 경쟁의 성격은 새로운 신문이나 열세의 신문에게 불리하게 작용하나, 동시에 내용의 차별성 때문에 공존을 허용해 주는 효과를 낳기도 한다.

또 신문 사업에서 기사 수집과 배포는 시간을 다투는 것이기 때문에 신문 간의 경쟁 형태는 지리적 범위(즉, 지리적 시장)에 의해서도 크게 영향을 받는다. 시장이라는 개념은 지리적 비유 metaphor 로서 일정한 범위를 함축한다. 만일 한 시장 내에서 발행되는 신문의 숫자로 경쟁 정도를 가늠해 본다면, 어느 정도를 시장 범위로 볼 것이며 어떤 종류의 신문을 이 숫자에 포함시킬 것인가? 물론 이 때 모든 매체의 산술적 합계는 무의미하다. 그보다는 실제로 경쟁이 이루어지는 매체의 수를 감안해야 한다. 시장 역시 지리적 범위에 의해 기계적으로 정해지는 것은 아니며, 시장의 크기는 사회 경제적인 개념에 가깝다. 가령 경쟁 상태에 있는 미디어 수를 산정할 때 일간지만 고려할 것인가, 아니면 주간지도 포함해야 하는가? 혹은 신문, 방송, 케이블 TV를 비롯해 뉴스를 제공하는 모든 매체를 포함시킬 것인가? 실증적 연구에 의하면 미디어 간의 대체성은 매우 낮기 때문에 신문 시장에서 경쟁이 어느 정도 이루어지고 있는지 평가할 때는 신문만 고려해야 할 것으로 보인다(Picard, 1989; 21~7).

신문에 국한해서 볼 때에도 신문의 지리적 시장은 다양한 유형의 신문으로 복잡하게 구성되어 있다. 그렇다면 실제로 경쟁이 이루어지는 범위는 어느 정도일까? 로시의 '우산 밑 경쟁' 모델은 이러한 목적에 아주 유용하다(Rosse, 1975). 로시에 의하면 광역 도시권의 신문 시장은 대도심 일간지, 위성 도시 일간지, 교외 주거 지역 일간지, 주간지와 특수지 등 여러 층으로 구성되는데, 경쟁은 주로 같은 층에 속한 신문들보다는 인접한 층에 있는 신문들 사이에서 발생한다는 것이다. 같은 층에 속한 신문들은 경계선 부근을 제외하면 지리적 시장이 별로 겹치지 않기 때문에 경쟁이 잘 이루어지지 않는다. 인접한 층, 가령 위에서 두 번째 층에 속한 신문은 첫번째 층과 세 번째 층에 속한 신문과 경쟁을 벌이지만, 그럼에도 불구하고 공존은 가능하다. 윗층에 있는 신문의 내용은 밑의 층에 있는 신문의 영역을 포괄하지만, 밑의 층 신문만큼 특화·세분화하지는 않기 때문이다. 요컨대 이와 같이 다양한 유형의 신문들 사이에 부분적이나마 경쟁과 공존이 가능하게 된 것은 신문 시장이 독점적 경쟁, 즉 상품의 차별화와 지리적 시장 범위에 의해 영향을 받기 때문이다.

2) 정책적 목표와 수단

정책이란 어떻게 보면 서로 상충하는 사회적 가치 가운데 어디에 비중을 둘 것인가 하는 선택의 문제다. 그렇다면 경제학적으로 볼 때 신문 산업 정책에서는 어떤 사회적 가치를 정책 목표로 삼아야 할까? 신문 산업에서 정책 방향을 수립할 때 고려해야 할 목표는 경제학적 용어로 표현하자면 다음과 같이 세 가지로 정리할 수 있다(Busterna, 1987; Picard, 1989: 95). 정책 수립은 때로는 상호 충돌하거나 모순되기도 하는 이 세 목표를 극대화하는 방향으로 이루어져야 한다.

첫째, 신문이라는 생산품의 성과 *product performance* 가 높은 수준을 달성하도록 해야 한다. 이것은 내용의 질의 척도를 말하는데, 다양한 목소리가 존재하고 내용의 중복이 적을 때 가장 잘 달성된다. 둘째, 기술적 효율성 *technical efficiency* 은 제한된 자원이 어느 정도 효율적으로 사용되었는지 평가하는 기준이다. 이것은 신문 한 부당 평균 비용으로 나타나는데, 생산비가 절감되고 이것이 가격 인하로 이어질 때 가장 효율적으로 실현된다. 셋째, 분배적 효율성 *allocative efficiency* 의 문제다. 이것은 한 시장 내에서 경쟁이 얼마나 활발하며, 새로운 기업의 시장 진입이 어느 정도 자유롭게 이루어지는지를 평가하는 기준이다.

이상의 목표를 달성하기 위해 정책을 수립할 때 흔히 빠지기 쉬운 유혹은 바로 시장 부문(특히, 행위의 차원)에 대한 국가 기관의 개입이다. 현실적으로 언론은 기업으로서 시장 메커니즘에 의해 움직이도록 되어 있다. 하지만 그 동안 국내에서는 이러한 시장성이 가져오는 부정적 측면을 과도하게 부각시켜, 특정한 규범적 잣대(예컨대, 공공성)에 따라 현실의 시장 원리를 부정하려 했으며, 공적 수단의 행사를 지나치게 쉽게 합리화하려는 경향이 있었다. 과거에는 시장에 대한 개입 수단이 정치적 목적으로 국가 기관에 의해 독점적으로 악용되었으나 정치적 민주화와 더불어 점차 줄어든 것은 사실이다. 언론 시장에 영향을 미치는 권력은 다원화하고 분산되었지만 신문 산업의 문제점에 대한 손쉬운 처방으로 공공성이라는 수단에 호소하려는 사고 방식은 아직도 많이 남아 있다.

국내의 신문 산업이 민간 기업의 틀을 유지하는한 공공성이라는 명분만으로 국가가 개입하는 방식은 시행상 적지 않은 난점이 있다. 자칫하면 언론의 본질적인 가치라고 할 수 있는 자율성과 공정 경쟁 이란 원칙을 훼손할 수 있기 때문이다. 따라서, 신문 시장 부문에 대해서는 현실적인 시장 메커니즘을 어느 정도 인정하고, 이 메커니즘이 공익에 부합되는 방향으로 작용하도록 유도하는 간접적인 시장 기제 조절 방안을 강구해야 한다. 미국의 신문 보호법은 정책적 효력에 대해 엇갈린 평가를 받고 있지만, 신문 산업의 시장 메커니즘에 대한 과학적인 진단을 정책 수립의 토대로 삼았다는 점에서 의미가 있다.

3. 신문 보호법의 등장 배경과 내용

1970년에 미국에서 신문 보호법이 제정된 데에는 신문업계에서 경쟁이 계속 감퇴하는 데 대한 위기 의식이 큰 요인으로 작용했다. 경쟁 상태에 있는 신문을 둘 이상 보유한 도시 숫자는 19세기 말 이래로 꾸준히 감소해 왔다. 가령 1880년에는 신문을 둘 이상 보유한 도시가 389개 도시 가운데 239개로 전체의 61.4%를 차지했으나, 1968년 무렵에는 도시 수가 1500개로 늘어났는데도 경쟁지를 보유한 도시는 45개로 단 3%에 불과했다(U. S. House, 1969: 198).

문제는 이러한 독과점화의 추세가 독과점 금지법 따위의 소극적인 장치로 해결될 수 있는 정도가 아니라, 미국 신문 산업의 시장 구조 때문에 생겨난 불가항력적인 현상이라는 점이다. 즉, 미국의 도시들은 대부분 신문을 둘 이상 유지하기에는 시장 규모가 너무 작기 때문에 신문들은 제한된 독자와 광고비를 놓고 사활을 건 치열한 경쟁을 벌여야 했다. 따라서, 이러한 상황을 개선할 수 있는 구조적인 대책이 필요했다. 독과점 관련 규정은 시장에서 기업 간의 공동 행위를 금지하고 있지만, 신문 보호법은 신문에 대해 예외적으로 JOA라는 공동 경영 방식을 허용해 신문사 존립의 구조적 여건을 완화해 주려는 시도였다.

JOA 제도는 일반적으로 두 신문사가 공동으로 별도의 회사를 설립하여 편집 부문을 제외한 업무(즉, 인쇄·배포·광고 등)를 담당하게 하고 벌어들인 수익은 사전에 합의한 공식에 따라 분배하는 형식을 취한다. 통상적으로 두 신문사는 시설을 공동으로 활용하기 위해 조간과 석간으로 나누어 발행하고 일요판은 하나로 통합해서 운영한다. JOA는 1933년 뉴 멕시코 주 앨뷰커크 Albuquerque 에 있던 <저널 Journal>과 <트리뷴 Tribune> 사이에서 최초로 시작되었다. 다른 신문들도 유사한 공동 경영 방식을 잇따라 채택하여 1960년대 말에는 이미 전국적으로 22개 시에서 시행되고 있었다.

법무부는 이 제도가 독과점 금지법(Sherman-Clayton Acts)에 저촉된다고 보고 시범 케이스로 애리조나 주 투산 Tucson 소재 <데일리 스타 Daily Star>와 <데일리 시티즌 Daily Citizen> 간의 협정을 문제삼기로 했다. 이 소송은 대법원까지 올라가는 지루한 법적 논쟁을 거친 끝에 결국 법무부의 승소로 판결이 났다(Citizen Publishing Co. v. U.S., 1969). 신문업계는 이 판결로 위기 의식을 느끼고 관련 조항을 바꾸기 위해 적극적인 로비 활동을 폈으며, 마침내 의회에서는 JOA를 합법화하는 법안을 통과시켰다. 이 법안은 처음에는 '경영 위기 신문법'(Failing Newspaper Act)이라는 이름으로 상정되었다가 1970년에 신문보호법이라는 이름으로 채택되었다(U. S. Senate, 1967~9; U. S. House, 1969; U. S. Senate, 1969). 이 법은 이미 시행되고 있던 22개 JOA를 자동적으로 합법화했고 JOA는 1989년까지 4개가 더 생겨났다.

법안의 골자를 보면, 첫째로 기존의 JOA를 자동적으로 합법화하고 이후의 JOA는 연방 검찰 총장의 승인을 받도록 했다. 둘째, JOA

를 결성할 수 있는 자격을 완화했다. 셋째, 독과점 금지법에서 금지한 가격 담합 price fixing, 이윤의 공동 관리 profit pooling, 시장 할당 market allocation 행위를 신문 산업에 예외적으로 인정하여 비용 절감뿐 아니라 영업 부문에서 사실상 기업 합병 허용과 비슷한 혜택을 주었다.

신문 보호 법안을 놓고 관련 이익 집단들 사이에는 찬반 논의가 격렬하게 벌어졌다. JOA에 참여한 신문사들, 미국 신문 발행인 협회 (American Newspaper Publishers' Association: ANPA), JOA가 시행되고 있던 지역의 의원들은 이 법안을 적극 지지하고 나섰다. 정상적 여건에서는 두 개의 독립된 신문이 생존할 수 없는 도시에서 JOA는 경쟁적 목소리를 보존할 수 있는 불가피한 선택이라고 이들은 주장했다. 여기에는 JOA의 허용이 최선의 방안은 아니라고 인정하면서도 독점 시장화보다는 낫다는 현실론이 깔려 있다.

반면, 연방 법무부, 연방 통상 위원회(Federal Trade Commission), 미국 신문 기자 노조(American Newspaper Guild)를 비롯한 노동 조합들, 비체인 계열의 신문사측은 JOA 허용을 적극적으로 반대하고 나섰다. 이들은 신문 보호법이 경영상으로는 해당 기업에게 경쟁 배제와 독점적 이윤을 보장하므로 사실상 카르텔을 인정하는 효과를 가져온다고 주장했다(Keep, 1982: 4~6).

하지만 이 법안에 대해 집단마다 미묘한 입장 차이를 드러내기도 했다. 예컨대 JOA에 대한 노조측의 입장은 양면적이다. JOA가 결성될 경우 특히 인쇄 부문의 직종은 대량 감원이 불가피하고, 실제로도 JOA가 시행되면서 수천 명이 직장을 잃었다(U. S. House, 1990; 13, 59). 따라서, 신문 업종 관련 노조에서 JOA로 생겨날 수 있는 노동 조건의 악화나 고용 불안정 문제를 제기하면서 부정적인 입장을 취한 것은 어쩌면 당연하다. 하지만 다른 한편으로는 JOA 결성에 실패하여 신문사가 도산하면 더 큰 실업이 발생할 수 있기 때문에, 노조의 반대는 그리 강경하지 않았다. JOA를 정면으로 거부하기보다는 잉여 인력을 정리할 때 충분한 협상과 배려를 요구하는 선에서 이들의 주장은 그치고 있다. 즉, 노조와 협상을 거쳐 노동자의 의견과 동의를 수렴해야 한다든지, 감원은 자연 소모 방식으로 이루어져야 하고 해직 수당을 지급해야 한다고 요구하는 따위이다(U. S. House, 1990: 18, 106).

노조의 이러한 구조적 약점이 협상 과정에서 협박 무기로 악용되기도 했다. 즉, 만일 노조가 강경 대응할 경우 직장을 폐쇄할 것이리고 위협함으로써 노조기 JOA 도입에 대한 반대를 철회히도록 강요한 사례도 있었다(U. S. House, 1990: 113). 어쨌든 신문 보호법은 청문회 기록만도 수천 쪽에 이르는 격론 끝에 결국 1970년에 상하 양원에서 통과되었고 닉슨 대통령이 서명함으로써 발효되었다.

4. 신문 보호법의 주요 쟁점

1) 참가 자격 문제

JOA의 허용은 참여 신문들에게 사실상 기업 합병에 준하는 경영상의 특혜를 주기 때문에, 관련 집단들은 구체적인 쟁점들을 놓고 큰견해 차를 드러냈다. 우선 어떤 기업이 수혜 자격이 있으며 자격 판정의 근거는 무엇인지부터가 큰 논란이 되었다. 신문 보호법이 도입되기 전에는 '경영 위기 상태의 기업 *failing company*'이라는 원칙이 공동 경영의 허용 여부를 판단하는 기준 노릇을 했다. 과거의 판례를 보면 경영 위기 상태 기업이란 재원이 고갈되고 회복의 가능성이 희박하여 "파산할 심각한 위기에 직면한 *faced the grave possibility of a business failure*" 기업이어야 하며 그 기업을 인수하려는 이가 없는 상태를 말한다(Carlson, 1971: 404). 따라서, 신문 보호법 제정을 논의하던 당시 법원에서는 이미 JOA를 결성한 신문사들은 이러한 요건을 충족시키지 못하고 있는 것으로 해석했다.

하지만 신문 보호법은 경영 위기 상태 기업의 기준을 "소유나 계열에 관계 없이 재정적인 파산의 위험에 처할 가능성이 있는 *in probable danger of financial failure* 신문사"로 완화했다. 즉, 해당 기업의 재정적 곤경이 도저히 돌이킬 수 없을 정도로 심각한 상태라는 것을 입증할 필요는 없으며, 단지 그러한 방향으로 가는 추세에 있음을 보여 주기만 하면 된다는 것이다. 이처럼 규정을 완화한 것은 신문 기업의 경제적 특성을 감안했기 때문이다. 신문은 이중적 상품의 성격을 띠기 때문에 신문 판매고의 사소한 격차도 이내 크게 확대된다. 일단 어떤 신문사의 경영 실적이 하향 곡선 *downward spiral* 을 그리게 되면 발행 부수, 광고, 수익이 모두 연쇄적으로 격감하게 된다. 이렇게 되면 같은 시장 내에서 우위에 있는 다른 신문이 열세인 신문사와 JOA를 결성하도록 할 만한 유인이 없어진다(U. S. House, 1990: 48).

그렇지만 JOA를 결성한 신문사들이 실제로 경영 위기 상태에 있었는지는 여전히 논란이 많다. 신문 보호법은 JOA 결성 자격 심사 시점을 기준으로 해당 신문사의 경영 상태만 고려하고 관련 체인사나 모기업의 자산은 고려하지 않았다. 그래서 이 규정을 악용하여 신청 직전에 인위적으로 적자를 기록하는 따위의 수법으로 경영 상태를 조작하는 사례도 있었다. <신시내티 포스트 *Cincinnati Post*>의 사례는 이러한 제도상의 허점을 단적으로 보여 준다. 이 신문사는 일요판 발행을 비롯해 수익성을 개선할 수 있는 수단이 분명히 남아 있는데도 의도적으로 이를 시행하지 않았다는 의혹을 받았다. 다른 신문사들이 모두 구독료를 인상했음에도 불구하고 이를 따르지 않은 것도 이러한 의혹을 뒷받침해 주는 증거다(Barnett, 1980: 43). 이처럼 의심스런 조치를 취한 것은 아마 JOA 결성을 통해 얻을 수 있는 독과점적 혜택의 매력 때문일 것으로 추정된다.

따라서, 경영 부실 상태를 의도적으로 조장했는지를 판별하기 위해서는 경영 위기 상태에 있다고 주장하는 신문사를 인수하려는 이가 없을 때에만 JOA 허용을 고려해야 한다는 주장도 나왔다(Barnett, 1980: 47; Carlson, 1982: 697~8). 또한 신문사들은 대부분 재정 상태에 관한 정보의 대외 공개를 꺼리는데, JOA를 신청하기 위해서는 해당 신문사의 재무 기록을 대외적으로 공개하도록 해야 한다는 주장도 이러한 문제점을 보완하는 방안으로 제시되었다(U. S. House, 1990: 17).

특히, 논란이 된 것은 체인 소속 신문에게 JOA 참여를 허용할 것인가 하는 문제였다. 신문 보호법은 JOA를 신청할 수 있는 자격 요건에서 소유 구조나 계열사 관계를 고려하지 않는다고 규정해 사실상 체인 소속 신문에게도 JOA를 허용했다. 신문 보호법이 다양한 목소리의 보존이라는 목표를 표방한 데 비추어 볼 때 이 규정은 문제점이 많은 부분이다. 이 때문에 신문 보호법의 도입은 원래 취지와는 달리 지원이 실제로 필요한 독립적인 지역 신문들이 아니라 체인에 혜택을 주었다는 주장을 뒷받침하는 증거는 많다.

이 법이 통과되기 전부터 이미 시행되고 있던 22개 JOA 가운데 15개에 체인이 참여하고 있었고, 1933년 최초로 JOA를 결성한 것도 바로 유명한 신문 체인인 스크립스 Scripps 였다(Carlson, 1971: 397~9). 또 신문 보호법이 통과된 1970년 무렵에 JOA를 결성한 44개 신문사 가운데 추가로 7개 사가 체인 소유로 넘어갔다. 심지어 신시내티에서는 대표적인 전국 신문 체인인 스크립스 하워드 Scripps-Howard 와 가넷 Gannett 사이에 JOA 협정이 이루어진 극단적인 사례도 있었다. 이 것들은 JOA 허용 제도의 원래 취지에 어긋나는 전형적인 사례들로 많은 논란의 근거가 되었다.

따라서, 신문 보호법이 표방한 목표에 비추어볼 때 체인 소속 신문은 참가를 금지하거나(Barnett, 1980: 41; Carlson, 1982: 696), 참가 자격을 비계열사보다 엄격하게 해야 한다는 주장은 상당한 설득력이 있다(U. S. House, 1990: 54). 체인 소속 신문의 확장은 분배적 효율성의 실질적 감소라는 부작용을 낳기 때문이다.

2) 심사 절차 문제

아무리 취지가 훌륭한 정책이라 하더라도 어떤 집행 수단을 채택하는지에 따라 때때로 정책 목표가 훼손되는 부작용이 발생할 가능성이 있다. 신문 보호법 역시 비슷한 문제의 소지를 안고 있었다. 신문 보호법은 1970년 이전에 결성된 JOA를 자동적으로 인정했지만 이후에 새로 결성되는 사례는 검찰 총장의 허가를 받도록 규정했다. 특히, 언론 산업 부문에서 이 절차 규정은 몇 가지 잠재적인 문제점을 안고 있다.

첫째, 정치적 임명 기관인 검찰 총장의 직권으로 승인 여부를 결정하도록 했기 때문에, 자칫 정부와 언론 간의 유착을 조장할 우려가 있다. 따라서, 법원처럼 정치적으로 중립적인 기관에서 심사해야 한다는 주장도 제기되었다(U. S. House, 1990: 54, 105). 특히, 이러한 제도는 한국처럼 정치적·행정적 심사 과정이 투명하지 않다는 의혹을 받고 있는 국가에서는 악용의 소지가 많다.

또 하나 문제점으로 지적된 것은 심사 기간이 길어 정책적 실효성이 떨어진다는 점이다. 심사 시간만 해도 2년 정도 걸리는 사례가 많은데, 재무 구조가 취약한 신문은 이 정도 기간 동안 버티기 힘들기 때문에 심사 기간을 단축할 필요가 있다는 지적도 나왔다(Busterna, 1987: 79; U. S. House, 1990: 18).

JOA의 지속 기간에 대해서는 신문 보호법에 비판적인 집단 간에도 의견이 엇갈리고 있다. JOA는 일단 한번 승인을 받으면 거의 영구적으로 허용되는 셈인데, 여기에 대해 언론학자 데이비드 루빈

David Rubin 은 심각한 우려를 표명했다. 그는 참가사의 자격을 주기적으로 검토해서 JOA의 계속 허용 여부를 심사하는 제도적 보완 장치가 필요하다고 주장했다. 영구적인 JOA는 사실상 독점적 이윤을 보장하므로 신문사들이 내용 개선에 그다지 열의를 보이지 않을 것이라고 보았기 때문이다(Keep, 1982: 5~6; U. S. House, 1990: 106). 신문 산업 연구자인 레이시 역시 JOA의 계약 기간이 짧을수록 신문이 독자의 수요에 적극적이고 책임 있게 반응할 것이라고 주장했다(U. S. House, 1990: 140).

하지만 신문 보호법 도입을 주장한 측에서는 실행상의 어려움을 들어 주기적 허가 갱신 제도를 반대했다(Keep, 1982: 6). 신문사 노조도 고용 불안정을 우려하여 JOA 허가는 영구적이어야 한다고 동조하고 나섰다. 또한 협정을 종결할 때에는 신청할 때와 동일한 심사가 필요하며 종결 사유가 설득력이 있어야 한다고 노조는 주장했다(U. S. House, 1990: 54, 105).

3) JOA와 시장 경쟁의 유지

JOA는 다양한 형태를 띠지만 핵심적인 내용은 대략 비용 절감을 위한 시설 공동 이용, 경쟁 배제를 위한 공동 영업의 두 가지로 되어 있다. 문제는 공동 경영의 범위를 어느 정도까지 허용해야 경쟁 관계에 있는 다양한 목소리의 공존이라는 정책적 목표를 가장 효율적으로 달성할 수 있느냐 하는 것이다.

신문 사업은 대규모 투자가 소요되지만 시설의 가동 비율은 매우 낮다. 시간으로 환산하면 대체로 인쇄 능력의 70~75%가 가동되지 않은 채 잠자고 있는 셈이다(Barber, 1964: 511). 따라서 만일 두 신문사가 JOA를 통해 인쇄 시설을 공유할 경우, 시설 유지 비용을 분담하는 것이 되므로 비용을 크게 절감할 수 있다.

인구 규모는 어떤 지리적 시장 내에서 존속할 수 있는 신문의 수를 제한하는 요인이 된다. 일반적으로 미국에서는 인구가 65만 이하의 도시에서 두 신문이 유지되는 사례는 드물다고 한다. 그러나 인쇄 시설의 공동 이용 등을 통해 비용을 분담하게 되면 신문 사업의 손익 분기점이 크게 낮아져 인구가 20만 정도 되는 작은 도시에서도 경쟁은 가능해진다고 한다(Barber, 1964: 540, 542~3). 즉, 인쇄 시설의 공유는 큰 신문사만 누리던 규모의 경제 혜택을 비교적 작은 신문에게도 확대해 주는 효과를 가져온다. 이것이 바로 신문 보호법을 옹호하는 경제학적 근거다.

JOA가 허용하는 사항 가운데 가장 논란이 많은 부분은 가격 담합, 이윤 공동 관리, 시장 통제 등의 경쟁 제한적 행위들이다. 인쇄 시설과 배달 조직의 공유뿐 아니라 이러한 공동 경영 행위까지 허용할 경우, 두 기업은 규모의 경제 효과뿐 아니라 편집 부문 이외에는 사실상 기업 합병에 가까운 혜택을 얻는 셈이다. 미국의 JOA 제도는 이 두 가지를 모두 허용한 셈인데, 이 제도는 신문 시장과 광고 시장에 어떤 영향을 미쳤을까?

수치상으로만 볼 때 신문 보호법의 파급 효과는 그렇게 두드러지지는 않다. 신문 보호법 시행 이후에도 200개 이상의 신문이 폐간되었다(U. S. House, 1990: 13). 신문 보호법의 파급 효과는 긍정적이든 부정적이든 주로 해당 지역의 기업에만 미치는 제한된 것이었다(Ozanich, 1982). 실제적으로 이 법이 통과된 후 19년 동안 새로 JOA의 혜택을 입은 도시는 4개에 불과했다. 대체로 JOA는 경쟁의 보존이라는 원래의 목적 달성에는 실패했다고 레이시는 평가하고 있다(레이시의 진술, U. S. House, 1990: 141~3).

신문 보호법이 성공적이었다는 평가를 내리고 있는 미국 신문 발행인 협회 측의 견해를 보아도 이 점은 드러난다. 즉, 미국 신문 발행인 협회의 프리드하임 회장은 신문의 숫자만으로 경쟁의 정도를 측정할 수는 없다고 주장했다. 주간지, 특수지, 방송, 케이블 TV, 생활 정보지, 통신 미디어 등 다양한 매체가 정보 전달과 광고 매체 역할을 하고 있다고 보기 때문이다(U. S. House, 1990: 5). 그러나 신문과 다른 매체 간의 가격에 대한 교차 탄력성은 비교적 낮다는 점, 즉 다른 매체가 신문을 완전히 대신하는 대체제는 될 수 없다는 연구 결과를 감안할 때 그의 주장을 그대로 받아들이기는 어렵다(Picard, 1989: 21~7). 따라서 신문 보호법의 효과를 평가하려면 신문 시장 내의 경쟁만을 고려해야 한다.

그렇다면 JOA는 신문 시장의 경쟁 구조에 어떤 영향을 미쳤는가? 우선 기존의 JOA는 시장 내에 일종의 카르텔 형성을 허용해 경쟁 제한적 *anti-competitive* 효과를 가져왔다(Carlson, 1971: 400~3). JOA에 참여한 신문은 독점 상태의 신문에 비해서는 덜하지만 경쟁 상태의 신문보다는 구독료나 광고비를 높게 징수한 것으로 나타났다. 특히, 문제가 되는 것은 두 신문에 동시에 광고를 싣도록 하는 동시 광고율제 *joint advertising rate* 다. 여기에는 강제적 방법보다는 동시 게재시 큰 할인 혜택을 줘 선택의 여지를 없애는 것이 일반적이다. 이것은 사실상 신문 보호법에서도 금지하고 있는 약탈성 광고 가격 *predatory ad prices* 을 설정하는 효과를 낳는다(Carlson, 1971: 400~1). 이러한 관행은 해당 신문 시장의 광고 수요를 고갈시켜 결국 다른 신문의 존립을 어렵게 하기 때문에 정책 차원에서 보면 신문 시장에서 분배적 효율성을 떨어뜨린다.

또 JOA는 소규모 광고주에게 불리하게 작용하는 것으로 드러났다. 광고 가격 인상은 JOA 도입 이후 눈에 띄게 나타난 변화다. JOA 참여 신문으로서도 광고 지면 제작에서 비용이 많이 드는 소규모 광고주보다는 대규모 광고주를 많이 유치하는 것이 이윤의 극대화에 유리할 것이기 때문이다(피카드의 진술, U. S. House, 1990: 181). 그러나 JOA가 단기적으로는 가격 상승을 가져오지만 장기적으로는 반드시 나쁘다고 볼 수는 없다는 견해도 있다. 광고비 상승 때문에 신문 광고의 수요가 다른 미디어나 주간 신문 등으로 옮겨갈 수 있다는 것이다(레이시의 진술, U. S. House, 1990: 178). 그러나 이러한 이동도 결국 광고주의 선택권 제한이라는 희생 위에서 가능하므로 긍정적인 효과라고는 보기 어렵다.

JOA가 가져오는 또 다른 문제는 시장에 실질적인 진입 장벽을 설정한다는 것이다. 협소한 시장 내에 두 개 이상의 신문이 JOA를 결성하고 있을 경우 시장 내의 유효 수요(즉, 구매력)는 대부분 고갈된다. JOA 참여 신문은 절대적인 비용 절감과 규모의 경제 혜택을 누리게 된다. 따라서, 새로운 신문이 JOA 시장에 뛰어들기는 독점 시장에 진입하기보다 오히려 더 어렵다는 주장도 있다(Carlson, 1982: 689~90). 더구나 신문 보호법은 이미 결성된 JOA에 제3의 신문사가 추가로 가입하는 것을 금지하고 있기 때문에 새로운 신문이 해당 시장에 뛰어들기는 사실상 불가능해진다(U. S. House, 1990: 194; Carlson, 1971: 399).

컴퓨터 식자와 오프셋 인쇄기의 보급 등 기술적 여건의 개선이 가져온 긍정적인 효과를 신문 보호법이 차단하고 있다는 주장도 있다. 즉, 기술 혁신으로 신문사 창설 비용과 신문 제작비가 낮아져 과거보다 시장 진입이 기술적으로 쉬워졌는데, JOA는 이러한 추세에 찬물을 끼얹고 있다는 것이다(Barnett, 1980: 40, 42; Malone, 1951; Norton & Norton, 1986). 경영 상태가 부실한 신문의 보존 자체는 물론 바람직한 일이다. 그러나 이러한 보존이 새로운 신문의 시장 진입을 막는다면, 본질적으로 광고주와 타 신문사에 희생을 강요한 채 JOA 참여자에게 경제적 혜택을 주는 셈이 된다. 비효율적인 기존의 신문이 망하도록 내버려 두어야 새로운 신문이 들어설 수 있기 때문이다(U.S. House, 1990: 39~40).

신문 시장은 로시의 우산 밑 경쟁 모델에서 보듯이 여러 층으로 구성되어 있다. 만일 도심 지역에 JOA가 들어서면 다른 층의 신문들에게 어떤 영향을 미칠 것인가? 실증적 연구에 의하면, JOA가 대도심 지역에 들어서더라도 교외 주거 지역 일간지는 불리한 영향을 받지는 않는다고 한다(Niebauer, 1984; Lacy, 1988b; U. S. House, 1990: 142). 즉, 교외 주거 지역의 작은 신문들은 경쟁지인 도심지 신문과 지리적으로는 근접해 있더라도 사실상 별개의 시장을 형성하고 있기 때문에 상품 차별화를 통해 생존할 수 있다는 뜻이다.

JOA가 이상과 같이 경쟁 제한적 효과를 가져오는 것은 주로 가격 담합, 시장 통제와 같은 카르텔적 성격의 공동 영업 행위 때문이다. JOA에 참여한 신문들이 사전에 정한 비율(50 대 50이 일반적)에 따라 이윤을 분배하는 것은 불합리하며, 실적에 근거해 수입이 달라지도록 하는 장치가 있어야 서로 경쟁할 유인이 생긴다고 피커드는 주장한다(U.S. House, 1990: 162). 규모가 영세한 신문 시장에서 신문사들이 시설을 공동 이용하는 것은 규모의 경제 혜택을 준다는 점에서 어느 정도 바람직하지만, 공동 영업 행위는 시장의 독과점화를 가속화하는 심각한 부작용을 초래할 수도 있다(U. S. House, 1990: 23, 43).

4) 내용의 경쟁과 다양성

신문 보호법은 신문 기업의 경영을 지원해서 신문이 "편집이나 보도에서 독립성과 경쟁을 유지"할 수 있도록 하는 것을 정책적 목표로 표방했다. 즉, 신문 보호법은 분배적 효율성을 희생하고 생산품의 성과라는 목표를 달성하려 했다. 따라서, JOA에 참여한 신문의 내용이 독점지나 경쟁지와 어느 정도 차이가 있을 것인지는 신문 보호법의 정당성 여부를 가늠하는 중요한 잣대가 된다.

JOA에 참여한 신문의 내용에 관해서는 아직까지 체계적인 분석이 부족하여 정확한 평가를 내리기가 쉽지 않다. 하지만 JOA 참여 신문의 내용을 양적으로 분석한 몇몇 연구에 의하면 경쟁적 시장에 속한 신문과 비교해 볼 때 별 차이가 없다고 한다. 동일 소유주 아래 있는 두 신문(독과점지)과 JOA에 참여한 두 신문은 내용 중복도에서나(Hicks & Featherston, 1978) 편집국 직원 수, 뉴스의 양, 지면에서의 뉴스 비율(Litman & Bridges, 1986) 등의 항목에서 큰 차이가 없었다. 경쟁지와 독점지가 내용에서 별다른 유의적인 차이를 보이지 않았다는 사실을 고려하면 위의 연구 결과가 사실 그리 놀라운 일은 아니다 (Nixon & Jones, 1956; Willoughby, 1955를 보라).

이와 같이 소유 구조에 관계 없이 신문 내용이 대체로 동질화한 것은 아마 시장 구조 외적인 요인의 영향이 클 것이다. 즉, 미국 신문업계에서 신문 편집 방식은 업계의 기준 industry standards, 대학의 저널리즘 교육, 저널리즘 단체의 연구나 훈련 프로그램 등의 영향으로 거의 표준화했기 때문이다(Pilgrim, 1992: 8, 각주 4; U. S. House, 1990: 182).

경쟁지 간에 JOA가 결성될 때 생겨나는 변화는 아마 주로 양적으로 측정하기 어려운 질적인 측면에 속할 것이다. 이러한 추정을 뒷받침하는 증거는 적지 않다. 우선 두 신문이 이윤을 공동 관리할 경우 뉴스나 내용을 차별화하기 위해 경쟁해야 할 절박한 유인이 없어진다(Busterna, 1987: 73~4; U. S. House, 1990: 14). 또한 이해 관계를 같이 하는 신문들이 중요한 쟁점에서 유사한 입장을 취하는 사례는 흔히 볼 수 있다(Carlson, 1982: 691~2). 두 신문 간에 경쟁 제한적인 카르텔이 형성되는 것을 막기 위해서는 내용의 질적 차이가 수입의 격차로 직결되도록 해야 한다. 그러기 위해서는 편집 부문뿐 아니라 광고 영업 부문도 서로 독립적으로 유지되도록 하는 것이 원칙이다. 즉, 시장에서 경쟁적 목소리의 유지라는 취지를 살리기 위해서는 JOA를 허용하더라도 시설만을 공동으로 이용하는 데에 그쳐야 한다.

5) JOA 제도의 한계와 비판들

신문 보호법은 수많은 논란을 불러일으켰다. JOA가 가져다 주는 규모의 경제 효과를 살리면서도 경쟁을 제한하는 부작용을 어떻게 막을 것인지는 여전히 과제로 남아 있었기 때문이다. 미국 신문 시장의 맥락에서 JOA 제도의 부작용을 개선하기 위해 제시되었지만 국내 신문 산업에도 함의를 지니는 정책적 방안들을 정리해 보면 다음과 같다.

첫째, 비용 공유를 통해 규모의 경제 혜택을 주는 것은 바람직하지만 가격 담합을 비롯한 경쟁 제한적인 행위는 금지해야 한다는 주장이 제기되었다(Busterna, 1987; Picard, U.S. House, 1990: 181). 물론 미국의 신문 시장 구조를 감안할 때 이러한 방식만으로 영세한 도시에 신문을 여러 개 유치할 만한 여건이 조성될 수 없다는 반박도 가능하다. 그러나 지금까지의 경험에 비추어 볼 때 이러한 반박은 근거가 다소 희박하다. 우선 신문 보호법이 경영 위기에 처한 신문사들을 살리는 데 기여한 것은 사실이나 파급 효과는 몇 개 지역에 국한되었기 때문이다. 또 JOA가 적용된 사례 가운데 상당수가 체인 소속 신문으로서 독립적인 목소리의 보존이라는 신문 보호법의 원래 취지와도 어긋났다는 점도 중요한 근거로 지적되고 있다.

둘째, JOA 결성 방식에서 나타난 몇 가지 제도적 문제점을 개선해야 한다는 지적도 나왔다. 즉, 미디어 경제학자 피커드가 주장한 것처럼 JOA의 구조는 대개 큰 신문에 유리하게 짜여 있는데, 두 신문이 JOA를 형성할 때 양자 간에 권력 배분이 공평하게 이루어지도록 해야 한다는 것이다(U. S. House, 1990: 161). 만일 JOA가 깨질 경우 설비를 보유하지 않은 신문은 편집국 인력과 구독자 수만으로는 기업의 시장 가치가 낮아 곧 도산할 위험에 처한다. 따라서, 이러한 위험 부담을 방지하기 위해서는 시설을 공동으로 통제할 수 있도록 하는 장치가 필수적이라는 주장도 나왔다(U. S. House, 1990: 119). JOA를 결성할 때에는 두 신문사가 조간과 석간을 분담하고 한 신문은 일요판을 포기해야 한다. 이 때 석간은 조간에 비해, 일요판이 없는 신문은 있는 신문에 비해 크게 불리한 위치에 놓인다. 따라서 JOA를 시작할 때 조간이 석간에게 일정한 액수를 지불하도록 해 경쟁 여건을 비교적 공평하게 조정해야 한다는 주장도 나왔다(Busterna, 1987: 78).

셋째, 한 시장에서 신문 사이에 격차가 어느 정도 이상 나면 경쟁은 거의 불가능하기 때문에 격차를 줄일 수 있는 방안이 필요하다. 가령 바버에 의하면 두 개의 경쟁지가 존속할 수 있을 정도로 큰 시장에서도, 큰 신문의 발행 부수가 다른 신문의 두 배 이상으로 격차가 나게 되면 경쟁은 성립하기 어려워진다고 한다(Barber, 1964: 543). 그래서 이러한 격차를 줄이기 위해서는 광고 수입에 누진 과세제를 적용해야 한다는 주장도 나왔다(Barber, 1964: 553; Humphrey, 1971).

5. 한국의 사례에 주는 정책적 함의

지금까지 미국 신문 보호법과 관련된 주요 쟁점들을 정리해 보았는데, 이 논의들은 미국과 시장 여건이 상당히 다른 한국 신문 산업에 어떤 정책적 함의를 주는가? 국내에서는 아직 신문 시장에 관해 과학적인 현실 진단의 근거로 삼을 만한 실증적 자료나 연구가 많지 않기 때문에, 다소 인상 비평에 가까운 수준에서 두 사례를 비교해 보고 가능한 시사점을 찾아보려 한다.

미국의 신문 정책은 구조적 환경(즉, 시장 기제)과 내용·행위라는 결과 사이에서 특정한 방식으로 인과 관계가 작동할 것이라는 가정에 근거하고 있다. 정치적으로 논란의 여지가 많은 내용·행위 차원의 규제 대신에 구조적 환경의 규칙을 바꾸어 문제점을 개선하려는 접근 방식(가령 규모의 경제 원리의 확대)은 국내 신문 정책에서도 수용할 만하다.

하지만 신문 보호법의 접근 방식은 몇 가지 근본적인 한계도 보여 주었다. 정책 수립 과정에서 정책의 목표, 가치와 수단이 서로 뒤바뀌기도 하는 혼선을 드러냈다. 신문 보호법 시행 정책에서 이념적 기반이 된 것은 다양성의 유지라는 가치다. 공동 경영 행위의 허용은 자칫 시장에서 경쟁 제한 효과를 가져올 위험이 있는데도 이를 정책 수단으로 채택하게 된 것은 이러한 이념이 정당성과 명분을 제공해 주었기 때문이다. 하지만 실제 정책 수립 과정에서는 '다양성'이 단순히 신문 숫자로만 편협하게 해석되었으며, 이념적 목표보다는 결국 기업의 수익성 확대라는 수단에 무게를 두는 경향이 나타났다. 실제로 JOA가 아주 몇몇 사례에만 적용된 특혜의 성격을 띠었는데도 신문 수를 유지하는 데 큰 효과를 보지 못했을 뿐 아니라 취지와 달리 체인 소유 신문이 큰 수혜자가 된 것도 이러한 추정을 뒷받침하는 증거다.

이러한 한계가 드러나게 된 것은 정책 접근 방식에서 현상 유지 위주의 소극적인 대응 방식을 선택했기 때문이다. 신문 시장에 작용하는 시장 원리, 가령 규모의 경제 원칙을 변형시켜 가능한 한 많은 신문이 존립할 수 있게 시도한 것은 다른 유럽 국가의 정책 사례와 비슷하다. 하지만 신문 산업 전반에 해당되는 조치가 아니라 몇몇 도시에 선별적으로 적용했다는 점, 새로운 신문의 시장 진입을 활성화하기보다는 기존의 신문 유지에 중점을 두었다는 점은 이 정책이 문제를 근본적으로 접근하려고 하기보다는 소극적인 대응의 성격을 띤다는 것을 잘 보여 준다. 이 점에서 신문 시장 전반에 대해 적극적인 지원 정책을 편 스웨덴의 정책 사례와 대비가 된다(스웨덴의 신문 정책에 관해서는 Gustafsson & Hadenius, 1976; Hulten, 1984를 보라).

미국의 신문 정책이 이처럼 소극적 성격을 띠게 된 것은 정책이 지향하는 이념적 청사진의 불투명성과도 어느 정도 관련이 있다. 미국의 정책에서는 다양성 이념에서 양적 측면에만 치중해 주로 신문 수의 유지를 목표로 삼았다. 신문사 소유 구조에 상관 없이 JOA를 허용한 것도 아마 이러한 이유 때문일 것이다. 미국의 정책 사례에 서는 규모가 작은 군소 도시의 지리적 시장에 주력했는데, 여기서 다양성의 문제는 지리적 단위 차원에서 작용하는 다양성(즉, 메릴이 말 하는 '지역 차원의 다양성')인 것 같다(Merrill, 1976: 130~1). 미국 신문 정 책은 곧 지역 신문 시장에 관한 정책으로서 지역성의 강화에 주력한 셈이 된다. 하지만 이 정책이 어느 정도 질적인 다양성을 확대했는 지에 대해서는 논란이 많다. 스웨덴의 신문 정책이 지역 신문에 주 력하면서도 질적인 다양성의 확대에 정책적 목표를 두어, 지역 단위 의 다양한 정론지를 육성하는 효과를 낳은 것과 좋은 대비가 된다.

이 사례 비교가 시사하는 바는 신문 정책에서 어떤 이념을 지향 할 것인지에 대해 적극적으로 검토해 볼 필요가 있다는 점이다. 정책 의 적극성은 국가 개입의 정도만을 의미하지는 않는다. 오히려 문제 의 징후에 대한 소극적인 대응이 아니라 사회적 합의를 거친 어떤 가치를 적극적으로 실현할 수 있도록 하는 방향으로 정책 수단을 도 입한다면 이것이야말로 적극적인 정책이라 할 수 있다. 국내에서도 신문 시장의 문제점에 관한 비판적 논의는 많았다. 대중에 영합해 내 용에서 하향 평준화를 유발하는 시장 메커니즘의 필터 기능에 대한 비판이나, 시장 실패로 생겨난 병리 현상에 대한 비판, 아니면 지방 지에 대해서는 지역성이라는 가치에 근거해 보호와 육성을 주장하는 견해도 나왔다. 하지만 신문 산업에서 시장 기제의 복원을 통한 언론 기능의 정상화든 시장 기제의 규제를 통한 정화든 궁극적으로 어떤 이념을 정책의 지향점으로 삼을 것인지에 관한 논의는 많지 않았다.

기존의 정책적 논의에서는 쟁점에 따라 규제와 육성이라는 서로 상반된 정책 수단이 일관성 없이 동시에 제기되고 있는데, 이는 신 문 정책이 추구해 온 이념 지향이 모호할 뿐 아니라 일관성이 결여

되어 있다는 점을 잘 말해 준다. 신문 시장에서도 전국적 차원이냐 지역적 차원이냐에 따라 논의 방향이 전혀 다르게 나타나고 있다. 전국지 시장에 관한 논의에서는 시장의 규제라는 측면이 강조되는 반면에 지방지 시장에 관한 논의에서는 육성과 보호라는 관점에서 문제를 접근하는 경향이 두드러지게 나타나고 있다.

국내 전국지 시장에서는 종합 일간지만 10개에 달하고 있어 양적으로는 다양성이 어느 정도 확보되고 있다고 할 수 있다. 하지만 민주적 정치 과정에 필수적인 정치적 노선이나 질적인 차원에서는 차이가 그리 크다고 보기 어렵다. 따라서, 한국 신문 시장에서는 양적 다양성보다는 질적 다양성의 부족이 더 심각하다. 그렇지만 언론 운동 단체나 학자들이 제기한 쟁점을 통해 살펴보면 신문 시장에 대한 비판은 시장 기제의 변칙적 작동이나 언론의 행위에서 사회적 책임의 측면을 강조하는 방향으로 기울고 있으며, 언론 간의 견제와 균형이나 다양성 지향이라는 이념적 측면은 부각되지 않는 경향이 있다(임영호, 2000).

만일 사회적 책임보다는 다양성이라는 가치를 통해 전국지 시장의 문제를 접근하게 되면 정책적 쟁점은 상당히 달라진다. 규모의 경제 원리가 승패를 좌우하는 종합 일간지 시장에서 소수 취향의 목소리가 존립하기 어렵다면, 오히려 정책의 초점은 종합 대중 일간지가 아니라 세분화한 신문 상품(예로 고급지, 정론지, 특수 일간지)이 다양하게 진입하고 존속할 수 있도록 지원하는 방안에 두어야 할 것이다. 즉, 시장 기제에서 불리한 신문 부문을 육성할 수 있는 방안이 필요하다. 이러한 신문을 육성하기 위해서는 JOA에서처럼 인쇄 시설과 배달 조직을 공동으로 이용해서 비용을 절감할 수 있도록 유도해, 큰 신문만이 누리던 규모의 경제 혜택을 누릴 수 있게 하고 제한된 자원이 내용 부문에 집중될 수 있도록 해야 한다.

지방지 시장 정책에서도 지금처럼 계속 '육성'과 '보호'의 틀만 고수할 것이 아니라 과연 이러한 육성을 통해 무엇을 지향할 것인지부터 근본적으로 검토할 필요가 있다. 현재 지방지는 대개 광역시를 중심으로 인근 도 지역을 시장 기반으로 삼고 있는데, 신문 정책 관련 논의에서는 이러한 '광역지' 신문 유형에 초점을 맞추어 현상을 파악하는 경향이 있다. 하지만 과연 전국지와 직접 경쟁 관계에 있는 광역지가 정책적으로 육성해야 할 지방지 모델로 바람직한 것인지, 이 모델은 종합 일간지 시장 기제 하에서 현실성이 있는지 의문을 가지고 살펴볼 필요가 있다.

미국의 신문 정책은 우리 관점에서 보면 지방지 육성 정책에 해당한다. 즉, 시장 규모가 영세한 소도시가 많아 복수의 신문이 존속하기 어려운 구조적 한계를 개선해 보려는 시도였다. 하지만 어떻게 보면 미국의 지방지 시장 구조는 이미 상당 정도 다양성을 갖추고 있다고도 할 수 있다. 미국 신문의 시장 구조는 신문의 절대적인 숫자 감소를 가져왔지만, 지리적 시장의 분산과 세분화는 지리적 대상 범위면에서는 신문층의 분화를 낳았다. 로시의 우산 밑 경쟁 모델은 도회권 도심에서 광역지의 숫자가 감소하면서도 인근 지역의 신문층이 어느 정도 다양하게 분화되고 있는지 잘 요약해서 보여 준다.

반면에 국내 신문 시장에서는 층 간의 다양성이 그리 발달하지 못했다. 국내 신문의 시장 구조는 중앙지 사이나, 광역시 지방지와 중앙지 사이의 비교적 단순한 경쟁 형태를 띠고 있다. 로시의 모델에 비추어 보면 국내 신문 시장은 맨 위층이 비대하고 층 사이의 분화가 덜 되어 있다. 하지만 그 동안 지방지에 관한 정책적 논의에서 이러한 층의 다양성 문제는 그리 주목받지 못했다. 지역마다 속한 도시 계층이 다양함에도 불구하고 지방지 관련 정책은 늘 '지역'이라는 추상적이고 단일한 척도만을 거론했을 뿐이다.

미국에서와 마찬가지로 국내에서도 시장 기반의 영세성은 지방지가 처해 있는 구조적 어려움의 원인으로 흔히 지적된다. 하지만 이 영세성은 미국 시장과 비교해 볼 때 성격이 좀 다르다. 이 열세는 절대적인 규모의 문제라기보다는 시장 경쟁의 정도에 따라 정해지는 '상대적 영세성'이라고 보아야 할 것이다. 미국의 사례와 비교해 보면 한국에서는 절대적 규모(가령 인구 수)가 상당히 크다고 할 수 있는 광역시 신문 시장에서도 지방지가 고전을 면치 못하고 있다. 광역시는 미국의 기준으로 보면 여러 개의 경쟁지를 유지할 수 있을 정도로 상당히 큰 시장이다. 그런데도 이러한 현상이 발생하는 것은 지리적 시장 구조가 미국과 크게 다르기 때문일 것이다.

미국의 신문 시장은 넓은 지역에 서로 떨어져 있는 소규모 지역 시장 위주로 구성되어 있고 전국지가 드물다. 신문 보호법이 염두에 둔 지리적 시장은 주로 서로 분리되어 있는 수많은 중소 규모 도시나 도회권 통계 구역(MSA. 이 개념에 관해서는 3장을 참조하라)들이다. 반면에 한국에서는 지역 단위별 신문 시장이 지리적으로 서로 인접해 있고 사회 경제적으로도 밀접하게 얽혀 있다. 따라서, 사실상 도시 시장 간의 경계 구분이 다른 시장에 속한 신문으로부터의 위협을 막아 주는 보호막 역할을 거의 하지 못하고 있다.

한국에서는 전국지가 신문 시장에서 지배적인 지분을 차지하고 지방지 시장은 취약할 수밖에 없는 구조적 한계가 있다. 어떤 유형의 신문이든지 전국지와 직·간접적으로 경쟁 관계에 있어 독립된 시장을 형성하기 어려운 상황에서 지방지가 취할 수 있는 전략은 제한되어 있다. 가령 광고 시장의 중앙 집중은 좋은 예가 된다. 미국에서는 신문의 광고 수입이 대부분(약 80%) 소매 유통업이나 소규모 지역 광고(슈퍼마켓, 부동산 매매, 백화점)에서 나온다(Roberts, 1968: 321). 반면 국내에서는 전국지는 말한 것도 없고 광역시 소재 지방지도 광고의 절대 다수를 전국 광고에 의존하고 있다. 이처럼 광고가 차별화하지 않은 상황에서 당연히 광고주는 발행 부수의 절대 수가 많은 전국지를 선호할 수밖에 없어 지역 신문의 경쟁력은 떨어지게 된다.

즉, 광역시 단위의 지방지 활성화는 시장 체제 내에서는 어느 정도 한계가 있다는 것이다. 따라서, 만일 광역시 지방지 활성화를 정책 목표로 추진하려면 기존 시장의 틀을 대대적으로 바꾸는 상당히 급진적인 정책 방안이 필요해진다.

국내에서는 광역지 모델의 지방지가 고전을 면치 못한 반면에, 소규모 시·군 단위를 기반으로 하는 '소지역 신문'이나 안내 광고를 주된 광고 시장으로 삼는 생활 정보지가 급성장하고 있다. 이는 과연 지금까지 광역지의 관점에서 지역 신문의 문제를 파악해 온 방식이 정당성과 현실성이 있는지 의문을 갖게 한다. 병독 독자층이 그리 두텁지 않고 광역 지역지가 중앙지와 직접 경쟁해야 하는 시장 구조에서는 지방지가 중앙지의 '대체제' 기능을 갖추어야 한다. 따라서, 지방지가 내용에서 지방화라는 형식의 차별화를 통해 존립할 수 있는 여지는 제한적이다. 만일 그렇다면 오히려 광역시나 도를 시장 단위로 하는 지방지보다는 손익 분기점이 낮은 소규모 지역지가 더 적합할 수도 있다. 즉, 지방지 육성 정책이 결국 개별 지역 신문 기업의 이해 관계 보호가 아니라 지역 차원에서의 다양성 확보에 목적을 두고 있다면, 지역 차원의 다양성을 어떤 이념적 차원에서, 또 어떤 공간적 범위에서 파악할 것인지 다시 한 번 성찰해 보는 자세를 가져야 할 것이다.

국내 신문 시장의 문제점은 지방지 시장에 국한시켜 보더라도 미국의 사례와 상당한 차이가 있다. 따라서, 문제 해결 방식도 상당히 달라질 수밖에 없는 것은 당연하다. 외국 사례를 비교 연구하는 이유는 결국 한국 사회에 적용할 만한 정책 수단을 배워 오는 데에만 있지는 않으며 그보다는 한국의 실정에 맞는 문제 의식을 찾아 내는 데 있다. 미국의 신문 정책에서 시도한 정책적 수단들을 어떻게 우리 나름대로 변형해서 수용할 수 있을 것인지에 관한 논의는 이러한 문제 의식에 대한 검토 작업이 제대로 이루어진 후에야 의미가 있다.

12장 한국 언론 개혁 운동의 과제와 전망

1. 왜 언론 개혁인가

시민 운동이 정치판을 바꾸고 있다. 지난 2000년 제16대 총선에서 시민 운동 단체인 '총선시민연대'는 정치인 물갈이를 쟁점으로 제기해 큰 파장을 일으키며 선거 판도를 흔들어 놓았다. 총선시민연대의 낙선 운동이 단기간에 큰 성과를 거둘 수 있었던 것은 언론이 이 문제를 주요한 정치적 의제로 부각시켰기 때문이다. 그러면서도 다른 한편으로 언론은 낙선 운동에서 '정치적 배후론'이나 '탈법·불법성' 문제를 제기해 시민 운동에 타격을 입히는 양면성을 드러냈다. 이 사례는 언론이 어떤 형태로든 사회 운동에서 얼마나 중요한 역할을 하는지 잘 보여 준다.

언론 개혁 운동은 다른 사회 운동과 마찬가지로 특정한 사회 부문의 모순을 개선하는 데 목적을 둔다. 그렇지만 언론 개혁은 언론이란 특정한 사회 부문 내부의 문제점을 해결하는 데 그치지 않고 정치와 사회 운동 전반에 매우 큰 파급 효과를 미친다. 이 점에서 언론 개혁은 한국 사회 전반의 개혁 운동에서도 중요한 전략적 요충지 역할을 한다.

 지난 1990년대에는 갖가지 형태의 언론 운동들이 나름대로 언론 개혁을 모색했다. 이 운동들의 성격은 주도 세력의 성격이나 이념뿐 아니라 운동의 객관적 여건에 따라 계속 조금씩 변화해 갔다. 1990년 대의 언론 운동은 언론의 어떤 구조적 문제점을 개혁 과제로 삼았으며, 이러한 모순에 어떻게 전략적으로 대응했는가? 또한 이 운동이 추구한 개혁 이념은 어떤 특징과 한계를 지니고 있는가? 2000년대에 도 언론 개혁은 여전히 미완성의 과제로 남아 있다. 1990년대 언론 개혁 운동의 경험을 검토해 보면 우리는 2000년대 언론 운동의 방향을 모색하는 데 도움이 될 만한 함의를 많이 얻을 수 있을 것이다.

2. 언론 개혁 운동이란 무엇인가

언론 개혁 운동은 어떤 매체를 개혁 대상으로 삼는지에 따라, 또 개혁의 의미를 어떻게 설정하는지에 따라 구체적인 성격이 달라진다. 언론이란 용어는 일반적으로 신문이나 방송 따위의 대중 매체를 지칭한다. 하지만 우리가 흔히 사용하는 언론이나 언론 개혁이란 단어에는 하버마스가 말한 '공공 영역 *public sphere*'의 기능과 같은 '규범적' 차원의 의미가 내포되어 있다(Habermas, 1962 / 1989). 언론이 실제로 이 기능을 잘 수행하기 위해서는 구체적인 사회적 제도로서 형태를 갖추어야 한다. 따라서, 효과적인 언론 개혁 전략을 수립하려면 언론의 규범적 이상이 현실적 존재 양식 속에서 어떻게 작용하고 변질되는지 이해해야 한다.

 언론 매체의 제도적 존재 양식은 시장, 국가와의 관계라는 측면에서 정의할 수 있다. 예컨대 신문 매체는 규범적인 차원에서는 공공 영역의 기능을 수행하지만 제도적인 측면에서는 시장에서 신문을 판매해 얻는 수입으로 운영되는 독립된 사기업 형태를 띤다. 신문은 국가의 통제를 받지 않지만 시장 논리의 영향력에서 벗어나기는 어렵다. 반면에 방송 매체는 소유와 운영에서 국가와 시민 사회의 여러 세력들의 통제를 받는다. 특히, 전파 자원의 회소성 때문에 국가는 전파 관리의 명분으로 제한된 방송사에만 시장 진입을 허용하고 이를 관리하는 권한을 행사한다. 방송사의 구체적인 소유·운영 방식은 국영에서 공영제, 상업 방송에 이르기까지 다양한 형태를 띤다. 하지만 순수한 상업 방송이라 하더라도 채널 이용이라는 특권에 따르는 책임을 져야 하므로 시민 사회의 압력과 의견을 무시할 수 없다. 방송의 공공성은 이 같은 독특한 제도적 위상에서 비롯한다. 신문과 방송 제도의 이러한 차이 때문에 언론 개혁 과제나 운동 양식 역시 매체마다 상당히 달라진다.

그렇다면 1990년대의 언론 운동에서 '언론 개혁'이란 무엇을 의미하는가? 이 시기의 다양한 언론 운동은 추구하는 개혁의 의미에 따라 크게 두 가지로 분류할 수 있다. 하나는 기존 언론 매체의 문제점 개선을 지향하는 개량주의적 운동인 '시민 언론 운동'이며, 다른 하나는 기존 매체의 개혁이 아니라 대안 매체에서 사회 진보의 가능성을 모색하는 '민족 민주 언론 운동'이다. 상대적으로 급진적인 언론 개혁 운동인 민족 민주 언론 운동은 1987년 이후 <한겨레>나 <말>, 각종 노동자 신문 등이 활기를 띠면서 한때 주목받았지만 1990년대에 들어와 급진적인 사회 운동의 쇠퇴와 함께 점차 퇴조했다(김동규, 1996: 436~8).

1990년대의 언론 개혁 운동은 시민 언론 운동을 중심으로 전개되었는데, 여기에는 크게 두 부류가 있다. 하나는 언론인을 중심으로 한 '언론인 단체 운동,' 특히 언론 노동 운동이고, 다른 하나는 시민 단체가 주축이 된 '수용자 운동'이다. 이 둘은 모두 언론의 문제점을 비판하지만 기존의 제도적 틀을 인정하고 그 안에서 점진적인 개량을 통해 개혁을 지향한다는 공통점을 지닌다. 1990년대의 언론 노동 운동과 수용자 운동은 비슷한 이슈와 이념을 추구했다는 점에서 모두 시민 언론 운동의 성격을 띤다고 할 수 있다(강상현, 1993: 96~8).

언론인 단체 운동은 권위주의 정권 시절을 거치면서 주로 국가 권력의 간섭에 대항해 언론의 독립성을 지키는 데 주력했다. 한국신문편집인협회나 기자협회 등의 직업 언론인 단체는 이러한 운동에서 중요한 역할을 했다. 더구나 1987년 6월 항쟁 이후 언론사마다 노동 조합이 결성되고 1988년에는 '전국언론노동조합연맹'(언노련)이 출범하면서 언론인 단체 운동은 훨씬 강력한 조직과 영향력을 확보하게 되었다. 언론 노동 조합 운동은 고용 안정과 노동 조건 개선 등 노동 조합 본래의 활동 외에도 언론의 정치적 기능과 관련된 사안을 놓고 투쟁하는 사회 운동의 성격도 강하게 띠었다. 이 점에서 언론인 단체 운동은 언론계 '내부로부터의 개혁 운동'이라 할 수 있다. 언론 노동 조합 운동은 언론사 내부에서 자본의 전횡을 막고 의사 결정 과정을 민주화할 수 있는 제도적 장치를 정착시켰다. 언론사에서 '편집권'이 공식적인 권리로 인정받고 노사가 같이 편집 정책 문제를 논의하고 평가하는 '공정보도위원회'가 제도화한 것도 이 운동의 성과다.

그렇지만 언론 환경의 급격한 변화 때문에 언론 노동 조합 중심의 언론 개혁 운동은 점차 쇠퇴하고 있다. 우선 시민 사회 영역의 성장과 제도 정치권의 활성화로 대대적인 항쟁을 유발할 만한 정치적 쟁점이 감소했고, 언론사 간에 시장 경쟁이 격화되면서 단위 노조들의 '자사 이기주의'가 싹터 단체 행동이 점차 어려워졌기 때문이다. 즉, 같은 업종에 종사하는 언론인 전체의 공통된 이익과 언론인이 속한 회사의 이익이 충돌할 때 이러한 딜레마는 생겨난다.

수용자 운동은 언론계 바깥에서 시민 단체들이 주도하는 언론 개혁 운동이다. 수용자 운동은 1986년의 '시청료 거부 운동'에서 시

작해 1990년대에 들어와 다양한 형태로 전개되었다. '스포츠 신문 음
란 폭력 항의 운동'(1990), '선거 보도 감시 운동'(1992), 'TV 끄기 운
동'(1993) 등이 두드러진 사례들이다. 시민 단체의 언론 운동 내에서
도 세분화가 이루어져 어떤 것은 아주 전문적이고 정치적 성격이 희
박한 운동 영역을 다루는 전문적인 매체 운동으로 분화되기도 했다.

언론 노조 운동과 수용자 운동은 상시적 조직과 동원 인력을 확
보하여 1990년대의 언론 개혁 운동에서 가장 두드러진 두 흐름으로
활동했다. 앞으로 전개될 개혁 운동은 이 운동들의 기여와 한계에
대한 평가를 토대로 이루어질 것이다. 그렇지만 가시화한 세력이나
활동 빈도만으로 운동의 중요성을 평가해서는 안 된다. 1990년대에
는 비록 조직적인 추진 세력을 확보하지는 못했지만 중요한 개혁 과
제를 제기해 준 움직임도 있었다. 중요한 개혁 과제인데도 불구하고
개혁 운동의 사각 지대로 남아 있는 것도 있다. 이러한 미세한 움직
임과 공백을 검토해 보면 우리는 앞으로 개혁 운동의 방향 설정에
많은 시사점을 얻을 수 있을 것이다.

3. 방송 매체 개혁 운동

시민 언론 운동이 주도한 언론 개혁 운동은 시기나 사안에 따라 다양
한 형태로 등장했는데, 특히 매체별로 뚜렷한 쟁점의 차이를 드러냈
다. 1990년대의 언론 개혁 운동은 주로 방송 매체를 둘러싸고 전개되
었다. 방송은 시장 영역에 속하면서도 국가와 시민 사회의 규제를 받
는 독특한 위치에 있기 때문에 갖가지 사회 세력들이 교차하는 지점
이 되었다. 방송 영역은 개혁 운동 세력이 국가와 자본의 통제로부터
방송을 탈취하려는 힘 겨루기의 장이면서 동시에 방송 이념의 의미
해석을 둘러싸고 벌어지는 담론 정치의 장이기도 했다.

1990년대에 방송 매체를 둘러싸고 벌어진 언론 운동에서는 크게 두 가지 이슈를 쟁점으로 삼았다. 하나는 언론의 정치적 민주화, 또는 국가 개입으로부터 독립성을 확보하려는 것이고, 다른 하나는 상업주의의 폐해를 막고 언론의 공공성과 책임을 강화하려는 것이다. 1993년에 YMCA를 비롯해 시민 단체들이 벌인 'TV 끄기 운동'은 언론의 상업성과 선정성을 표적으로 삼은 운동의 특징을 대표적으로 보여 주는 사례다. 이 시기의 언론 운동은 사회적·정치적 상황 변화에 따라 시기별로 구체적 쟁점을 바꾸어 가며 대응해 왔지만, 크게 이 두 이슈를 기본으로 한다.

각 시기 방송 개혁 운동의 구체적 쟁점은 당시의 정치적·이념적 환경에 대응해 형성되었다. 국가 방송 정책이 어떤 이념적 지향을 토대로 추진되는지에 따라 방송의 문제점도 달라지고, 언론 운동의 이슈와 이념 역시 여기에 대응해 다양한 모습으로 나타난다. 한국 사회에서 그 동안 국가가 방송 정책에서 채택한 이념들은 크게 '공공 서비스 모델'과 '시장 자유주의 모델'을 토대로 한다(이 모델에 관해서는 정용준, 1995를 참조하라). 국가, 시장, 시민 사회와 언론의 관계를 어떻게 설정하는지에 따라 이처럼 상반된 이념들이 생겨난다. 시기적으로 보면 대개 1980년대까지 국내의 방송 정책은 공공 서비스 모델에 근거하고 있었지만, 1991년 무렵에 민간 상업 방송인 SBS 설립을 기점으로 시장 자유주의 모델로 전환했다고 할 수 있다.

공공 서비스 모델에서는 언론의 공공성을 유지하기 위해 국가가 개입하여 언론 시장을 규제하고 조절하는 역할을 맡기 때문에, 국가가 중재자로서 어떤 역할을 하는지가 중요하다. 이 시기에만 해도 자본의 압력은 상대적으로 심각하지 않았기 때문에 시민 언론 운동의 이슈는 늘 '언론 민주화'라는 정치적 틀 안에서 형성되었다고 할 수 있다. 시민 언론 운동의 이슈가 정치적 성격을 강하게 띤 것은 공공 서비스 모델이 지배적이던 시기와 때를 같이한다. 오랜 권위주의 정권의 경험 때문에 국가의 언론 통제와 간섭에 대한 비판은 오랫동안 언론 운동에서 가장 중요한 이슈였다. 1986년의 시청료 거부 운동은 시민 단체들이 주도했고, 쟁점 역시 언뜻 비정치적인 운동인 것처럼 보이지만 KBS의 편파 보도 때문에 발생했다는 점에서 정치적 성격을 강하게 띤다고 할 수 있다.

방송 이념이 시장 자유주의 모델로 이행한 것은 정치적 민주화가 본격화한 '문민 정부,' 즉 김영삼 정권 수립과 대략 시기를 같이한다. 시장 자유주의 모델에서는 정부의 시장 개입을 최소화하고 언론이 자유로운 시장 경쟁을 통해 소비자의 심판을 받는 것을 원칙으로 표방했기 때문에 자연히 언론 운동에서도 큰 정치적 쟁점이 줄어들었다. 대신에 방송의 상업성과 선정성 문제가 수용자 운동에서 중요한 쟁점으로 부각되었다.

1990년대 초반까지만 해도 언론 운동은 언론 민주화와 사회 민주화를 중요한 운동 목표로 삼았다. 하지만 정치적 민주화가 진행되면서 언론 운동에서도 점차 정치적 색채가 퇴색하고 대신에 미디어 교육이나 모니터 활동과 같은 비정치적 성격의 활동이 활발해지기 시작했다. 광주 민주언론운동협의회가 1995년 2월 총회에서 규약을 개정하면서 조직 목석에 관한 조항에서 '사회 민주화에 기여한다'는 내용을 삭제한 것은 언론 운동의 탈정치화 추세를 상징적으로 보여준 사건이다.

하지만 시장 자유주의 모델 아래에서도, 정부의 방송 정책은 언뜻 보기에 상반되는 성격의 노선들을 동시에 드러낸다. 국가는 소비자 주권론을 표방하며 방송 '산업'의 논리를 강화하는 탈규제 정책을 추구하면서도, 이와 상반되게 방송 매체의 공공성을 강조하고 국가 개입을 위한 제도적 장치를 강화하는 등 시장 자유주의와 어긋나는 정책도 폈다. 말하자면 서구의 시장 자유주의가 국가 개입과 규제를 줄이는 '탈규제' 방향으로 가고 있는 데 비해, 한국의 국가는 언론 부문에서 점차 시장 논리를 중시하면서도 국가의 강력한 주도권을 유지하려고 하는 '국가 관리형 시장 체제' 노선을 강화하고 있다(정용준, 1996: 39).

　국가 주도의 시장 체제는 정치적으로 몇 가지 문제를 안고 있다. 우선 방송에서 공공 영역의 기능을 희석시키고 대신에 방송 산업의 경쟁력 강화라는 도구적 가치(화폐의 논리)를 전면에 내세운다는 것이다. 심지어 공영성이 강한 방송 매체에서도 시청률 경쟁은 소비자 선택권 중시라는 명분으로 포장되어 정당성을 얻어 가고 있다. 이는 정치적 논란의 가능성이 많은 프로그램을 줄이고 대중성이 높은 비정치적 장르를 확대하는 추세로 나타날 수도 있다. 또한 이 체제는 국가에게 시장 체제 관리자의 역할을 강화시켜 주기 때문에 방송 부문에서 시민 사회 영역의 실질적 참여 기회를 제한할 수 있다는 문제점을 안고 있다.

　물론 방송 이념이 시장 자유주의 모델로 옮겨간 이후에도 시민 언론 운동은 언론을 국가와 시장 영역의 압력에서 자유로운 공공 영역으로 개편하려는 '신공공 서비스 모델'의 이념적 지향에 입각해 운동을 전개하고 있다. 이 이념은 시민 사회에 의한 언론 규제를 이상적인 제도로 간주하기 때문에 방송에서 상업화의 폐해를 저지하고 국가로부터 독립성을 확보하는 것을 주요한 운동 목표로 삼는다. 국가가 방송 부문에서 강력한 영향력을 유지하고 있는 한 방송의 독립성과 관련된 문제는 여전히 방송 개혁 운동에서 중요한 쟁점으로 남아 있다. 2000년 초 '통합 방송법'이 통과되기까지 이 법안(특히, 방송에 관한 전권을 갖는 방송위원회 구성 방식)을 놓고 정부와 정치권, 언론사 노조, 방송사 사이에 오랜 줄다리기와 갈등이 계속된 것은 여전히 방송의 독립성이 중요한 정치적 쟁점이라는 사실을 말해 준다.

　하지만 시장 자유주의 이념 아래서는 1980년대에 비해 사회 운동에서 국가 개입의 문제를 정치적 쟁점으로 부각시키기가 점점 어려워졌다. 국가 개입이 이전에 비해 훨씬 간접적이고 세련된 기술적 절차 형태로 바뀌어 갔기 때문이다. 언론 개혁 운동 내부의 지형 변화도 중요한 요인이 되고 있다. 이러한 변화로 언론 개혁 운동의 전략에 대한 재조망이 필요해졌다.

우선 방송 부문에서 시민 사회의 참여 기회가 확대된 것을 들 수 있다. 이는 국가가 방송 정책 결정이나 운영에 시민 단체의 대표자를 참여시키게 된 것을 말한다. 예컨대 김영삼 정권이 지역 민방·케이블 TV 사업자 선정 과정에 시민 단체 대표를 참여시킨 것이라든지 방송사에 시청자 위원회를 제도화하고 시청자 참여 프로그램을 늘린 것 등이 이에 해당한다. 또한 1995년부터 국가나 공익 단체가 시청자 단체에 공익 자금을 지원하기 시작한 것 역시 국가와 시민 사회의 변화된 관계를 상징적으로 보여 준다. 물론 시민 단체의 참여 기회 확대는 1980년대 이후 시민 언론 운동의 성과라 할 수 있으며, 앞으로 방송 영역에서 시민 사회의 영향력을 확대할 수 있는 교두보가 될 수도 있다.

그렇지만 이러한 제한된 제도적 참여가 언론 개혁의 열기를 완화하는 완충 장치, 즉 '유사 시민 사회'의 기능을 하고 있다는 점은 부인할 수 없다(정용준, 1996). 예컨대 김대중 정권은 집권 후 대통령 자문 기구인 '방송개혁위원회'에 시민 운동의 대표자들을 참여시키는 등 시민 언론 운동 세력에 정치적 무게를 실어 주었다. 하지만 여기서 만들어진 통합 방송 법안이 실제 입법 과정을 거치면서 개혁적 성격을 회석시키는 방향으로 변질한 것은 아직 시민 사회의 참여가 정치 과정에 실질적인 영향력을 미칠 정도로 확대되지는 못했다는 사실을 잘 보여 준다.

언론 개혁 운동 내부에서 일어나고 있는 또 한 가지 지형 변화로 개혁 추진 세력의 내부 균열을 들 수 있다. 즉, 시민 운동 세력에서 양대 축을 이루던 언론 노동 운동과 시민 단체의 분열 조짐이 나타나고 있다. 1990년대에 들어와 신문 노조가 급격히 쇠퇴한 데에 비해 방송 노조는 회사별 노조를 산별 노조로 확대 개편하는 등 방송 개혁 운동에서 여전히 강력한 세력 기반을 이루고 있다. 그러나 그 동안 언론 노동 운동이 주로 정치적 쟁점 위주로 이루어져 왔던 점을 감안할 때 이들을 동원할 수 있는 정치적 쟁점이 점차 소멸해 간다면 이들을 공통된 이념으로 묶어 두기가 쉽지 않을 것이다. 언론 노조 운동은 집단적 이해 관계에 근거한 노동 조합 운동으로 변해 가려는 징후를 보이고 있다. 언론 노조는 한편으로는 편집권 보장을 위해 투쟁하는 개혁 세력이지만, 다른 한편으로 보면 비효율적인 공기업(공영 방송사) 부문 개혁에서는 경영진과 함께 현상 유지를 선호하는 기득권층의 일부를 이루고 있다. 1999년 통합 방송 법안을 둘러싸고 방송 노조가 방송개혁위원회에서 탈퇴하고 파업에 들어가 국가와 직접 협상을 시도한 것은 이러한 집단적 이해 관계의 표출로 해석할 수 있다.

이러한 상황 변화는 언론 개혁 운동에 어려운 과제를 던져 주고 있다. 이제는 방송 개혁이 시민 단체나 언론사, 노동 조합 등 몇몇 고정된 세력에 의존해 추진하기 어려워졌다는 것이다. 신공공 서비스 모델에 의한 방송 개혁이 성공하기 위해서는 국가와 자본의 압력에 맞설 수 있도록 시민 사회 세력들을 조직적으로 결집할 수 있는 전략이 필요하다.

4. 신문 개혁 운동

신문 매체 역시 방송과 마찬가지로 사회적 제도로 존재하지만, 이 양식은 방송과 크게 다르기 때문에 신문 개혁의 과제와 운동 전략도 당연히 달라질 수밖에 없다. 신문은 방송과 달리 비교적 순수하게 시장 메커니즘의 지배를 받는다. 방송 매체에 비해 시장 진입과 퇴출이 자유롭고 내용이나 운영에서도 국가든 시민 사회든 외부 세력의 간섭과 통제를 배제하는 것을 이상으로 삼는다. 그렇다면 신문 시장의 메커니즘이 공정한 경쟁을 보장하면서도 다양한 이념적 스펙트럼의 언론을 수용할 수 있을 때 신문 체제는 가장 이상적이라 할 수 있다.

하지만 한국 사회에서 신문 매체는 갖가지 형태의 문제점을 안고 있어 늘 개혁 대상으로 거론되곤 했다. 그럼에도 불구하고 신문은 아직도 언론 개혁 운동에서 사각 지대로 남아 있다. 신문과 관련된 언론 운동은 오랫동안 국가의 언론 통제 문제에만 집중되었는데, 1987년 이후 신문에 대한 국가의 직접적인 통제가 사라지면서 신문의 구조적 모순들이 한꺼번에 드러나게 되었다. 이는 한국 사회에서 신문이라는 사회적 제도(특히, 시장 기제)가 비정상적으로 작동하고 있음을 말한다.

그 동안 신문 개혁의 움직임은 언론 관련 간행물이나 언론 관련 단체의 행사에서 주로 여론 지도층이 제기하는 비판 형태로만 이루어졌다. 이는 신문 개혁 문제를 추진할 주도 세력이 형성되지 못했을 뿐 아니라 본격적으로 대중적인 운동 의제로 제기할 장이 없었기 때문이다. 방송 개혁과 관련된 문제는 그 동안 신문에서 꾸준히 다룬 데 비해, 방송에서 신문 개혁 문제를 제기하려는 시도는 신문사의 보이지 않는 압력 때문에 좌절되거나 축소되었다. 신문 개혁을 제도적·구조적 차원에서 본격적으로 제기하기 시작한 것은 1998년 8월 언론 운동 관련 단체들이 모여 '언론개혁시민연대'(언개연)를 결성하면서였다. 언개연이 신문 개혁의 과제로 제기한 쟁점들을 정리해 보면 다음과 같다(언론개혁시민연대, 2001).

첫째, 언론사의 권력 기관화이다. 신문사의 소유 구조가 특정 가문, 종교 재단, 향토 자본 등에 의한 전근대적 사유 형태를 띠고 있으며, 소유 구조나 지면에서 최소한의 형식적인 공공성도 찾아볼 수 없다는 것이다. 신문사들은 권력과 자본에 유착해 세무 조사 면제 등 각종 특혜를 누리며 사주의 기득권 보호를 위한 바람막이 역할을 함으로써 시민 사회 위에 군림하는 권력 집단으로 변했다는 비판을 받고 있다. 언개연은 이에 대한 대안으로 신문사를 공적인 소유 구조로 개혁하고 소유·경영·편집을 분리해 내부적인 견제 구조를 정착시켜야 한다고 주장했다.

둘째, 신문 시장에서 '시장 실패' 현상이 심각하다는 점이다. 이는 공정 경쟁 질서의 붕괴(무가지와 경품 살포)와 함께 이른바 '사이비 언론'이라고 불리는 각종 비리 형태로 나타나고 있다. 언론 비리는 곧 신문사의 비리를 연상시킬 정도로 대부분 신문에서 발생하고 있다. 신문 사업으로 수익을 올리는 신문사가 아주 소수에 불과한 것도 이러한 병리 현상의 원인이 된다. 판매·광고 시장의 독과점 체제가 심화되고 있는 것도 문제점으로 부각되고 있다. 언개연은 이러한 문제에 대한 대책으로 신문 기업에 대한 특혜 철폐, 신문 발행 부수 공사(ABC) 제도 실시, 경영의 투명성 확보 등 공정 경쟁이라는 시장 기제의 회복을 제시한다.

셋째, 신문의 편파·왜곡 보도와 언론 보도에 의한 인권 침해, 직업 윤리 실추 등 직업 윤리와 연관된 것들이다. 이에 대해 언개연은 신문사 내부적인 견제 제도 도입과 더불어, 언론의 부당한 행위를 막고 수용자 주권을 확립하기 위한 외부적 견제 장치를 염두에 두고 있는 듯하다.

언개연의 신문 개혁안은 시민 언론 운동 단체들이 지향하고 있는 이념적 지향을 전형적으로 잘 보여 준다. 신문은 방송과 달리 사적 기업 제도에 의존하고 있는데도 불구하고, 신문사의 소유, 조직 운영, 행위 등에 관해 방송과 마찬가지로 신공공 서비스 모델로 접근하는 경향이 있다. 언개연의 신문 개혁안은 이전처럼 비판에 그치지 않고, 정기 간행물법 개정 운동, 국회 차원의 언론 개혁 위원회 추진 등의 방법으로 정치적 해결을 시도하고 있다는 점에서 지금까지 제자리 걸음만 하던 신문 개혁 운동을 새로운 단계로 도약시킬 것으로 보인다.

하지만 이 개혁안은 몇 가지 한계를 드러낼 가능성이 있다. 언개연 청사진은 기본적으로 이미 정착된 거대 신문 위주의 신문 판도를 인정하고 그 속에 운영의 공공성을 확대하는 방향을 추구하고 있다. 그러나 이 개혁안은 보수 성향 일색의 신문 판도를 수정할 다양성의 이념을 포괄하기 어렵다. 이것은 역설적으로 이 개혁안이 주요한 개혁 수단으로 삼고 있는 시장 메커니즘의 독특한 성격 때문이다.

신문 시장의 정상화는 시장 실패로 생겨나는 문제를 해결할 수 있을지는 모르나 심각한 새로운 문제를 가져올 수도 있다. 신문 시장에서는 진입 비용이 높고 규모의 경제 원리가 작동하고 있어, 치열한 시장 경쟁은 주변적인(특히, 진보 언론 같은 소수층 대상의) 언론들을 도태시키고 시장 전반의 이념적 스펙트럼을 획일화하는 속성이 있다. 만일 언개연이 추구하는 것처럼 신문 시장의 메커니즘이 정상화하면 신문업계가 보수적인 성향의 거대 신문 위주로 재편될 가능성이 크다는 점은 이미 많은 다른 나라의 사례에서 볼 수 있다. 신문 개혁 추진 세력이 개혁안을 마련하면서 참고한 외국의 신문 개혁 기구(예컨대 영국의 왕립 언론 위원회)는 시장 정상화가 아니라 시장 속성의 문제점을 해결하기 위한 노력이었다.

만일 지금 신문 언론의 문제가 비리 개혁의 차원뿐 아니라 사상의 다양성 부족에도 있다면, 문제는 어떻게 하면 기존의 시장 메커니즘의 편향을 보완할 제도적 장치를 마련하느냐 하는 것이다. 신문 개혁안이 시장 실패 개혁 방안의 하나로 제시한 신문 공동 판매제는 신문사의 불공정 행위를 줄여줄 뿐 아니라 신규 언론의 투자 부담을 덜어 준다는 점에서 사상의 다양화에도 기여하는 부수적 효과도 가

겨올 것이다. 이 밖에도 최근의 기술 발전을 잘 활용해서, 시장의 지배를 상대적으로 덜 받는 새로운 언론 형태를 육성하는 방안도 모색할 필요가 있다.

이 점에서 강준만의 '1인 저널리즘'이라든지 패러디 신문인 <딴지일보>의 사례는 주목할 만하다. 강준만의 독특한 개인 저널리즘은 안정 지향적인 중산층에 영합하는 보수 언론, 특히 <조선일보>의 인기주의 시장 전략이 어떤 정치적 위험을 내포하고 있는지 부각시켜 관심을 끌었다. <딴지일보> 역시 발행인 혼자의 작업으로 시작되어 패러디 신문이라는 독특한 저널리즘 양식을 유행시켰다. 물론 이것들이 기존 언론에 대항한 '대안' 언론으로 발전할 수 있을 것이라고 보기는 어렵다. 무엇보다 이들의 활동이 독자적으로 수집한 정보를 제공하지 못하고 기존 언론의 보도 내용을 재활용하는 데 그치고 있다는 점 때문이다. 절제되지 않은 독설과 극단적인 주장, 특유의 선정주의 역시 이들을 소수의 목소리 이상으로 발전시키기 어렵게 할 것이다. 하지만 이들은 혼자서 적은 재원만으로 기성 언론이 다루지 못한 틈새를 공략하는 게릴라전 형태의 새로운 언론 양식을 개발해 냈다는 점에서 미래형 언론의 한 유형을 보여 주었다. 이는 곧 1990년대 초 쇠퇴한 '민족 민주 언론 운동'의 이념이 2000년대의 상황에서 새로운 형태로 다양하게 뿌리 내릴 가능성이 있음을 시사한다.

지금까지 신문 매체는 시장 경제학의 지배를 받았다. 앞으로도 시장 경쟁 메커니즘은 신문업계를 더욱더 거대 언론사 위주로 재편할 것이다. 아마 이러한 우려 때문에 신문 개혁 운동은 거대 언론사의 공공성을 강화하려는 전략을 선택했을 것이다. 하지만 신문 기업의 거대화는 신문의 목소리를 갈수록 표준화할 것이고, 따라서 견해와 사상의 다양화는 더욱 중요해질 것이다. 이 점에서 앞으로는 사이버 공간과 같은 새로운 테크놀로지와 공공성을 띠는 제도적 장치

(공동 배포 조직 등)를 활용해, 다양한 목소리들이 자리잡을 수 있도록 해 주는 것이 신문 개혁의 과제다. 신문의 공공성과 다양성은 신문 개혁에서 동시에 추구해야 할 이념이다.

5. 평가와 전망

1990년대를 거치면서 언론 개혁 운동은 꾸준히 역량을 축적해 왔다. 이 점은 운동 조직이나 운동 방식 등 여러 측면에서 발견할 수 있다. 그 동안 산발적으로만 전개되던 운동을 좀더 체계적이고 장기적인 전략에 입각해 조직화할 수 있는 연대 조직이 생겨났고, 제도 정치권 내에 시민 운동 세력이 공식적으로 참여할 수 있는 발판도 마련했다. 이러한 여건 변화에 맞추어 운동 방향과 방식 수립에도 좀더 정교한 전략적 사고가 필요해지고 있다. 그렇지만 무엇보다 중요한 것은 각 매체의 특성에 맞는 개혁 이념과 전략을 만들어 내는 일이다.

시민 언론 운동이 주도한 1990년대의 언론 개혁 운동은 시민 사회가 언론 매체를 규제해 공공성을 확보하려는 신공공 서비스 모델의 이념을 기반으로 삼았다. 이 이념은 방송 부문에서 어느 정도 성공을 거두었고 앞으로도 개혁 이념으로서 계속 유효할 것이다. 언개연의 신문 개혁 운동에서 추진하고 있는 과제들도 비슷한 이념적 지향을 보여 준다. 그렇지만 언개연의 신문 개혁 이념은 반시장주의적인 공공 서비스 모델의 성향이 강하면서도 시장 논리를 적극적으로 수용하여 신문의 정치 권력 집단화를 저지하는 데 무게를 두는 등 정치적 성향이 강하다. 이는 한국 상황에 맞춘 불가피한 선택이라 할 수 있다.

이러한 시장주의를 통한 개혁 전략은 아마 신문의 불공정 행위를 차단해 공공성을 강화하는 효과를 달성하기는 하겠지만 몇몇 거대 보수 언론 중심으로 신문 시장을 재편하는 부정적인 효과도 예상된다. 이 같은 한계는 신문 시장 기제의 특수성을 감안하지 않고 방송 부문의 개혁 이념인 신공공 서비스 모델을 신문 매체에 그대로 적용했기 때문에 생겨난다. 신문의 공공성 이념은 방송과 다를 수밖에 없다. 방송이 매체 내부에 시민 사회의 다양성(즉, 사상의 시장)을 포괄하는 것을 이상으로 삼는다면, 신문에서는 개별 매체 내부가 아니라 시장 내에 다양한 성향의 매체를 육성하는 쪽으로 개혁의 방향을 잡아야 한다. 방송 부문에서도 소출력 라디오 활성화, 국민주 방송 설립 등을 통해 사상의 시장 다양화를 어느 정도 시도할 수는 있지만, 다양성이라는 이념은 아무래도 신문 매체에 더 적합하다.

1980년대의 민족 민주 언론 운동이 추구한 대안 언론의 이상은 다양성을 언론 개혁의 중요한 이념으로 설정하고 있기 때문에 신문 개혁 운동에서 아직도 어느 정도는 유효하다고 할 수 있다. 진보 언론이 활동한 경험이 별로 없는 한국 사회에서는 언론 시장에 다양한 대안 언론의 싹을 심는 작업이 정치적으로 매우 중요하다. 언론 운동에서 큰 주목을 받지 못한 1인 저널리즘의 사례들의 의미를 높이 평가해야 하는 것은 바로 이 때문이다.

시민 언론 운동은 언론 개혁의 추진 전략으로 국가를 끌어들이려 하고 있으며, 이는 현 단계에서 불가피한 전략적 선택일지 모른다. 언론 운동 진영은 방송에서는 국가 개입에 우려를 표명하면서도 신문 개혁에 관해서는 국가의 적극적인 개입을 촉구하는 다소 모순된 입장을 드러내기도 했다. 하지만 방송과 달리 신문 개혁 추진 과정에서 국가를 끌어들이는 전략은 양면적인 효과를 낳을 수 있다. 불과 3~4개 중앙지와 1~2개 지방지를 제외한 대부분의 신문사가 적자를 기록하는 상황에서 국가 주도의 시장 정상화를 통한 개혁 조치는 어차피 국가와 언론사 사이의 선별적인 타협으로 이어질 확률이 높으며, 의도하지는 않았더라도 이 과정에서 신문에 대한 국가의 영향력이 크게 확대될 수도 있다.

신문 개혁 운동은 신문 영역의 비리를 뿌리 뽑고 공공성을 강화하기 위해 국가와 시장 메커니즘을 동시에 끌어들이는 독특한 전략을 채택했다. 문제는 시장 메커니즘이 개혁 추진에서 '양날' 달린 칼로 변할 수도 있다는 점이다. 시장 메커니즘의 정상화가 가져올 신문 논조와 내용의 동질화, 표준화 추세를 보완하기 위해서는 시장 메커니즘에서 상대적으로 자유로운 틈새 시장 언론들을 육성할 수 있는 제도적 기반을 조성해야 한다. 시장 메커니즘의 한계를 수정하려는 노력이 뒤따르지 않는다면 시장 정상화를 통한 신문 개혁은 결국 한계에 부딪칠 수밖에 없다. 신문 개혁의 딜레마는 바로 여기에 있다.

참고 문헌

강명구 (1989). <언론노동운동과 언론민주화>, ≪한국신문방송연감 1989≫. 서울: 한국언론연구원.
――― (1994). <한국 시민사회의 변화와 언론정책>, 신문과 방송 창간 30주년 심포지엄 발표 논문.
――― (1998). <한국의 도시와 권력>, 한국도시연구소 (편), ≪한국도시론≫. 서울: 박영사.
강상현 (1992). "영호남 지방신문에 나타난 대통령후보 이미지 비교," <한국사회와 언론>, 2집, pp.105~38.
――― (1993). "정보화시대의 시민언론운동: 현단계 운동 평가와 미래전망," <한국 사회와 언론>, 3집, pp.86~132.
――― (1996). "신문기업의 신기술 도입과 노동과정의 변화," <한국언론학보>, 39호, pp.5~51.
강준만 (1990). ≪한국방송민주화운동사≫. 서울: 태암.
――― (1991. 5). "한겨레신문을 진단한다: 한겨레신문 3년의 평가와 전망," <사회평론>.
김남석 (1995). <한국 신문산업 시장구조 변화에 관한 연구: 신문 기업의 대응양식을 중심으로>, 한국언론학회 엮음, ≪한국언론산업구조론≫. 서울: 나남.
김동규 (1996). <언론운동과 언론민주화>, 한국사회언론연구회 엮음, ≪현대사회와 매스커뮤니케이션≫. 서울: 한울.
김동민 (1990). <한국언론노동운동의 특성에 관한 연구>, 한양대학교 대학원 신문방송학과 박사 학위 논문.
김민남·임영호·강상현·우병동 (1994). <지방화 시대의 지방지 육성 방안 연구>.

부산: 동아대학교 사회과학연구소.

김승수 (1996). "한국 신문산업의 집중과 정책적 대안에 대한 연구," <한국언론학보>, 39호, pp.180~224.

김영하 (1992). <언론기업의 비정규노동과 노동통제>, 연세대학교 대학원 경영학과 석사 학위 논문.

김정인 (2002. 3. 7). "중앙일간지 기자의 출입기자실 체험기 전문," <오마이뉴스>[http://www.ohmynews.com].

김주언 (2001). <한국에서의 편집권 독립 논의 과정>, 한국언론재단·한국기자협회 주최 제13회 기자 포럼 '편집자율권과 언론평의회' 발표 자료집, 프레스센터.

김학수 (1988). "지방신문 구독에 관한 연구," <언론문화연구>, 6집, pp.45~66.

김형국 (1997). ≪한국공간구조론≫. 서울: 서울대학교 출판부.

남시욱 (1982). "편집권에 대한 고찰," <신문연구>, 35호, pp.103~24.

──── (2001). "편집권 독립의 이상과 한계," <관훈저널>, 78호, pp.60~71.

노병성 (1992). <1980년대 한국 출판산업의 산업조직론적 특성에 관한 연구>, 서강대학교 대학원 박사 학위 논문.

류일상 (1988. 9). "편집권 귀속에 관한 구미각국 언론의 사례," <신문과 방송>, 213호, pp.20~6.

류한호 (1993). <내적 언론자유의 이론과 실제>, 성균관대학교 대학원 신문방송학과 박사 학위 논문.

박권상 (1982). "표현의 자유," <신문연구>, 35호, pp.6~21.

박상현 (1995. 10). "김대중 - 조선 - 한겨레의 삼각함수 감상법," <말>.

박소라 (2001. 8). "일부 신문 광고 집중, 부채의 전반적 악화: 2000년도 신문사 경영성과 분석," <신문과 방송>, 368호, pp.114~9.

박용상 (2002). <'편집권' 논의의 법적 조명>. ≪표현의 자유≫. 서울: 현암사.

박준식 (1996). ≪생산의 정치와 작업장 민주주의≫. 서울: 한울.

방정배 (1988. 11). "편집권 독립의 이상과 현실," <신문과 방송>, 215호, pp.126~7.

서경석 (1993). <일반사회단체의 활동현황과 과제>, YMCA연맹 심포지엄 자료.

성한용 (1998. 6). "기자들 항의 부른 '절충형 브리핑제도': 정권교체와 청와대 취재 보도 시스템," <신문과 방송>, 330호, pp.20~3.

송호근 (1991). ≪한국의 노동정치와 시장≫. 서울: 나남.

──── (1994). ≪열린 시장, 닫힌 정치: 한국의 민주화와 노동체제≫. 서울: 나남.

신광영 (1994). ≪계급과 노동운동의 사회학≫. 서울: 나남.

언론개혁시민연대 (2001). ≪국민의 힘으로 신문바로세우기≫. 언론개혁시민연대.

에이·씨·닐슨 (1990. 6). <일간신문 구독 행태에 대한 조사>.

오진환 (1985). <한국언론의 특성에 관한 연구>, ≪한국의 언론과 사회교육: 사회교육 매체로서의 언론에 관한 연구≫. 서울: 한국정신문화연구원.

원용진 (1998). ≪한국 언론민주화의 진단: 1987~1997을 중심으로≫. 서울: 커뮤니케이션북스.

유재천 (1988). "언론노조와 편집권," <신문연구>, 46호, pp.250~84.

윤영철 (2001). <언론노동운동과 편집권 논쟁>, ≪한국민주주의와 언론≫. 서울: 유민문화재단.

윤창빈 (1989). <한국언론노조운동의 성격에 대한 고찰>, 한양대학교 대학원 신문방송학과 석사 학위 논문.

이성환 (1989). <언론노동의 성격규명을 통해 본 언론노조에 관한 이론적 소고: Marx주의 관점에서 한국사례를 중심으로>, 고려대학교 대학원 신문방송학과 석사 학위 논문.

이용준 (1995). <컴퓨터 테크놀로지의 도입으로 인한 인쇄매체의 구조적 변화에 관한 연구: 생산방식과 매체조직의 변화를 중심으로>, 중앙대학교 대학원 박사 학위 논문.

이원락 (1991). <한국신문의 '관급보도'에 관한 연구>, 서울대학교 대학원 신문학과 석사 학위 논문.

이인우·심산 (1998). ≪세상을 바꾸고 싶은 사람들: 한겨레신문 10년의 이야기≫. 서울: 한겨레신문사.

임근수 (1964. 5). "편집권의 옹호와 독립," <신문평론>, 2호, pp.17~9.

임상원 (2001). "한국 언론의 현주소," <관훈저널>, 78호, pp.11~9.

임영호 (1991). "노동과정론의 시각에서 본 신문산업의 테크놀로지와 언론노동," <정보사회연구>, 3권 1호, pp.27~48.

───── (1993). "신문산업의 독과점화와 언론법의 경제학," <언론과 사회>, 창간호, pp.138~62.

───── (1994). "'한겨레신문' 5년의 허와 실," <민주언론>, 2호, pp.212~219.

───── (1995a). <한국의 시민사회와 언론운동의 성격, 1985~1993>, 유재천 외, ≪한국의 사회변동과 언론≫. 서울: 소화.

───── (1995b). "한국 지역신문시장의 구조와 특성," <언론과 정보>, 창간호, pp.83~107.

───── (1996). "부산·경남지역 일간지의 지리적 시장구조: Rosse의 '우산 밑 경쟁 *umbrella competition*' 모델의 검토," <언론과 정보>, 2호, pp.149~165.

───── (1997. 9) "'마감' 개념 무의미, 심층취재 활성화: 사이버 저널리즘 시대가 열렸다," <신문과 방송>, 321호, pp.6~9.

───── (1998a). "한국 신문시장에서 진보적 대중지는 가능한가: <한겨레>의

사례연구," <한국사회와 언론>, 10호, pp.189~215.

──── (1998b). "한국의 언론노동운동과 생산의 정치," <저널리즘비평>, 25호, pp.16~23.

──── (2000). "언론개혁운동의 과제와 전망," <창작과 비평>, 108호, pp.48~61.

임정덕 (1992). "한국신문발행시장과 과점시장행동," <경제학연구>, 40권 2호, pp.453~67.

장용호 (1987). "매체경제학의 연구방향," <언론문화연구>, 5집, pp.23~32.

──── (1989). "한국TV산업의 시장구조, 행위 및 성과에 관한 연구," <언론학 논선>(서강대학교 언론문화연구소), 6집.

──── (1992). "언론노동운동의 물질적 기반과 운동행위자의 합리적 선택," <한 국언론학보>, 28호, pp.309~35.

장호순 (2001). "편집권과 경영권은 분리돼야," <관훈저널>, 78호, pp.72~8.

정상윤 (1991). "지방화시대의 지방신문: 지방신문산업에 대한 시장 분석을 중심 으로," <언론연구>(계명대학교 지방언론연구소), 3집, pp.63~77.

──── (1996). "지역사회 권력구조와 신문사의 네트워킹에 대한 사례연구," <언 론과 사회>, 11호, pp.66~89.

정선기 (1998). <생활양식과 계급적 취향: 사회적 불평등의 상징적 재생산에 관하 여> 현택수 외, 《문화와 권력: 부르디외 사회학의 이해》. 서울: 나남.

정용준 (1990). <민족 민주 언론운동론>, 김왕석·임동욱 외 (편), 《한국 언론 의 정치 경제학》. 서울: 아침.

──── (1995). <1990년대 한국방송구조의 공익성에 관한 연구>, 서울대학교 대학원 신문학과 박사 학위 논문.

──── (1996). "시민사회의 방송개혁론, 그 문제점과 대안의 모색," <한국사회 와 언론>, 7호, pp.28~51.

정진석 (1988. 9). "편집권 논의의 전개과정," <신문과 방송>, 213호, pp.16~9.

제일기획 (1993). 《광고연감》. 제일기획.

조항제 (2001). "미디어 권력화의 조건에 대한 시론적 분석," <언론과 정보>, 7호, pp.165~196.

진영환·김종원 (1986). "부산지역의 역통근 reverse commuting 패턴," <국토정보 다이제스트>, 4권 12호.

최운식 (1972). "소비자의 구매행위에 관한 연구," <지리학>, 7호, pp.40~51.

최진환 (1994). <CTS 도입에 따른 신문노동 변화에 관한 연구: 편집부를 중심 으로>, 서울대학교 대학원 신문학과 석사 학위 논문.

추광영 (1998). 《컴퓨터활용 보도론》. 서울: LG상남언론재단.

통계청 (1993). 《한국통계연감》. 통계청.

팽원순 (1989). ≪언론법제신론≫. 서울: 나남.

한겨레신문사 (1996. 6). <정기독자 신문구독실태조사 결과 보고서>.

──── (1997. 5). <신문구독실태 조사결과 보고서>.

──── (1997. 12). <제10기 정기주주총회 의안·영업보고서·재무제표·감사 보고서: 1997년 1월 1일~12월 31일>.

──── (1998. 2). <모니터 지면 평가 보고서>.

──── 경영편집혁신특별위원회 편집혁신팀 (1996. 8). <편집혁신을 위한 3차 보고서>.

──── 지면혁신특위 (1997. 9). <지면혁신특위 1차 보고서>.

──── 지면혁신특위 (1997. 10). <지면개편 보고서>.

한국갤럽 (1989. 6). <한겨레신문의 마케팅정책수립을 위한 기초조사보고서>.

한국언론연구원 (1993). <한국지방신문의 발전방안에 관한 연구>, 미간행 보고서.

──── (1994a). ≪한국신문의 미래와 발전전략≫. 한국언론연구원.

──── (1994b). ≪한국신문방송연감 1994≫. 한국언론연구원.

──── (1996a). ≪한국의 지역신문: 제2회 지역신문 실태조사·내용분석≫. 한국언론연구원.

──── (1996b). ≪세계의 미디어≫. 한국언론연구원.

──── (1997. 7). "한국의 언론인구," <신문과 방송>, 319호, pp.33~43.

──── (1998). ≪한국신문방송연감 1998≫. 한국언론연구원

──── · 한국방송개발원 (1994). ≪UR이후 개방화 대비 한국언론의 경쟁력 강화 방안≫. 한국언론연구원·한국방송개발원.

한국언론재단 (2001a). ≪한국신문방송연감 2001 / 2002≫. 한국언론재단.

──── (2001b). ≪한국 지방일간지의 지역성: 중앙일간지와 지면 비교 분석≫ (연구서 2001-03). 한국언론연구원.

황인호 (1989). <한국 언론노동조합에 대한 언론인들의 평가 연구>, 연세대학교 대학원 신문방송학과 석사 학위 논문.

현택수 (1998). <문학예술의 사회적 생산>, 현택수 외, ≪문화와 권력: 부르디외 사회학의 이해≫. 서울: 나남.

Ackerman, L. (1992). *The electronic newspaper of the future: Rationale, design, and implications.* [On-line]. Available E-mail: lfai@ceci.wustl.edu

Althusser, L. (1977). *For Marx.* London: NLB.

Aufderheide, P. (1998). "Niche-market culture, off and on line," in D. L. Borden & K. Harvey (eds.), *The electronic grapevine: Rumor, reputation, and reporting in the new on-line environment.* Mahwah, NJ: Lawrence Erlbaum Associates.

Baker, C. E. (1975). "The ideology of the economic analysis of law," *Philosophy & Public Affairs*, 5(1), pp.3~48.

Barber, R. J. (1964). "Newspaper monopoly in New Orleans: The lessons for antitrust policy," *Louisiana Law Review*, 24, pp.503~54.

Barnett, S. R. (1980). "Monopoly games: Where failures win big," *Columbia Journalism Review*.

Bartlett, D. (1994). "The soul of a news machine: Electronic journalism in the Twenty-First Century," *Federal Communications Law Journal*, 47(1).

Bernotas, A. (1995, March 10). *Re: guild-cwa merger.* [On-line]. Available E-mail: guldnet-l@acs.ryerson.ca

Bogart, L. (1989). *Press and public: Who reads what, when, where, and why in American newspapers, 2nd ed.* Hillsdale: Lawrence Erlbaum Associates.

Bourdieu, P. (1979). *La distinction: Critique sociale du jugement.* [최종철 옮김 (1995). ≪구별짓기: 문화와 취향의 사회학 上≫. 서울: 새물결]

―――― (1982). *Ce que parler vent dire.* [정일준 옮김 (1997). ≪문화 재생산과 상징적 폭력≫. 서울: 새물결]

Burawoy, M. (1979). *Manufacturing consent: Changes in the labor process under monopoly capitalism.* Chicago: University of Chicago Press.

―――― (1985). *The politics of production: Factory regimes under capitalism and socialism.* London: Verso.

Busterna, J. (1987). "Improving editorial and economic competition with a modified Newspaper Preservation Act," *Newspaper Research Journal*, 8(4), pp.71~83.

―――― (1988). "Concentration and the industrial organization model," in R. G. Picard, J. P. Winter, M. McCombs & S. Lacy (eds.), *Press concentration and monopoly.* Norwood, NJ: Ablex. pp.35~54.

Carey, J. (1989). *Communication as culture: Essays on media and society.* Boston: Unwin Hyman.

Carlson, A. M. (1982). "The Newspaper Preservation Act: The Seattle application," *University of Illinois Law Review*, 3.

Carlson, J. H. (1971). "Newspaper Preservation Act: A critique," *Indiana Law Journal*, 46(3), pp.392~412.

Ciotta, R. (1996, March). "Baby you should drive this CAR," *American Journalism Review*.

Citizen Publishing Co. v. United States, 394 U.S. 131 (1969).

Cochran, W. (1997). "Journalism's new geography: How electronic tools alter the culture and practice of newsgathering," *Electronic Journal of Communication* [On-line], 7(2). Available: http://www.cios.org/getfileWCochran_V7N297

Cracknell, D. (1995). *A study into the future of newspapers on the Net.* [On-line]. Available: http://www.warwick.ac.uk/guest/cracknel/nwww.html

———— (1991). "Mass media and democracy: A reappraisal," in J. Curran & M. Gurevitch (eds.), *Mass media and society.* London: Edward Arnold. pp.82~117.

Curran, J. & Seaton, J. (1991). *Power without responsibility: The press and broadcasting in Britain, 4th ed.* London: Routledge.

———— (2000). "Press reformism 1918~98: A study of failure," in H. Tumber (ed.), *Media power, professionals and policies.* London: Routledge, pp.35~55.

Davenport, L. et al. (1996). "Computers in newsrooms of Michigan's newspapers," *Newspaper Research Journal*, 17(3~4), pp.14~28.

Devey, S. M. (1989). "Umbrella competition for newspaper circulation in the Boston metro area," *Journal of Media Economics*, 2(1), pp.31~40.

Disabatino, J. (1996, September 28). *Re: A question for you all.* [On-line]. Available E-mail: CARR-L@ulkyvm.louisville.edu

Endres, F. F. (1985). "Daily newspaper utilization of computer data bases," *Newspaper Research Journal*, 7(1).

Entman, R. & Wildman, S. (1992). "Reconciling economic and non-economic perspectives on media policy: Transcending the 'marketplace of ideas'," *Journal of Communication*, 42(1), pp.5~19.

Franklin, B. & Murphy, D. (1991). *What news?: The market, politics and the local press.* London: Routledge.

———— (1998). *Making the local news: Local journalism in context.* London: Routledge.

Freiberg, J. W. (1985). "Toward a structuralist model of state intervention in the mass media: The case of France," in M. Zeitlin (ed.), *Political power and social theory, vol. 5.* Greenwich: JAI Press pp.141~67.

Friend, C. (1994). "Daily newspaper use of computers to analyze data," *Newspaper Research Journal*, 15(1), pp.63~72.

Fulton, K. (1996, March / April). "A tour of our uncertain future," *Columbia Journalism Review.*

Garrison, B. (1995). *Computer-assisted reporting.* Hillsdale. Mahwah, N. J.: LEA.

———— (1996). *Successful strategies for computer-assisted reporting.* Mahwah, N. J.: LEA.

———— (1997, August). "Online newsgathering trends, 1994~6." A paper presented to AEJMC Conference, Chicago.

Griffiths, D. (ed.) (1992). *The encyclopedia of the British press 1422～1992*. New York: St. Martin's Press.

Gustafsson, K. E. (1980). "The press subsidies of Sweden: A decade of experiment," in A. Smith (ed.), *Newspapers and democracy*. Cambridge: MIT Press, pp.104～26.

―― (1993). "Government policies to reduce newspaper entry barriers," *Journal of Media Economics*, 6(1), pp.37～43.

―― & Hadenius, S. (1976). *Swedish press policy*. Stockholm: The Swedish Institute.

Habermas, J. (1962 / 1989). *The structural transformation of the public sphere: An inquiry into a category of bourgeois society*. T. Burger & F. Lawrence (trans.). Cambridge: The MIT Press.

Hall, S. (1982). "The rediscovery of 'ideology': Return of the repressed in media studies," in M. Gurevitch et al. (eds.), *Culture, Society, and the Media*. London: Methuen, pp.56～90. ["이데올로기의 재발견: 미디어 연구에서 억압되어 있던 것의 복귀," 임영호 편역 (1996), ≪스튜어트 홀의 문화 이론≫. 서울: 한나래]

Harper, C. (1998, May 17). *Journalism in a digital age*. [On-line].
    Available: http://media-in-transition.mit.edu/conferences/democracy/harper.html

Hart, D. J. (1980). "Changing relationships between publishers and journalists: An overview," in A. Smith (ed.), *Newspapers and democracy: International essays on a changing medium*. Cambridge: MIT Press, pp.268～87.

Hassard, J. (1991). "Aspects of time in organization," *Human Relations*, 44(2).

Hauben, M. (1995). *The effect of the Net on the professional news media: The Usenet news collective-the man-computer news symbiosis*. [On-line].
    Available: http://www.cs.columbia.edu/~hauben/papers/net-and-newsmedia.txt

Hicks, R. G. & Featherston, J. S. (1978). "Duplication of newspaper content in contrasting ownership situations," *Journalism Quarterly*, 55, pp.549～53.

Hjarvard, S. (1994). "TV news: From discrete items to continuous narratives? The social meaning of temporal narratives," *Cultural Studies*, 8(2).

Holtz-Bacha, C. (1994). "How to enhance competition: Supportive and restrictive measures on West European press markets," A paper presented at IAMCR Conference, Seoul, Korea.

Houston, B. (1996). *Computer-assisted reporting: A practical guide*. New York: St. Martin's Press.

Hulten, O. (1984). *Mass media and state support in Sweden*. Stockholm: The Swedish Institute.

Hume, E. (1995). *Tabloids, talk radio, and the future of news: Technology's impact on journalism.* Washington, D. C.: The Annenberg Washington Program in Communications Policy Studies of Northwestern University. [On-line]. Available: htpp://www.annemberg.nwu.edu/pubs/tabloids

―――― (1998, May 17). *Resource journalism: A model for new media.* [On-line]. Available: http://media-in-transition.mit.edu/conferences/democracy/hume.html

Humphrey, T. E. (1971). "The Newspaper Preservation Act: An ineffective step in the right direction," *Boston College Industrial and Commercial Law Review,* 12(5), pp.937～54.

Im, Y. H. (1990). *Class, culture and newsworkers: Theories of the labor process and the labor history of the newspaper.* Unpublished Ph.D. dissertation, University of Iowa.

Kaniss, P. (1991). *Making local news.* Chicago: The University of Chicago Press.

Kawamoto, K. (1998). "Making sense of the new on-line environment in the context of traditional mass communication study," in D. L Borden & K. Harvey (eds.), *The electronic grapevine: Rumor, reputation, and reporting in the new on-line environment.* Mahwah, NJ: LEA.

Keane, J. (1991). *The media and democracy.* London: Polity Press.

Keep, P. M. (1982). "Newspaper Preservation Act update," *Freedom of Information Center Report,* 456, pp.1～7.

Kelley, D. & Donway, R. (1990). "Liberalism and free speech," in J. Lichtenberg (ed.), *Democracy and the mass media.* Cambridge: Cambridge University Press. pp.66～101.

Kern, S. (1983). *The culture of space and time.* Cambridge: Harvard University Press.

Koch, T. (1991). *Journalism for the 21th century: Online information, electronic databases, and the news.* New York: Praeger.

Krasnow, E. G., Longley, L. D., & Terry, H. A. (1982). *The politics of broadcast regulation, 3rd ed.* New York: St. Martin's Press.

Lacy, S. (1984). "Competition among metropolitan daily, small daily and weekly newspapers," *Journalism Quarterly,* 61, pp.640～44, 742.

―――― (1985). "Monopoly metropolitan dailies and inter-city competition," *Journalism Quarterly,* 62, pp.640～44.

―――― (1987). "The effects of intracity competition on daily newspaper content," *Journalism Quarterly,* 64(2 & 3), pp.281～90.

―――― (1988a). "The impact of intercity competition on daily newspaper content," *Journalism Quarterly,* 65(2), pp.399～406.

―――― (1988b). "Competing in the suburbs: A research review of intercity newspaper

341

competition," *Newspaper Research Journal*, 9(2), pp.69~76.

—— & Davenport, L. (1994). "Daily newspaper market structure, concentration, and competition," *Journal of Media Economics*, 7(3), pp.33~46.

—— & Simon, T. F. (1993). *The economics and regulation of United States newspapers*. Norwood: Ablex.

—— & Sohn, A. B. (1990). "Correlations of newspaper content with circulation in the suburbs: A comparative case study," *Journalism Quarterly*, 67(4), pp.785~93.

Lasica, J. D. (1996, November). "Net gain," *American Journalism Review*.

—— (1997, May). "When push comes to news," *American Journalism Review*.

—— (1998, May). "Keeping online staffers in exile," *American Journalism Review*. [On-line]. Available: http://ajr.newslink.org/ajrjdmay98.html, October 13, 1998.

Leab, D. J. (1970). *A union of individuals: The formation of the American Newspaper Guild, 1933~1936*. New York: Columbia University Press.

Lichtenberg, J. (1990). "Introduction," in J. Lichtenberg (ed.), *Democracy and the mass media*. Cambridge: Cambridge University Press, pp.1~20.

Litman, B. R. & Bridges, J. (1986). "An economic analysis of daily newspaper performance," *Newspaper Research Journal*, 7, pp.9~26.

Malone, J. R. (1951). "Economic-technological bases for newspaper diversity," *Journalism Quarterly*, 28(3), pp.315~26.

Maynard, N. H. (1994). *Managing the future of news and information*. [On-line]. Available: http://www.nando.net/prof/freedom/1994/speeches/nhmfuture.html

McAdams, M. (1995). *Inventing an online newspaper*. [On-line]. Available: http://www.sentex.net/~mmcadams/invent.html

McCombs, M. (1972). "Mass media in the marketplace," *Journalism Monographs*, 24.

McGregor, O. R. (1980). "The Royal Commission on the Press, 1974~7: A note," in M. Bulmer (ed.), *Social research and Royal Commissions*. London: George Allen & Unwin, pp.150~7.

Merrill, J. C. (1976). "Freedom of the press: Changing concept?" in H. Fischer & J. Merrill (eds.), *International and intercultural communication*. New York: Hastings House, pp.125~35.

Meyer, E. (1998, October 13). *Net-working: Demand for online journalists is on the rise*. [On-line]. Available: http://ajr.newslink.org/emcol14.html

Mishra, V. M. (1980). "The future of the newspaper industry in America: Some research contingencies and portents," *Gazette*, 26(1), pp.17~29.

Moeller, P. (1995, January/February). "The digitized newsroom," *American Journalism Review*.

342

Newhagen, J. F. & Levy, M. R. (1998). "The future of journalism in a distributed communication architecture," in D. L Borden & K. Harvey (eds.), *The electronic grapevine: Rumor, reputation, and reporting in the new on-line environment.* Mahwah. NJ: Lawrence Erlbaum Associates.

Niebauer, W. E. Jr. (1984). "Effects of Newspaper Preservation Act on the suburban press," *Newspaper Research Journal,* 5, pp.41~9.

————, Lacy, S. Bernstein, J. M. & Lau, T. (1988). "Central city market structure's impact on suburban newspaper circulation," *Journalism Quarterly,* 65(3), pp.726~32.

Nielsen, J. (1996). "Inverted pyramids in cyberspace," *Alertbox,* October 1, [On-line]. Available: http://www.useit.com/alertbox/9606.html

———— (1997). "How users read on the web," *Alertbox,* October 1, [On-line]. Available: http://www.useit.com/alertbox/9710a.html

Nixon, R. & Jones, R. (1956). "The content of non-competitive vs. competitive newspapers," *Journalism quarterly,* 33, pp.299~314.

Norton, S. W. & Norton, W. Jr. (1986). "Economies of scale and the new technology of daily newspapers: A survivor analysis," *Quarterly Review of Economics and Business,* 26(2), pp.66~83.

O'Malley, T. (1997). "Labour and the 1947~9 Royal Commission on the Press," in M. Bromley & T. O'Malley (eds.), *A journalism reader.* London: Routledge, pp.126~58.

———— (1998). "Demanding accountability: The press, the Royal Commissions and the pressure for reform, 1945~77," in H. Stephenson & M. Bromley (eds.), *Sex, lies and democracy: The press and the public.* London: Longman, pp.84~96.

Oppenheim, S. C. & Shields, C. (1981). *Newspapers and the antitrust laws.* Charlottesville, Virginia: The Michie Company.

Owen, B. M. (1975). *Economics and freedom of expression: Media structure and the First Amendment.* Cambridge, Mass.: Ballinger Publishing Company.

Ozanich, G. W. (1982). *An economic analysis of the Newspaper Preservation Act.* Ph.D. dissertation, University of Wisconsin-Madison.

Paul, N. M. (1999). *Computer-assisted research: A guide to tapping online information.* St. Petersberg: The Poynter Institute for Media Studies.

Paul, N. (n.d.). *New roles for the news librarian: How to turn a golden retriever into a bloodhound.* [On-line]. Available: http://www.hvu.nl/~pverweij/co4.html

Pavlik, J. V. (1997, July / August). "The future of online journalism: Bonanza or black hole?," *Columbia Journalism Review.*

Picard, R. G (1988). "Measuring concentration in the daily newspaper industry," *The Journal of media economics*, 1(1), pp.61~74.

―― (1989). *Media economics: Concepts and issues.* Newbury Park, CA: Sage.

―― & Brody, J. H. (1997). *The newspaper publishing industry.* Boston: Allyn and Bacon.

――, Winter, J. P, McComb, M., & Lacy, S. (eds.) (1988). *Press concentration and monopoly: New perspectives on newspaper ownership and operation.* Norwood, NJ: Ablex.

Pilgrim, T. A. (1992). "Newspapers as natural monopolies: Some historical considerations," *Journalism History*, 18, pp.3~10.

Pogash, C. (1996, June). "Cyberspace journalism," *American Journalism Review.*

Political and Economic Planning (1938). *Report on the British press*, London: P.E.P.

Pred, A. R. (1973). *Urban growth and the circulation of information: The United States system of cities, 1790~1840.* Cambridge: Harvard University Press.

―― (1980). *Urban growth and city-systems in the United States, 1840~1860.* Cambridge: Harvard University Press.

Pugh, M. J. (1996, September 27). *Re: A question for you all.* [On-line]. Available: CARR-L@ulkyvm.louisvilee.edu

Reddick, R. & King, E. (1995). *The online journalist: Using the internet and other electronic resources.* Fort Worth, TX: Harcourt Brace.

Riley, P. et al. (1998). "Community or colony: The case of online newspapers and the web," *Journal of Computer-Mediated Communication* [On-line], 4(1). Available: http://www.ascusc.org/jcmc/vol4/issue1/keough.html

Roberts, K. (1968). "Antitrust problems in the newspaper industry," *Harvard Law Review*, 82, pp.319~66.

Ross, S. & Middleberg, D. (1996). *The media in cyberspace study II.* [On-line]. Available: http://www.mediasource.com/study/index.html

Rosse, J. (1975). "Economic limits of press responsibility," *Studies in Industry Economics* (Department of Economics, Stanford University), no.56, pp.1~26.

Rosse, J. N. (1967). "Daily newspapers, monopolistic competition, and economies of scale," *The American Economic Review*, 57(2), pp.522~33.

―― (1980). "The decline of direct newspaper competition," *Journal of Communication*, 30, pp.65~71.

Royal Commission on the Press (1949). *Report, 1947~1949*(Cmd. 7700) London: HMSO.

344

―――― (1962). *Report 1961 ~ 1962*(Cmnd. 1811). London: HMSO.

―――― (1977). *Final report*(Cmnd. 6810). London: HMSO.

Sachsman, D. & Sloat, W. (1985). *The press and the suburbs: The daily newspapers of New Jersey.* New Brunswick: Center for Urban Policy Research, The State University of New Jersey.

Savage, M. & Warde, A. (1993). *Urban sociology, capitalism and modernity.* London: Macmillan. [김왕배 · 박세훈 옮김 (1996). ≪자본주의 도시와 근대성≫. 서울: 한울]

Scipes, K. (1992). "Understanding the new labor movements in the 'Third World': The emergence of social movement unionism," *Critical Sociology*, 19(2), pp.81 ~ 101.

Seaton, J. (1978). "Government policy and the mass media," in J. Curran (ed.), *The British press: A manifesto.* London: Macmillan, pp.296 ~ 310.

Seymour-Ure, C. (1991). *The British press and broadcasting since 1945.* Oxford: Blackwell.

Singer, J. B. (1996). "Changes and consistencies: Newspaper journalists contemplate an online future," A paper presented to AEJMC conference, Anaheim, August 1996.

―――― (1998). "Online journalists: Foundations for research into their changing roles," *Journal of Computer-Mediated Communication* [On-line], 4(1). Available: http://www.ascusc.org/jcmc/vol4/issue1/singer.html

Smith, A. (1977). "Subsidies and the press in Europe," *Political and Economic Planning Broadsheet*, vol. KLIII No.569.

―――― (ed.) (1980a). *Newspapers and democracy: International essays on a changing medium.* Cambridge: MIT Press.

―――― (1980b). *Goodbye Gutenberg: The newspaper revolution of the 1980's.* Oxford: Oxford University Press.

Sproull, L. & Kiesler, S. (1991). *Connections: New ways of working in the networked organization.* Cambridge: The MIT Press.

Stamm, K. & Voigt, M. (1985). *Newspaper use and community ties: Toward a dynamic theory.* Norwood: Ablex.

Stepp, C. S. (1996, April). "The news journalist," *American Journalism Review.*

The Newspaper Guild & Communications Workers of America(TNG-CWA) (1995, May 17). Agreement for affiliation and merger between the Newspaper Guild, AFL-CIO, CLC and the Communications Workers of America, AFL-CIO, CLC.

Tillinghast, D. S. (1988). "Limits of competition," in R, G. Picard et al (eds.), *Press concentration and monopoly: New perspectives on newspaper ownership and operation.* Norwood, NJ: Ablex, pp.71~87.

Tuchman, G. (1972). "Objectivity as a strategic ritual: An examination of newsmen's notions of objectivity," *American Journal of Sociology,* 77(4), pp.660~79.

—— (1978). *Making news: A study in the construction of reality.* New York: Free Press.

Tunstall, J. (1980). "The Royal Commission on the Press 1974~7," in M. Bulmer (ed.), *Social research and Royal Commissions.* London: George Allen & Unwin, pp.122~49.

—— (1983). *The media in Britain.* London: Constable.

Turner, B. (ed.) (2000). *The Statesman's yearbook: The politics, cultures, and economies of the world.* New York: St. Martin's Press.

U. S. Congress, House Committee on the Judiciary, Antitrust Subcommittee (1969). *Newspaper Preservation Act, Hearings on H.R. 279 and related bills,* 91st Congress, 1st session.

U. S. Congress, House Committee on the Judiciary, Subcommittee on Economic and —— Commercial Law (1990). *Review of the Newspaper Preservation Act of 1970,* Hearings, 101st. Cong. 1st Sess.

U. S. Congress, Senate Committee on the Judiciary Subcommittee on Antitrust and Monopoly (1969). *The Newspaper Preservation Act, Hearings on S.1520,* 91st Congress, 1st Sess.

—— (1967~9). *The Failing Newspaper Act, Hearings on S.1312.* Parts 1~7. 90th Cong., 1st and 2nd Sess.

van Eijk, D. (n.d.). *Computer assisted reporting in the Dutch newsroom.* [On-line]. Available: http://www.hvu.nl/~pverweij/co3.html

Vasterman, P. & Verwey, P. (n.d.). *Journalism and the new public arena.* [On-line]. Available: http://www.hvu.nl/~pverweij/co1.html

Ward, J. & Hansen, K. A. (1986). "Commentary: Information age methods in a new reporting model," *Newspaper Research Journal,* 7(3).

Wark, M. (1994). *Virtual geography: Living with global media events.* Bloomington: Indiana University Press.

Weaver, D. H. & Wilhoit, G. C. (1991). *The American journalist: A portrait of U.S. news people and their work, 2nd ed.* Bloomington: Indiana University Press.

White, D. M. (1950). "The 'gate keeper': A case study in the selection of news," *Journalism Quarterly,* 27(3), 383~90.

Williams, R. (1977). *Marxism and literature.* Oxford: Oxford University Press.

346

Williams, W. S. (1997, June 1). "The death of objectivity," *The Internet Newsroom.* [On-line]. Available: http://www.soc.american.edu/journalism/wendyw/objectiv.htm

——— (1998). "The blurring of the line between advertising and journalism in the on-line environment," in D. L. Borden and K. Harvey (eds.), *The electronic grapevine: Rumor, reputation, and reporting in the new on-line environment.* Mahwah, NJ: LEA.

Willoughby, W. (1955). "Are two competing dailies necessarily better than one?" *Journalism quarterly,* 32, pp.197~204.

Wire Service Guild (1994, October 25). *The Newspaper Guild: Statement on affiliation/ merger with the Communications Workers of America.* [On-line]. Available: http://www.users.interport.net/~wsg/tngetc/mergetng.html

Wolff, J. (1994, November/December). "Opening up online: What happens when the public comes at you from cyberspace." *Columbia Journalism Review.*

Yan, M. Z. (1995). "Daily competition among daily newspapers: A case study of the St. Louis, MO-IL MSA," A paper presented to AEJMC Conference, Washington, D.C.

찾아보기

354

Newspaper Industry and Democracy: *Agenda for Transitional Period*	journalism
Author: Yung-Ho Im	
Hannarae Publishing Co.	September 10th, 2002	360page.
152 × 225mm	15000won	ISBN 89-5566-007-3 94330

The Newspaper industry is in the turmoil of revolutionary changes. In Korea, the industry has witnessed dramatic reconfiguration of media environment since 1987. The upheaval is partly coterrminous with the emerging trends visualized in the Korean society in general, such as political democratization and the embarking of the internet age. Yet, the political liberalization also entailed an unfamiliar system of fierce market competition, to which the industry was forced to adapt themselves.

This book examines various agenda for newspaper media in the turmultous period between 1987 to 2002. The author is concerned with how the diverse shifts in media environment have influenced the newspaper media, in terms of the liberalist ideal of press freedom and democracy. The author gropes for ways to re-invigorate the ideal in the changed situation in the 21st century.

The articles in Part I represent contrasting perspectives to press reform, and these provide theoretical basis for the following analyses. Part II deals with the notion of market in newspaper industry and investigate its various aspects. Part III puts emphasis on the issues regarding labor in a new political, economic, and technological circumstances. The last part consists of case studies of press policies in Britain and the United States, and explores implications for the Korean context. Although each chapter was written in different context and period, all of them delve into different parts of a common problematic or theme, i.e., ehir impact on the ideal of democracy.